Rudolf Loch · Georg Büchner

Georg Büchner

Das Leben eines Frühvollendeten
Biografie
von Rudolf Loch

Verlag Neues Leben Berlin

Frontispiz: Georg Büchner im Polenrock. Bleistiftzeichnung, vermutlich von
H. A. V. Hoffmann. Undatiert. 1944 verbrannt

ISBN 3-355-00650-5

© Verlag Neues Leben, Berlin 1988 · Lizenz Nr. 303(305/16/88) · LSV: 7001 · Ge-
samtgestaltung: Gerhard Christian Schulz · Gesamtherstellung: Offizin Andersen
Nexö, Graphischer Großbetrieb, Leipzig III/18/38 · Bestell-Nr. 644 446 7 · 01620

1. Schulreden

Am 30. September 1830 wird in der südwestdeutschen Residenz Darmstadt am Obergymnasium die Herbstschulfeier abgehalten. Die Aula ist gefüllt, es geht um das Fortkommen der Söhne. Die Geladenen stammen aus Beamtenfamilien und Militärkreisen.

Die Schulleitung will demonstrieren, wes Geistes Kind sie ist. Das scheint ebenso notwendig wie erfolgversprechend: Ein neuer Landesherr ist auf dem Thron, und in Paris hat im Juli, zwei Monate zuvor, ein Umsturz stattgefunden, als Karl X. die Verfassung außer Kraft setzte, die Pressefreiheit aufhob und absolut regieren wollte. Das Bürgerparlament ging nicht auseinander, wagte weiterzutagen, empfahl gewaltlosen Widerstand, gab die Losungen »Konstitution! Vaterland! Ehre! Freiheit!« aus. Die Männer in den Arbeitsschürzen aber holten Flinten und Säbel hervor, rissen die Straßen auf, errichteten Barrikaden, warfen Dachsteine auf die Truppen. Bürgerkrieg! Auch viele Studenten und sogar Schüler sollen mit Rufen wie »Freiheit oder Tod!« dabeigewesen sein, trotz Ermahnungen, Verboten – und alles, wie man hört, obgleich vierzigtausend Soldaten im Einsatz waren. Die neuen Parolen dringen über die Grenzen. Frankreich liegt nur hundert Kilometer entfernt.

Hier in Hessen ziehen, von Norden gen Darmstadt, Bauern und Handwerker in mehreren Haufen zu Tausenden von Ort zu Ort, stürmen Ämter, verbrennen Schuldverschreibungen, entleeren Kornspeicher und Bäckerläden, vernichten Zollstationen. Im großherzoglichen Schloß, heißt es, trifft man Vorbereitungen zur Flucht. Der Deutsche Bund soll Truppen zusammenziehen. Von Standrecht und Belagerungszustand wird gemunkelt.

Auf den Plätzen sitzen die Eleven von Secunda bis Prima, umgeben von ihren Verwandten. Georg Büchner, sechzehnjährig, Sohn des Medizinalrates Dr. Büchner, ist einer von ihnen.

Direktor Dr. Dilthey besteigt das Podium, begrüßt die Anwesenden mit wohlgeübter Stimme und gibt sogleich eine prinzipielle Erklärung ab: Er wolle auf »große Gefahren« aufmerksam machen. Diese seien in »gewissen politischen Tendenzen unserer Zeit nunmehr unverkennbar, wo verschrobene Köpfe auch unter den Jünglingen mit den Gespinsten ihres verbrannten Gehirns die politische Gestaltung der Welt zu umgarnen streben ...«. Er möchte die Gymnasiasten in Gegenwart ihrer Eltern eindringlich vor diesem sich »pestartig vermehrenden Krebsschaden der Zeit« warnen! Dagegen hält Dilthey das, was ihm von bleibendem Wert scheint: »Gehorsam gegen Behörden und Gesetze«, die »alte hessische Treue«, »Anhänglichkeit gegen das angestammte Fürstenhaus«!

Bescheidene Proben einer Erziehung zu *wahrer* Mündigkeit böten nun, wie stets, begabte Schüler dem versammelten Hause. Der öffentliche Redeakt sei eröffnet. Er rufe als ersten den Primaner Büchner nach vorn, der, wie in der Einladung angekündigt, das Ende des Cato von Utica zu rechtfertigen suchen werde.

Georg Büchner erhebt sich. Ein großer, schlanker Schüler. Hinter dem Katheder, das er deutlich überragt, fällt seine hohe Stirn auf. Sie steht in dem ovalen Gesicht in einem etwas ungewöhnlichen Verhältnis zu dem kleinen, doch vollippigen Mund. Über der Oberlippe zeichnet sich ein Bart ab, rötlichblond wie das Kopfhaar.

»Groß und erhaben ist es«, hebt Büchner an, »den Menschen im Kampf mit der Natur zu sehen, wenn er gewaltig sich stemmt gegen die Wut der entfesselten Elemente und, vertrauend der Kraft seines Geistes, nach seinem Willen die rohen Kräfte der Natur zügelt. Aber noch erhabener ist es, den Menschen zu sehen im Kampfe mit seinem Schicksale, wenn er es wagt, einzugreifen in den Gang der Weltgeschichte, wenn er an die Erreichung seines Zwecks sein Höchstes, sein Alles setzt. ... Solche Männer«, steigert sich der Redner, »waren es, welche, wenn die ganze Welt feige ihren Nacken dem mächtig über sie hinrollenden Zeitrade beugte, kühn in die Speichen desselben griffen, und es entweder in seinem Umschwunge mit gewaltiger Hand zurückschnellten oder von seinem Gewichte zermalmt einen rühmlichen Tod fanden, d. heißt sich mit dem Reste des Lebens« – hier hebt Büchner die Stimme – »*Unsterblichkeit* erkauften. Solche Männer, die unter den Millionen, welche auch aus dem Schoß der Erde kriechen, ewig am Staube kleben und wie Staub vergehn und

Dr. Julius Carl Dilthey, nach 1850

vergessen werden, sich zu erheben, sich Unvergänglichkeit zu erkämpfen wagten ...«

Was sich in den Einleitungssätzen der Rede anzeigt, versucht Büchner sodann am Beispiel Cato von Uticas (95–46 v. u. Z.) weiter auszu-
führen. Er stößt absprechende Urteile über Cato um, läßt die Normen
der christlich-bürgerlichen Gesetze nicht gelten, mit denen man diesen gemeinhin bemißt, baut den umstrittenen Römer zu einem erhabenen Vorbild auf: läßt ihn als einen Mann erscheinen, der es wagt,
sich nicht zu unterwerfen, sondern sein Leben gegen die Machthaber
einzusetzen. Büchner stellt ihn als einen Politiker hin, dessen »große
Seele« ganz von den Gedanken »*Vaterland, Ehre* und *Freiheit*« (!) eingenommen gewesen sei. Für diese demokratischen Ideale habe Cato
gegen den siegreichen Cäsar, der zur Alleinherrschaft drängte, selbst
das letzte verbliebene Mittel des Widerstands eingesetzt: den Freitod, um die Bürger zum Kampf zu mobilisieren.

Man möchte wohl meinen, daß dieser Auftritt auch als Provokation
gedacht ist. Bei diesem Thema und solcher Behandlung müssen doch
Paris und seine Revolution im Hintergrund aufscheinen!

Und so tritt Büchner auch, am Ende des Vortrages, offen aus dem Historischen heraus. Er schließt mit dem Hinweis auf das Überdau-
ernde und formuliert ein persönliches Bekenntnis:
    Es werde oft gegen Cato vorgebracht, läßt er seine Zuhörer wissen,
daß man es nicht als Mut und Verantwortungsgefühl bezeichnen
könne, was diesen aus Protest gegen Cäsars Sieg den Freitod habe
wählen lassen, sondern als Unvermögen, sich in die »ungewohnte Lebensweise« des »*Dieners*« zu schicken.
    »Daß aber dieses Schicken in alle Umstände eine Vollkommenheit
sei, kann ich nicht einsehen, denn ich glaube, daß das große Erbteil
des Mannes sei, nur *eine* Rolle spielen, nur in *einer* Gestalt sich zeigen, nur in das, was er als wahr und recht erkannt hat, sich fügen zu
können.« Er, Büchner, behaupte also das Gegenteil: Solch Unvermögen zeuge von »*Größe*«, nicht von »*Einseitigkeit!*«
    Damit ist Catos Charakter gezeichnet, wie er dem Primaner Büch-
ner vorschwebt und gegen die Auffassung gestellt, man könne *heute*
durch Fügsamkeit etwas erreichen. –

8

Jetzt, während seines Vortrages, sieht er nur gelegentlich auf seine Ausarbeitungen nieder. Meist hält er sie zusammengerollt in der Hand. Hier gilt es nicht abzulesen, hier muß eine lebendig gestaltete Rede geboten werden. Mimik, Hände, ja Körper werden mit eingesetzt, Gesten entworfen, um Akzente und Nuancen sinnfällig zu machen; Pausen gehören dazu. Die rhetorischen Fragen wirft Büchner in die Menge, als erwarte er eine Antwort von unten, einen Zuruf (in der Antike war's so, in der Volksversammlung!); oder zumindest: als entwickle er den Gedanken eben erst in seinem Kopfe, wie die Zuhörer auch.

Der Gymnasiast hat sein rhetorisches Handwerk gut gelernt, er weiß es im Rahmen seiner schulischen Welt effektvoll einzusetzen. Noch freilich ist das Ganze unausgegoren. Trotz des nachdrücklich herausgearbeiteten Hauptgedankens zwingt die antike Umkleidung Büchner stark zum Moralisieren: Cato, der Held, ist in Wirklichkeit ein konservativer Politiker ohne Sinn für Neues, und als Stoiker bleibt er zudem bei Büchner in gewaltloser Passivität befangen – eine Barriere, die gerade die Aufständischen im Land übersprungen haben.

Als sich Georg Büchner verbeugt, berichtet seine Schwester, ist sein Gesicht gerötet. Etwas kaum Glaubliches geschieht: Ein – offenbar beifälliges – Raunen liegt über den Reihen der Zuhörer. Dem Vater, Dr. Ernst Büchner, strecken sich mehrere Hände zur Gratulation entgegen.

Hat Cato gezündet?

Es gibt spontane Ovationen.

Hat Dr. Dilthey nicht gewußt, was dieser Schüler von sich geben wird? Hätte er es nicht verhindern können, daß sein Zögling alle vorab gegebenen Warnungen bedenkenlos in den Wind schlägt?

Da ist bereits der nächste oben zwischen den Fahnen und Girlanden und redet »Über die Monarchie als die beste Staatsverfassung«.

2. Herkunft

Woher nimmt jener junge Mann, der hier sein Sprachbewußtsein offenbart und zeigt, daß er gewisse Zeichen der Zeit versteht, diesen Bekennermut? Woher diese versteckte Aufsässigkeit, dieses Gemisch aus Selbstbewußtsein und Sehnsucht? Woher überhaupt die Töne politischer Begeisterung vom Sohn des Medizinalrats Büchner? Bereits vor einem Jahr pries er die Französische Revolution von 1789 als faszinierenden Kampf um die Befreiung der Menschheit!

Wir wissen über das kurze außerordentliche Leben des Georg Büchner aus Darmstadt, der mit sechzehn die Schalen der Kindheit abwirft, längst nicht alles. Wir müssen suchen. Viele Wurzeln des schnell gewachsenen Lebensbaumes verlaufen ins Ungewisse. Die Quellen sind rar, die Überlieferungen unsicher und groß die Lücken.

Am 17. Oktober 1813, dem Tag, an dem sich die Völkerschlacht bei Leipzig zuungunsten Napoleons entschied und die feudalen Monarchien Europas das politische Heft wieder in die Hand bekamen, wurde in einem kleinen Fachwerkhaus des Dorfes Goddelau im Odenwald dem siebenundzwanzigjährigen Kreisphysikus Dr. Karl Ernst Büchner und seiner zweiundzwanzigjährigen Ehefrau Caroline Louise das erste Kind geboren. Man taufte es im Beisein der Großväter, des Amtschirurgen Dr. Jakob Karl Büchner aus Reinheim und des Regierungsrats und Vorstehers des Hofheimer Hospitals Johann Georg Reuss, auf den Namen Karl Georg.
  Der Vater entstammte einem Geschlecht von unbemittelten Dorf- und Stadtchirurgen, Badern genannt, aus ebendem Odenwaldstädtchen, aus dem der Großvater gerade herkam. In jeder Generation hatten sich die Büchners ihre Existenz hart erkämpfen müssen. Auch Ernst Büchner, fünftes Kind, war diesen Weg seiner Vorfahren gegangen – allerdings unter etwas veränderten Bedingungen.
  Im Gefolge der Französischen Revolution wurde die damalige Landgrafschaft Hessen-Darmstadt von französischen Truppen besetzt. Einiges in den rückständigen Verhältnissen änderte sich. Bürgerliche Reformen lockerten das alte feudale Gefüge auf. Viele Menschen gelangten in den Sog der Ländergrenzen überschreitenden

Veränderungen und lernten die große Welt kennen. So brachte es der Bedarf an militärmedizinischem Personal in dieser schlachtenreichen Zeit mit sich, daß Ernst Büchner eine militärchirurgische Ausbildung in der holländisch-französischen Armee absolvieren und dabei zugleich seinen Unterhalt verdienen konnte. Geschick galt unter Napoleon vorübergehend ebensoviel wie Zeugnis.

Zunächst nahm er als chirurgischer Gehilfe an Feldzügen holländischer Truppen teil, die unter französischem Kommando standen. Zwischen Feldverband und Lazaretten machte er seine Lehrjahre als Wundarzt durch. Man wußte weder um die Ursachen von Wundinfektionen, noch kannte man brauchbare Narkoseverfahren. Selbst das Abbinden von Gliedmaßen wurde nicht praktiziert. Man riet dem Opfer zu schreien, um sich etwas zu erleichtern. Bei Oberschenkelamputationen starben achtzig Prozent, bei Unterschenkelamputationen fünfzig und selbst bei Fingeramputationen zehn Prozent aller Betroffenen. Kopf- und Bauchoperationen wurden so gut wie nicht durchgeführt. Die Knochensäge gehörte, neben den Operationsmessern, zu den meistbenutzten Instrumenten des chirurgischen Bestecks. Dazu kam die Nachbehandlung der auf Stroh liegenden Blessierten: Eiterungen, Wundfieber, Gefahren der Ansteckung durch Seuchen, der auch viele Ärzte erlagen und der man nur Mut und eine Art höheres Vertrauen entgegensetzen konnte.

Solche Erfahrungen prägten Ernst Büchner zum mit »zäher Energie« (K. E. Franzos) sich durchschlagenden Mann. Es gelang ihm, zum Regimentschirurgen aufzusteigen. Er durfte jetzt in einer Elitetruppe wirken, der legendären Alten Garde Napoleons.

Die Unterordnung unter den starken Willen Bonapartes, des sich gern auch patriarchalisch gebenden Heerführers und Reformers, lernte er in der Blütezeit des Imperiums aus nächster Nähe kennen. Bei einer Truppenparade in Versailles, berichtet Alexander Büchner, der jüngste Sohn, habe der Kaiser ihn angeredet: »Tu monte bien à cheval; quel âge as – tu?« (»Du bist gut zu Pferd – wie alt bist du?«) Ernst Büchner trug die Erinnerung an diese Episode wie überhaupt an jene Zeit seiner »Wanderjahre« durch sein weiteres Leben. »Französisches« forderte ihm Achtung ab, die Sprache, die Kultur, die gesellschaftlichen Einrichtungen des Nachbarvolkes.

Um 1809/10 verließ Ernst Büchner, zuletzt Oberchirurg, das Militär. Offenbar trug er für seine exakte berufliche Ausbildung Sorge, setzte auf Qualifikation, die im Praktizismus des Militärlebens auf lange Sicht nicht zu erreichen war. Seine Ersparnisse verwandte er auf einen längeren Studienaufenthalt in Paris, trat dann in holländischen Zivildienst – und ging in seine hessische Heimat zurück. Dort konnte er Assistenzarzt am Landeshospital in Hofheim werden, wo zweihundert bis dreihundert Irre und Sieche untergebracht waren. Der Fünfundzwanzigjährige, dem seine reichliche chirurgische Praxis zugute kam, promovierte noch 1811 an der Universität Gießen zum Doktor der Chirurgie und Geburtshilfe. Damit waren die Voraussetzungen für eine gesicherte Position im Staatsdienst geschaffen. So machte er rasch seinen Weg. Er verstand sich zudem gut mit seinem Vorgesetzten, dem Verwaltungsdirektor und Regierungsrat Reuss. Eine seiner Devisen, die er dann seinem Sohn empfehlen wird, lautete: »Bedenke stets, daß man Freunde nötig hat und daß auch der geringste Feind schaden kann.« (An Georg Büchner, 18. Dezember 1836) Die Fürsprache seines Chefs dürfte im Spiele gewesen sein, als er sogleich 1812 ein Ämtchen als Dorf- und Distriktsarzt im nahe gelegenen Goddelau erhielt – und, nach solcher Existenzgrundlegung, sogar im Oktober desselben Jahres die Hand der fünf Jahre jüngeren Reuss-Tochter Caroline dazu.

Mußte bei Ernst Büchner die Niederlage des verehrten Reformers Bonaparte Bedenken auslösen, die nicht nur die allgemeine militärpolitische Wetterlage betrafen, sondern auch die künftigen Chancen seines Vorwärtskommens in einem bürgerlichen Beruf, so schien für Caroline Büchner dieser Tag nicht nur durch die Geburt ihres Erstlings eher ein Glückstag.

Ihre Neigung galt der anderen Seite. Sie begrüßte den antinapoleonischen Befreiungskampf der Völker, las Theodor Körners patriotische Gesänge, schwärmte für Blücher, der mit der preußischen Armee über den Rhein zog, die nationale Unterdrückung endgültig zu beenden, und hoffte wie viele Zeitgenossen auf eine nationalstaatliche Einigung. Anders als ihr Mann entstammte Caroline jener gehobenen Schicht des Bürgertums, in deren Leben die Kunst eine Rolle spielte. In ihrem Elternhaus war man für deutsche Literatur besonders aufgeschlossen. Diese Literaturverbundenheit hat den Reichtum und die Wärme ihrer Empfindungen vermehrt.

Unterschiedliche politische Sympathien innerhalb von Familien waren in jenen Tagen allerdings nichts Außergewöhnliches. Zu dem Unterschied in Charakter, Gesinnung und Interessenlage gesellte sich auch noch jener des Glaubens. Caroline war eine gläubige Christin, Dr. Büchner hatte sich vom Christentum abgewendet und dem Atheismus genähert.

In der Familie gab es offenbar geistige Spielräume, die sich durch die Verschiedenartigkeit der elterlichen Interessen, Neigungen und wohl auch Begabungen potenzierten. Dies regte gewiß dazu an, sich vielfältig zu betätigen und Widerspruch als etwas Normales aufzufassen.

Von den fünf Geschwistern Georgs haben sich beinahe alle einen Namen gemacht. Dies mit gegensätzlichen Ambitionen, welche dem elterlichen Dualismus der Neigungen auffallend ähneln: Der Bruder Wilhelm (1816–1892) wurde Pharmazeut (Besitzer der ersten Ultramarinfabrik Deutschlands in Pfungstadt), demokratischer Abgeordneter im hessischen Landtag und im Reichstag; Ludwig (1824–1899), bürgerlicher Demokrat und Teilnehmer an der Revolution von 1848, wurde als Arzt und vulgärmaterialistischer Philosoph (Verfasser des von Marx reflektierten Buches »Kraft und Stoff«) bekannt. Demgegenüber erwarb sich Luise (1821–1877) als Schriftstellerin und Wortführerin der Reformbewegung zur Verbesserung der Lage der Frauen (»Die Frauen und ihr Beruf«, 1855) einen Namen; und Alexander (1827–1904), der während des Jurastudiums, 1848, revolutionär-demokratischer Zeitungsredakteur in Gießen war, ging nach Frankreich, wo er schließlich in der französischen Stadt Caen eine Professur für Literatur erhielt. Mathilde (1815–1888) aber, die Zweitgeborene, glänzte durch häuslichen Fleiß. Gab es bei Luise und Alexander zwar auch publizistische Neigungen, so blieb Georg doch der einzige, der die künstlerisch-emotionale und die naturwissenschaftlich-sachliche Betrachtungsweise produktiv in sich verbinden konnte.

3. Restauration: Soziales an der Wiege

Caroline Büchners Hoffnungen auf ein einiges Deutschland erfüllten sich nicht. Der Unabhängigkeitskampf gegen Napoleon hatte zwar einen Aufschwung der antifeudalen nationalen Bewegung mitbewirkt, und man hatte sich verschiedentlich gegen die eigenen Landesherren, gegen adlige Standesprivilegien und politische Repressionen aufgelehnt. Doch die Fürsten rissen den Sieg an sich. Die Wiederbefestigung ihrer Macht nutzten sie 1815 auf dem Wiener Kongreß zur Gründung des Deutschen Bundes. Dieses Gebilde politischer Zerrissenheit sprach dem bürgerlichen Willen zur Einigung hohn. Deutschland bestand weiter aus vierunddreißig »souveränen« Staaten und vier Freien Städten, die unter österreichischer Vorrangstellung provisorisch genug zusammenhingen. Alle hatten eigene Gesetze, machten Zollgrenzen und unterhielten Armeen. Die unter dem Druck Napoleons errungenen bürgerlichen Freiheiten wurden soweit wie möglich zurückgenommen, Verfassungsversprechen größtenteils annulliert, oppositionelle Regungen durch Spitzelei, Denunziation, Intrigen und ab 1817 verstärkt auch durch scharfe oder willkürliche Gesetzeshandhabungen unterdrückt. Amtsenthebungen, Gefängnisstrafen, Exil waren an der Tagesordnung. Auch das ehemals napoleonfreundlich sich gebende großherzoglich-hessische Herrscherhaus erhielt wieder, mit einiger Landeinbuße, alle Machtbefugnisse. Der Kreisphysikus und damit Staatsbeamte Dr. Ernst Büchner mußte sich darauf einstellen. Er wurde ein Befürworter der »Ordnung«.

Wie sich aus den späteren Briefen des Sohnes (vom Vater ist nur ein einziger erhalten) ablesen läßt, glaubte der Medizinalrat an die Möglichkeit von Fortschritten durch friedliche Übereinkunft und vertraute als Anhänger der konstitutionellen Monarchie den auf dem Papier gewährten gesetzlichen Rechten – ähnlich, wie es sein Kollege, der ehemalige führende Mainzer Revolutionär und jetzige Leibarzt des Großherzogs, Dr. Georg (von) Wedekind, oder auch Hofrat (von) Goethe in Weimar taten. Diese, selbst praktisch-vorbildhaft wirkend, waren um bildenden Einfluß nach oben wie unten bemüht und setzten auf eine langfristige evolutionäre Entwicklung unter »vernünftiger« Herrschaft der Krone.

Dr. Büchner brauchte sich dem Anpassungszwang als großherzoglicher Beamter im wesentlichen nicht gegen seine Überzeugung zu unterwerfen. Daß er, dessen sämtliche Söhne Demokraten geworden sind, in politischen Dingen »stramm reaktionär, von tiefster Abneigung gegen alle liberalen ... Strebungen« erfüllt gewesen sein soll, wie Karl Emil Franzos, Büchners erster Biograph, 1879 bemerkte, dürfte zumindest für die uns interessierende Zeit nicht zutreffen.

Ernst Büchners Hoffnungen schienen auch nicht unbegründet. In dem dichtbesiedelten, kaum industrialisierten Kleinstaat mit seinen 716 000 Einwohnern auf 8 000 Quadratkilometern ging Großherzog Ludwig I., wie die Potentaten Badens, Württembergs und Bayerns, den Weg einer »Modernisierung« durch Kompromiß. Er gab seinem Ländchen 1820, nach langwierigen Verhandlungen, eine vom Volk im Unabhängigkeitskampf geforderte und ihm seitdem versprochene Verfassung: in Form einer 2-Kammern-Stände-Konstitution, die auf den ersten Blick wie eine Selbstbeschränkung der fürstlichen Macht aussah. Dieses halbabsolutistische Verhältnis beteiligte das Bürgertum jedoch nur in geringem Maße an der Macht, verlieh dagegen dem Regime einen Schein von evolutionärem Fortschritt. Zudem: Ludwig I. kehrte nicht allzusehr seine Machtbefugnisse heraus, gab sich als gütiger Landesvater.

Dennoch: die sozialen und politischen Spannungen waren stärker als im übrigen Deutschland zu spüren. Sie wirkten auch in die Büchnersche Familie hinein. War doch der Vater als Physikatsarzt sehr unmittelbar mit dem realen Leben der Bevölkerung, seinen Bedingungen und Problemen, konfrontiert. Dies änderte sich auch nicht, als er 1816 – er hatte 1815 noch den Titel eines Doktors der »inneren Heilkunde« erworben – die vakante Stelle des Stadt- und Amtschirurgen in Darmstadt übernahm und 1817 Medizinalassessor und außerordentliches Mitglied des Medizinalkollegs, der obersten Gesundheitsbehörde der Provinz, wurde. 1821 folgte die Ernennung zum Zweiten Stadtphysikus der Residenz, eine Stelle, mit der die Funktion des Zweiten Arztes am Städtischen Hospital verbunden war. Die Familie wohnte bis 1819 im Hospital, dem »Armenhaus«, sodann am Markt in der Altstadt, in einem Haus, das dem Kommerzienrat Ernst Emil Hoffmann gehörte, einem einflußreichen Liberalen der Stadt. Durch seine Heirat stand Dr. Büchner in verwandtschaftlichen Beziehungen zu angesehenen Familien Darmstadts – zu denen von Reuss, Bechthold, Carolsfeld.

Die Holzstraße in der Darmstädter Altstadt, um 1816

1824 zum Großherzoglichen Medizinalrat befördert, erwirbt Ernst Büchner – wohl mit finanzieller Unterstützung seiner mitziehenden verwitweten Schwiegermutter – bald danach ein zweistöckiges Reihenhaus mit weinbergähnlichem Garten in der neu angelegten, ruhigen Grafenstraße, unweit vom großherzoglichen Schloß. Äußerlich gehörte er nun zur Beamtenaristokratie im Großherzogtum; seinen Glauben an den Erfolg persönlicher Tüchtigkeit konnte er in seiner Karriere bestätigt sehen.

Mit dem Verdienst allerdings sah es magerer aus. 1822 setzten auch im Medizinalwesen Versuche ein, des gröbsten Elends Herr zu werden. Die »Medizinalordnung« delegierte das soziale Problem medizinischer Betreuung im wesentlichen an die Ärzte der unteren Chargen. Das Ministerium des Innern und der Justiz, dem auch einige besoldete Ärzte als »Medizinalbeamte« unterstanden, appel-

lierte eingangs an die »Uneigennützigkeit und Menschenliebe ...«
der Mediziner. Es verpflichtete einen Ersten und Zweiten Bezirks-
arzt, für einen Landratsbezirk von sechzehntausend (!) Einwohnern
die öffentliche Medizinalversorgung zu garantieren gegen ein Entgelt
von zweihundertfünfzig bzw. zweihundert Gulden. Zu ihrem Aufga-
bengebiet gehörten die Behandlung von Unfällen aller Art, Schutz-
impfungen gegen die Pocken, die Überwachung von Nahrungsmit-
teln, des Wassers, neugebauter Häuser, sonstige Maßnahmen zum
Seuchenschutz, gerichtsmedizinische Gutachten, Beisitz bei Rekru-
tierungen, Unterbringung der Irren und Waisen und so weiter.

Diese Summe reichte – auch wenn Dr. Büchner noch etwa zweihundert Gulden als Hospitalarzt dazubekam – bei einer Teuerungs-
rate von vierhundert Prozent in den letzten hundert Jahren kaum
zum Unterhalt. Der eigentliche Verdienst mußte daher aus der Pri-
vatbehandlung möglichst wohlhabender Patienten gewonnen werden.
Von besonderer Bedeutung ist, daß Dr. Büchner als Zweiter Bezirks-
oder Physikatsarzt neben seinen Stellvertreteraufgaben vor allem für
die Krankenpflege der Armen zuständig und zu ihr verpflichtet war.
Gemeinsam mit dem Ersten Physikatsarzt hatte er auch sonst in
einem sozialhelferähnlichen Sinn »für leidende Arme seines ganzen
Bezirks Sorge zu tragen« – und dies ohne zusätzliche Entlohnung.
Selbst wenn er in die Vorstädte oder die Dörfer in der Umgebung der
Stadt gerufen wurde, mußte er sich mit seiner Arzttasche auf den
Weg machen, tags wie nachts. Ein Pferd wurde nur dem Ersten Be-
zirksarzt zugestanden. Die Behandlung war, den konkreten Fällen
entsprechend, teils im eigenen Haus, teils außer Haus vorzunehmen.
Die sogenannten Härtefälle hatte Dr. Büchner den Bürgermeistern
mitzuteilen und zu erwirken, daß den Bedürftigen mit Lebensmitteln
ausgeholfen wurde.

Verhaltensweisen und Charakterzüge der Eltern werden so erklärbarer. Nicht nur, daß die permanente Überlastung den Ernst des Vaters vertiefte und er den Maßstab für Leistung und Selbstanspruch an
die Nächsten, auch die Kinder, weitergab, in der Hoffnung, auch sie
möchten solchen Kampf ums Dasein bestehen lernen und nicht in
den lauernden Abgrund der Armut fallen. Bedeutsamer noch ist dies:
Bei aller Verschiedenartigkeit der Eltern war ihnen ein verbindender
Zug gemeinsam: Beide, die Tochter eines Irrenhausleiters und der
Arzt aus kleinen Verhältnissen, stellten sich ganz in den *Dienst prak-*

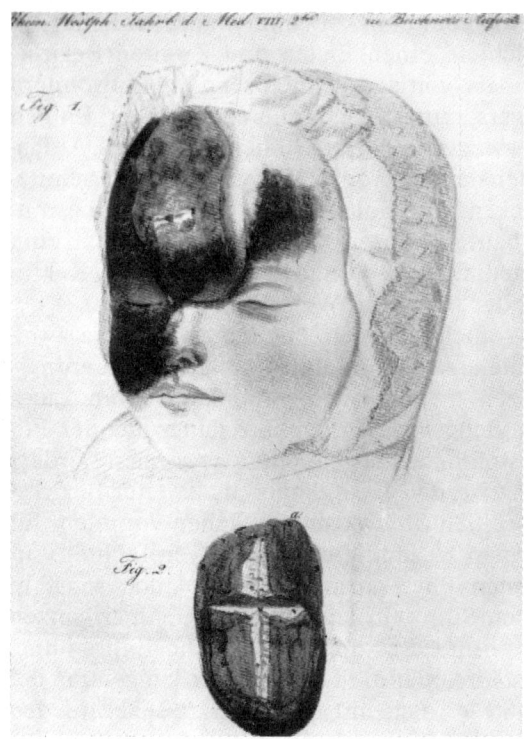

Sogenannter Blut-
schwamm.
Aus einem
Operationsbericht
Dr. Ernst Büchners,
1824

tischer Humanität! Die Mutter sei eine menschenzugewandte und
sehr warmherzige Frau gewesen, berichtet Karl Emil Franzos, und
der Vater hätte die Hochachtung all seiner Patienten gehabt. Er soll
sie sich durch die »musterhaft humane Art seiner Berufserfüllung«
erworben haben. Auch an der sonstigen »Lauterkeit seines Charak-
ters« bestand kein Zweifel.

Und so nüchtern er sich zuweilen gab, so hatte er doch ein Herz
für seine Schutzbefohlenen. Bereits als frischgebackener Medizinalassessor fertigte er ein Gutachten über die Mißstände im Hospital an,
das die beengten Raumverhältnisse, die mangelnde Hygiene und anderes kritisch benannte und auf Veränderung drang. Er wagte sich
auch für seine Patienten in medizinisches Neuland vor, fertigte nach
eigenen Ideen Vorrichtungen für Erleichterungen beim Ausheilen
von Bein- und Oberschenkelbrüchen.

Jener Arzt Büchner und seine Familie begegneten den Bedürftigen und Bedrängten täglich. Die Notleidenden klopften an ihre Tür, warteten im Vorzimmer oder ließen bitten, der Doktor möge in ihre Hinterhofstübchen, Schuppen oder Hütten kommen, um Schmerzen und Verzweiflung zu lindern. Von Hunger und Krankheit sprach man nicht beiläufig beim Nachtisch. Sie bestimmten das Familienleben als allgegenwärtige Tatsachen.

Und so hatte auch Georg Büchner, der Sohn, das, was sein neues großes Thema wurde, buchstäblich von der Wiege auf vor Augen: Armut, Deklassierung, physische und seelische Not. Franzos meint, Büchner habe nach Familienaussagen bereits als Kind »ein Mitleid von so leidenschaftlicher Kraft« gehegt, daß »es sich stets zu persönlichem Leid gesteigert« habe. Und forschen wir in diesem Umfeld nach weiteren frühen Zeichen seiner Art und Weise zu reagieren, so lassen uns, neben solcher Sensibilität für anderer Schmerz und Leid, die ein großes Einfühlungsvermögen voraussetzt, auch diese Mitteilungen Franzos' aufhorchen: In Georg sei »Haß gegen jede Ungerechtigkeit« der Behandlung auffällig entwickelt gewesen. Ihn selbst habe »jede gütige Zurechtweisung gerührt, ja bis zur Zerknirschung weich gestimmt, wogegen Strenge wirkungslos an ihm abgeprallt« sei.

Der spätere Ankläger von sozialer Erniedrigung, Zwängen und Gewaltanwendung hätte demnach durch seine charakterlich-seelische Anlage, die sich schon zeitig an seiner Umwelt rieb und verstärkte, neben einem feinen Sinn für Gerechtigkeit auch den Zug einer Eigensinnigkeit im positiven Sinne mitbekommen, mit dem er in der Folge in die Richtung weiterging, die er als richtig erkannt hatte – ohne sich dabei neuen Erlebnissen zu verschließen.

4. Väterliche Lernmotivationen

Ernst Büchner stellte sich, das dürfen wir als sicher annehmen, den gutbürgerlichen Gepflogenheiten gemäß, nach seiner Eheschließung ganz auf seine Familie ein. Er sah noch später eine Lebensaufgabe darin, ein »gütiger und besorgter Vater um das Glück seiner Kinder« (an Georg Büchner, 18. Dezember 1836) zu sein. Der »Ernährer« galt in jener Zeit, ähnlich dem Fürsten im Staate, als Patriarch, und das bürgerliche Heim sollte ein harmonisches Stück Welt sein.

Gerade die Biedermeierzeit pflegte nahezu kultisch den Familiensinn. Er wurde nicht nur durch Kirche, Staat und Kunst fleißig propagiert, sondern war auch durch die überwiegend noch familiäre Art des materiellen Erwerbs bedingt. Schließlich unterhielten auch Büchners einen Einmannfamilienbetrieb. Solch ausgeprägte Familienbeziehung schloß die Welt der Kinder ein. Georg verlebte demnach trotz der genannten Anrührungen eine äußerlich behütete Kindheit – Kraftquell für kommende Belastungen. Zumindest ist von körperlichen Schwächen, von Kränklichkeit und Störungen nichts überliefert.

Erziehung und Ausbildung der Kinder überließen die Büchners, auch aus haushälterischen Gründen, nicht Hauslehrern. Man nahm sich selbst ihrer an. Frühzeitig wurde Elementarwissen vermittelt und gefestigt: Schreiben, Lesen und Rechnen oder auch fremde Sprachen. Gerade das Latein, obgleich keine lebende Sprache, schien für die Entwicklung des Sprachgefühls ebenso unentbehrlich wie für eine spätere, etwa naturwissenschaftliche Laufbahn. So erhielt Georg einen drei Jahre währenden Unterricht beim Vater. Überhaupt wurde das Lernen in der Familie Büchner groß geschrieben. Es sollte Ausdauer, Strebsamkeit und schließlich auch materielle Erfolgserlebnisse bringen. Wer »Fleiß darauf verwendet, dem kann es nirgends fehlen, *merk's tibi*«, ruft der Vater dann sogar dem bereits promovierten Sohn nach. Im Elternhaus herrschte offenbar jener aus dem 18. Jahrhundert überkommene Optimismus, wonach die Wissenschaft nicht nur Schlüssel zur Welt, sondern auch zum eigenen Leben war.

Bruder Wilhelm überliefert, der Vater habe mit dem Selbstbewußtsein gelebt, daß er »alles sich selbst verdankte«, was er erreichte. In solchem bildungsbürgerlichen Klima wuchs Georg, das allmächtige Beispiel des Vaters vor Augen, heran. Es ließ ihn Geistiges achten, ja eine frühe »Lern- und Lehrbegier« (K. E. Franzos) entwickeln und die Chancen der Selbstbestimmung des einzelnen vorerst hoch einschätzen. Es hat aber andererseits den Anschein, als habe die vom

Vater mit seiner »strengen Natur« (W. Büchner) angestrebte hohe Leistungsanforderung bereits in dem Kinde zu Unausgeglichenheiten geführt. Franzos berichtet sogar, daß Georg »in seinen Bewegungen wie in seinem Wesen in jähem Wechsel bald sonderbar still, bald sonderbar ungestüm« gewesen sei. Dieses Auf und Ab der Stimmungen bemerken wir auch später als eine charakteristische Reaktionsfolge an Büchner: die »Sinuskurve«. Büchner verfällt nach ausgeprägten Phasen des Handelns in solche ausgesprochener Besinnung, der Suche, ja Depression. Das deutet auf eine weitere Anlage seiner Persönlichkeit – wie auf Ballungen von Widersprüchen.

Vom Anspruch auf Universalität des Wissens löste er sich früh, gewiß unbewußt. Die Mathematik, eine Säule des aufklärerischen Wissenschafts- und Weltverständnisses, steht nicht im Zentrum seiner Neigung. Er ahnt wohl auch das Unvermögen des einzelnen Menschen, das mit der industriellen Revolution sich sprunghaft vermehrende Wissen aller Disziplinen zu verarbeiten und auf allen Gebieten Neues bieten zu können. Zwar gibt es noch einzelne Universalgenies, wie Goethe oder Alexander von Humboldt, auf die der Vater orientieren mochte, doch ihre Tage waren gezählt.

Allerdings: Noch im Zusammentragen von Fakten und in ihrer exakten, systematischen Verwendung im »Hessischen Landboten«, bei den monatelangen, Akribie und Beharrlichkeit erfordernden Fischpräparationen mit Lupe und Pinzette, bei aufwendigen Konspektierungen philosophischer Werke, ja selbst in den Überarbeitungsstadien seiner Dichtung wird, was Gründlichkeit und Durchstehvermögen anbelangt, ein Nachklang des väterlichen Vorbilds zu finden sein. Hier ist etwas in der Kindheit eingehämmert und vorgelebt worden, worauf schließlich in Notzeiten zurückgegriffen werden konnte.

Alles in allem hat es zur Disziplinierung, letztlich zur Produktivität Büchners beigetragen – und zur Abneigung gegen einen, wie er sich später äußert, »Selbstmord durch Arbeit«, für Atempausen, für schöpferische »Faulheit«.

Jene väterlichen Ermahnungen, die immer wieder aufs Vorwärtskommen und auf pekuniären Erfolg orientierten, scheinen ebenfalls nicht – oder zumindest nicht lange – verfangen zu haben. Denn bereits in der Cato-Rede preist Georg prompt das Gegenteil: die Unterordnung persönlicher Belange unter menschheitliche.

Solange er von zu Hause finanziell abhängig war, galt Büchner seiner Verwandtschaft gerade in geldlichen Dingen als einer, der »als ein Schussel auf der Welt herumgehe«, sich kaum der Mühe unterziehend, »Lebensklugheit« an den Tag zu legen; das sei »sehr schlimm«, gibt ihm der Onkel und Leutnant vom Darmstädter Hofe, Georg Reuss, am 24. März 1834 zu bedenken. Woher dieses Aus-der-Art-Schlagen?

Da ist der Vater mit seinem kleinlichen Rechen- und Sparsamkeitstick, der noch die Kosten seines letzten Weihnachtspakets an den Sohn in Heller und Gulden aufführen lassen wird, das Geschenkte teilweise auf die künftige Erb-Rechnung vorschießt und sich zwecks Vergleichs nach genauen Ladenpreisen anderswo erkundigt; ja, der schon gar nichts mehr dabei findet, daß er die Weihnachtsgrüße der Mutter, da der eigene Brief sonst »bei dem teuren Porto« ein paar Heller mehr kosten könnte, in die langsamer beförderte und mit Sicherheit erst nach dem Fest eintreffende Bücherkiste legt!

Allmählich, scheint es, wurden die väterlichen Lebensnormen auf ihren Wert überprüft. Des Vaters ausgeprägter Geldsinn erzeugte beim Sohn Abwehrhaltungen – und half zugleich mit, diesem einen Sinn auszuprägen für die Rolle des Materiellen in den zwischenmenschlichen und gesellschaftlichen Beziehungen.

5. Mütterliches

Über Caroline Büchner sind die Überlieferungen keineswegs reicher. Selbst die von beiden Elternteilen erhaltenen Bildnisse stammen aus den Altersjahren.

In einem Geburtstagsgedicht (wohl von 1826, als sie fünfunddreißig wurde) nannte ihr Junge sie »die beste aller Mütter«. Auch heute wieder »in der üppigsten / Gesundheit, Jugendfülle steht sie froh Im frohen Kreis der Kinder, denen sie / Voll zarter Mutterlieb ihr Leben weiht«; und ausdrücklich preist er ihre »Zufriedenheit«. Handelt es sich um konventionelle Dankbarkeitsbezeigungen, oder war der Ton hinter den biedermeierlichen Sprachschablonen echt?

Trotz ihrer gehobenen Herkunft als Tochter eines Regierungsrats hatte Caroline Büchner einen einfachen Arzt geheiratet; es mußte demnach Neigung im Spiel gewesen sein. Daß sie eine Trauung »in der Stille«, ohne übliche Formalitäten und nicht durch den zuständigen, sondern einen ihr persönlich nahestehenden Pfarrer bei ihrem Vater und dem Landesherrn durchsetzte, deutet, neben einiger Selbständigkeit, auf ihre Wertschätzung innerer Bindungen und die Rolle des Gefühls auch bei ihrer Gattenwahl hin.

Das ihr zugewiesene zeitübliche Los als Hausfrau wurde akzeptiert. »Man muß sich an alles gewöhnen«, schreibt sie später, mit fünfundvierzig Jahren, in dem einzig erhaltenen Brief an ihren Ältesten. In der Familie Büchner hieß es nicht nur: Selbst ist der Mann!, sondern auch: Selbst ist die Frau! Freilich in den eigenen vier Wänden. Neben den sechs Sprößlingen (ein weiteres Kind starb nach wenigen Monaten) hatte Caroline die eigene von Jahr zu Jahr mehr erblindende Mutter zu versorgen, sich auch auf die Notwendigkeiten der Arztpraxis einzustellen, die mehr Leute, mehr Schmutz und mehr prüfende Blicke als bei anderen Bürgerfrauen ins Haus brachte. Ihr Mann scheint ihr keine Haushaltshilfe zur Hand gegeben zu haben oder hat sie nicht geben können. Noch in den Vierzigern wusch sie jedenfalls die große Wäsche selbst und bügelte sie abends bis zum letzten Stück, während er und die Kinder im Theater waren.

Ernst Büchner hielt zwar auf Unterstützung der Mutter, indem er, wie die jüngste Tochter Luise berichtet, abends um acht nach dem Essen groß und klein, sich selbst eingeschlossen, etwa zum Linsenauslesen, um den großen, viereckigen, nußbaumenen Tisch herum als Aschenbrödel anstellte. Denn er erblickte einen Wert darin, »welcher fürs ganze Leben daraus erwächst, wenn der Mensch, was auch später sein Beruf sei, schon frühe in praktischer Tätigkeit geübt wird«. Kein Wunder, daß sogenanntes faules Herumschlendern von ihm nicht geduldet wurde. Alles mußte »nützliche Arbeit« verrichten. Dennoch: Für seine Frau blieb jeden Tag mehr als ein volles Arbeitspensum.

Sie war ebenfalls keine wehleidige Natur und verstand zuzupak-

Die Mutter Caroline Luise Büchner,
Daguerreotypie, 1854

Der Vater Ernst Büchner im Alter von 68 Jahren,
Daguerreotypie, 1854

ken. Hatte Dr. Büchner das Bewußtsein, trotz seines Beamtenstatus nicht zu den verbreiteten Schmarotzern zu zählen, so durfte auch seine Frau sagen, daß man hier im Hause eigener Hände Arbeit schätzte und sich von niemandem bedienen ließ. Hierin dürfte ein Zusammenhang mit dem frühen Selbstbewußtsein des Sohnes bestehen. Das Geburtstagsgedicht darf, trotz der Sprachklischees, auch insofern als ehrlich gelten, als die Mutter mit ihrer unermüdlichen Aufgabenerfüllung – sich regen bringt Segen – ein freundliches und aufgeschlossenes Wesen verband. Ungeachtet ihrer Beschränkung auf den häuslichen Pflichtenkreis verbitterte sie nicht.

Goethes Selbstaussage »Vom Vater hab ich die Statur, Des Lebens ernstes Führen, Vom Mütterchen die Frohnatur Und Lust zu fabulieren« scheint als Tendenz auch für Georg Büchner zuzutreffen. Caroline Büchner war, was die Kinder anbelangt, ein Gegenpol zum Vater, stets wirkte sie auf Ausgleich hin. Ließ sie es doch häufig zu, daß um sie herum manchmal so großer »Tumult« war, daß sie nicht mehr wußte, »wo mir der Kopf steht«. Die Kinder durften demnach tagsüber temperamentvoll im Hause und im Garten spielen, ihrer Phantasie freien Lauf lassen.

Und schlichte Natürlichkeit in Rede und Tat verband die Mutter mit rührender Besorgnis um die Kinder. Sie neigte sich ihnen auch insofern zu, als sie bereit war, die Eigenart der Heranwachsenden anzuerkennen. Wie es Georgs jüngere Schwester Luise in den sechziger Jahren in ihrem Romanfragment »Ein Dichter« schildert, nahm sie sich des öfteren nachmittags, bevor der Vater auftauchte, bei einer Tasse Tee einige Augenblicke Zeit, machte es um die Lampe in ihrem kleinen Zimmer gemütlich und ließ die Kinder ihre »kleinen Geheimnisse und ihren Herzenskummer« aussprechen, woraus sich bald ein »geistiges Zusammenleben« entwickelte. Sie war dabei stets bemüht, »der Wahrheit die Ehre zu geben, dadurch lenkte sie dieselben weit sicherer zur Mäßigung und Besonnenheit, als wenn sie ihnen, wie Ältere dies den Jüngeren meist nur zu gerne tun, ohne weiteres ihre Wahrnehmung bestritten und als eingebildet hingestellt hätte. Dadurch, daß sie auf ihre Kinder einging, sie als urteilsfähige Menschen betrachtete und mit ihnen diskutierte, nicht disputierte, erwarb sie sich deren unbedingtes Vertrauen und ließen sie sich der Mutter gegenüber vollständig gehen.«

26

Die wahrheitsliebende mütterliche »Zauberin« setzte mit ihrer Achtung und Kenntnis des menschlichen Herzens Maßstäbe. Sie hat wohl dazu beigetragen, daß Georg Büchner nicht nur angeregt wurde, eigene Schilderungen und Darstellungen mit einem größeren Wahrhaftigkeitsgrad als in der Schule vorzubringen, sondern auch, über die sprachliche Entäußerung, einen eigenen Standpunkt zu finden und diesen im Austausch der Gedanken zu prüfen und zu vertreten. Spätere Ansichten des Gymnasiasten, die wegen ihrer Unkonventionalität aufhorchen lassen, werden so erklärbarer. Etwa diese: Das »Subjektive« sei das »einzig Richtige, widerspricht diesem das *Objektive*, so ist dasselbe falsch« (Selbstmord-Rezension).

Die liebevolle Hinneigung Caroline Büchners schlug noch auf andere Weise Wurzeln in der empfänglichen Seele des Sohnes. Nicht von ungefähr wird der in einer Gemeinschaft von Geschwistern Aufwachsende, der bei ihnen einen guten Stand hatte, trotz seines zeitweiligen Hangs zum Rückzug nach innen kein schüchterner, sondern ein kommunikationsfreudiger Mensch, der trotz einer gewissen Zurückhaltung auch mit anderen warm werden kann.

Caroline Büchner nahm sich der ersten Bildung Georgs mit an, er erhielt bei ihr Elementarunterricht im Lesen und Schreiben (möglicherweise auch im Rechnen). Die Mutter übertrug auch das, was ihr vertraut war und ihr einst selbst zu Herzen ging, auf das empfängliche Gemüt des Lauschenden: Märchen, Sagen und Volkslieder – die auf drei Bände erweiterte Sammlung der »Kinder- und Hausmärchen« der Brüder Grimm war 1819/22 erschienen, Arnims und Brentanos »Des Knaben Wunderhorn« 1806/08, Herders »Stimmen der Völker in Liedern« 1807 –, poetische Bilder also von Schönheit, Sittlichkeit und deren Gefährdung. Auch Gedichte Matthissons und der schwäbischen Romantik, die offenbar ihrem leicht sentimentalen Naturverhältnis und Geschmack entsprachen. Dazu Theodor Körners patriotisch-deutschtümelnde Freiheitslieder und Schillers, ihres Lieblingsdichters, Balladen vom Kampf und von der Bewährung des Aufrechten gegen Bedrängnisse jeglicher Art.

Auch für Klavierunterricht dürfte die Mutter gesorgt haben.

6. Wertbildungen außerhalb

Mit acht Jahren, Ostern 1822, kam Georg für drei Jahre in die
»Privat-Erziehungs- und Unterrichts-Anstalt für Knaben«, ein Institut des Dr. Carl Weitershausen am Orte. Dort sollte er die Vorkenntnisse für das Ludwigs-Gymnasium erwerben, das Sprungbrett für alle
höheren Schulen. Aufmerksam und fest wurde er an die Hand genommen. Das Familienoberhaupt achtete darauf, daß sein Großer
keinen der Schritte versäumte, durch die er möglichst sicher und
rasch seinen Weg machen und in die Fußtapfen des Vaters treten
konnte. Seine Wünsche in seinen Söhnen erfüllt zu sehen, dafür war
dem auch gegen sich selbst wenig großzügigen Manne kein Aufwand
zu groß. Ernst Büchner hatte seine Ausbildung mit Mühen und auf
Umwegen erhalten; um so wertvoller mußte ihm eine zweckmäßige
Ausbildung nun für die Kinder erscheinen. Das Elternhaus hatte nun,
was die Vermittlung von Wissen und Wertvorstellungen anbelangt,
einen Partner in der bürgerlichen Privatschule. Diese soll ein »wirklich glänzend eingerichtetes Institut« gewesen sein, in dem »rasch
und viel gelernt« wurde. Rund fünfzig Schüler erhielten dort in vier
Klassen Unterricht in dreizehn (!) Fächern, darunter Georg in Latein, Griechisch, Französisch und Englisch, Geometrie, Naturgeschichte und Physik. Dieses gediegene und moderne Wissensangebot
dürfte einer der Bausteine für Büchners spätere phänomenale geistige Entwicklung gewesen sein, die sich in einem erstaunlich kurzen
Zeitraum vollzog. Besonderer Wert wurde auch auf freies Erzählen
und Zeichnen gelegt. Selbst das »Exerzieren unterm Gewehr mit
Trommeln und Pfeifen«, vor allem aber das durch die patriotische
Bewegung während der Befreiungskriege ins Leben gerufene Turnen
fehlten nicht. Wilhelm Hamm, der ebenfalls in den zwanziger Jahren
diese Schule besuchte, spricht darüber hinaus von ihrem »freigeisti-
gen, demagogischen Anstrich«.
Nimmt man die Entstehung einer undatiert und fragmentarisch
überlieferten Reisegeschichte Georgs noch für diese Zeit an, so wurden hier auch die Tugenden Zuverlässigkeit und Tüchtigkeit vermittelt. Ein Passagierschiff, und zwar eines der englischen Handelskompagnie, gerät vor der chinesischen Küste in Seenot, »und unter
einem gräßlichen Schrei, der mir jetzt noch in den Ohren gellt, ver-

sanken fast 400 Menschen in den furchtbaren Abgrund. Trotz des wütenden Sturms erreichten wir glücklich das Ufer. Auf den Knien dankten wir Gott für unsere wunderbare Rettung und verfielen hierauf in einen sanften Schlaf ...« Die Vorsehung schickte sogleich einen »Trupp neugieriger Chinesen ..., welche, gerührt über unser trauriges Schicksal, das wir ihnen erzählten, uns zu unterstützen und nach Kanton zu schaffen versprachen«.

Kennzeichnend für den weniger abenteuernden als pflichttreuen Helden: Er schifft sich umgehend zusammen mit Kapitän und Offizieren wieder ein, um der Handelskompagnie »Bericht ... abzustatten«. Nichts läßt vorerst auf Außergewöhnliches schließen. Selbst die kindliche Übertreibung mit dem »gräßlichen Schrei« der vierhundert Ertrinkenden ist keine Phantasieleistung, sondern Klischee.

Gleichfalls fragmentarisch überliefert und wohl diesen Jahren zugehörig ist ein anekdotenhaftes Lehrgeschichtchen »Über die Freundschaft«. Auch hier geht es um eine Moralformel. Doch: Das *Maßvolle* erscheint *nicht* mehr als Beweispunkt. Vielmehr wirbt der Schüler hier um die Legitimation einer Norm-*Übertretung:* Für die *Freundschaft* möge eine Ausnahme gelten! Sei doch die »wahre Freundschaft ... nur diejenige, welche nichts in ihren großmütigen Ergüssen aufhält, welche den Menschen in allen Lagen und Zuständen, worin ihn ein Schicksal versetzt, begleitet, welche sich durch keine Rücksicht erschüttern läßt und sich unveränderlich auch im Unglück ausspricht und bewährt«. Der Schüler wählt kein militantes Beispiel, um für seine These zu werben, sondern das Verhalten eines tödlich erkrankten Dr. Eubruil. Dieser von seinen Mitmenschen hochgeachtete Mann schickt alle wegen akuter Ansteckungsgefahr aus seinem Haus – seinen Freund Techmeja aber bittet er, bei ihm zu bleiben. Büchner begründet das Erwachen zu solcherart Freundschaftsverlangen biologisch, mit dem »Lebensalter« des In-die-Welt-Tretens und einer »Zeit des Vertrauens und des unwillkürlichen Triebes, der unsere Seele anregt, mit einer andern Seele in Eins sich zu verschmelzen«. Abgesehen von den gestelzten Worten, die dem Jungen offenbar eingetrichtert worden waren: Gab es schon Dinge, die man in Elternhaus und Schule nicht mehr so recht äußern konnte? Fragen des Herzens, die Gleichaltrige, Gleichgesinnte eher verstanden als ihre Erzieher?

Die Hochachtung vor dem Vater war dennoch in das Geschicht-

chen eingegangen. Dr. Eubruil, der »ebenso kenntnisreiche als mitlei-
dige Arzt«, welcher »Personen jeglichen Standes« in ihren »Sorgen«
unterstützt – wer anders konnte damit gemeint sein als der in die
Antike transportierte Papa. Bewundert wurde vom Sohn dessen
selbstloser Dienst für die Menschen. So mochte die Berufsausübung
des Vaters beim Jungen bereits in frühen Jahren bewirkt haben, manches menschenfreundliche Ideal tiefer, absoluter, ungebrochener, als
es üblich war, in sich aufzunehmen.

7. »Pädagog« und Pubertätsphase

Das Großherzogliche Ludwigs-Gymnasium, auch »Pädagog«
genannt, war 1629 als reformierte Schule zur Herausbildung von Gelehrten gegründet worden. Die Bildungsideale des frühbürgerlichen
Humanismus waren lebendig geblieben, die Rede und Schrift in
ihrer gesellschaftlichen Bedeutung überschätzten. Das Wort besaß,
schien es, die Macht, über solche Schulung von Verstandes- und Ver-
nunftkräften die Gesellschaft zu vermenschlichen. Noch zu Büchners
Zeit dominierte in dem auf klassische Bildung ausgerichteten Lehr-
programm der philologische Unterricht. Gepaukt wurden Latein und
Griechisch; Französisch, Englisch und Italienisch blieben fakultativ.
Nur zwei (!) Wochenstunden Deutsch und zwei Stunden Geographie,
jedoch neun Stunden Latein und ebensoviel Stunden Griechisch
schrieb der Unterrichtsplan vor.
    Am 3. März 1825 trat Büchner in die zweite Klasse dieser konser-
vativen Bildungsanstalt ein. 1826 löste der klassische Altphilologe
Dr. Dilthey den liberalen Direktor und Theologen Zimmermann ab.
Noch im selben Jahre wurde eine von Dilthey selbst entworfene und
behördlich genehmigte »Instruktion für den Unterricht ...« erlassen.
Sie schrieb den übernommenen Lehrkräften bei großem Spielraum
zur Entfaltung ihrer eigenen Methodik (und ihrer »Schrullen«) vor,
wie sie zu verfahren hätten, um das »klassische« Bildungsgebäude
stärker den politischen Bedürfnissen anzupassen. Doch orientierte

Das Darmstädter
Gymnasium, 1832

sich dies auf die Bedienung bürokratischer Interessen. Den Geist der
Lehranstalt sollten verflachte Spätaufklärung und Obrigkeitshörigkeit
beherrschen. Im Deutschunterricht bestand die Aufgabe des Lehrers
darin, seinen Schülern dafür nützliche Tugenden und Lehren beizubringen. Erhebende antike Freiheitsreden kamen in den obersten
Klassenstufen immer seltener in Betracht. Statt dessen zeigte man,
wie Lobreden zu halten seien, unterwies die Schüler im Hof-, Kanz-
lei-, Geschäfts- und Briefstil. Praxisnähe war gefordert, hieß aber
Vorübung auf Anpassung und Dienst in und an der konstitutionellen
Monarchie.

Das fiel nach einiger Zeit selbst den wohlerzogenen Bürgersöhnen
aus Darmstadt und Umgebung auf. Freilich lernten alle vorerst noch
gehorsam ihre Latein- und Griechischvokabeln, büffelten Grammatik und die Lektionen. Doch das Einerlei und die Lebensferne des
nur durch Fachlehrer absolvierten, durch keinen Klassenlehrer persönlich gebundenen Unterrichts, wohl auch der unverhohlene End-
zweck schmälerten ihre Hingabe. Die Pädagogen »wurden gefürchtet

oder verspottet oder auch beides zusammen, aber geliebt gewiß von keinem einzigen der Schüler« (W. Hamm). Die Schüler dürsteten nach anderen Erlebnissen. Eine früh geweckte Liebe zur Kunst hielt den besten Teil der Klasse davon ab, sich an Kneipentouren zu ergötzen.

Es waren die ebenfalls aus Darmstadt stammenden Brüder Zimmermann, Söhne eines Kriegsrats und Enkel des vormaligen Rektors, die ihre Mitschüler mit ihrer Shakespeare-Begeisterung ansteckten. Man verabredete sich,»in dem schönen Buchwald bei Darmstadt im Sommer an Sonntagnachmittagen die Dramen des großen Briten zu lesen, die uns die anregendsten und teuersten waren ...«.

So näherte man sich»Richard III.«, dem»Kaufmann von Venedig«,»Romeo und Julia«,»Othello« und»Hamlet«.»Wir hatten Momente innigster und wahrster Hingerissenheit und Erhebung ...«, schreibt Wilhelm Luck, ein ehemaliger Mitschüler, sich erinnernd, noch 1878. Die Jungen entdeckten in diesem seelenweitenden Rausch das Atmosphärische großer Kunst, die Schönheit einzelner Verse, die Brisanz der Sentenzen und Bilder. Und sie machten eine »mehr als bloße poetische« Entdeckung an Shakespeares Tragödien: eine nach Lucks Worten »wahre und tiefere Weltoffenbarung ...«.

Inwiefern?

»Die erste Seite, die ich in ihm las, machte mich auf Zeitlebens ihm eigen, und wie ich mit dem ersten Stücke fertig war, stand ich wie ein Blindgeborener, dem eine Wunderhand das Gesicht in einem Augenblicke schenkt. Ich erkannte, ich fühlte aufs lebhafteste meine Existenz um eine Unendlichkeit erweitert; alles war mir neu, unbekannt ... Nach und nach lernt' ich sehen ...« So hat Goethe als Zweiundzwanzigjähriger in seiner Straßburger Rede vor Freunden 1771, »Zum Shakespeares-Tag«, seine Begegnung mit dem Werk des großen Briten geschildert.

Büchner und seine Schulfreunde waren, bald sechzig Jahre später, in einer ähnlichen Lage. Man bemühte sich, auch sie fürs »Elysium des sogenannten guten Geschmacks« zurechtzumachen, wo sie wie ihre Vorfahren »schlaftrunken, in langweiliger Dämmerung halb sind, halb nicht sind ...« (Goethe, Zum Shakespeares-Tag). Solche Enge und Monotonie traten den Fünfzehn-, Sechzehnjährigen, in jenem Alter des Gärens, des sprunghaften Erwachens der Persönlichkeit, ahnungsvoll ins Bewußtsein. Bei der Begegnung mit Shakespeare: mit seinen Haupt- und Staatsaktionen, dem Zusammenprall von Leidenschaften, der Machtgier, der Korruption des herrschenden Adels bis in die Spitzen der Monarchien; mit der Seelenlage eines jungen Hamlet, der die Wissenschaften studiert hat und, als er nach Hause kommt, die Welt aus den Angeln sieht; der denkt und fragt: Was ist diese Welt? Wer bin ich? Und: Was tun?

Ein buntes Kaleidoskop eines ebenso widerspruchsvollen wie gesteigerten Lebens tat sich da vor ihnen auf. Abbildungen von Geschichte und Menschenschicksalen, die ungleich interessanter sein mußten als jene Bilder, die man ihnen offiziell vorzeigte.

Goethe hatten seinerzeit vor allem die »kolossalische Größe« und die »Natur«, die lebenswahre Zeichnung der prometheischen Menschen Shakespeares begeistert. Büchner entdeckte bei seiner ersten Begegnung mit dem Renaissanceautor ebenfalls den tiefen Realismus seiner Charaktere. Es waren Gestalten darunter, die den Jugendlichen imponierten, weil sie die Kraft hatten, Aktionen in Gang zu setzen und aufs Ganze zu gehen.

Und in Darmstadt? Hatte man Shakespeares Welt im Hinterkopf und ging durch Darmstadt, so konnten sich Vergleiche aufdrängen: das verschwenderische Treiben des »romantischen« Erbprinzen, dessen persönliche Schulden sich auf die – damals – astronomische Summe von zwei Millionen (!) Talern beliefen; die Bauwut des Großherzogs, der die Residenz seines kleines Landes herausstaffieren wollte, Straßenzug um Straßenzug aus dem Boden stampfen ließ, worin Kasernen, Kirchen und Häuser für Wohlhabende dominierten – obgleich, wie es hieß, das Land ausgeblutet sei; da zogen die in Uniformen gepreßten Bauernsöhne, dreitausend Mann Leibgarde, Gardereiter, Infanterie, Artilleriekorps, in Aufzügen durch die Straßen, vorneweg der Tambour und »Trommeln und Trompeten« und »die Herren vom Hof und die ungeratenen Buben vom Adel«. »Mit ihren Trommeln übertäuben sie eure Seufzer«, wird Büchner an die Armen im »Hessischen Landboten« schreiben, »mit ihren Kolben zerschmettern sie euch den Schädel, wenn ihr zu denken wagt, daß ihr freie Menschen seid.« Dem Büchnerschen Wohnhaus gegenüber und von dessen zweitem Stockwerk aus gut einsehbar, war eine neue Artilleriekaserne entstanden. Hier und bei Besuchen des Leibgarderegimentskommandeurs »Major-Onkel« Philipp Carl Bechtold oder im fürstlichen Marstall bei »Oberleutnant-

Onkel« Georg Reuss konnte der junge Büchner mit geschärften Sinnen Lehrstunden nehmen und ungeschminkt über das Dasein des gemeinen Soldaten und den Aufwand der Mächtigen Kenntnis erhalten.

Abends, im neuen Großherzoglichen Hof-Operntheater mit seinen zweitausend (!) Plätzen, »über allem, wie ein Gott in der Wolke, Serenissimus mit seinem Hofstaat und Hofadel« (A. Büchner): Ludewig läßt es sich nicht nehmen, als Oberleiter des Hauses auch dessen alleiniger Dirigent zu sein. Der Taktstock Sr. Exzellenz rührt unermüdlich im Heroisch-Monumentalen, um »seine« Bürger zum »Großen und Wahren« zu bilden. Mit dem Blech von Spontini läßt er ein Bühnenspektakel sich entfalten, dessen Pracht weithin als unübertrefflich gilt. Kostenpunkt: 250 000 Gulden jährlich. Die komische Oper indes das Stiefkind, das Schauspiel ein Lückenbüßer. Neben einer Unmenge von Konversations- und Rührstücken (138 allein von August von Kotzebue), an Zauber- und Ritterspielen, Possen, Lustspielen und Schicksalsdramen hin und wieder auch mal ein Werk von Lessing, Goethe, Schiller, Goldoni, von Moliére, Calderón oder Grillparzer – und, zweimal, ein Shakespeare, dessen Julia und Porzia 1828 die hübsche, talentvolle Therese Peche spielt. Auch Büchner bewundert sie, ehe sie, am Ende der Spielzeit, dem Darmstädter Pomp den Rücken kehrt.

Von den 22 000 Einwohnern der Haupt- und Residenzstadt (Militär nicht mitgerechnet) waren 32 Prozent Staatsdiener: Beamte des mittleren und höheren Dienstes. Und: Pensionäre en gros. »Für die Pensionen 480 000 Gulden«, listet Büchner Jahre später auf. »Dafür werden die Beamten aufs Polster gelegt, wenn sie eine gewisse Zeit dem Staate treu gedient haben, d. h., wenn sie eifrige Handlanger bei der regelmäßig eingerichteten Schinderei gewesen, die man Ordnung und Gesetz heißt.« Die 40 Prozent Handwerker und Kaufleute waren ihrerseits weitgehend vom Hof, von den Beamten und vom Militär abhängig. Für sie alle war es »eine süße Pflicht, wohlgenährt, gutgekleidet und mit zufriedenen Gesichtern durch dieses Leben zu wallen«, wie Alexander Büchner weiter zu berichten weiß. Der Tugendstolz war enorm wie eh und je.

Um die Not der einfachen Menschen, der Tagelöhner und Armen in der Stadt, der Bauern ringsum auf dem Land, scherte sich niemand. »Geht einmal nach Darmstadt und seht, wie die Herren sich

Der Paradeplatz mit Blick auf das Opernhaus

für euer Geld dort lustig machen, und erzählt dann euern hungernden Weibern und Kindern, daß ihr Brod an fremden Bäuchern herr-
lich angeschlagen sei ...« (»Der Hessische Landbote«)

Mochte dieser oder jener Bürger allenfalls, hinter vorgehaltener
Hand, von teuren Prinzmanieren tuscheln – abends, im Parterre der
Oper, erwies er den Herrschaften auf dem Rang tiefe Reverenz.

Wo waren da Charakter, Gerechtigkeit, Größe, Leidenschaft des Lebens? Wie paßte das alles zusammen mit dem, was den Eleven von
der Vernünftigkeit des monarchischen Systems und den aufopferungsvollen Verdiensten seiner Vertreter in der Schule vorerzählt
wurde?

Ludwig II., Großherzog von Hessen und bei Rhein, im Kreise seiner Familie,
Lithographie von Johann Karl Kratz, 1844

So mag Shakespeare seelischen und geistigen Zuwachs gebracht haben. Sein Werk trug dazu bei, daß die Hülle naiver Gläubigkeit abgestoßen wurde. Lehrer, Eltern und das, was diese Stadt ausmachte, sahen manche Schüler allmählich mit anderen Augen an. Die hiesigen Dimensionen verkleinerten sich, verloren allmählich ihre Macht. Die *Fähigkeit zur Kritik* erwachte. Fragen und Zweifel stellten sich ein.

Hinzu kam bei Georg Büchner, daß sein Vater Patienten aus *allen* Schichten der Gesellschaft behandelte. Er begegnete auch den Wohlbemittelten, Untersuchungsrichtern etwa, in einer Vertrauensposition. Er konnte mehr als die Eltern der meisten anderen Schüler Blicke hinter die Kulissen werfen. Er sah kleine und große Leute im Bett liegen, machte Bekanntschaft mit ihren Verhältnissen, erlebte, wie sich Persönlichkeiten während ihrer Leiden zeigten, erfuhr, Krankengeschichten erfragend, genaue Lebensläufe, auch dunkle Stellen, und hörte wohl manches Geständnis. Mehr, als auf die Straße drang, teilte sich ihm so von der Doppelmoral des Adels und der Bürger, auch von Korruption mit: Schein und Sein, Reden und Handeln waren allzuoft deckungsungleich.

Es ist unwahrscheinlich, daß derartige Erlebnisse zwischen den moralisch integren Eltern nicht gesprächsweise behandelt wurden und einiges davon bis zu dem hellhörig gewordenen Georg durchsickerte, so daß ihm die Darmstädter Umwelt ganz besonders zwielichtig erschien. Jedenfalls hinterließ der Vater bei seinen Kindern den Eindruck eines Mannes mit einer »großen Lebenserfahrung«, die er ihnen weitervermittelte, und er hat später offenbart, daß er sich in Gegenwart der Kinder längst nicht immer zu beherrschen wußte. Franzos hebt nicht nur den scharfen klaren Verstand des Vaters hervor, sondern auch dessen große Wahrheitsliebe. Trifft es auch nicht zu, daß der Vater darin stets konsequent war, so deutet doch eine durch Alexander Büchner übermittelte Anekdote darauf hin, daß Ernst Büchner sich zumindest einmal auch nach außen hin ermannte, den hohen Herrschaften mitten in ihrem allzu ungestörten Treiben einen Schreck einzujagen: »Als der Großherzog eines Abends eine jener damals üblichen Maskenbälle, Redouten genannt, gab, erschien auf demselben eine kurze, verkleidete Gestalt, in der grünen Jägeruniform, welche der Kaiser (Ernst Büchners Idol Napoleon – R. L.) gewöhnlich trug. Die Maske erregte großes Aufsehen und wurde vielfach angesprochen, blieb jedoch stumm wie das Grab, ging mit den Händen auf dem Rücken gravitätisch in dem Saal auf und ab, und als mit dem Glockenschlag zwölf die Masken fallen mußten, war sie verschwunden.« Wenn auch der wiederauferstandene Geist des »gerechten« Bonaparte im Faschingskostüm daherkam, so dürfte das Spiel doch mehr als eine Marotte des Vaters bedeutet haben.

»Jugendliche Empfänglichkeit«, berichtet Luck, Durst nach Wahrheit und Gerechtigkeitssinn ließen bei Büchner und seinen Freunden das Bedürfnis entstehen, in das Wesen der Dinge einzudringen, »uns demgemäß auszubilden und zu handeln«.

Die Jungen fühlten sich dazu aufgefordert, nach neuen Werten zu suchen. Sie wollten irgendwie anders werden als die Erwachsenen, die sie kannten und von denen sie hörten. Ein anderes, ein hohes Bild vom Menschen, mit Tugenden anderer Art, schwebte ihnen vor. So erhielt die Frage Gewicht, wie es wohl anderen ergangen war, was wohl andere in vergleichbaren Situationen gemacht, wie sie sich verhalten hatten, um sich selbst, ihr Schicksal, ihre Welt meistern zu können.

So griff man denn zum Buch, versuchte sich autodidaktisch zu bilden. Die Lehrer sahen das nicht gern, die Schüler entglitten so ihrer Kontrolle. Insbesondere Büchner blieb nicht bei Shakespeare stehen. Ausgerüstet mit einem guten Gedächtnis und analytischer Begabung, prüfte er auch antike und moderne Autoren, widmete der Lektüre viel Zeit. Er knapste sie von schulischen Verpflichtungen ab und suchte zu Hause jede Gelegenheit, um auf sein Zimmer zu kommen und dort »zu arbeiten ..., angestrengt, oft *zu* lange, was der Mutter oft bange Sorge bereitete«, wie sich Luise zu erinnern weiß.

Er wollte Literatur als Lebenshilfe nutzen. Er las in breiter Fächerung. Antikes (Homer, Aischylos, Sophokles), Calderón, französische Literatur; alle Volkspoesie, die die Kameraden auftreiben konnten, verschlang er, so Herders Sammlung »Stimmen der Völker in Liedern« und »Des Knaben Wunderhorn«. Schiller, Goethe, Jean Paul, die deutschen »Hauptromantiker« wurden gesichtet.

Büchner war jetzt sehr an der philosophisch-gedanklichen Dimension einer Dichtung gelegen – doch durfte ihm ihr Sinngehalt auch nicht auf Kosten ihres Kunstwertes gehen. So hatte er trotz seiner Verehrung Schillers bald vieles gegen das Rhetorische in dessen

Ludwig Wilhelm Luck, um 1850

Dichtung einzuwenden. Dagegen entwickelte er, so scheint es zumindest seinen Schulfreunden, früh einen »elastischen Geschmack«, und es heißt, »für echte Poesie« wäre »seine Liebe groß, sein Verständnis fein und sicher« (Zimmermann, 1878) gewesen.

Obgleich er von 1828 bis 1834 keine Zeile gedichtet zu haben scheint, kann man diese Phase schöngeistiger Lektürewut ohne Übertreibung als eine wichtige Stufe auf dem Wege zu eigenem Kunstschaffen bezeichnen. Haben doch diese Begegnungen ein bleibendes Gespür für große Kunstleistungen erbracht.

Eine erste Reaktion war offenbar die, daß ihm der Dilettantismus der eigenen kleinen Gelegenheitstexte bewußt wurde. Er nahm Abstand von weiteren Versuchen dieser Art. Später, als er etwas erlebt hatte, schrieb er frisch und unverbraucht darauf los. Plötzlich konnte er mit Überraschendem aufwarten.

Vorerst ließ er sich nicht von seinen Erkundungen ablenken. Bei Homer konnte Büchner der existentiellen Wucht von gesellschaftlichen Auseinandersetzungen, dem Kampf des Menschen mit der Natur begegnen; Aischylos pries in den »Persern« den Verteidigungskampf eines kleinen freien Volkes gegen eine riesige Interventionsstreitmacht. Sophokles' »Antigone« konnte so gelesen werden, daß hier ein einzelnes Individuum sich moralisch-sittlich empörte, dabei gegen die vom Tyrannen repräsentierte Staatsnorm verstieß und unnachgiebig auf seiner Empörung beharrte. »König Ödipus« mochte Büchner wegen des Ringens um Aufklärung einer dem Menschen nicht bewußten Schuldverstrickung faszinieren, und weil dieser das ihn heimsuchende Schicksal auf sich nahm.

Zumindest konnte dies zu dem jugendgemäßen Schluß beitragen, den er dann in den Einleitungen beider erhaltenen Schülerreden zog: daß, solange die Welt bestehe, außerordentliche Menschen den »Kampf mit ihrem Schicksale« aufgenommen hätten, seien die »Gesetze der Vorsehung« auch »ebenso unerforschlich als unabänderlich« wie die Feinde stark gewesen. Es komme weniger auf das Ziel als auf den immer erneuten Versuch an, in den »Gang der Weltgeschichte« einzugreifen (Cato-Rede).

Die französischen Aufklärer, unter ihnen Rousseau und Diderot, wohl auch Voltaire, zu denen Büchner griff, mußten in ihm den Glauben an die Kraft des Geistes und der Vernunft bestärken. Sie unterstrichen das Recht des Bürgers auf Widerstand gegen feudalen und religiösen Despotismus.

Und die »Hauptromantiker«? Da wäre an Kleist und seine Novelle »Michael Kohlhaas« zu denken, die auf Rousseaus Naturrechtslehre fußt. Sie schildert den konsequenten Rechtskampf des Bürgers, der sich gegen Unrechtspraktiken und Cliquenwirtschaft im feudalen Staat auflehnt. Der Dichter stellt das Innere eines bürokratischen Staatskörpers bis in die Ebene der fürstlichen Landesherren hinauf bloß. Auch Kleists Held geht nach einem »exzentrischen Laufe« (Cato-Vortrag) wie ein Komet unter. Doch bleiben sein Anliegen und Einsatz als Botschaft unsterblich. Es hat sich, trotz des Lebensopfers, gelohnt, den Mächtigen in die Zügel zu greifen und das Undurchsichtige durchschaubar zu machen.

Büchner schätzte auch Jean Paul. Wahrscheinlich entdeckte er ihn in Vaters Bücherschrank. Zumindest gehörte er, insbesondere sein 1804/05 geschriebener Entwicklungsroman »Flegeljahre«, zur Lieblingslektüre des damaligen deutschen Bürgertums.

Die Lektüre, Antike wie Moderne, gab Anregungen, die weiter führten, als es die offiziellen Ausbildungspläne der großherzoglichen Lehranstalt erlaubten.

Sie entwickelte Büchners Einfühlungsvermögen in bis dahin unbekannte individuelle, gesellschaftliche und geschichtliche Gegebenheiten, förderte seine Phantasie und geistige Beweglichkeit. Ein *Problembewußtsein* bildete sich bei dem Gymnasiasten heraus. Neugier wurde geweckt – und Mut, den unklaren Dingen dieser Welt weiter nachzuspüren.

8. Geschichtslektüre oder Freiheit und Revolution

Im Hause Büchner war es üblich, die Kinder bereits mit zehn Jahren »wie gewöhnlich die Geschichte« lesen zu lassen, wie aus dem bereits mehrfach zitierten Brief des Vaters hervorgeht. Georg kam demnach schon früh mit historischen Darstellungen in Berührung und sah sich im vielgestaltigen »Buch der Weltgeschichte« (Heldentod-Aufsatz) um.

Georg war mittlerweile in das Alter gekommen, wo er für würdig befunden wurde, in den Gedankenaustausch im Elternhaus einbezogen zu werden. Des Vaters Situation als Beamter im Staate gebot ihm im offiziellen Teil seiner Existenz nicht nur ärztlicherseits Schweigepflicht. Eine seiner Lebensformeln, die er mit manch anderem Bürger teilte und die er Georg einschärfen wollte, lautete: »Sei nur recht (vorsichtig) in Deinem Benehmen und in Deinen Äußerungen gegen und über jedermann«; und Wilhelm Büchner berichtet, daß der Vater bei aller »Freisinnigkeit ... aber sehr vorsichtig« war, zumal er »ganz gewiß schon frühe die Gefahr einer politischen Richtung für seine Söhne« erkannt habe.

Er zog es vor, die politische Meinungsäußerung aufs eigene Haus zu beschränken. Hier machte er seine Kinder mit der politischen Geschichte bekannt.

Laut Mitteilung von Georg Büchners jüngerem Bruder Wilhelm war der Vater Abonnent der politischen Zeitschrift »Unsere Zeit oder geschichtliche Übersicht der merkwürdigsten Ereignisse von 1789 bis 1830«.

Die Heftfolgen mit einigen beigegebenen Lithographien erschienen ab 1826 unter dem Pseudonym Carl Strahlheim (Johann Konrad Friedrich) in einer württembergischen Privatdruckerei. »Unparteiisch, klar und wahr!« stand auf den Schutzumschlägen. Ernst Büchner mochte vom Autor Geistesverwandtschaft erwarten, denn dieser wies sich zudem im Untertitel als »ehemaliger Offizier der Kais. franz. Armee« aus. Abends, beim Schein der Petroleumlampe, las der Vater »unter lebhaftestem Anteil« der Familie daraus vor. Eigene Erinnerungen an die bewegte Jugendzeit unter den siegreichen Fahnen Bonapartes, wohl auch Erlebnisberichte von ehemaligen Kameraden aus Holland oder von der Alten Garde, verschmolzen dabei mit den Kommentaren, anekdotenhaften Erzählungen und authentischen Wiedergaben in der Zeitschrift. Denn dort waren Proklamationen, Gesetze, Augenzeugenberichte und immer wieder *Reden* abgedruckt. Zu diesem Tatsachenmaterial gehörten auch die durch die französische Nationalversammlung 1789 der Welt verkündeten »Rechte der

Bürger und Menschen«, Mirabeaus Ansprachen, die Anklageschrift gegen Ludwig XVI., Dumouriez' Aufruf an die Belgier, sich der Republik Frankreich anzuschließen u. a. m.

Vom Vater wurden offenbar Begebenheiten und Texte einerseits aus der Zeit vor der Jakobinerdiktatur, andererseits aus der Zeit der Herrschaft Napoleons für den Vortrag ausgewählt. In beiden Perioden vermochten allgemeingehaltene patriotische Freiheitslosungen für eine gewisse Zeit die Nation im Kampf gegen die äußeren Feinde zu vereinigen. Jedenfalls kann es kein Zufall sein, daß Georg Büchner im Osterschulaufsatz von 1830, als er den »Freiheitskampf der Franken« preist, gerade auf die Zeit des Nationalkonvents 1791/93 zurückgreift. Er schildert folgende Begebenheit: »Als die Franken unter Dumouriez den größten Teil von Holland mit der Republik vereinigt hatten, lief die vereinigte Flotte der Holländer und Franzosen gegen die Engländer aus, die mit einer bedeutenden Seemacht die Küsten Hollands blockierten. An der Küste von Nordholland treffen die feindlichen Flotten aufeinander, ein verzweifelter Kampf beginnt, die Franken und die Holländer kämpfen wie Helden, endlich unterliegen sie der Übermacht und der Geschicklichkeit ihrer Feinde. In diesem Augenblick wird der Vainqueur, eines der holländischen Schiffe, von drei feindlichen zugleich angegriffen und zur Übergabe aufgefordert. Stolz weist die kühne Mannschaft, obgleich das Schiff schon sehr beschädigt ist, den Antrag ab und rüstet sich zum Kampf auf Leben und Tod. Mit erneuter Wut beginnt das Gefecht, das Feuer der Engländer bringt bald das der Franken zum Schweigen. Noch einmal wird der Vainqueur zur Übergabe aufgefordert, doch den Franken ist ein freier Tod lieber als ein sklavisches Leben, sie wollen Unsterblichkeit. Mit letztem Ruck feuern sie auf die Feinde, schwenken noch einmal das Banner der Republik und versenken sich mit dem Ruf: ›Es lebe die Freiheit!‹ in den unermeßlichen Abgrund des Meeres. Kein Denkmal bezeichnet den Ort, wo sie starben, ihre Gebeine modern auf dem Grunde des Meeres, sie hat kein Dichter besungen, kein Redner gefeiert, doch der Genius der Freiheit weint über ihrem Grabe und die Nachwelt staunt ob ihrer Größe.«

Zwar hatte sich die Sache historisch etwas anders verhalten, man kämpfte nicht vor Holland (wie es der Vater dargestellt haben mochte), sondern vor Frankreich, das Schiff hieß nicht »Sieger«, sondern nur »Rächer«, und gerade dieser Massenuntergang war während der Französischen Revolution als *das* Beispiel offizieller Heldenverehrung in Liedern, Bildern und Umzügen popularisiert worden. Stoff und Duktus dieser Passage geben uns dennoch einen deutlichen Fingerzeig dafür, daß die Berichte, angeregt durch die Lektüre von »Unserer Zeit«, Büchner tief beeindruckt haben.

Die Lektüre macht sich auch stilistisch bemerkbar. An die Stelle artiger Sätze und Rhythmen ist bei dem Schüler ein leidenschaftlicher, bei allem Sentiment nicht unklarer Stil getreten, zäsuriert, sprechbar.

In Form und Inhalt spürt man den heroischen Atem der Revolution. Die Rhetorik der Girondisten färbt auf Büchner ab. Er spricht von »Greueln ..., die Jahrhunderte hindurch schändliche Despoten an der leidenden Menschheit verübten«, vom »Sonnenblicke der Freiheit«, welcher »den Nebel erhellte«, vom »Heil der Menschheit«, von »blutigem, aber gerechtem Verteidigungskampfe ...«. Dem Jüngling ist es innerstes Bedürfnis geworden, selbst eine entflammende Rede zu halten. Freiheitssehnsucht, Freiheitskämpfe haben ihn entzündet. Enthusiastisch ergreift er nun Partei; er trägt seine Ansichten vor, erprobt sich in rhetorischen Gebärden.

Die Französische Revolution als Beispiel gewaltsamer Durchsetzung des Fortschritts gibt ihm auch den Anstoß dazu, dem *Gedanken der Menschheitsentwicklung* nachzuspüren. Die Reformation wird wie bei den Aufklärern als »erster Akt des großen Kampfes, den die Menschheit gegen ihre Unterdrücker kämpft« gewertet; durch sie wurde »Glaubensfreiheit« errungen. Die Französische Revolution habe dann die Menschheit »um mehr denn ein Jahrhundert in gewaltigem Schwunge« vorwärtsgebracht, indem sie die politische Freiheit als Gedankenfreiheit erkämpfte. So könne sich nun das Menschengeschlecht »zu immer freieren, immer erhabeneren Gedanken« erheben, um seine *volle* »Menschenwürde« zu erringen.

Der Sechzehnjährige stellt dabei auch die Frage nach dem Anteil des einzelnen. Wie sollten wirklich achtbare, des Nachstrebens würdige Vorbilder aussehen? Auf der Suche nach ihnen hält der Schüler nach großen Taten Ausschau. Richtschnur seiner Beurteilung sollen, wie er erklärt, weniger der Tat*vorgang* sein als vielmehr die »Motive und die Umstände, welche eine solche Tat bewirkten, begleiteten oder bestimmten«. Büchner möchte im traditionellen bürgerlichidealistischen Sinne auf das *sittliche Bewußtsein* verweisen. Kämpft man aus reaktionärem »Fanatismus« oder aus »geläuterter Begeisterung für die heiligsten Rechte der Menschheit ...«? Kapituliert man aus »Egoismus« oder tritt aus Überzeugung für die gerechte Sache der Freiheit, die »Menschenrechte«, selbst gegen eine Übermacht, ein? Beispiele aus der Geschichte dienen ihm als Beweis für *Willensfreiheit,* wie auch immer die äußeren Umstände beschaffen sein mögen. Im *Kampf* entwickelten sich große Tugenden und Charaktere, winke der »Welterlöser-Tod« mit der Krone der Unsterblichkeit. Und solche Taten möchte Büchner, ähnlich wie die Catos, als »Riesenbild in unserer Zeit« wirken lassen: Jeder habe für seine Gesinnung *öffentlich* einzustehen!

Auf Georg Büchner haben eher die Quellentexte als die Zeitschriftenkommentare gewirkt.

Seine Lesart wich auch ab von der »vernünftigen« politischen Haltung des Vaters, der bei grundsätzlicher Loyalität gegenüber dem bestehenden Regime ähnlich wie der Zeitschriftenkommentator für gemäßigten Fortschritt plädiert haben dürfte. Infolgedessen kam es zwischen dem »heftig aufstrebenden Sohn und dem strengen entschiedenen Vater«, der zudem das öffentliche Risiko der Äußerungen seines Ältesten im Auge haben mußte, an gar manchen Abenden zu Kontroversen am Tisch, die die Harmonie der Familie störten. »Was hatte sie (die Mutter – R. L.) nicht schon gelitten, wie viel gebeten, wie viel vermittelt«, weiß Luise Büchner zu berichten, um beide »in gutem Einvernehmen zu erhalten« und den Familienfrieden wieder herzustellen.

Denn Georg zeigte sich nicht bereit, die Halbherzigkeit des Vaters bei der Beurteilung der neueren Geschichte und dessen Trennung von offiziell und inoffiziell auch für seine Person zu akzeptieren. Für das Pflichtethos vom Dienen und Dulden kann er sich, zumal in seinem »unterjochten Vaterlande«, nicht erwärmen. Er windet sich aus »ererbten« Positionen los. »Es gibt Menschen«, ruft er, mit an die anwesende Familie gerichtet, im Cato-Vortrag aus, »die ihrem größeren Charakter gemäß mehr zu allgemeinen großen Diensten für das Vaterland als zu besonderen Hilfsleistungen gegen einzelne Notleidende verpflichtet sind.«

Ein eigenes Ideal von Männlichkeit rückt ihn vom Vater, der beginnen muß, ihn als Erwachsenen zu behandeln, bereits ab. –

»Unsere Zeit« hat gleichwohl als Vermittlungs- und Quellenorgan für den künftigen Autor fungiert. Wohl bereits am Ende seiner Kindheit wurde Büchner so mit Themen konfrontiert, die ihn zeit seines Lebens nicht loslassen werden: Freiheit und Revolution! Die Lesungen des Vaters haben ihn mit dem politischen und moralischen Gedankenarsenal und Gestus revolutionären Bürgertums bekannt gemacht. Durch diese Ausflüge in die vorangegangenen Jahrzehnte europäischer Geschichte erhielten historische Tatsachen einen größeren Stellenwert im Denken Büchners, und die Vergangenheit wurde bewußter nach ihrer Bedeutung für die Gegenwart befragt. Regten die widersprüchlichen Dokumente ohnehin zur eigenen Meinungsbildung an, so wurde der Vorgang selbständigen Aneignens und Weiterdenkens durch die Dispute mit dem vortragenden und interpretierenden Vater geistig erprobt und charakterlich vertieft.

Mit Pathos orientiert sich der Jugendliche vor Lehrern, Eltern – und Mitschülern – auf »Menschenwürde«, »Freiheit«, »Widerstand« und »Tat«.

Künftige Konflikte sind vorprogrammiert.

9. Denkfortschritte

Büchner ließ bald das schwärmerische Verhältnis zur schönen Literatur hinter sich. Während sich Luck und die Zimmermanns in spätromantisierender Shakespearemanie ergingen und selbst in einschlägigen Gedichten dilettierten, wandte sich Büchner der politischen Geschichte zu und suchte sie aktuell zu interpretieren.

Und wir wissen von dem ehemaligen Mitschüler Luck, daß sich Büchner jetzt »auf religiöse Fragen, auf metaphysische und ethische Probleme, in einem inneren Zusammenhang mit Fragen der Naturwissenschaften« warf.

Anstöße hierfür hatte wohl gleichfalls der Vater gegeben. Durch ihn mochte er auch Kenntnis erlangen von Fällen, die Dr. Büchner in Fachzeitschriften medizinisch ausgewertet hatte:

Da kastrierte sich einer mit dem Messer;
da grassierten venerische Erkrankungen;
da hieb ein Soldat auf seinen Vorgesetzten ein;
da verschluckte ein Mädchen Stecknadeln, um sich das Leben zu nehmen;
da nahm überhaupt, trotz der scheinbaren Ruhe des kleinstädtischen Lebens, die Selbstmordquote zu.

Auch in Hessen hatte ein sozialer Umschichtungsprozeß begonnen; kleine Handwerks- und Händlerbetriebe machten bankrott; verarmte Bauern vom Lande wanderten in die Städte ab, wo viele mit ihrem entwurzelten Leben nicht klarkamen.

Reaktionen wie diese mußten in Büchner ein Gefühl weitgehender Verunsicherung erzeugen; offenbar besaß die *menschliche Natur* – und gerade in der Pubertät auch seine eigene – viel mehr Untiefen, als selbst das Ansichtigwerden von Kranken im Arzthause bislang freigegeben hatte. Ein halb betroffenes, halb neugieriges Fragen nach den Umständen und Gründen war die Folge. Später hat er, mit Zuspitzung und Härte, ähnliches in seinen Werken, vor allem dem »Woyzeck«, verarbeitet; noch allerdings vermutete er hinter solchen Reaktionen keine kranke Gesellschaft, eher schärfte es seinen *Sinn für Dissonanzen* im überkommenen Denkverhalten. So hielt er Ausschau nach geeigneteren *Denkmethoden*, als die Schule lehrte. Und bald war er davon überzeugt, sie im Bereich der *Naturwissenschaften* finden zu können.

Der Vater konnte ihm hierbei Partner sein. Selbst Jünger der Naturwissenschaften, verfolgte er, nach Wilhelm Büchner, »mit großer Sympathie die Bewegung der Geister ...«. Er war zudem Mitglied der Niederrheinischen Gesellschaft für Natur- und Heilkunde.

Georg Büchner wuchs also nicht nur in einem schöngeistig und geschichtspolitisch aufgeschlossenen Elternhaus heran. Er wurde in einer Umgebung groß, in der auch den Naturwissenschaften höchstes Interesse entgegengebracht wurde. Deren Verknüpfung mit der Ethik war über den Arztberuf des Vaters gegeben. Was Wunder, wenn er in dieser Richtung nun Antworten auf Fragen suchte.

Büchner gerät über die Selbstmord- und Mordproblematik an einen neuralgischen Punkt menschlichen Daseins und Verhaltens, wo unterschiedliche weltanschauliche und moralisch-ethische Positionen aufeinandertrafen.

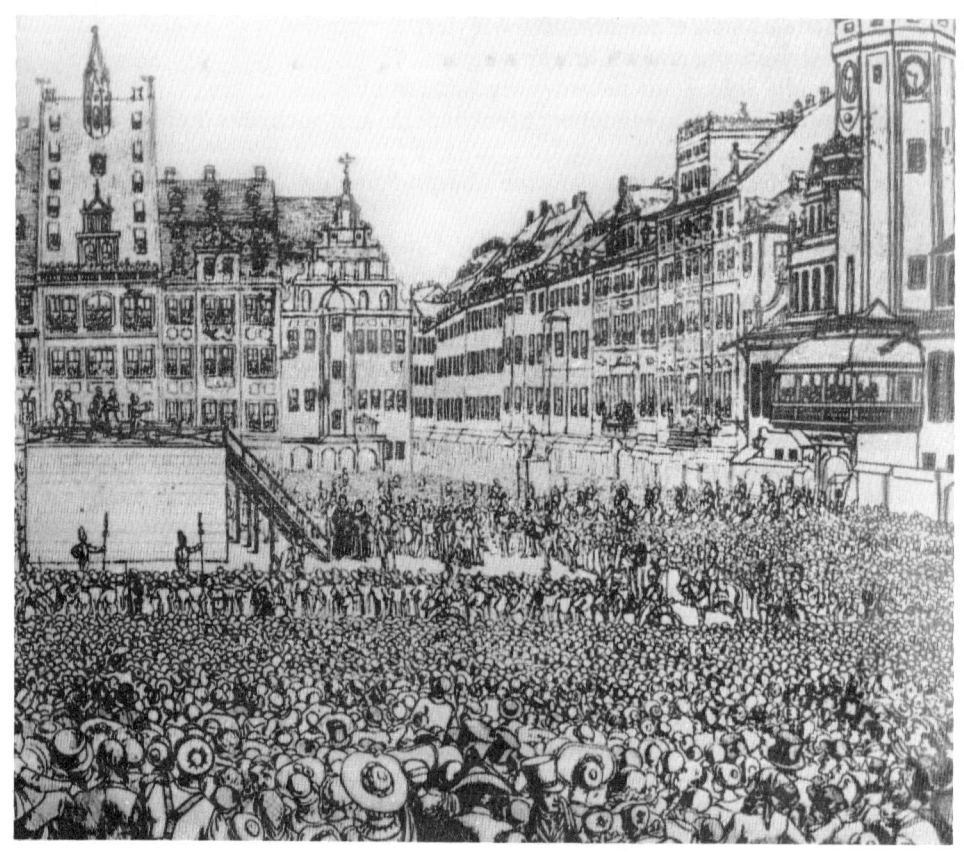

Hinrichtung J. C. Woyzecks auf dem Marktplatz zu Leipzig
am 27. August 1824

Im Rahmen der Stilübungen des Deutschunterrichts der höheren
Klassen hat Büchner im Sommer 1830 die Arbeit eines Mitschülers,
die sich mit dem Selbstmordproblem beschäftigte, zu rezensieren. Er
legt dabei seine Auffassungen in Form von kritischen Anmerkungen
dar.

Zunächst bezweifelt Büchner die Logik, die in dem vom Verfasser übernommenen landläufigen Vorwurf verborgen liegt, der Selbst-

mörder handle »*unklug*«, weil er einen »*sichren*« mit einem »*unsichren*« Zustand vertausche. Büchner nimmt dagegen die Vorstellungswelt der Selbstmörder ernst und pariert mit der Gegenfrage: Könne der »neue Zustand« dem Selbstmörder überhaupt als noch schlechter erscheinen, wenn ihm die irdische Sicherheit *unerträglich* geworden sei? Ähnlich stehe es mit dem Vorwurf der Feigheit. Schließlich wage es ein solcher Mensch doch, »dem Tod ins Auge zu sehen ...«? An die Bemerkung des Verfassers, daß der Selbstmord gegen »unsre *Bestimmung*« verstoße, knüpft Büchner an, indem er den zumeist religiös belegten Begriff der Bestimmung mit materialistischem Akzent uminterpretiert: Die *Natur* sei die Bestimmung, gegen *diese* verstoße der Selbstmord!

Büchner ist bereits bemüht, bei der Behandlung des Selbstmords die Frage nach den *Ursachen* mit zu berücksichtigen. Konstatiert er doch einen Zusammenhang von geistigem und körperlichem Leid, Verfall in melancholische Seelenstimmung und Getriebensein zum Selbstmord. Der Selbstmörder sei auch nur »*ein an Krankheit Gestorbener*«. Indessen verbleibt die Ursachenanalyse doch noch im Medizinischen, sozusagen auf der ersten Stufe ihrer Rückführung auf die Realität des Lebens. Woher diese Krankheitszustände, etwa die »Auszehrung« oder die psychischen Depressionen, kommen mochten, wird nicht erwogen.

Auf diese Weise gelingt es Büchner, den Gültigkeitsbereich des in den Schüleraufsätzen so sehr betonten freien Willens der Persönlichkeit einzugrenzen. Zugleich überläßt er dem einzelnen noch die volle Verantwortung für sein Wohl und Wehe, für Leben und Tod – und also auch darüber, zu »Größe« zu gelangen – oder »Staub« (Cato-Aufsatz) zu sein.

Das Bemerkenswerte der Rezension liegt so vor allem in ihrem sittlich-philosophischen Gehalt. Büchners Widerspruch entzündet sich denn auch nachdrücklich an dem Aufsatzgedanken, »der Selbstmord sei *in allen Fällen irreligiös* ...«. Dieser Vorwurf, so Büchner, klinge sehr seltsam, da irreligiös gewöhnlich mit unchristlich gleichgesetzt und mißbraucht werde, »indem man gewöhnlich damit angezogen kommt, wenn man *keinen* andern mehr machen kann ...« Seien aber die Motive eines Selbstmörders nach allen Gesetzen *menschlicher* Einsicht zu rechtfertigen, so müßten die diesbezüglichen Lehren des Christentums wohl fragwürdig sein. –

Wie also stand es um Büchners Glauben? Zu Weihnachten 1828 hatte er »seinen guten Eltern« ein Gedicht überreicht, worin sich das ungebrochene Empfinden aussprach, daß der »heilige Gott unter allen Myriaden Wesen / Auch meiner voll von Lieb und Gnade denkt«.

Erlöse gnädig uns von allem Übel,
Vergib uns liebend jede Missetat,
Laß wandeln uns auf deines Sohnes Wege,
Und siegen über Tod und über Grab.

So lautete die letzte von neun dürftig gedichteten Strophen in einer Huldigung an Gott als Lenker einer guten, sinnvoll geplanten Schöpfung. Büchners religiöse Erziehung hatte nicht nur in den Händen von Kirche und Schule gelegen. Sie wurde auch im Elternhaus betrieben. Hier hat die still-tätige Frömmigkeit der arbeitsamen Mutter offenbar stark auf den Knaben gewirkt.

Einige Jungen aus dem Primanerzirkel, wissen wir durch Zimmermann, geben sich auf nachmittäglichen Wanderungen philosophierenden Gesprächen hin. Dabei tritt Büchner bereits als »kühner Skeptiker« auf, der die Waffe der Vernunft handhabt. Er äußert nach einer anonymen Überlieferung: »Das Christentum gefällt mir nicht – es ist mir zu sanft, es macht lammfromm.«

Die Stimmung in der Klasse ist bald »ketzerisch«. Mit jugendlichem Übermut intoniert Büchner mit anderen im großen Haufen beim Gymnasialgottesdienst, sobald der Prediger geendigt hat, statt der angezeigten Liedverse halblaut die Worte des Totengräbers im »Hamlet«: »Und eine Grube gar tief und hohl für solchen Gast muß sein« und ironisiert damit den Vortrag des beamteten Gottesmannes. Selbst der Lehrkörper gibt da und dort seine Laxheit in kirchlichen Dingen zu erkennen.

Nach Luise Büchner läßt der Lehrer für das Fach Christliche Sittenlehre der Klasse gegenüber durchblicken, daß nicht so genau raus sei, ob der heilige Jonas zu seinem Wunder wirklich im Walfischbauch oder in einer Kneipe namens »Jonas« gelangt sei. Was die Klasse »sehr zufrieden« mit Beifall quittiert. Gewiß trug auch der eher atheistisch eingestellte Vater mit seiner Skepsis gegenüber Klerikalismus und lutherischen wie reformierten Glaubensdekreten dazu bei, den Sohn aus naiver Glaubensbefangenheit herauszulösen. –

50

Büchner treibt nun die Argumentation über den Selbstmord von einem medizinisch-aufgeklärten Standpunkt aus weiter und gelangt folgerichtig ins Philosophisch-Weltanschauliche. Er wendet sich gegen die christliche Auffassung von der Erde als *»Prüfungsland«* für ein Jenseits, welches Gott jedem durch die Geburt bestimmt habe und das keiner vorzeitig verlassen dürfe. Er stellt dem den Gedanken von der *Entwicklung* aller Dinge entgegen. *»Entwicklung* ist der Zweck des Lebens«, formuliert Büchner nun – und fügt seiner dialektisch anmutenden Beweiskette hinzu: »... das *Leben selbst* ist Entwicklung, also ist das Leben selbst *Zweck.*«

Büchner hat sich Argumente der rationalistischen Aufklärungstheologie seit Lessing zu eigen gemacht. Was er hier vorstellt, sind die beachtlichen Gedankengänge eines noch Sechzehnjährigen. Sie zeugen von der Kenntnis der behandelten Materie und davon, was er seinem bemühten Mitschüler in der Rezension tolerant genug ist anzumerken: Er hat »durch eignes Nachdenken schon einen tiefern Blick in die In- und Außenwelt des Menschen« getan.

Solche Wort- und Gedankenproben wie diese und die öffentlichen Schülervorträge waren dazu angetan, in Büchner das Bewußtsein zu erzeugen, daß er bald mit anderen werde in Wettbewerb treten können, wo es Aufgaben des Verstandes und ein Urteil gelte. Und so ist es nicht verwunderlich, daß eine Reihe von Büchners Mitschülern noch lange die Auffassung vertrat, ihr Jugendfreund sei mehr zum Naturforscher und zum Philosophen als zum Dichter geboren.

10. Residenz und oppositioneller Geist

Während Direktor Dilthey die Furcht treibt, es könnte sich herausstellen, daß eventuelle Verbindungen am Gymnasium mit den studentischen Burschenschaften der Landesuniversität Gießen in einem Zusammenhang stehen, und er sich vorsichtshalber in Unterweisungen ergeht wider »geheime Rotten«, schreibt Georg Büchner an den Rand seines Schulheftes Verse aus dem geheimgehaltenen

»Großen Lied«. Es stammt von Karl Follen aus dem Jahre 1818; Follen war der in die Ermordung des reaktionären Politikers und Schriftstellers Kotzebue verwickelte, eingekerkerte, später nach Amerika geflüchtete Führer der Gießener »Schwarzen« gewesen, der konsequentesten deutschen Studentengruppierung. Die letzte Strophe lautet:

Und Freiheit, Freiheit, sei mein ...
Wenn die in meinem Vaterland verkümmert,
So sei mein Blut noch deine letzte Ölung,
Dann greif ich freudig in den Kranz der Dörner,
Hell klingen mir die ewigen Siegeshörner.

Dieses »Große Lied« wurde im internen Kreis der Verschworenen bei der Aufnahme neuer Mitglieder als eine Vereidigungsformel gesungen.

Was nun tat sich wirklich hinter Diltheys Rücken?

Die Existenz einer politischen Schülerverbindung mit Verschwörungscharakter kann für Georg Büchners Gymnasialzeit nicht nachgewiesen werden; doch hat es oppositionell eingestellte Schülergruppen gegeben. Nicht zufällig gehören dann auffallend viele der ehemaligen Darmstädter Gymnasiasten den verbotenen studentischen Verbindungen an, und in den Semesterferien treten offenbar einige, so auch Christian Kriegk, durch Agitation in Darmstadt hervor. Auf Turnplätzen war man sich bereits Anfang der zwanziger Jahre begegnet.

Von den poetischen Treffs an Sonntagnachmittagen setzt sich bald ein kleinerer, mehr politisch orientierter Kreis ab. Neben Büchner befinden sich darunter die späteren Mitverschworenen Karl Neuner, Karl Minnigerode und wohl auch Hermann Trapp. Verschiedentlich werden auch »Außenstehende« von dem »darin herrschenden Geiste« angezogen. Der ein Jahr jüngere Minnigerode, zumindest später eingeschriebenes Mitglied der Burschenschaft, erscheint selbst in Lucks Überlieferung noch radikaler als Büchner. Büchner aber bleibt als der Selbständigste und Tatkräftigste des Kreises in Erinnerung.

Die Kleinstaatresidenz bietet ihnen Stoff zu »kritischem und humoristischem Wetteifer in Beurteilung der Zustände« (Luck). Die Jugendlichen lüften nun auch mit Witz und Sarkasmen so manchen Schleier.

Da ist das modernisierte feudalbürokratische Administrationssystem, dessen Fäden in Darmstadt, dem politisch-kulturellen Mittelpunkt, zusammenlaufen. Hier kann man sie eher als auf dem lieben Lande erblicken und entwirren. Auch ist Hessen-Darmstadt ein kleines Territorium. Vorgänge und Praktiken können leichter durchschaut werden als in großen Staaten. Gleichwohl erweisen sie sich als exemplarisch. Sie bleiben den jungen Leuten nicht verborgen.

Da begibt sich, noch kurz vor Ausbruch der Julirevolution, der frischgebackene vierundfünfzigjährige Fürst Ludwig II. – er hat nach dem am 6. April 1830 erfolgten Tode seines vierzig Jahre regierenden Herrn Vaters die Geschäfte übernommen – nebst Gemahlin auf eine Huldigungsreise durch »sein Land«.

Als das Paar am 12. Juli 1830 zurückkehrt, wird es von Bürger-Ehrengarden mit Schärpen empfangen, man reitet unter einer zweihundert Fuß langen und hundert Fuß hohen – in grünen Zweigen aufgeführten – Ehrenpforte hindurch; auf den erhöhten Galerien winken mehrere hundert festlich gekleidete Frauen, oben weht die rotweiße hessische Fahne; Musik, Glockengeläut bei »Annäherung der Herrschaften«, »tausendstimmiges Lebehoch«; die Bürgerschaft in zweiunddreißig spalierstehende Zünfte abgeteilt, dazu Darmstädter Schulen: Die Kinder und Jugendlichen halten Blumengewinde hoch, und »bei Einbruch der Nacht war die Stadt aufs glänzendste erleuchtet«, weiß der hofrätliche Berichterstatter G. W. Wagner der Nachwelt zu überliefern. Gewiß sind auch die Schüler des Großherzoglichen Gymnasiums hinzugezogen, die Scharen der Jubler bei der hunderttausend Taler aufwendigen Glücksschau zu vermehren. Alle Hände werden gebraucht bei der Demonstration perfekter Übereinstimmung zwischen Volk und Monarchie.

Für Georg Büchner und seine intimen Freunde bereits ein abgeschmacktes Spielchen.

Ein paar Wochen später, nach dem Sturz der Bourbonen und der Einsetzung eines »Bürgerkönigs« im benachbarten Frankreich, ist es mit der Harmonie nicht mehr weit her. Der politische Funkenflug von jenseits des Rheins entfesselt in den beiden ersten Septemberwochen in Wien, Leipzig, Dresden, Berlin die angestaute Wut, die sich gegen das Machtgefüge der absolutistischen Polizeistaaten richtet. Es kommt zu Aufläufen und Volksaufständen. »À la Paris! Es lebe die Freiheit!« Am 3. September muß der Herzog von Braunschweig fliehen, hinter ihm geht sein Schloß in Flammen auf. Selbst in der modernisierten Beamten- und Zunftbürgerresidenz Darmstadt am Odenwald geraten Obrigkeit und Untertanen in ein gespanntes Verhältnis.

Ein unterirdisches Grollen ist allenthalben in Kneipen und auf Märkten vernehmbar. Es richtet sich gegen die von der Regierung ausgeschriebenen Steuern, mit denen der Staat seine enormen Schulden tilgen will: Verbrauchssteuer, Salzsteuer, Akzise, Stempelsteuer – und das bei gleichzeitiger Mißernte und Teuerung. Die Gehälter und Pensionen der hohen Bürokratie sind ebenso Gesprächsstoff wie das anmaßende Verhalten der gesamten Beamtenschaft. Die Liberalen in der Zweiten Kammer ermannen sich sogar, gewinnen Oberwasser und lehnen es ab, die Privatschulden des neuen Monarchen aus dem Steuersäckel zu bezahlen. Hatte dieser doch die Dreistigkeit besessen und als ersten Akt nach seinem Machtantritt den Antrag gestellt, daß seine Schulden vom Staat übernommen werden.

Die Unangemessenheit von Reaktionen der Regierenden kommt auch darin zum Ausdruck, daß sie überall Regierungsfeindliches argwöhnen. Man trifft imposante Vorkehrungen: Morgens um sechs reiten Dragoner durch die Straßen, sie sollen die Leute das Aufstehen lehren, indem sie sie aus dem Schlaf blasen. Abends im Großherzoglichen Hoftheater oder in der neuen Hofoper sind fünfzig Mann Wachpersonal zugegen, um bei »Minna von Barnhelm« und anderen Lust- und Singspielen jegliche Vorkommnisse zu unterbinden. Nach Ludwig Börne, der in diesen Tagen Darmstadt auf der Durchreise nach Paris passiert, kommt »auf je zwei Zuschauer ein Soldat«!

Als die verelendeten Bauern, Handwerker und Arbeiter aus dem oberhessischen Kreis Büdingen, sechstausend an der Zahl, am 28., 29. und 30. September in bewaffneten Umzügen nach Süden vorrükken, wo sie auch Gerichte und Gefängnisse besetzen, geht die Kunde in Darmstadt um, daß der Hof zur Flucht packt!

Und so hat für die siebzehnjährigen Gymnasiasten, die selbständig zu denken begonnen haben, Diltheys Warnung keine Überzeugungskraft mehr. Sie haben sich abgelöst. Es wächst ihr Aufbegehren. Luck weiß von Büchner zu berichten, daß diesem »keine äußerliche Autorität noch nichtiger Schein zu imponieren« vermochten. Mit unerbittlicher Kritik reagierte er gerade auf das, was sowohl in der gesellschaftlichen Wirklichkeit als auch in der Philosophie »Alleinberechtigung beanspruchte oder erlistete«. Damit beglaubigt Luck eindeutig den sehr engen Zusammenhang zwischen dem *Erleben* der Realität und Büchners *geistigen Auseinandersetzungen.*

»Daher sein vernichtender, manchmal übermütiger Hohn über Taschenspielerkünste Hegelscher Dialektik und Begriffsformulationen, z. B. ›Alles, was wirklich ist, ist auch vernünftig, und was vernünftig ist, ist auch wirklich‹. Aufs tiefste verachtete er, die sich und andere mit wesenlosen Formeln abspeisten, anstatt für sich selbst das Lebensbrot der Wahrheit zu erwerben und es anderen zu geben ... Man sah ihm an, an Stirne, Augen und Lippen, daß er auch, wenn er schwieg, diese Kritik in seinem in sich verschlossenen Denken übte.«

»Bon jour, citoyen!« lautet im letzten Schuljahr Büchners täglicher Gruß an Minnigerode. Er läuft im Mantel der aufständischen Polen durch Darmstadts Straßen. Daß ihm dabei die rote Jakobinermütze, wenn er sie wirklich, wie sein Bruder Wilhelm berichtet, aufgehabt hat, auf dem Kopfe bleibt, ist angesichts der patrouillierenden Soldaten allerdings in Zweifel zu ziehen.

11. Stoßseufzer und Glossen

Das letzte halbe Jahr in dem uralten Schulbau mit Blick über Friedhof und Stadtmauer empfindet Büchner als Tortur. Lateinische und griechische Versübungen hängen ihm zum Halse heraus. Statt Lehrbücher zu benutzen, werden alle Regeln der Grammatik, alle Übersetzungsaufgaben und -varianten diktiert. In der Schule wird flüchtig, danach zu Hause schön nachgeschrieben. Jeder Schüler bringt je Semester auf diese Weise mehrere Bände Geschriebenes zusammen. »Doch euch des Schreibens ja befleißt ...«, lautet ja auch im »Faust« Mephistos Ermahnung an die Schüler.

Büchner gibt seiner Unlust Ausdruck, läßt in die Diktate Bemerkungen einfließen. In einer Übersetzung von Ciceros Reden an Marcus nach der Apostrophe an Cäsar (»Durch welche Lobsprüche sollen wir Dich, den wir vor uns sehen, erheben, mit welchem Eifer Dir nachahmen, mit welchem Wohlwollen Dich umfassen?«) lautet seine

Antwort an die Adresse des diktierenden Dilthey: »Wahrlich nur dadurch, indem wir dir die Tintenfässer an den Kopf werfen, der du uns
die blühende Welt der Alten zur Wüste machst.« Ein Stück weiter:
»Scharfsinn, Verstand, gesunde Vernunft! Lauter leere Namen; eine
Dungkaktee von toter Gelehrsamkeit – das allein würdige Ziel alles
menschlichen Strebens!!!«

Als Dilthey sich in einer enzyklopädischen Einführung über Hieroglyphen, den Nutzen der Münzkunde und ähnliches ausläßt,
schreibt Büchner nur noch die Überschriften der Paragraphen nieder,
darunter: Volkslieder.

So § 12: Hieroglyphen
    Es steht ein Wirtshaus an der Lahn,
    da fahren alle Fuhrleut an ...
Dazu, mit zollhohen Buchstaben: »Lebendiges! Was nützt der tote
Kram!« Persiflierende Porträts, Stoßseufzer, Flüche wie
    Philologisches Schandvolk ...
    O du gelehrte Bestie
vollenden das Bild in den Schülerheften.

Bereits in der Selbstmord-Rezension war neben dem Ernst stellen-
weise eine neue, die *spöttische* Tonart aufgetaucht. (»Es fehlt nur wenig, daß der Herr Professor in seinem heiligen Eifer über die blinden
Heiden eine Sektion des Cato vornähme und bewiese, daß derselbe
einige Lot Gehirn zu wenig gehabt hätte.«)

Hier wie dort wird der überlegene Standpunkt zur Geltung gebracht. Was in der Rezension ein Seitenhieb, ist in den Schülerheft-
bemerkungen durchgehender Duktus geworden. Büchner darf sich
gegenüber seinem Direktor nicht mit logischen Argumenten zur
Wehr setzen, er muß dulden, das erhöht den inneren Druck. Luft
kann er sich nur mit indirekten Repliken machen. Rücksichten sind
überflüssig. Und so steigern sich die Stoßseufzer über unterrichtlich
produzierte »*Langeweile* und *Abspannung*« zu aufmüpfigen Glossen
über lebensferne Borniertheit.

Indem Büchner das Haupt der Anstalt zur Zielscheibe seines Spot-
tes macht, bezeichnet er indirekt zugleich das herkömmliche Bil-
dungsprogramm als überfällig. Zwar galt das Darmstädter »Pädagog«
in Fachkreisen als eines der ersten protestantisch-humanistischen
Gymnasien in Deutschland, worauf sich gerade Dilthey einiges zugute hielt. Doch von der Realschulreform wollte er nichts wissen. Die

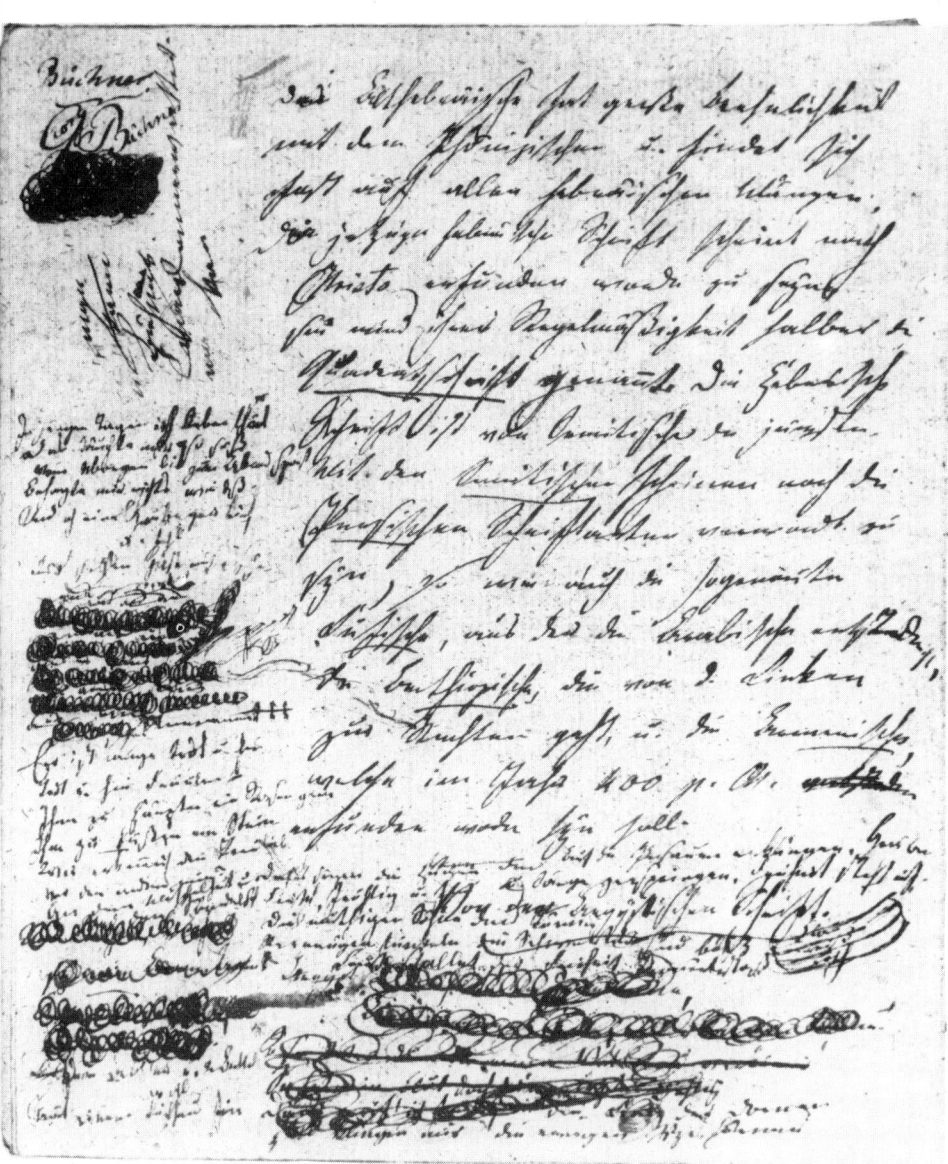

Seite aus Büchners Schülerheften

Realien, berichtet der Mitschüler Hamm, »wurden ... in ganz unter-
geordneter und völlig geisttötender Weise gelehrt. Wie wenig wußte
man damals von der Geschichte und dem Wesen der Natur! ...
Dampfmaschinenmodelle primitivster Art wurden ... in der Schule
herumgezeigt und erklärt, aber der Theologe, der Naturwissenschaften lehrte, schüttelte bedenklich den Kopf dazu.«

Georg Büchners Schulreaktionen entspringen mehr als einem persönlichen Mutwillen. Weniger noch als Grillparzer und Heine wird
er in seinen Dichtungen auf die Welt der Alten, die Antike, zurück-
greifen. Wenn er es dennoch tut, kritisiert er jene Samson und
Robespierre, die da, wie in »Dantons Tod«, mit dem Anspruch römi-
scher Tugendhelden aufwarten, als trunken-lebensfremde Verführte,
ja als Demagogen. Hingegen wirft sich Büchner nun auf die im Unterricht stiefmütterlich behandelte neuere Geschichte, von der Re-
naissance bis zur Französischen Revolution. Die antiken Verhältnisse und Gestalten mochten ihm nicht von der Art erschienen sein,
daß er mit ihnen, über allgemeine Moralansprüche hinaus, das sozial
geprägte Leben seiner Zeit noch optimal hätte reflektieren können.

Büchners Randglossen kann man so als *Vorübungen* betrachten: so-
wohl für die gemeinsame Unterrichtsauswertung der Klasse nach
Stundenschluß – als auch für spätere briefliche und künstlerische
Äußerungsformen.

Hatte der Schüler sich in seinem Cato-Aufsatz zum Pathos der
Freiheit gesteigert, sich in der Selbstmord-Rezension in der Logik
und Treffsicherheit seiner Argumentation geübt, so kündigt er hier
eine dritte Form seiner *aufs Ganze gehenden Intensität* der Äußerung
an: die sich geradezu ins Dreiste wagende *ironische Zuspitzung!*

12. Selekta und Reifezeugnis

Von Faulheit, einem Vorhof der Beschränktheit, kann bei
Büchner auch im letzten Schuljahr keine Rede sein. Er bleibt dort
fleißig, wo er die Schule als sinnvoll empfindet. Seine Vorbereitun-

gen in den sogenannten Realien Geschichte, Naturgeschichte, Geographie, Physik sind keineswegs flüchtig. Auszeichnungen allerdings, wie sie manch anderer bekam, hat er nicht erhalten. Er ist nicht auf den Primus als reines Fleißprodukt aus, der das Diktierte auswendig wiederholen kann und so in allen Fächern glänzt; zeigten sich diese Schule und dieser Lehrplan doch bei allzu gewissenhafter Pflichterfüllung eher geeignet, eigenständig schöpferische Naturen zu behindern.

Aber nicht alles am Gymnasium Gelehrte ist totes Zeug und bedeutet weggeworfene Zeit. Manches stellt sich erst später als brauchbar heraus. Dazu zählt nicht nur die Förderung der Konzentrationsfähigkeit durch jahrelange Gedächtnisschulung. Ist es nicht auch wichtig, die Redefähigkeit auszubilden?

In den letzten anderthalb Jahren wird Büchner von Dilthey für die Selekta (eine Art Sonderstufe für Begabtenförderung) ausgewählt. Hier sind die besten Köpfe beisammen und werden in einigen Stunden, gesondert von den übrigen Primanern, unterrichtet. Die nötige geistige Reife für ein Universitätsstudium soll erlangt und ein frühzeitiges Verlassen der Schule verhindert werden. Ein Motiv ist hierbei, »unsre Obern von dem andern Haufen« zu trennen, also auf die Intelligenzgrade, die sich immer stärker abzeichnen, Rücksicht zu nehmen. Außer in der Theologie und der Philosophie (auch das ist für Büchner nicht umsonst) erhalten die Auserwählten zusätzlichen Unterricht in der »Redekunst« und im »Disputieren«, um »ex tempore einen zusammenhängenden Vortrag« (Dilthey) halten zu können. Will doch der neue Direktor bei seinen Vorzeige-Schulfeiern gut dastehen. Wer dort auftreten soll und darf, muß glänzen. Georg tritt in dem kurzen Zeitraum dreimal auf – und stets mit gewichtigen Vorträgen.

Dilthey will offenbar nicht auf ihn verzichten. Er ist klug genug, eine Begabung nicht zu übersehen. So versucht er, den beeindruckenden, aber, wie ihm die beiden ersten Vorträge leider deutlich machten, neuerdings naseweisen Schüler noch in die richtigen Bahnen zu lenken. Zur Osterschulfeier am 30. März 1831 hilft Dilthey nach. Büchner soll wieder einen römischen Konsul interpretieren. Aber diesmal keinen Freiheitshelden, sondern einen »vernünftigen« Disputierer: den Menenius Agrippa nämlich, der die wegen ihrer schlimmen Behandlung von Rom auf die Berge geflohenen Plebejer überreden soll, in die Stadt zurückzukehren (weil da nichts mehr funktioniert). Dabei hat er, Büchner, getreu dem Bericht des römischen Schriftstellers Livius, die reaktionäre Fabel zu verwenden: daß der Magen (die verzehrenden Patrizier) genauso wichtig sei wie die Glieder (die arbeitenden Plebejer), weil der Leib nicht ohne beide existieren könne. Zuletzt muß man tatsächlich, befriedet und gemeinsam, nach Rom zurückkehren. Dies ist in lateinischer Sprache zu bieten.

Büchners Rede ist nicht erhalten. Vielleicht vernichtet er sie selbst, aus Scham oder Wut? Denn hier läßt die vorgegebene Deutung kaum eine oppositionelle Gedanken transportierende »Sklavensprache« zu. Die Auftragsrede bleibt wohl eine Abwieglungsrede. Ebenfalls kein Zufall: Auch der andere »Exzentrische« im Bunde, Minnigerode, hat sich zu gleicher Zeit, in italienischer Sprache, antirebellisch zu betätigen. Er muß eine »Rede gegen den Empörer Cola di Rienzi« halten!

Spätestens zu diesem Zeitpunkt mußte Büchner eine Ahnung davon aufkommen, welch enge Grenzen seinen vortragsmäßig gestatteten Opponiererein gesetzt waren. Er mußte spüren, wie wenig in Wahrheit sein Cato-Vortrag in die erhoffte Richtung wirkte. Waren doch aus der ausgewählten, im Normendenken befangenen Zuhörerschaft gewiß nicht viele in der Lage und noch weniger gewillt, die historischen Bezüge aktuell zu deuten. Wenn es für die Masse der Beamten bei Catos Einsatz Parallelen gab, so die: Auch heutzutage galt es wieder Ruhe und Ordnung und eine Verfassung gegen den »Umsturz« zu verteidigen. Lebte man denn in solcher Diktatur, wie sie der Junge hier anprangerte? Man befand sich doch in Hessen, nicht in Paris. Hier in Darmstadt gab es noch »edle Fürsten, edle Minister«, trotz manch kritischer Einwände, die man gegen sie erheben mochte, zu »unterstützen« (Aufruf des Führers der liberalen Landtagsopposition Hofmann vom September 1830)!

Und so hatte der Praktiker Dilthey, der die erarbeiteten Vorträge stets vorher ansah, nach eigener Absicherung klug ein paar idealische Schlenker zugelassen, die zu einem kritischen Zeitpunkt von der bereits vorhandenen Freiheit in Land und Schule künden sollten. Dem Beispiel passiver Freiheitsdemonstration des Stoikers Cato war die Wirkung genommen worden. Auf Selbstmord aus Patriotismus und Gewissensnot war hier niemand aus.

So hatte der Beifall kaum der Sache gegolten, sondern der rhetorisch-stilistischen Brillanz des Büchnerschen Vortrages, dem Glanz der Darbietung durch den Primaner.

Luise Büchner hat überliefert, wie ihr Bruder nach der Feier von Mitschülern beglückwünscht wurde. Der Geographielehrer kam hinzu, attestierte ihm auch eigenes Feuer und Verständnis, führte aber in bitterem Tone fort, daß solcherlei Identifikation mit der Weisheit, der Idealität der Klassiker nur einen unangemessenen »Himmel in der Brust« erzeuge. Später, in der »wirklichen Welt ... unseren kleinlichen, engen Verhältnissen, in denen sich schon eine Schwalbe den Kopf einrennt, geschweige denn ein Adler«, seien solche Gefühle zu schmerzlicher Verkümmerung verurteilt.

Auch Georg Büchner wird, wie andere freiheitsliebende Bürgersöhne, noch eine enthusiastische Strecke haben. Doch er unterliegt als Dichter nicht der in liberalen Kreisen verbreiteten Täuschung, wonach das Wort für das erste Mittel zur Weltveränderung gehalten wird. Daß er diese Grenze liberalistischer Propaganda eher als andere erkennt, ist ein Ergebnis zahlreicher Erfahrungen. Seine Schülervorträge zählen dazu.

Als Georg Büchner am 30. März 1831 das Gymnasium verläßt, steht am Ende seines Matura-Zeugnisses: »Bei guten Anlagen läßt sich auch in seinem künftigen Berufsstudium etwas Ausgezeichnetes von ihm erwarten, und von seinem klaren und durchgreifenden Verstande hegen wir eine viel zu vorteilhafte Ansicht, als daß wir glauben könnten, er würde jemals durch Erschlaffung, Versäumnis oder« – für die Familie des Medizinalrats ein diplomatischer, aber deutlicher Wink! – »voreilig absprechende Urteile seinem eigenen Lebensglück im Wege stehen. Vielmehr berechtigt uns sein bisheriges Benehmen zu der Hoffnung, daß er nicht bloß durch seinen Kopf, sondern auch durch Herz und Gesinnung das Gute zu fördern, sich angelegentlichst bestreben werde.

C. Dilthey
Gymnasialdirektor«

Das Gymnasium war, trotz aller Obrigkeitshörigkeit ihres Direktors, keine preußische »Kastrieranstalt« (Varnhagen von Ense), die jegliche Lernlust und jeglichen eigenen Willen im Keim erstickte. Die

Disziplinierungsmittel waren feinerer Art. Sie bestanden mehr in »vernünftigen« Lehren und anderen Regelwerken. Gewisse Anregungen und Freiräume waren gegeben. Der ganze Lehrkörper kann schwerlich von der Art des Deutschlehrers und Gelegenheitsdichters Baur gewesen sein, von dem W. Hamm zu berichten weiß: »Statt uns etwas Ordentliches zu lehren, triefte er stundenlang vom Lehrstuhl herab von Salbadereien über das unbeschreibliche Glück der unbedingten Ehrfurcht gegen so gute Landesväter, wie sie Hessen von jeher ... besessen.« Während sich nach Luise Büchner ihr Bruder zu Hause »mit geballter Hand und zitternder Stimme von seinen endlosen Fehden« mit Baur abreagieren mußte, der später in einem in der Frankfurter »Ober-Postamts-Zeitung« veröffentlichten Gedicht die »Regellosigkeit«, Gottlosigkeit und »Unsittlichkeit« des ersten Büchner-Dramas »Dantons Tod« empört verhöhnen wird, scheint der Geographielehrer keine borniertе Paukernatur gewesen zu sein und eher andersgeartete Reaktionen befördert zu haben. E. T. Pistor – wenn es keine poetische Fiktion Luises ist – hatte offenbar liberalen Zuschnitt. Ganz ohne Impulse seitens des einen oder anderen Lehrers scheint die so verbreitete rebellische Einstellung der Schulabgänger nicht gut erklärbar. Selbst über Religion ließ sich so, trotz der konterrevolutionären orthodoxen Welle dieser Jahre, erstaunlich offen diskutieren. Nicht nur hinsichtlich der Unterrichtsmethoden, sondern auch bezüglich der politischen Einstellung muß es demnach in der Lehrerschaft eine gewisse Schwingungsbreite gegeben haben. Bei allen überwiegend negativen, karikierenden Urteilen über das Lehrerpersonal trat Georg Büchner doch bald mit einem beachtlichen Wissensfonds hervor, der nicht *nur* autodidaktisch erworben sein kann.

Und ganz ohne Sinn für die Antike, ohne die rhetorischen Regeln des Demosthenes, Aristoteles und Cicero, wäre eine Glanzleistung wie der Cato-Vortrag und anderes, was noch kommt, nicht möglich gewesen. Auch die Beherrschung der Metaphern und der Gebärdensprache gehören hierzu, die mit Blick auf den künftigen Schriftsteller gar als Vorformen eines dramatischen Gestus gelten mögen. Die Jünglinge haben sich in der Selekta auch als Dialogpartner gegenüberstehen müssen, haben so kontroverses Reagieren im Rollenspiel gelernt. In der Streitrede war die Devise: Schlag auf Schlag! Und im Briefstil ließ sich die Wendigkeit des Ausdrucks trainieren, wenn man sich über den Duktus der Untertänigkeit hinwegsetzte.

All das hat Georg Büchner am Darmstädter Gymnasium, das nach dem Urteil von Absolventen nur darauf angelegt schien, in klassischer Manier Poeten zu bilden, immerhin mitbekommen. Aber er hat auch begonnen, das von der Lehranstalt Beabsichtigte ins Gegenteil zu kehren. Einem klugen Kopf wie ihm bot solch rhetorisch-stilistisches Bildungsgut die Chance, statt der erwarteten Abwieglungsreden revolutionäre Aufwieglungsreden zu halten bzw. später rebellische Schriften zu verfassen: mit gezielter Schärfe, Wucht und Erbarmungslosigkeit des Angriffs. Georg Büchner legt folglich auch das Gelernte nicht wirklich als unnütz beiseite. Er versucht, mit seiner geistigen Ausstattung auf der Bühne des Lebens zu agieren.

Nach Luise Büchner hat bereits die Cato-Rede ihres Bruders unter seinen Freunden »einen geheimen Bund besiegelt, der der Gemeinheit, der Unterdrückung und Knechtschaft auf ewig den Krieg erklärte«.

13. Physisches, Sinnliches

Sicher, für Büchners berufliche Ausbildung gibt das Erlernte, außer Latein, der Medizinersprache, wenig her. Nicht zuletzt dem nüchtern auf die Zukunft des Sohnes orientierten Vater ist das klar. Nicht umsonst nimmt er den Sohn mit siebzehneinhalb, ein Jahr früher als üblich, von der Ausbildungsstätte. Sechs Monate verbleiben bis zur beabsichtigten Studienaufnahme. Es ist die »Mulus«-Zeit: Der Abiturient und akademische Kandidat ist sozusagen kein Esel mehr, doch auch noch längst kein selbständig galoppierendes Pferd. Er ist ein Zwischending, ein trag- und trabfähiger Maulesel.

Beispielsweise kann er sich mehr als früher mit allerlei Dingen beladen: mit medizinisch-naturwissenschaftlichen Tabellen, Büchern, Zeitschriften, aber auch mit Lupe, Pinzette, Reagenzgläsern, Mörsern, dem Seziermesser. Ernst Büchner, den nach Franzos ein »fast leidenschaftlicher Trieb zu Forschung und Erkenntnis« auszeichnete, hatte sich spätestens 1827 in einem Raum des Hospitals ein kleines Laboratorium und zugleich »anatomisches Theater« für schulmäßige Sektionen – auch weiblicher Leichname – eingerichtet. Dort führte er Kurse für Lehrlinge zur wundärztlichen Ausbildung durch. Jetzt dürften auch Georg und interessierte Schulkameraden zugegen gewesen sein; und womöglich nimmt der Vater den Sohn nun zu Krankenbesuchen mit. Mag der Vater auch sonst seine Mucken haben, ein fanatischer Wissenschaftler wie später jener Doktor im »Woyzeck«, der lebende Menschen zum Forschungsobjekt entwürdigt, ist er nicht. Seine Bemühungen bleiben human gerichtet. So gehört das Ethos des Arztberufes zu diesem Gepäck: als erster und letzter Helfer des Menschen dazusein und die Augen nicht zu verschließen, nicht oberflächlich auszuwerten, vielmehr aufmerksam alles Wirkliche und Menschliche zu registrieren, das Verantwortungsgefühl für andere zu üben; sich der besonderen Achtung und des Vertrauens der Menschen stets würdig zu erweisen.

»Wie fühle ich mich glücklich! Ich darf werden, wozu ich einzig tauge. Ich bin nie, auch nur eine Sekunde lang, im Zweifel über meinen Beruf gewesen«, lautet eine durch Franzos mündlich überlieferte Äußerung Büchners gegenüber einem unbekannten Schulfreund.

Doch die Mulus-Zeit soll auch Erholung sein, den Geist mal auslüften. Es ist Frühjahr, Sommer. Büchner bewaffnet sich und seinen drei Jahre jüngeren Bruder Wilhelm mit Köchern und Botanisiertrommeln. Und los geht's. Auf die Wiesen, zum Schmetterlings- und Insektenfang. Darmstadt und Umgebung sind hübsche Flecken Erde. Die mit Altwuchs von Fichten und Eichen bestandenen Ausläufer des Odenwaldes treten an die rheinische Tiefebene heran, in die die Stadt eingebettet liegt. Es gibt hübsche Sommerlokale, wo fast täglich Tanz ist. Für nichts sorgt man ja in der politisch kranken, von Unfreiheit und Existenznot bedrängten Zeit so gut wie für Tanzbelustigungen. Metternich, der Kanzler im Zentrum der Restauration, empfiehlt seinen Wienern zynisch-doppeldeutig:»Das Volk soll sich nicht versammeln, sondern zerstreuen.« Auch im Hessischen ist das so. Harmlose Vergnügungen sollen von den anstehenden Problemen ablenken. Hier kann sich erhöhter Blutdruck senken, Überreizung entladen. Es ist die Zeit des Wiener Walzers, der seinen Siegeszug durch die deutschen Lande antritt. Bälle mit und ohne Masken, Redouten und andere Vergnügungen jagen einander.

Auch Büchner verbringt wohl, obgleich er den Tanzkursus, wo er die konventionelle Française lernte, nur ungern besuchte, während der Nachschulmonate manchen Nachmittag und Abend beim Vergnügen. Er erscheint als »ein sehr eleganter Herr«, mit »einer Lorgnette anhängen, den Hut unter dem Arm, eine Cravatte bis über die Ohren, Sporen an den Stiefeln« und »stolziert« und »tanzt« (Wilhelm Büchner) so auf den Lustplätzen und Bällen der Residenz und ihrer Umgebung herum. Auch das Schauspiel kann öfter als sonst besucht werden. Bereits der Siebzehnjährige hat die im Hoftheater auftretende Schauspielerin Therese Peche, eine junge Schönheit, mit solchen Augen betrachtet, daß er sie noch Jahre später als »eine alte Bekannte von mir« bezeichnen kann.

Im Sommer begegnet er in der Abenddämmerung am Jägertor einem Schulfreund. Dieser findet Büchner sehr ermüdet, »aber seine Augen glänzten. Auf meine Frage, wo er gewesen, flüsterte er mir ins Ohr: Ich will's dir verraten: den ganzen Tag am Herzen der Geliebten! Unmöglich! rief ich. Doch, lachte er, vom Morgen bis zum Abend in Einsiedel und dann in der Fasanerie!« Der Wald um das Forsthaus Einsiedel und der großherzogliche Fasanengarten bei Kranichstein, wo der Vater des Schulkameraden Nievergelter Förster ist, gelten nicht nur als schöne Gegenden, sondern auch als verschwiegene Orte für Verliebte. Und Georg Büchners hitzig-zarten, erotischen Anspielungen in späteren Briefen an seine Geliebte dürften kaum bloß angelesen sein.

Auch die für einen so jungen Autor frappierend-provokanten Darstellungen von Geschlechterbeziehungen in seinen ersten beiden Dramen deuten zumindest auf eine frühe, starke Genußfreudigkeit, auf die Kenntnis der ganzen Spannweite des Erotischen. Da wird er in vier Jahren das Pariser Freudenmädchen Marion zu Dantons Füßen sitzen und ihm die Geschichte ihrer Sinnlichkeit erzählen lassen.

Jedenfalls muß das lange allzu gängige Bild vom puritanisch-sittenstrengen Jüngling, der nur für edle Genüsse des Geistes etwas übrig gehabt habe, korrigiert werden; Georg Büchner, nach einem neuaufgefundenen Brief Wilhelms aus dieser Zeit, weiß mit Chic auf den Tanzböden zu gefallen. Die Vorstudentenzeit ist eine Übergangszeit, in der Büchner Sinnesfreude sucht. Von Gängeleien frei, mit vollgeblähten Segeln der Erwartung, kreuzt sein Lebensschiff vor dem heimatlichen Hafen und gefällt sich im Manövrieren.

Allerdings lauerte in der philiströsen Enge hessischer Verhältnisse bei derartigen Unternehmungen auch Gefahr: Man konnte der Veräußerlichung erliegen, sich im überkommenen Lebensstil des Bürgers, in modischer Selbstbespiegelung und erotischen Abenteuern häuslich einrichten. In mehreren Männergestalten des Dramatikers Büchner begegnen wir ja solchen Zügen. Danton z. B. sucht die Lust des Fleisches, um das Bewußtsein vom verlorengegangenen Sinn alles Tuns zu betäuben. Prinz Leonce benutzt das andere Geschlecht bis zum Überdruß, bevor er zu echtem Gefühl fähig wird.

Zumindest werden in dieser Sphäre Erlebnisse eingeholt und Widersprüche erkundet. Sinnlichkeit, nicht zuletzt im erotischen Bereich, wird für Büchner nun wichtige Seite menschlicher Entfaltung – auch dann, wenn das, was etwa im Palais Royal zwischen ehemaligen Revolutionären und Pariser Freudenmädchen geschieht, mit seiner Sinnengier dem Rausch der Ablenkung näher steht als wirklichem Frohsinn. Oder deutet der forcierte Sarkasmus in sexuellen Dingen, den der Autor besonders dort umgehen läßt, über Medizinerwitze hinaus, gar auf eigene, das Liebesverlangen degradierende Erlebnisse Büchners in Freudenhäusern? Immerhin dürfte er sich als sinnlich veranlagter Mann über längere Strecken in sexuellen Notsituationen befunden haben.

Zugleich sind Büchners Unternehmungen jetzt Begegnungen mit Menschen aus dem Volk. Als er zwei Jahre später zurück nach Darmstadt kommt, ist er nach Tagebuchnotizen des befreundeten Studenten Muston sehr von einem »gefallenen Mädchen« eingenommen und möchte sie aufrichten. Vielleicht ist es jene »Geliebte«, an deren »Herzen« er hochstimmende erotische Augenblicke hatte, als er erschöpft, aber mit glänzenden Augen abends heimwärts lief? Ein Wesen, nicht unähnlich dem Gretchen Goethes und der lebenshungrigen, hübschen Marie im »Woyzeck«?

Büchners intime Kenntnis der unteren Volksschichten, ihrer Mentalität und Sprache, ihrer Lieder und Märchen, wie er sie dann in den Werken verwendet – sie kann nicht nur auf die Erzählungen der Mutter, auf die Besuche von Patienten im Vaterhaus und eine allgemeine Neigung zum Volksliedgut zurückgehen. Persönliche Erlebnisse müssen den Kreis geschlossen haben. Die Dokumente geben wenig Auskunft über seine Begegnungen mit nichtbürgerlichen Schichten. Nicht nur Lustplätze und verschwiegene Wälder, auch die

Gasse ist sein Revier, selbst wenn er rauchige Kneipen nicht liebte. Gerade in dieser Zeit gab es vor den Toren Darmstadts viele Schaustellerunternehmen, die sich zahlreichen Besuchs der einfachen Leute erfreuten. Und in der Pankratius-, der Dieburger und der Bessunger Vorstadt lebten die Armen, die kleinen Ackersleute und Soldatenfamilien, das Proletariat der Manufakturen. Jenes Milieu, seine Gestalten in ihrem Alltag und mit ihren Nöten, ihren Sinnesfreuden bringt Büchner als einer der ersten in Deutschland einfühlsam und parteinehmend für sie auf die Bühne; nicht ohne dem Volk früh »aufs Maul« geschaut zu haben. Er hat sie für die Feder parat: die treffenden Bilder, alle Freiheiten und Feinheiten der Umgangssprache dieser Leute, in deren Leben sich das einfach Menschliche, das er an der Literatur nicht ohne Ursache am meisten liebt, am universellsten äußert. Er kann hier in einen großen Vorrat greifen, obgleich er, als er davon dichtet, fernab der Heimat lebt. An den Rand seines letzten Schulheftes schreibt Büchner diese zwei Strophen:

> In jungen Tagen ich lieben tät,
> Das däuchte mir so süß,
> Vom Morgen bis zum Abend spät
> Behagte mir nichts wie dies.
> (Hamlet, IV/5)

> Zu Lauterbach hast du dein Strumpf verlorn,
> Ohne Strumpf du kommst heim,
> Drum geh nur wieder nach Lauterbach
> Kauf dir zu dem ein' noch ein'.

In dieser Zeit liest Büchner gewiß auch Heinrich Heine. Der progressivste Teil der deutschen Jugend gerät in Aufregung, wenn ein neuer Band von dessen Schriften erscheint. Heine gehört zu den modernsten Autoren.

14. Reisebilder

Erst am 8. September 1831 entschließt sich Ernst Büchner zu einem Gesuch beim Großherzoglich Hessischen Ministerium des Innern und der Justiz. Es geht um Freistellung seines Sohnes Georg von der für alle Landeskinder geltenden Pflicht, »die zwei ersten Jahre seiner Studienzeit auf der Landesuniversität« zuzubringen. Das Ministerium erteilt bereits am neunten die Sondergenehmigung: Für den ältesten Sohn der Familie Büchner darf in den ersten zwei Jahren eine auswärtige Universität nach Wunsch gewählt werden. Wohl am Nachmittag des 1. November besteigt Georg Büchner, mit Gepäck versehen, von der Familie verabschiedet, die Postkutsche.

Es könnte so gewesen sein:

Der Postillion stößt ins Horn. Sie rattern vor das neue Neckartor, zwei einstöckige Gebäude, deren Portale in der Art griechisch-dorischer Tempel errichtet sind. Die eisernen Gitter werden geöffnet, die Wache läßt mit einem Wink des diensthabenden Offiziers hinterm Fenster passieren: die Carlsstraße entlang durch die Bessunger Vorstadt. Die Pferde gehen in Trab über. Sie bewegen sich, entlang dem Westrand des Odenwaldes, auf der uralten Bergstraße nach Süden. An den Kutschenfenstern gleiten zu beiden Seiten die Stämme der alten Nußbaumallee vorbei. Büchner öffnet das Fenster. Oben schlägt das nackte Astwerk zusammen. Unten feuchte Blätter und Schalen. Der kräftige erdhafte Geruch dringt herein. Büchner atmet leise und tief. Er hat das Empfinden, die Luft durchdringe seinen Körper. Die Sicht wird partienweise frei. Über den Weingärten, im Braungold der hoch hinaufreichenden Buchenhänge, zeichnen sich auf manchem Bergzug Burgen oder Ruinen ab, einst Sitze der Raubritter an der Handelsstraße. Rechterhand öffnet sich die rheinische Tiefebene dem Blick: ein weites Tableau fahlfarbiger Äcker, durchsetzt mit Pappelreihen, Hausansammlungen um die Kirchtürme. Am Horizont versinkt der matte Sonnenball. Wieder überholen sie Bauern, vor deren Feldwagen Kühe trotten. Es dunkelt lange. Bensheim. Hinter Heppenheim passieren sie die Grenze zum Großherzogtum Baden. Paß- und Zollkontrolle. Büchner hat nichts zu verzollen. Dessenungeachtet wird auch sein Koffer geöffnet.

Über Weinheim ins Neckartal nach Heidelberg. Als sie auf die

Dorf an der Bergstraße mit Blick zum Melibocus

steinerne Brücke schwenken, streift der Halbmond die bewaldeten Berge über der Stadt, läßt Dächer und Zinnen jenseits des Stromes nur erahnen; auch die Ruine des alten, landgräflichen Schlosses, links auf halber Höhe, das, efeuumrankt, wegen seiner romantischen Schönheit berühmt ist. Im Schein der Kutschlaternen am Brückenrand barocke Skulpturen, mit erhabenen oder büßenden Gesten. Sie durchfahren das zweitürmige Stadttor, in den Straßen da und dort noch eine offene Kneipe, in der Studenten johlen; dunkle, hohe Kirchwände. Hölderlin hat diese Stadt besungen als »der Vaterlandsstädte Ländlichschönste«. Ja, schön ist die Kulisse, selbst bei Nacht; ihr Dichter aber haust als Wahnsinniger in einem Turm zu Tübingen.

Zollstelle Kehl mit Blick auf Straßburg, 1838

Am Rande des Kraichgaus die Ebene entlang, wieder straff im Badenschen nach Süden. Was müßte kommen? Ubstadt, Bruchsal. Es zieht durch die Ritzen des Wagens. Büchner fröstelt, hüllt sich fester in den Mantel, lehnt den Kopf ans Polster, schließt die Augen. Mitternacht ist vorüber ...

Vor Karlsruhe wird gefrühstückt. Unterdessen Pferdewechsel auf der Poststation. Dann fahren sie hinein. Sonnenfächerartig, »nach einem charakteristischen geometrischen Plan«, hat er seine Residenz anlegen lassen, der badensische Karl von Durlach: mit dem Schloß als Mittelpunkt. Etwas ganz Besonderes. Zweiunddreißig Radialstraßen aus allen Richtungen. Nur: die Verkehrswege taugen hier so wenig wie in Hessen.

70

Mittag in Rastatt. Links tritt der Schwarzwald heran, als eine dunkle Mauer. Und in großer Entfernung, drüben, ein anderes Gebirgsmassiv: die Vogesen. Endlich, bei Achern, biegt die Kutsche rechts ein. Kehl. Die Tür wird aufgerissen. Ein Tschako, ein Schnurrbart tun sich wichtig. Erneut Paß- und Zollkontrolle; nur ungleich genauer. Man kommt sich seltsam vor, wie halb nackt, wie ein Missetäter. Doch dann, über dem Scheidewasser des Rheins, auf den hölzernen Planken: Un – frei-heit – Freiheit! An der Abfahrt »Bon soir, mesdames et messieurs!« und wieder Halt und das gleiche mit derselben Akkuratesse noch einmal.

In der Dämmerung die Silhouette der im Westen sich nahenden Stadt. Noch sind nur Turmspitzen zu erkennen, herausragend das Münster. *Straßburg* ist durch Kanäle mit dem Rhein und der Rhône und Marne verbunden. Am Rhein wie an den Ufern hier sind kaum Schiffe zu sehen. Auch hier Zollkrieg? Die Festungswälle, das Stadttor. Die Laternen gehen an. Am Markt, in der Nähe des Münsters, hält die Kutsche, und sie steigen aus. Feste freie Erde! Er geht, mit reisesteifen Beinen, übers Pflaster, bleibt, dem Portal des Münsters gegenüber, stehen, blickt an dem gewaltigen Bauwerk hinauf. Es glüht im Herzen des aufsteigenden Corpus die farbige Rose, wirft die tausend Verzierungen ins Halbdunkel. Doch gerade und kraftvoll tritt das ursprüngliche Rechteck hervor, gestreckt von vier vertikalen Strebungen, verklärt sich im Turm in überwältigender Steigung.

Der zweite Gipfel, denkt Büchner, blieb aus.

Ein seltener Torso.

Vollendet unvollendet.

Herder, Goethe, Klinger, Lenz. Hier also haben sie gestanden, die jungen Genies, und Charakter und Natur beschworen!

Büchner ist angekündigt. Beim Privatdozenten für biblische und orientalische Wissenschaften Eduard Reuss, dem siebenundzwanzigjährigen Großcousin seiner Mutter, einem Junggesellen. Rue de Hellebardes (Spießgasse) 24. Ein Katzensprung vom Münster entfernt. Die Begrüßung ist etwas steif. Büchner entschuldigt sich mit Reisestrapazen und geht bald ins Bett. Am nächsten Vormittag zeigt ihm der Großcousin die Stadt. Sie ist um ein Mehrfaches größer als Darmstadt, die zweisprachige Elsaßmetropole mit ihrem temperamentvollen Leben vor gutbürgerlichen Häuserfassaden vieler Jahr-

Der Gerbergraben
bei seiner Einmün-
dung in die Ill
(Schiffahrtskanal),
vor 1877

hunderte; mit mehreren Marktplätzen, auf denen sich Menschen vor
warenbepackten Ständen und Karren drängen; mit Dutzenden Kirchtürmen und uralten Befestigungsanlagen. Ein kleines Venedig auch,
durchzogen von Brücken und Kanälen, in denen das Wasser der Iller
träge fließt und Gerüche abgibt: von Kot und Gerberei und Färberei
und anderen Handwerken, die sich an ihm auf engstem Raume nie-
dergelassen haben. Da und dort Frachtkähne, darüber Hebezeuge.
Von hier aus kann man auch in Hinterhöfe blicken: dumpfe Kamine,
verhangen mit Wäscheleinen von Fenster zu Fenster, daran die Uten-
silien armer Leute.

Viele Kneipen, Lokale, Freudenhäuser, vor denen sich, wie der
Großcousin bemerkt, abends Sünde und Krankheit anbieten.
Schließlich die öffentlichen Gebäude, freistehend, imposant: die Prä-
fektur, die Mairie, das Theater – die Academie!!

Wieder kommt man an einem Lesekabinett vorbei. Büchner tritt

Das Straßburger Münster

mit dem Großcousin ein. Das interessiert doch! Ungewöhnlich für die sonst lärmenden Franzosen: feierliche Stille. Alle Plätze sind besetzt; die Bürger sitzen an den Tischen, vertieft in die Lektüre von Zeitungen, Büchern.

Büchner ist aufgefallen, daß hier selbst die Kutscher lesen; sie ziehen, sobald ihre Herren ausgestiegen sind, etwas Gedrucktes aus der Tasche. Auch Marktfrauen lassen sich vortragen und geben lautstark Kommentare. Hier im Kabinett sind auf Tischen tatsächlich alle Zeitungen Europas versammelt! Undenkbar in Darmstadt. Auf dem langen Tisch liegen die englischen Zeitungen; er gleicht mit seinen Riesenblättern einer aufgehobenen Speisetafel, unordentlich mit hingeworfenen Servietten bedeckt. Dann die spanischen, die französischen (der regierungsfreundliche »Constitutionell«, der »Figaro«, die republikanische »Tribüne«); da drüben die deutschen, schließlich die italienischen. Man könnte, bemerkt Büchner leise zu seinem Begleiter, hier vielleicht den Satz aufstellen: »Am Format der politischen Blätter läßt sich der Umfang der bürgerlichen Freiheit eines Landes abmessen.«

Die deutschen Zeitungen sind veraltet, packweise und durcheinander in Mappen verstaut. Der »Nürnberger Korrespondent« neben dem »Österreichischen Beobachter«, dessen eingerissene Blätter die »Neckarzeitung« umschlungen halten. Ja, das demütige deutsche Zeitungspack! Eine Ausnahme: die »Augsburger Allgemeine«. Sie hat europäisches Format. Heine ist ihr Pariser Korrespondent.

Hier läßt es sich sitzen.

Zum Mittag geht's auf den Neuhof. Im Landgut vor den Toren der Stadt umarmen ihn Tante Friederike und die anderen alle, die vom Großvater Reuss abstammen. Ganz so groß wie in Darmstadt ist die Kolonie nicht. Er soll erzählen, was sie dort machen. Er tut's, mit humorigen Einlagen. Und abends hebt Eduard das Glas gegen ihn, bietet ihm das Du an. Sie trinken Brüderschaft, Tante Friederike kommen die Tränen. – Eduard wird 1853 schreiben: »... ich liebte ihn als einen braven, offenherzigen, begabten, biedern Jungen.«

Vielleicht schon tags darauf, an einem Freitag, fährt Eduard mit ihm zur Rue St-Guillaume. An einem Eckgebäude, nicht weit von der Akademie, läßt er halten. Es ist die Nummer 66, links. Sie steigen ins erste Stockwerk hinauf. Eduard betätigt den Türklopfer. Leise nähern sich Frauenschritte. Es wird geöffnet. Ein hübsches brünettes Mädchen steht in der Tür, im modischen Puffärmelkleid. Mit angenehmer Stimme und elsässischem Akzent sagt sie: »Guten Tag, Herr Doktor Reuss!«

»Guten Tag, Mademoiselle Jaeglé – mein Großcousin, der künftige Herr Studiosus Büchner aus Darmstadt, im Hessischen drüben.«

Die jungen Leute nicken sich zu. Nach kurzem Zögern beugt Büchner sich zu einem Handkuß nieder. Schöne kleine Hände hat sie; unberingt, wie er bemerkt, und innen fest.

»Er sollte bei Ihnen Kost- und Logisgänger sein können. Das hatte ich mit dem Herrn Vater so abgesprochen. Ist der Herr Pfarrer schon zurück aus der Kirche?«

»Aber ja, treten Sie nur ein.«

Der einundsechzigjährige Johann Jakob Jaeglé, Pfarrer an der Sankt-Wilhelm-Kirche, ist seit drei Jahren verwitwet. Seine Tochter Wilhelmine, Minna genannt, führt ihm den Haushalt. Louis heißt ihr kleiner Bruder. Der Herr Pfarrer verdient nicht viel; ein Zimmer kann entbehrt werden. Es ist ein sehr kleines Zimmer »mit grüner Tapete«.

Wilhelmine trägt das Essen auf, hält die Wohnung sauber und warm. Sie hört Büchner zu, wenn er mit ihrem Vater diskutiert. Sie schaut ihm nach – wie er ihr. Sie unterhalten sich. Und eines Tages, als der Vater nicht daheim ist, wird Büchner ihre Hand nehmen, und sie wird es geschehen lassen. Sie ist drei Jahre älter als er. Sie mag ihn sehr und wird seine heimliche Geliebte.

15. Das Juste-milieu

Strasbourg oder Straßburg mit seinem regen intellektuellen und politischen Leben wird für Büchner zu einem wichtigen Erfahrungsbereich.

Seiner Intuition für Menschen und Verhältnisse öffnet sich eine Welt anderen Zuschnitts: eine, die den Sprung ins großbürgerliche

Leben vollzogen hat. Sie weitet sein Wesen und stärkt, neue Perspektiven und Kräfte eröffnend, jenes dramatische Sehen, das schon in seinen Darmstädter Schüleraufsätzen angeklungen war. Hier reifen Büchners *politisches Gewissen* und sein *Gespür für soziale Widersprüche.* Strasbourg, Straßburg, das sind Georg Büchners politische und naturwissenschaftliche Lehrjahre. Hier setzt er die Grundpfeiler seines modernen Weltverständnisses.

Obgleich Ludwig Büchner 1850 bei der Herausgabe der Nachgelassenen Schriften seines Bruders schreiben wird, der Ausbildungsort Straßburg sei auf den Wunsch des Vaters hin gewählt worden, so dürften diesen doch bei der Wahl gespaltene Empfindungen bewegt haben. Denn von rein wissenschaftsmedizinischen Gesichtspunkten betrachtet – und um den beruflichen Fortgang Georgs ging es dem Vater zweifellos in erster Linie –, konnte der Ruf der dortigen Akademie oder auch nur der medizinischen Fakultät als so überaus anziehend nicht gelten; da gab es deutsche Institute von größerer Bedeutung. Zwar mochte ihm die in Frankreich wie England herrschende, materialistisch orientierte empirische Wissenschaftsterminologie und -methode nahestehen und sich die erneuerungsbedürftigen verwandtschaftlichen Bindungen anbieten, den flügge gewordenen, geistig mobilen Sohn im Einflußbereich der Familie zu halten; doch die entscheidenden Gründe konnten dies alles nicht sein. Muß man doch in Rechnung stellen, daß Medizinalrat Büchner seinen Sohn in ein von der Revolution neuerdings heimgesuchtes Land schickte!

Es ist deshalb unwahrscheinlich, daß der mit den revolutionären Umschwüngen in Frankreich offen sympathisierende, nach Welt gierende Büchner junior nicht selbst sein Scherflein dazu beigetragen hatte, aus dem großherzoglichen Flecken herauszukommen. Den Vater aber mochten auch solche Überlegungen bewegt haben: In jungen Jahren einen Blick in die Welt riskieren zu wollen – das hatte auch ihn einst vorangebracht. Mochte bei jungen Leuten von Georgs Sinnesart das umstürzlerische Frankreich für einen Augenblick die Flamme des Freiheitsenthusiasmus aufzüngeln lassen – sie würde sich beruhigen. Zur »Pöbelherrschaft« war es ja nicht gekommen. Und gefährlicher als Gießen mit seinen Burschenschaften konnte Straßburg kaum sein.

Für Georg Büchner aber schien hier das Licht der Menschenrechte über Europa aufgegangen. Hier hatte die hochmütige Aristokratie nicht mehr das letzte Wort. Hier schienen alle politisch interessiert und bildeten dadurch eine Front gegen jegliche Knechtschaft. Hier gab es sogar Geschworenengerichte aus gewählten Bürgern ...!

Was aber ist ein Jahr nach der Julirevolution von 1830, die auch viele Deutsche als ersehnte Zeitenwende bejubelt hatten, aus den Forderungen und Träumen der Revolutionäre geworden?

Wie bei anderen bürgerlichen Revolutionen klaffte auch bei dieser großbürgerlichen Revolution bald ein Widerspruch zwischen dem, was die Massen erwarteten, und dem, was sie erbrachte. Die reiche liberale Bourgeoisie hatte auf den Staatsstreichversuch des Feudaladels im heißen Juli 1830 die Parole »Fraternité! Égalité!« ausgegeben und sich mit dem Schein umgeben, als vertrete sie die Interessen der Nation. In Wirklichkeit war sie selbst zu feige zum bewaffneten Aufstand gewesen. So hatten vor allem Proletarier, Studenten und Angehörige des Kleinbürgertums die Initiative ergriffen und in mehrtägigen erbitterten Straßenschlachten die Elitedivisionen der Aristokratie geschlagen. »Brot!« und »Arbeit!« hatten die Proletarier hinter den Barrikaden gerufen. Sie hatten die Kastanien aus dem Feuer geholt, die die Finanzbourgeoisie nun verzehrte.

Freiheit? – Nur die dürfen wählen, die als Kapitalbesitzer in der Lage sind, eine hohe Steuersumme zu entrichten; diese allein sitzen im »gesetzgebenden Bauch«.

Égalité? – Sie bleibt auf die bloße Gleichheit vor dem Gesetz beschränkt; die reale Ungleichheit zwischen arm und reich besteht weiter.

Auf das Begehren der werktätigen Massen nach demokratischer Teilnahme am Staatsleben haben die Regierenden jetzt den höhnischen Ratschlag bereit: »Enrichiez – vous!« (»Bereichert euch doch!«)

So schuften die Schürzenmänner, wenn sie Arbeit haben, wieder in den Werkstätten! Und jene »liberalen« Grundsätze, nach denen vor allem die Herren von Bank und Börse ihre Geschäfte führen, jene nackten Geldgesetze, sie gelten auch als Normen ihrer Politik.

Der Spekulant Casimir Périer ist Erster Minister des neuen, von der Finanzbourgeoisie gewählten Königs Louis Philippe von Orléans

Der gesetzgebende Bauch. Honoré Daumier, 1834

geworden. Das auf den Barrikaden geborene Regime mit dem Frei-
heitsschein bezeichnet sich als »Juste-milieu«, gerechte Mitte. Casimir Périer hat das Schlagwort in seiner Regierungserklärung geboren.
Diese hat, neben vielen Ermahnungen zu Ruhe und Ordnung, in der
Innen- und Außenpolitik den »goldenen Mittelweg« zwischen der
halbgestürzten Herrschaft des Adels und der Forderung nach einer
Republik verheißen – angeblich, um dem realen Kräfteverhältnis
und damit dem friedlichen Zusammenleben der Menschen dienlich
sein zu können.

Der »jour de gloire«, der Tag des Ruhmes, hat sich so für die Studenten, Intellektuellen und das kleine und mittlere Bürgertum in
einen, wie Heine aus Paris schreibt, »Tag der Geprellten« verwandelt.
Und auch in Straßburg wacht man nun, vom Alltag nach und nach

ernüchtert, aus dem Freiheitsrausch auf. Zusammen mit den Arbeitern bilden sie eine Opposition gegen das Julikönigtum. Unzufriedenheit mit den wirtschaftlichen Verhältnissen und politische Gegnerschaft zur neuetablierten Macht sind ihnen gemeinsam. Doch unterscheiden sich die Oppositionellen in ihren oft noch diffusen politischen Konzeptionen: Diese reichen vom gemäßigten Konstitutionalismus über den radikalen Republikanismus bis hin zu sozialrevolutionären Auffassungen. Das organisatorische Zentrum aller ist die Société des Amis du peuple (Gesellschaft der Freunde des Volkes).

In der Elsaß-Ostprovinz ist diese politische Opposition nicht weniger rührig als anderswo. Hier ist die wirtschaftliche Lage besonders kompliziert. Die Binnenhafenstadt Straßburg verfügt kaum über Industrie. Ihre Existenzquelle ist der transnationale Handel. Um die ausländische Konkurrenz in Frankreich niederzuhalten, werden von der Zentralregierung Einfuhrverbote verhängt. Die Anliegerstaaten warten mit Gleichem auf: Der Rhein wird zur Zollmauer. Arbeitslosigkeit, Teuerung sind die Folgen.

Und am 25. September 1831, kurz bevor Büchner in der Stadt eintrifft, bricht eine Hungerrevolte aus. Man nennt sie den »Rinderaufstand«. Der Viehmarkt wird gestürmt, die Zollhäuser werden zerschlagen. Es finden regierungsfeindliche Zusammenrottungen statt. Zwar wird die spontane Empörung bald unterdrückt, doch die sozialen Widersprüche treten offener zutage als in der gepflegt-sterilen Residenz am Odenwald: als Gegensatz von bürgerlichem Lebensglanz und Elend der Masse. Der frisch Eingereiste braucht nicht lange, um das mitzubekommen. Rufe erschallen allenthalben: »Vive la Republique!« Bettler an jeder Straßenecke, Diebstähle, Auswanderungen. Der Alltag besteht aus ungelösten Spannungen.

Selbst der Pfarrer der evangelischen Gemeinde von Sankt Wilhelm, Büchners Wirtsvater, ist Mitglied des Klubs »Amis du peuple«. Er ist ein für die Poesie aufgeschlossener Mann und betreibt sie als Hobby. Gleich nach der Julirevolution hat er »der Throne Sturz« als »Gottes Gericht« begrüßt; denn die Bourbonen hatten weder Elend noch Beschwörung gerührt.

Schon hier begegnet Georg Büchner, bevor er überhaupt seine Studien beginnen kann, politischer Meinungsäußerung. Es geht um das Für und Wider des Zustandes in Frankreich *nach* der Revolution.

16. Polenempfang

An der Universität wird Büchner direkt hineingezogen in das politische Leben. Am 9. November 1831 trägt er sich in die Matrikel der medizinischen Fakultät ein. Knapp einen Monat später, am 4. Dezember, nimmt er bereits an einer politischen Demonstration teil. Straßburg, Tor der politischen Emigranten, beherbergt eine fortschrittlich, internationalistisch gesinnte Studentenschaft, die an allen bügerlich-nationalen Freiheitsbestrebungen starken Anteil nimmt. Nun, nach der blutigen Niederschlagung des zehn Monate dauernden Aufstandes der Polen gegen die zaristische Fremdherrschaft, zieht der Rest jener Insurgenten, die nicht in der Schlacht bei Ostrolenko im Mai 1831 und nach dem Fall Warschaus am 8. September niedergemacht worden waren, in einer triumphalen Fahrt quer durch die deutschen Länder nach Westen.

Die meisten deutschen Regierungen geben ihnen keine Aufenthaltserlaubnis. Doch breite Kreise des Bürgertums üben spontan und praktisch Solidarität. In Windeseile werden überall in Stadt und Land Polenkomitees gebildet, die Sammlungen einleiten, Übernachtungsmöglichkeiten organisieren, Nahrung und Kleidung für Zehntausende heimatlos gewordene Flüchtlinge beschaffen und ihnen moralisch Beistand leisten. Der Durchzug der Polen wird zum Anlaß, die eigenen Kräfte zu sammeln. Es äußert sich die Sehnsucht nach nationaler Einheit und Selbstbestimmung – stärker noch als bei der Anteilnahme für das von türkischer Fremdherrschaft unterjochte griechische Volk Mitte der zwanziger Jahre.

Die erste französische Regierung unter Lafitte hatte 1830 noch auf Nichteinmischung der Heiligen Allianz gegenüber den nationalen Unabhängigkeitsbestrebungen gedrungen. Aber das neue Kabinett Périer verpflichtet sich zur Neutralität, bleibt außenpolitisch kompromißbereit, läßt die anderen bürgerlichen Bewegungen, so auch die in Italien und Belgien, im Stich. »Die Freiheit wurde erstickt mit Billigung derer, die vorgeben, ihre Beschützer zu sein«, schreibt der Straßburger »Alsacien«. Der »Zug der Besiegten«, der Stuttgart erreicht hat, soll die Grenze ohne Aufsehen passieren; man fürchtet die Reaktivierung revolutionärer Stimmungen. Doch die Studenten beschließen, dem Widerstand des Präfekten und Rektors zum Trotz, ge-

Empfang der polnischen Generäle Ramorino, Langermann und Sznyade
an der großen Rheinbrücke bei Straßburg, 1831

meinsam mit der Straßburger Bevölkerung eine würdige Begrüßung
vorzubereiten: Sie wollen der Vorhut der Freiheitskämpfer, darunter
drei Generale der polnischen Armee, mit einer schwarzumflorten rot-
weißen Polenfahne entgegenziehen und sie wie Sieger empfangen.

So geschieht es. Die Mediziner sind die Aktivsten. Selbst die Nationalgarden, die bewaffneten Formationen des gehobenen Bürgertums, können sich nicht die Blöße der Abwesenheit geben. »Wir versammelten uns sogleich in der Akademie«, heißt es in einem Brief
Büchners wenige Tage später, »als wir aber durch das Tor ziehen
wollten, ließ der Offizier, der von der Regierung Befehl erhalten
hatte, uns mit der Fahne nicht passieren zu lassen, die Wache unter
das Gewehr treten, um uns den Durchgang zu wehren. Doch wir bra-

chen mit Gewalt durch und stellten uns drei- bis vierhundert Mann stark an der großen Rheinbrücke auf. An uns schloß sich die Nationalgarde an. Endlich erschien Ramorino, begleitet von einer Menge Reiter. Ein Student hält eine Anrede, die er beantwortet, ebenso ein Nationalgardist. Die Nationalgarden umgeben den Wagen und ziehen ihn; wir stellen uns mit der Fahne an die Spitze des Zugs, dem ein großes Musikkorps voranmarschiert. So ziehen wir in die Stadt, begleitet von einer ungeheuren Volksmenge unter Absingung der Marseillaise und der Carmagnole; überall erschallt der Ruf: Vive la liberté! vive Ramorino! à bas (nieder mit – R. L.) les ministres! à bas le juste milieu! Die Stadt selbst illuminiert, an den Fenstern schwenken die Damen ihre Tücher, und Ramorino wird im Triumph bis zum Gasthof gezogen, wo ihm unser Fahnenträger die Fahne mit dem Wunsch überreicht, daß diese Trauerfahne sich bald in Polens Freiheitsfahne verwandeln möge. Darauf erscheint Ramorino auf dem Balkon, dankt, man ruft Vivat – und die Komödie ist fertig.«

Der Brief (wie die meisten Briefe nach Hause nur fragmentarisch überliefert) ist an die Eltern gerichtet. Begeistert der Ton des Schreibens, begeistert wie der Empfang selbst, dem der Verfasser als Mitglied der Studentenabordnung beiwohnte. An Heines ironische Brechungen erinnert freilich das abschließende Wort von der »Komödie« des Ganzen. Der Briefschreiber stellt unverhofft und effektvoll Abstand her, tritt damit kommentierend aus dem Vorgang heraus. Er bleibt nicht in den Gefühlen des Augenblicks befangen, er zeigt sich vielmehr ernüchtert darüber, daß alles wie nach dem Besuch eines Theaterstücks (das Schauspielhaus nennt man damals Komödie) zwar recht erhebend war, aber folgenlos bleibt: ohne rechte Konsequenz für die Realität.

Das ist der erste zaghafte Ausdruck einer Unzufriedenheit des jungen Büchner mit der Wirkungslosigkeit verbaler Freiheitsbegeisterung. Trotz seines Engagements mitten im Geschehen beweist er seine Fähigkeit, Erlebnisse zu objektivieren! Er hat schon in der Heimat gelernt, hinter den Schein zu dringen, um das Sein zu erkennen.

Wenige Tage danach erneut ein Brief nach Hause. Auch er zeigt den frischgebackenen Studenten politisch engagiert. Die Ereignisse und Tendenzen der letzten Tage und Wochen sind genau beobachtet: Rußland und Preußen spielen sich als europäische Gendarmen auf. Es sehe, schreibt Büchner, »verzweifelt kriegerisch aus«, und es könne »alles gewonnen und alles verloren werden ...«. Noch hofft er auf eine festere Haltung der französischen Regierung, überschätzt allerdings, anders als die meisten Studenten, die Erfolgsaussichten der europäischen Freiheitssache nicht. Für den Ernstfall zeigt er sich bereit, trotz seines jugendlichen Alters, dabeizusein im Kampf gegen die überlebten Feudalmächte: »... wenn aber die Russen über die Oder gehn, dann nehme ich den Schießprügel, und sollte ich's in Frankreich tun. Gott mag den allerdurchlauchtigsten und gesalbten Schafsköpfen gnädig sein; auf der Erde werden sie hoffentlich keine Gnade mehr finden.«

Zum Schießprügel greifen zu wollen bleibt freilich nur erklärte Absicht, vielleicht auch nur studentische Geste – doch drängt es ihn, Partei zu ergreifen. Auf dem Vorposten bürgerlicher Demokratie schwingt er sich zu einer neuen Stufe der Selbstbewußtheit auf.

17. Studium an der medizinischen Fakultät

Büchners Leben in Straßburg besteht indessen nicht nur aus Demonstrationen und Absichtserklärungen. Ein Medizinstudium hatte es in sich. Da war Fleiß vonnöten. Büchner ist kein völliger Neuling mehr; auch verfügt er durch die botanischen Studien aus der Mulus-Zeit über gewisse Kenntnisse von den Arten. Vorlesungen und Fachliteratur setzen das Beherrschen des Lateinischen und Französischen voraus. Französisch hatte Büchner am Gymnasium offenbar nicht belegt; doch bringt er Vorkenntnisse aus der Bürgerschule und dem Elternhaus mit. Der Umgang in der zweisprachigen Elsaßmetropole hilft ihm, verbliebene Lücken zu schließen.

Er ist frohen Mutes, und das beflügelt sein Tun. Es ist schon etwas, so unter jungen Leuten aus aller Herren Länder zu sitzen und mit ihnen Schritt für Schritt in die Gründe des biologischen Wesens einzudringen. Es beginnt mit der Anatomie. Hier sind anfangs noch viel Zeichnung, Demonstration, Büffeln von lateinischen Begriffen nötig. Desgleichen bei den Einführungen in die medizinische Chemie, die

Epidemiologie und die Chirurgie, die ebenfalls für das Wintersemester ausgeschrieben sind, während im Sommersemester Hygiene, Entbindung, Pharmazie und Botanik im Mittelpunkt stehen. Büchner scheint auch Vorlesungen über die Zoologie belegt zu haben. Hier wie in der Anatomie gibt Professor Georges Louis Duvernoy den Ton an. Dieser praktiziert die empirisch beschreibende und vergleichende Methode des bereits vor 1800 berühmten Pariser Gelehrten Cuvier. Er ist mehr der Typ des modernen »exakten« Wissenschaftlers, der in erster Linie gelten läßt, was die Versuche hergeben. Duvernoys eigene Arbeiten beziehen sich auf das Nervensystem der Muscheln, auf die vergleichende Anatomie der Wirbeltiere, insbesondere der Primaten. – Die Ergiebigkeit solcher Analyse- und Vergleichsverfahren ist gerade drei Jahre zuvor durch Ernst von Baer in Königsberg bestätigt worden. Hatte dieser doch die Entdeckung gemacht, daß das Säugetier im befruchteten Ei als Keim vorhanden sei, und die verschiedenen embryonalen Entwicklungsstadien höherer Tiere mit den fertig ausgebildeten Formen niederer Tiere verglichen. Anders Professor Ernest-Alexandre Lauth. Dieser liest Physiologie, damals noch ein Teilgebiet der Biologie, welches sich mit den Tätigkeiten, Arbeitsvermögen, Reaktionsprozessen in den Säften, Geweben und Organen des tierischen und menschlichen Organismus beschäftigt. Zwar entdeckt der Engländer Robert Brown gerade, 1831, den Zellkern, doch kann diese epochemachende Entdeckung erst sechs Jahre später ausgewertet werden, obgleich Oken aus Jena über die Zelle und das Protoplasma forschte. Aus Amerika kam einer der wichtigsten Beiträge zur Physiologie der Verdauung, als im Jahre 1822 ein Halbblutindianer namens Alexis St. Martin durch einen Schuß schwer verwundet worden war, der Armeearzt William Beaumont ihn wieder zusammengeflickt und der Verwundete überlebt hatte – mit einer Öffnung im Leib, normalerweise durch einen Gewebelappen verschlossen, durch die man das Innere seines Magens inspizieren, auch Speise einführen und entnehmen konnte. Beaumont führte St. Martin jahrelang als seinen Bedienten und zugleich als lebendes Laboratorium mit sich herum. Es gelang ihm durch seine Experimente, die Ähnlichkeit chemischer Prozesse in der organischen und anorganischen Natur zu belegen. Zwar kamen auch Fortschritte des Wissens auf anderen Gebieten, so die Entdeckung des Sauerstoffs und die Erkenntnis der Natur des Verbrennungsprozesses durch Block, Priestley und Lavoisier, der physiologischen Forschung zugute. Nichtsdestoweniger: Hier gab es noch sehr viele Zwischenräume, die man in Forschung und Lehre großzügig durch Hypothetisches zu füllen versuchte.

So ist es nicht allzu verwunderlich, daß Professor Lauth, wenn auch schon als Empiriker, die noch verbreitete mehr spekulativ orientierte Methode vertritt. Er philosophiert gern über den Zusammenhang von Einzelerscheinungen und Natur-Zwecken. Für den philosophisch interessierten Büchner ein immerhin interessantes Feld, ein angenehmer Kontrast zum phantasielosen Exerzitium bei Dilthey. Hier werden Neugier und denkerische Initiative geweckt.

Anstrengender, auch trockener ist hingegen das rein empirische, sich scheinbar in Einzelheiten verlierende Herangehen bei Duvernoy. Es gibt Kommilitonen, die Duvernoy verwünschen. Zumal man vom Bemühen des ehrgeizigen Professors hört, auch die Physiologie-Professur zu übernehmen. »Das Vieh bleibe doch bei seiner Zoologie«, äußert sich der bald mit Büchner befreundete Eugen Boeckel brieflich; er, Boeckel, wolle »lieber den Kerl dissezieren oder totschlagen, als ihn in der Physiologie hören oder sehn« (Boeckel an Büchner, 7. September 1832). Doch bald akzeptiert Büchner die Voreingenommenheit Boeckels gegen den Faktenfanatiker Duvernoy nicht mehr. Der Trend geht, das spürt er, auch in den Naturwissenschaften zur Materialanalyse. Belege sind Trumpf im angebrochenen wissenschaftlichen Jahrhundert. Beobachten und Untersuchen werden groß geschrieben.

Wichtig auch die Notwendigkeit, sich im Wissenschaftsstreit der Schulen orientieren zu müssen. Der Student ist, sofern er kein Nachbeter der Meinungen nur einer Partei sein will, aufgefordert, die Propheten weniger mit gläubigen als mit kritischen Augen anzusehen und sich, selbst denkend und urteilend, eine eigene Ansicht zu bilden. Dies fördert das Differenzierungs- und Kombinationsvermögen.

Bald interessieren Büchner vor allem die vergleichende Anatomie und Zoologie. Fachgebiet und Beispiel Duvernoys haben demnach stimulierend gewirkt. Aber auch Lauth' Bestreben zur Theorienbildung fällt nicht unter den Tisch. Büchner nimmt das Grundanliegen der Verallgemeinerung auf.

War der Pennäler in seiner Selbstmord-Rezension auf eine neue Verhältnisbestimmung von Objektivem und Subjektivem ausgewesen, so bekommt die Frage nach *gesetzmäßigen Zusammenhängen* des (organischen) Lebens nun eine erweiterte und bewußtere Dimension – auf der Grundlage des Vertrautseins mit Verfahren, auf die sich die exakten Naturwissenschaften gründen. Auffällig methodisch verwandt wird Büchner einige Zeit später auch an direkte gesellschaftliche Fragestellungen und Widersprüche herangehen. Naturwissenschaftliches, Philosophisches, Politisches und Künstlerisches durchdringen dann einander und führen zu einer neuartigen Sicht und Verarbeitung der Realität. Die Straßburger Vorlesungen und Seminare dürften ein wichtiger Impuls auf dieser schwierigen Wegstrecke gewesen sein.

Das Medizinstudium bewegt sich bald nicht mehr nur in der Theorie. Die tägliche Praxis heißt: Hörsaal, Hospital, Leichenschauhaus (Pathologie). Es geht um den menschlichen Körper – den lebenden wie den toten. »Versuchskarnickel« werden aufs Podium geholt, der allmächtige Professor demonstriert daran, und der *stud. med.* hat seine geringen Kenntnisse unter Beweis zu stellen.

Im Leben wird das Gelehrte und Gelernte in ersten Übungen erprobt. Im Hospital liegen die unbemittelten Kranken. Wer gut bei Kasse ist, wird durch Hausärzte in seinen vier Wänden betreut. Hydrocephalus (Wasserkopf) und Schwindsucht sind die häufigsten Krankheiten. Hunger schwächt die Widerstandskraft der Armen, setzt sie in besonderem Maße ansteckenden Krankheiten aus. Der therapeutische Rat der Lehrer wie der Fachbücher lautet: gute Kost, viel Ruhe, leichte Bewegung an frischer Luft und anderes für Unbemittelte Unmögliche. Die Medizin zeigt ihre Grenzen gegenüber dem Kreislauf von Armut, Prostitution, Verbrechen, Krankheit, der ganzen äußeren und inneren Verelendung. Das Aufdecken der Ursachen ist nur im engen Rahmen möglich, die sozialen Bedingungen des Heilungsvorgangs werden von der Fachwissenschaft ausgespart. Für Naturen wie Büchner ist das auf die Dauer unerträglich – und provoziert zugleich einen Erkenntnisgewinn. Was in der residenzlichen Arztpraxis des Vaters nur angeklungen war, muß hier als prinzipiell begriffen werden: Die große *Mehrzahl* der Menschen lebt unter Bedingungen, die ihrer naturgegebenen Gleichheit hohnsprechen! Überdies geht die Cholera um. Sie bewegt sich, aus Rußland kommend, über Polen und Deutschland hinweg in westlicher Richtung.

Das Straßburger Hospital, um 1830

In Berlin fordert sie über zweihundert Tote täglich. Selbst Paris ist, trotz scharfer Grenzpassierbestimmungen für Reisende, bald erfaßt. In der französischen Hauptstadt gibt es bis zum Sommer fünfunddreißigtausend (!) Choleraopfer. In den vollen Kirchen hört man wieder das Wort von der »Geißel Gottes«. Die Macht der Medizin scheint noch allzuoft eine Ohnmacht.

Bedeutsam ist die Autopsie, das Leichensezieren. Sie erbringt den empirischen Beweis für die Forschung, und für die Studenten ist es eine effektive, weil sinnlich einprägsame Demonstrier- und Exerziermethode. Körper gibt es genug, arme Angehörige von Verstorbenen stellen sie für ein paar Sous zur Verfügung.

Der Mensch liegt da in seiner nackten Kreatürlichkeit: ein Wesen wie andere – und ein Funktionsmechanismus, Organ für Organ, System für System ... Kalt und zerstückelt, wie er ist, muß man sich zur Distanz zwingen. Zur Nüchternheit. Zur Aufgabenstellung. Zur

Überschau. Zur Akribie. Der Körper ist ein kompliziertes Gebilde von Knochen, Muskeln, Sehnen, Flüssigkeiten, Druckverhältnissen! »Der Mensch – eine Maschine«? So der Titel eines Buches von Lamettrie (1752), einem materialistischen Aufklärer, das nun zur Studienlektüre gehört. Und Cabanis, der französische Philosoph und Physiologe, hat sogar die »moralische Natur« des Menschen, sein Bewußtsein, als ganz von seiner physischen Beschaffenheit abhängig erklärt. Er hat der Erkenntnis rein physiologische Prozesse zugrunde gelegt!

Solch intensives Studium der physischen Grundlagen des Menschen erzeugt Probleme, zumal in einer Zeit des Umbruchs, wo die Religion fragwürdig geworden ist und das Angebot des Vulgärmaterialismus scheinbar phänomenal, aber eigentlich eisig ist. Wo bleibt da die Seele des Menschen, wo Persönlichkeit, Schmerz, Würde? Wo der tiefere Sinn des Lebens? Ist das Häuflein hochgradiger chemischer Organisation alles? Dieses übelriechende, verwesende Gemisch aus Fleisch, Blut, Knochen und Kot, das da in Atome zerfällt? Ist alles so vergänglich? »Das Schwein – der Mensch«, so faßt der spätbürgerliche Dichter und Mediziner Gottfried Benn hundert Jahre darauf die Summe seiner chirurgischen Erfahrung. Auch Georg Büchner weiß um Untiefen. Nihilistische Fragen und Zweifel wühlen und treten in Zeiten der Krise raumgreifend aus dem Unterbewußtsein heraus, werden Bausteine glaubwürdiger Gestaltungen. »Es ist mir, als röch ich schon«, sagte Danton in der Nacht vor seiner Hinrichtung. »Mein lieber Leib, ich will mir die Nase zuhalten und mir einbilden, du seiest ein Frauenzimmer, das vom Tanzen schwitzt und stinkt und dir Artigkeiten sagen. ... Morgen bist du eine durchgerutschte Hose; du wirst in die Garderobe geworfen, und die Motten werden dich fressen, du magst stinken, wie du willst.«

Doch zumeist triumphiert beim Autor der Ekel vor dem Elementaren.

Die nahe Berührung mit den Wurzeln des Lebens entwickelt Büchners Realitätssinn. Sie wird ihm den ebenso natürlichen wie demokratischen Schluß nahelegen, daß die »einfachen« Menschenrechte, daß zu leben, zu essen, zu trinken, zu lieben, doch *über* allen weiteren Ansprüchen und Genüssen stehen – auch wenn Georg Büchner als Intellektueller auf diese nicht verzichten kann.

18. Diskussionen im Klub

Kaum vierzehn Tage nach seiner Immatrikulation wird Büchner – wohl durch Boeckel, der bereits zwei Jahre Theologie studiert hat – als Gast in die »Eugenia«, eine farbentragende, doch nicht schlagende Verbindung, mitgenommen. Der ursprünglich theologische Freundeskreis hatte mit der Julirevolution seinen Gesichtskreis erweitert. Zu den Mitgliedern und Hospitanten zählen jetzt eher Mediziner als Theologen. Nur sieben Vollmitglieder gibt es Ende 1831. Man kommt in der Vorlesungszeit wöchentlich einmal, donnerstags, zusammen. Vom späten Nachmittag bis in den Abend hinein sitzt man in der Runde.

Dies ist der einzige Freundeskreis Büchners aus der Straßburger Zeit, über den wir etwas Genaueres wissen. Er hatte sich in seiner Satzung das Ziel gestellt, »fröhliches Beisammensein, trauliches lehrreiches Gespräch, Gesang und holden Biergenuß« zu pflegen. »Größere ›kulturelle‹ oder gar ›politische‹ Ansprüche bestanden nicht; bei den Treffen wurden die ›Scandalosa‹ aus der Straßb. Studienwelt‹ und die Professoren durchgehechelt; man unterhielt sich über die Studien- und Liebesangelegenheiten, die Karrierehoffnungen der ›Schmollis‹. Hauptbeschäftigung war das Saufen und ›burschikos‹ zu zoten.« (Th. M. Mayer) Zum Kreis der deutschsprachigen Eugeniden gehört auch das Brüderpaar Adolph und August Stöber, die Söhne eines bedeutenden oppositionell-liberalen Politikers, Advokaten, Heimatforschers, Literaten und Publizisten. Im Hause eines Onkels der Brüder waren auch die polnischen Generale nach dem Empfang an der Rheinbrücke abgestiegen und mit einem enthusiastischen Gedicht empfangen worden. Die Brüder selbst hatten, von Ehrgeiz getrieben, bald nach ihrer Schulzeit literarische Verbindungen, vor allem zur schwäbischen Dichterschule um Ludwig Uhland, anzuknüpfen und auch in Zeitungen zu publizieren versucht; sie hatten an der Julirevolution nach ihrer Darstellung mit der Flinte in der Hand teilgenommen, doch war ihre Gesinnung eher liberal geblieben.

Büchner trifft hier andere Kommilitonen, als er sie täglich an der medizinischen Fakultät neben sich hat. Dort gibt es Mitglieder der Gesellschaft der Freunde des Volkes, die sich außerhalb der Akademie lautstark republikanisch gebärden. Von ihnen erhält er ohne

Zweifel Anregungen, sie prägen das politische Klima der Stadt und den schwärmerischen Diskutiergeist Büchners mit. Und es ist, bei seiner politischen und rhetorischen Agilität, kaum denkbar, daß er nicht bereits an einer Versammlung der Gesellschaft der Volksfreunde teilgenommen haben sollte. Zwar ist uns keine der Straßburger Versammlungen der Gesellschaft durch Augenzeugen überliefert, doch hat H. Heine in seinem Brief vom 10. Februar 1832 eine in Paris beschrieben: »Es waren dort über fünfzehnhundert Menschen in einem engen Saale, der wie ein Theater aussah, gehörig zusammengedrängt.« Die Zusammenkunft der »Freiheitsenthusiasten« habe zumeist aus sehr jungen und ganz alten Leuten bestanden. Der Redner habe »eine lange Rede, voll ... Geist, Redlichkeit und Grimm« und mit »republikanischer Strenge« gehalten, der es allerdings an freiem Vortrag gefehlt hätte. »Bei jung und alt aber im Saale der Amis du peuple herrschte der würdige Ernst, den man immer bei Menschen findet, die sich stark fühlen. Nur ihre Augen blitzten, und nur manchmal riefen sie: ›C'est vrai! C'est vrai!‹, wenn der Redner eine Tatsache erwähnte.« Neben Heine saß »ein junger Brausekopf, mit Augen wie zornige Sterne«. Dieser junge Mann (offenbar ein Student) habe sich an ihm festgehalten vor innerer Bewegung, und Heine sah, »daß er sich die Lippen wund biß, um nicht mitzusprechen«. Dafür äußerte er sich mit Worten des Dichter-Revolutionärs Camille Desmoulins und Marats konsequent gegen jede Beschränkung der Publikations- und Meinungsfreiheit, die von der Regierung angestrengt werde. Überhaupt, so kommentiert Heine, sei es das jakobinische Gedankengut von 1792/94, worauf die Republikaner zurückgriffen. »Robespierres letzte Rede vom achten Thermidor ist ihr Evangelium.«

Obgleich auch der frischimmatrikulierte Student Büchner anfangs von der Agitation der Republikaner sehr angetan gewesen sein dürfte, zu diesen hier, den Eugeniden, fühlt er sich ebenfalls hingezogen. Hier findet er neben der Aufgeschlossenheit für Kunst, Philosophie und Natur jene persönlich verbindende Wärme, nach der sich jeder Fremde außerhalb der Heimat sehnt.

Diese etwa zehn jungen Leute aus unterschiedlichen Studienjahren, die zumeist im Elternhaus der Stöber, »Zum Drescher« am Alten Weinmarkt, zusammenkommen und deren Glaube an die Repu-

Die Universität Straßburg, um 1830

tation der neuen Ordnung noch ziemlich ungebrochen ist, werden bald von dem keimenden Problembewußtsein des neuen Hospitanten etwas aus der Ruhe gebracht. Büchners zunehmende Radikalität führt an manchen Abenden sogar zur Störung der allgemeinen Bier- und Gesangsseligkeit. Und wie Büchner bereits in der Schulzeit zu neuen Positionen vorzudringen beginnt, indem er Schwachstellen gängiger Argumentation ausmacht und in diese mit unüblichen Gesichtspunkten vorstößt, so trifft das auch auf sein Verhältnis zu den Eugeniden zu. Er macht jetzt Fortschritte, ohne sich von umflorten Blicken und Reden den aufklärerisch-prüfenden Verstand vernebeln zu lassen. Nach wie vor geht er an Institutionen und Verhältnisse mit der gleichen, in Hessen vorgeschulten Einstellung heran: zu erkennen, was alles wirklich wert sei. Mehr noch, er übt und entwickelt seinen kritischen Enthusiasmus gerade hier, beim bierseligen Durchschnittsbürger. Büchner baut weitere Illusionen ab und lernt, schärfer zu sehen. Allmählich läutert er sich zu skeptischer Sachlichkeit ...

Ein »Sekretär« führt das Protokoll der »Eugenia«: kurze Notizen über Stimmung und Neuigkeiten. Am 16. Februar 1832: »Freund *Büchner* ... hospitiert heute ... Das Gespräch betrifft größtenteils den Kampf der Freiheit in Deutschland.« Danach erst wieder am 24. Mai: »Man war recht fidel; aus voller Kehle wurde gesungen, und vor lauter Freude und Liebe wurde tüchtig mit der Hand auf die Schenkel des Nachbarn gehauen. ... gegen 9 Uhr bleiben nur noch Ad. Stoeber, Büchner, Höpfner u. der Sekretarius. Büchner spricht in etwas zu grellen Farben von der Verderbtheit der deutschen Regierungen ... wobei von den Anwesenden einiges erwidert wird, um zur Steuer der Wahrheit die Farben zu mildern.«

Sobald Büchner auftaucht, wird es bewegter als üblich. »Freund Büchner«, in der Runde »Schorsch« genannt, singt und trinkt mit, ist gleichsam ein gerngesehener Kumpan. Doch läßt sich sein weiterdrängender politischer Verstand nicht darauf festlegen. Mit Feuereifer diskutiert er auch die aktuelle Innenpolitik. Am 28. Juni debattiert man »mit außerordentlicher Lebhaftigkeit über verschiedene Gegenstände, namentlich das sittliche Bewußtsein, über Hus, Ravaillac u. Sand, welche die Dialektik von Freund Büchner in eine Reihe stellt«.

Büchner ist jetzt offenbar als Vorreiter akzeptiert, der, ausgehend von Tagesereignissen, ungewöhnliche Fragen aufwirft, Zusammenhänge sucht und mit seinem als dialektisch empfundenen Denkvermögen Verbindungen zur Geschichte herstellt.

Da gibt es gerade um Straßburg Unruhen der durch die neue Preispolitik noch mehr verarmenden Winzer. Die Häuser der jüdischen Aufkäufer werden geplündert. Aufgereizte Leidenschaften, sogar bis zum Aufstand, auch in der stockkatholischen Vendée, einem Landstrich im Nordwesten Frankreichs. Dort will eine hohe Dame, die Duchesse de Berry, mit demagogischen Mitteln patriarchalische Adelsverhältnisse unter unzufriedenen Bauern wiederherstellen. Auch die Geschichte liefert genügend Beispiele von auslösenden Taten einzelner sogenannter religiöser Fanatiker: Hus, den tschechischen Reformator, stellt Büchner neben die Mörder Henrys IV. und Kotzebues.

Doch waren alle diese Gestalten und die bewegten Menschenmassen wirklich allein von sittlich-religiösen Motiven geleitet? War die religiöse und sittliche Überzeugung immer das Ausschlaggebende? Büchner und die anderen Kleinbürgersöhne der Runde gelangen an diesem Sommerabend, während zwischendurch zu einem »flotten laut schallenden Rundgesang« mit großem Pokal Umtrunk gehalten wird und die Stimmen aufeinanderprallen, allmählich auf eine andere Fährte: die »Strafgesetze, u. ... das Unnatürliche unsers gesellschaftlichen Zustandes, besonders in Beziehung auf reich und arm ...«, und hierüber eigentlich nun debattiert man.

Neue Töne durchaus, auch für Büchner, den Arztsohn, der es bislang lediglich mit allgemeinen Freiheitsparolen gehalten und dem das sittliche Bewußtsein alles gegolten und für den es alles vermocht hatte; für den hingegen die konkreten Verhältnisse, in denen die unterschiedlichen sozialen Schichten der Gesellschaft zueinander standen, noch kaum eine Rolle gespielt hatten.

Wer im Warmen sitzt, lautet ein Sprichwort, den kümmern die Frierenden draußen wenig. Büchner sitzt nach wie vor im Warmen, hat genug zu essen und zu trinken – und doch interessieren ihn zunehmend die Hungrigen. Es regt sich sein *soziales Gewissen*. Denn inzwischen war dies geschehen: Ein halbes Jahr zuvor, im November 1832, als Büchner sein Studium eben begann, hatten im nicht sehr fern gelegenen Lyon die Seidenwebergesellen zusammen mit ihren Meistern die Arbeit niedergelegt. Erstmals war in Frankreich gestreikt worden. Die Julirevolution hatte keine Verbesserung der Lebenslage der arbeitenden Massen gebracht, sondern infolge der raschen Einführung neuer Techniken sogar die Ausbeutung verstärkt. Auch in Lyon herrschte Arbeitslosigkeit, fielen die Stücklöhne. Das Ergebnis von fünfzehn bis sechzehn Stunden täglicher Arbeit an den herkömmlichen Webstühlen sicherte nicht einmal das Existenzminimum. Der Hunger und seine Schwester, die Krankheit, grassierten: Unterernährung, Schwindsucht, Staublunge, Bronchitis; in der Tat eine Atmosphäre des Grauens und des Massenelends.

Die Regierung hatte gegen die Seidenweberstadt zwanzigtausend Soldaten und Gendarmen in Marsch gesetzt. Hinter notdürftig errichteten Barrikaden hatten die Streikenden schwarze Fahnen mit

Studenten beim Brüderschaftstrinken, erste Hälfte 19. Jahrhundert

den Inschriften »Brot!«, »Arbeitend leben oder kämpfend sterben!«
gehißt. Es war den Truppen durch erbitterte Gegenwehr auch nach
dreitägigem Kampf nicht gelungen, in die Stadt einzudringen. Erst
Versprechungen der bürgerlichen Stadtverwaltung hatten die Front
gesprengt und die Abrechnung möglich gemacht. Das Ereignis ließ
gerade die sittlich engagierten Zeitgenossen aufhorchen: Was waren
das für Strafgesetze, die die Armen mit unerbittlicher Härte verfolgten, weil sie um ihr Überleben rangen?

War dieser ungeheure Abstand zwischen reich und arm nicht
eigentlich unnatürlich, wie überhaupt der gesellschaftliche Zustand,
in dem man lebte?

War nicht, so drängt es Büchner zu fragen, das *materielle* Begehren
der Massen und weniger ein religiös-politisches Charisma irgendwel-
cher Führer die eigentliche Ursache für die Freisetzung derart riesi-
ger menschlicher Energien? Zumal es in Lyon herausragende Persönlichkeiten und religiöse Motive des Handelns kaum gegeben hatte.

»Arbeitend leben oder kämpfend sterben«
– Darstellung zum Lyoner Aufstand von 1831

Auguste Blanqui, 1849

Am 12. Januar 1832 hatte dann ein vielbeachteter Prozeß stattgefunden. Der junge revolutionär-demokratische Journalist Auguste Blanqui, Mitglied der Société des Amis du peuple, die mit den Lyonern sympathisiert hatte, hielt eine berühmt gewordene Verteidigungsrede vor dem Geschworenengericht. Büchner konnte sie sofort bei den fliegenden Händlern in Straßburg als Broschüre kaufen. In dieser Rede hatte Blanqui mutig das ökonomische und soziale Verhältnis, die Gesetze im Frankreich der Bürgermonarchie, als ein »mit bewunderungswürdiger Kunst kombiniertes Räderwerk«, eine »Maschine« charakterisiert. Mit ihrer Hilfe würden die müßigen, unproduktiven Reichen mittels der Steuerpolitik die arbeitenden Massen *berauben.*

»Sie finden nur übel, daß die Armen Widerstand leisten ... Unaufhörlich klagt man die *Proletairs* als Raubgesindel an, das bereit sei, sich über die Besitztümer herzumachen. – Und warum? Weil sie sich beklagen, unter der Last von Auflagen und Abgaben, zu Nutz und Gunst der Privilegierten, erdrückt zu werden. ... Auch muß man diese ungeheure Armee von Schmarotzern, Diplomaten und all jener Beamten nicht ungeachtet lassen, die Frankreich, zu *seinem eigenen Glück*« – so hatte Blanqui den Hohn der Herrschenden mit eigenem Hohn erwidert –, »reichlich besoldet, damit sie durch ihren Luxus die privilegierte Bürgerklasse bereichern, denn alles Geld, welches durch das Budget verschwendet wird, wird ja in den Städten verzehrt; dem Bauer soll ohnehin kein Heller von den anderthalb Milliarden, deren Fünfsechsteile durch ihn bezahlt werden, zurückkehren. ... Ich frage Sie, meine Herren! wie sollten Männer von Geist und Gemüt ... solch grausame Unbill nicht empfinden? – Wie könnten sie gleichgültig bei der Schmach und Schande ihres Landes, bei den Leiden der Armen, ihres Bruders im Unglück, bleiben? Ihre heilige Pflicht ist es, die Massen aufzurufen, das Joch des Elends und der Schande zu zermalmen ...«

Der politisch interessierte Student Büchner besitzt, vom Medizinischen her, eine lebhafte Vorstellung von einem komplizierten Funktionsmechanismus. Der menschliche Körper ist ein natürlicher Organismus, in dem alle Teile notwendig und sinnvoll aufeinander abgestimmt sind. Anders offenbar der Organismus des realen Staates, mit dem man es hier zu tun hat. Ist es nicht in der Tat unnatürlich, wenn unnütze Glieder, der müßiggängerische Reichtum, mittels entsprechender Steuer- und Strafgesetze den Organismus allein beanspruchen, während die Masse, obgleich schaffend, darbt?

Büchner wird in seinem »Hessischen Landboten« den Appell Blanquis aufgreifen und gegen die ungerechte Verteilung der Güter auftreten.

Zu den scharfen sozialen Auseinandersetzungen gesellte sich sogleich die Unterdrückung der politischen Opposition. Drei Wochen vor der Diskussion über die Strafgesetze im Kreis der Eugeniden kommt es in Paris zu einer spontanen Volkserhebung gegen die Julimonarchie und für eine französische Republik. Junge Republikaner, zumeist Arbeiter, Studenten und Künstler, verteidigen sich, mit wenigen Gewehren bewaffnet, einen Tag und eine Nacht gegen sechzigtausend Mann Linientruppen und Nationalgarden im Arbeiterviertel um die Rue St-Martin: hinter der blutroten Fahne, die jetzt erstmals als Banner der revolutionären Bewegung auftaucht. Die Republikaner werden mit Artilleriefeuer zusammengeschossen. Über tausend Gefangene schleppt man, wie Heine berichtet, zwecks Abschreckung als Feinde der öffentlichen Ordnung, als Mörder durch die Straßen von Paris nach Vincennes vors Kriegsgericht und zur anschließenden Erschießung.

Davon erfährt der republikanische Sympathisant Büchner erst Tage später. Am Abend des Geschehens unterhält er sich mit den Eugeniden über eine Pfingstpartie zum Odilienberg, ins südlich gelegene Bergland. »Frohen Sinnes«, wie es im Protokoll heißt, waren sie auseinandergegangen.

Alles das ereignet sich in kürzester Zeit und fordert die Zeitgenossen, darunter die junge Intelligenz, mit Macht dazu heraus, sich der Konflikte im anbrechenden kapitalistischen Industriezeitalter bewußt zu werden. Die Vorgänge lassen bei dem Medizinstudenten Büchner auch nach zwei Semestern Frankreichaufenthalt die politische Anteilnahme nicht abflauen. Im Gegenteil: Sein politisches Engagement richtet sich aufs Soziale. Am 5. Juli 1832 verzeichnet das Protokoll der »Eugenia«-Sitzung: Büchner, »der so feurige und so streng republikanisch gesinnte deutsche Patriot, schleudert einmal wieder alle möglichen Blitze und Donnerkeile gegen alles, was sich Fürst und König nennt; und selbst die *konstitutionelle* Verfassung unseres Vaterlandes bleibt von ihm nicht unangetastet; weil sie seiner Meinung nach nie das Wohl und das Glück Frankreichs befördern wird, solange noch eine *aristokratische* Macht, wie die Pairskammer, eine dritte mächtige Hand an das Staatsruder zu legen berechtigt ist«.

Noch ist für Büchner die mitregierende Aristokratie der Hauptfeind des gesellschaftlichen Fortschritts. Ihr Veto verhindert, so scheint es ihm, eine notwendige Verbesserung des gesellschaftlichen Zustandes auf demokratisch-parlamentarischem Weg. Deshalb verurteilt Büchner den Kompromiß zwischen Bürgertum und Aristokratie, der im Bürgerkönigtum mit seinen zwei Kammerparlamenten Gestalt angenommen hat.

Büchner aber fängt an, tiefer hinter die sozialen Kulissen zu blikken. Er beginnt, hinter dem politischen Hauptwiderspruch seiner Epoche, dem Konflikt zwischen Bürgertum und Adel, jenen neuen, künftig weltbestimmenden hervortreten zu sehen: den Antagonismus zwischen den Besitzenden und dem vierten Stand. Die Ereignisse von Lyon und Paris provozieren bei ihm die Frage nach dem Schicksal des Proletariats als Klasse. Und sein Beeindrucktsein geht, über den »Landboten« hinaus, als Haltung in seine Werke ein. Er zeigt es bei der Gestaltung des Mannes Woyzeck und der Sansculotten im »Danton«, denen er das Recht auf Existenz und Widerstand zugesteht.

19. Heimatliches Intermezzo

Das Sommersemester 1832 endet mit dem Juli. Am Einunddreißigsten reist Büchner in den Ferien zurück nach Darmstadt.

Nach zehnmonatiger Abwesenheit von der achtköpfigen Familie ist die Wiedersehensfreude groß. Es gibt viele Fragen zu beantworten, denn nicht alles kann man in Briefen mitteilen: Einzelheiten betreffs Studien und Politik dem Vater, Neuigkeiten über die Verwandtschaft der Mutter, dem sechzehnjährigen Wilhelm einiges über das Treiben in der Elsaßmetropole. Der patriarchalische Abrahamsschoß der Familie hat aber auch viele Verwandtschaftswinkel, die aufgesucht sein wollen: die Sippschaft der Majore, Hauptleute, Oberleutnante und Regierungssekretariatsanwärter Reuss und Bechtold, die ihren »Nabel-und-Bauch-Gottesdienst« im Biedermeierstaat wohlbestallt betreiben. Büchner macht seine Pflichtvisiten und äußert am 20. August seinen Unwillen brieflich an den Großcousin Eduard: »Du kannst Dir wohl denken, wie wohl ich mich dabei befinde, doch füge ich mich in die Umstände und bin dabei so ein anständiger, so ein rechtlicher, so ein zivilisierter junger Mann geworden, daß ich bei einem Minister den Tee einnehmen, bei seiner Frau auf dem Kanapee sitzen und mit seiner Tochter eine Françoise tanzen könnte …« Die »Luft« hier ist ihm bald »eben so zuwider, als zur Zeit da ich fortging«. Denn seine Freunde vom Gymnasium sind fort; und jene Bekannten, die anwesend sind, lassen die andersgearteten Interessen und Richtungen ahnen, in denen die Lebensbahnen verlaufen werden.

Die Brüder Zimmermann studieren Philosophie bzw. Jura in Heidelberg, Heinrich Küntzel ist Kandidat fürs Predigeramt, Friedrich Metz hat eine provisorische Beschäftigung an der Hofbibliothek und macht sich Hoffnungen, daß sie »definitiv« werde. Und alle vier zusammen wollen einen »Deutschen Musenalmanach für 1833« herausgeben. Warum? Um »ein rühmliches Zeugnis« abzulegen, wie »in dieser vielbewegten Zeit« die deutsche Nation durch ihre »poetischen Repräsentanten vermittelst gemeinsamer Sprachengabe eine höhere Einheit darstellt« – und um sich vor allem einen Namen und Geld zu machen. Sie sprechen auch Büchner an, bitten um Lieder, Kirchenlieder, Sonette, Elegien, Romanzen, Balladen, Legenden, Episteln und Epigramme. Er hat aber nichts, denn er dichtet nicht. Vielleicht Adolph und August Stöber? Im Kreis der Eugeniden hatte man zumindest über literarische Vorhaben, die Sammlung elsässischer Sagen, gesprochen. Büchner schreibt ihnen. In jener ungezwungenen, bildstarken und knappen Weise, zwischen Ironie und Herzlichkeit, die ihn inzwischen kennzeichnet: Er frage in Sachen »Muse der teutschen Dichtkunst« an. Ob sie etwas zu liefern hätten? Ob sie allerdings als Wöchnerinnen oder Totengräber wirken würden, müßte das Ergebnis zeigen. »Ihr seid gebeten, mit Eurer poetischen Haus- und Feld-Apotheke bei der Wiederbelebung des Kadavers tätige Hilfe zu leisten; am besten wäre es, man suchte ihn in einem Backofen zu erwärmen, denn dies ist noch das einzige Kunstwerk, welches das liebe teutsche Volk zu bauen und zu genießen versteht!«

Doch Spaß beiseite, er lege ihnen die Sache ans Herz; bei den »Zimmermännern« handle es sich um älteste und beste Freunde, und sie verfügten, wie er sich zu erinnern glaube, über ausgezeichnete poetische Anlagen ... Die ersten Verlautbarungen der Musensöhne über die völkerverbindende Sendung der Kunst sind auch lesbar. Die Gespräche offenbaren jedoch nach und nach, was bei den philologisch Enthusiasmierten eigentlich keimt: Polemik, Ironie, Auseinandersetzung, das mögen sie nicht. Sie wollen »das Schöne und Gute und Herrliche in jeder Gestalt und Form, kommt's vom König oder vom Bettelmann, vom sogenannten Liberalen oder Absolutisten ...«; sie wollen Priester der Kunst sein, die über den Leidenschaften der Zeit stehe. Poesie als immergrüne Schutzpalme, unter der man sich bei den heißen Temperaturen akklimatisieren kann. Büchner geht freundlich auf Abstand. Ein Jahr später, als er die Belegexemplare kennt, lautet sein Urteil: »... ästhetisches Geschlapp.«

Doch entwicklungsfördernd ist solches Zwischenspiel schon. Es trägt zum Klärungsprozeß bei: über die Gefahren politischen Desinteresses, über die Stagnation und Lethargie, die vergähnten, vertrackten Zustände der Biedermeiergesellschaft.

Nach drei Wochen Ferien in Darmstadt bereits fühlt sich Büchner einsam wie auf einer Verbannungsinsel. Anfang September kommt endlich ein Brief von Boeckel. Nach tausend Nebensächlichkeiten über die Eugeniden und ihre Studien und Absteiger in den Sommerferien eine Nachricht von einem Besuch bei ihr: Wilhelmine. »Jolis pieds et jolies mains«, schreibt er. Hübsche Füße, hübsche Hände. Und daß sie seufzt, »noch zwei Monate lang, lang«.

Fast zwei Monate! Auch Büchner seufzt. Bevor die Ferien zu Ende sind, kann er sich nicht von zu Hause entfernen. Die Eltern würden das nicht verstehen.

Endlich, am 27. Oktober, trifft Büchner wieder in Straßburg ein. Sogleich beginnt der Lehrbetrieb. Endlich geschieht etwas. Eine Woche darauf, am nächsten Klubtag, ist er auch wieder bei den Eugeniden. In dieser Runde kann man freier atmen und sprechen. Adolph Stöber hat eine Hauslehrerstelle in Metz angetreten. Sein Brief wird verlesen, eine Antwort entworfen. Boeckel hält Büchner zum Grüßeschreiben an. Er komme eben, schreibt Büchner ans Ende, »aus dem Leichendunst und von der Schädelstätte, wo ich mich täglich wieder einige Stunden kreuzige, und nach den kalten Brüsten und den toten Herzen, die ich da berühre, erquickte mich wieder das lebendige, warme, an das Du mich drücktest über die paar Meilen hinaus, die unsere Kadaver trennen. ... Seit acht Tagen bin ich wieder hier, die teutsche naßkalte Holländeratmosphäre ist mir zuwider, die französische Gewitterluft ist mir lieber.«

20. Das zweite Straßburger Jahr

Das letzte Pariser Gewitter vom 5./6. Juni hat beträchtliche Wolken über der politischen Opposition aufziehen lassen. Der lose Verband der Gesellschaft der Freunde des Volkes löst sich auf. Im Oktober 1832 wird zwar in Paris aus konsequenten Republikanern und frühkommunistischen Kräften die fester organisierte, halblegale Société des Droits de l'homme et du citoyen (Gesellschaft der Menschen- und Bürgerrechte) gegründet, und auch in Straßburg entsteht eine Sektion, deren Präsident sogar ein Medizinstudent ist. Doch dauert es längere Zeit, bis sie sich gefestigt hat. Interne Diskussionen dominieren. Man überprüft den Weg, auf dem es weitergehen soll. Dabei werden die Illusionen der Konstitutionalisten über das herrschende Gesellschaftssystem abgedrängt. Die aktiven Kräfte polarisieren sich.

Diese Situation in der politischen Wetterlage wirkt sich auch auf Georg Büchners Ansichten aus. In seinen fragmentarisch überlieferten Briefen an die Eltern, den einzigen Quellen dieser Zeit, äußert er sich zu Ereignissen und zu aktuellen Ideologien. Er ist bemüht, sich in dem komplizierten nachrevolutionären gesellschaftlichen Gefüge zurechtzufinden, und er macht das scheinbar mühelos.

Ein Geschäft nebenbei? Manchmal liegt ein Hauch des Spielerischen und Überklugen über seinen Zeilen, deren Tonart dem der Heineschen »Briefe aus Paris« für die »Augsburger Allgemeine« verwandt ist. In Nonkonformismus gleitet er ebensowenig wie dieser ab, das soziale Gewissen bleibt wach, treibt das Erkennen voran. Deutlicher als im ersten Studienjahr sind kritische Töne. In dem Maß, wie er das neue System und seine Vertreter als korrupt durchschaut, verstärkt sich im Wechselspiel von Beobachtung und Teilnahme seine ironische Distanz.

Unter seinen Fenstern rattern im Dezember 1832 Kanonen vorbei, auf den Plätzen der Stadt exerzieren Truppen, Geschütze werden auf den Wällen aufgefahren, der Belagerungszustand, angeblich zur Unterstützung der Revolution in Belgien, wird offiziell ausgerufen. Doch Büchner läßt sich von solchen Äußerlichkeiten nicht mehr täuschen. Die einmal gemachten Erfahrungen genügen ihm. Das alles ist für ihn, ein Jahr nach dem Polenumzug, »nur eine Komödie«. Und in der Tat erweist es sich als solche. Der Neunzehnjährige durchschaut die Manipulation breiter Massen durch das Bürgerkönigtum. »Der König und die Kammern regieren, und das Volk klatscht und bezahlt«, lautet im Dezember seine Charakteristik des Mechanismus bürgerlich-parlamentarischer »Demokratie«. Louis Philippe, der »Direktor« (Heine) der finanzbürokratischen Staats-Aktiengesellschaft, wird seiner massiven Körper- und Kopfform wegen symbolisch in Zeitungen und auf Häuserwänden als Birne karikiert. Er spaziert nach wie vor mit rundem Hut und Regenschirm durch die Straßen von Paris und spielt mit raffinierter Treuherzigkeit die Rolle eines biederen, schlichten Hausvaters, drückt jedem kleinen Händler und Handwerker die Hand und trägt, nach Heine, »dazu, wie man sagt, einen besondern schmutzigen Handschuh, den er jedesmal wieder auszog und mit einem reineren Glacéhandschuh vertauschte, wenn er in seine höhere Region, zu seinen alten Edelleuten, Bankierministern, Intriganten und amarantroten Lakaien, wieder hinaufstieg!«. Er läßt sich durch die Presse sein Image als volksverbundener Herrscher aufbauen – ein »Bürgerjesuit«, der im Regenschirm das Zepter verborgen hält, erfolgreich beim großen Täuschungsgeschäft vom friedlichen Beieinanderleben der Klassen.

Bei hellem Frühlingswetter sitzt Büchner dann oben auf dem Münster (das hundertzweiundvierzig Meter hohe und damit höchste Bauwerk der Welt beherbergt auf seiner turmlosen Seite eine Restauration) einem Menschen mit langem Haar und Bart, Barett, Kaschmirschal, engbeinigen Hosen und Stöckchen gegenüber. Auf dessen Weste kann man die Stickerei »Rousseau« lesen. Der junge Mann ist Prediger des Saint-Simonismus, einer seit mehr als zehn Jahren bestehenden utopisch-sozialistischen Schule. Diese leugnet das Vorhandensein von Klassen nicht, prangert sogar den Gegensatz von arm und reich als »Ausbeutung des Menschen durch den Menschen« an. Sie möchte eine sozial gerechtere Gesellschaft, ein »Reich der Vernunft«, eine Weltharmonie ohne Arbeiterelend, mit einem Leben in brüderlicher Zusammenarbeit aller: durch freiwillige Abgabe des Besitzes, die Vergesellschaftung der Produktionsmittel. Die Regie soll in Saint-Simons neuem »industriellem System« in den Händen der Gelehrten und der Leiter der Industrieunternehmen liegen.

So manchen deutschen Zeitgenossen hat dieser außergewöhnliche Versuch einer Antwort auf die brennenden sozialen Probleme der Zeit, insbesondere das Massenelend, noch lange Zeit in Bann gehalten. Büchner, als junger Deutscher, begegnet den Ideen erst im dritten Jahr nach der Julirevolution (die die Saint-Simonisten abgelehnt haben). Da ist die gar nicht mehr so neue Schule bereits auf dem besten Wege, in eine zerstrittene religiöse Sekte zu zerfallen. So vermag er beizeiten problematische und idealistische Seiten an ihr zu markieren. Büchner nimmt Saint-Simon zur Kenntnis, und zwar gründlicher, als es sein ironisch gefärbter Familienbericht über die Plauderei hoch über Straßburg erkennen läßt. Da mokiert er sich den Eltern gegenüber über jenen Propagandisten, der als Jünger des 1828 verstorbenen Meisters aus seiner Gelehrtenfunktion ein Geschäft gemacht hat, selbst »die Hände in den Taschen« hält und dabei »dem Volke die Arbeit« predigt. Hatte doch Saint-Simon in seiner letzten Schrift »Neues Christentum« geschrieben: »... die Arbeit ist die Quelle aller Tugenden« – was sich in der Praxis wie Hohn auf die wirklich Arbeitenden auszunehmen scheint. In *diesem* Punkt darf Büchner der Zustimmung der Eltern zu seinem ironischen Zungenschlag sicher sein – und sich ohne Verstellung als Nicht-Saint-Simonist bezeichnen.

Doch tragen gerade die sozialkritischen Offenbarungen des Saint-Simonismus zu Büchners Erkenntnis bei, daß sich der von Vertretern des Großbürgertums propagierte »Vernunftsstaat«, wie er sich in Frankreich zeigt, auf soziale Ungleichheit und Ungerechtigkeit gründet; daß die Besitzverhältnisse einer Gesellschaft von zentraler Bedeutung für das moralisch-ethische Verhalten der Individuen sind. Ohne die Begegnung mit dem Saint-Simonismus, mit Blanquis Steuerthesen und anderen Spezialprogrammen der Linken wäre eine Kampfschrift wie der »Hessische Landbote«, knapp ein Jahr nach

Versammlung der Saint-Simonisten,
Likörflaschenetikett, um 1830

dem Münsterbericht verfaßt, vermutlich undenkbar. Dort aber heißt
die Losung: »Friede den Hütten, Krieg den Palästen!« Nicht friedliche Reformen, wie sie Saint-Simon als Mittel der Lösung gesell-
schaftlicher Konflikte propagierte, sondern Gewalt, wie sie Blanqui
und seine proletarischen Klassenbrüder, wie sie auch die Neojakobiner als Antwort auf die gewaltsamen Unterdrückungsmaßnahmen
verkündeten, scheint für Büchner zu mehr sozialer Gerechtigkeit
führen zu können.

Die neue Gesellschaft in Frankreich und ihre inneren Konflikte hat
er von Anfang an mit Blick auf ihre Bedeutung für die Heimat stu-

Aufstandsversuch vom 3. April 1833 in Frankfurt am Main, um 1833

diert. Ein Auge war gleichsam immer auf Deutschland gerichtet, registrierte die Vorgänge auch dort aufmerksam. Nun, Anfang April 1833, berichten ihm die Eltern, besorgt um das politische Verhalten des Sohnes, vom Sturm auf die Hauptwache in Frankfurt am Main. Das Husarenstück war von revolutionär-demokratischen Kräften, darunter zahlreichen Studenten, als Auslöser für eine Revolution in ganz Deutschland gedacht gewesen. Vor allem durch politischen Dilettantismus bei der Vorbereitung, der Verrat und mangelnde Unterstützung nach sich zog, war das Unternehmen innerhalb einer Stunde durch Militär unterdrückt worden. Die Eltern distanzieren sich, wie auch die Liberalen in den Landtagen, ausdrücklich von jeglicher Gewaltanwendung. Sie hoffen weiter auf eine Verständigung mit den Fürsten. Büchners Antwort, umgehend am 5. April erteilt, ist keineswegs beruhigend. Er macht kein Hehl aus seiner abweichenden Gesinnung. Offen legt er erstmals seine Überzeugung dar. Er weist

106

wie Blanqui den Vorwurf der Gewalt an die Gewalthaber zurück. Er bekennt sich als Revolutionär.

»Meine Meinung ist die: Wenn in unserer Zeit etwas helfen soll, so ist es Gewalt. Wir wissen, was wir von unseren Fürsten zu erwarten haben. Alles, was sie bewilligten, wurde ihnen durch die Notwendigkeit abgezwungen. Und selbst das Bewilligte wurde uns hingeworfen wie eine erbettelte Gnade und ein elendes Kinderspielzeug, um dem ewigen Maulaffen *Volk* seine zu eng geschnürte Wickelschnur vergessen zu machen.« Man werfe den jungen Leuten, argumentiert er weiter, den Gebrauch von Gewalt vor. »Sind wir denn aber nicht in einem ewigen Gewaltzustand? Weil wir im Kerker geboren und großgezogen sind, merken wir nicht mehr, daß wir im Loch stecken mit angeschmiedeten Händen und Füßen und einem Knebel im Munde. Was nennt Ihr denn gesetzlichen Zustand? Ein Gesetz, das die große Masse der Staatsbürger zum fronenden Vieh macht, um die unnatürlichen Bedürfnisse einer unbedeutenden und verdorbenen Minderzahl zu befriedigen?« Er werde »mit Mund und Hand« gegen diese Vergewaltigung des Rechts und der Vernunft ankämpfen, betrachte aber zum »gegenwärtigen Zeitpunkt jede revolutionäre Bewegung als eine vergebliche Unternehmung«, weil er nicht »die Verblendung derer teile, welche in den Deutschen ein zum Kampf für sein Recht bereites Volk sehen«.

Im Urteil des jungen Blanquisten Büchner verschmelzen genaue, illusionslose Beobachtungsgabe, scharfe, auf Zusammenhänge orientierte Analyse und die Leidenschaftlichkeit der Parteinahme. Seine revolutionäre Position läßt ihn auch nicht die Unentschiedenheit und ängstliche Untertanenmoral in deutschen Landen übersehen.

Die französischen Erfahrungen haben ihm dazu verholfen, Gesellschaftsstrukturen genauer zu beurteilen, jedes Wunschdenken einer kritischen Prüfung zu unterziehen. Leidenschaft und Sachlichkeit begegnen sich. Ohne die beiden politischen Lehrjahre in Frankreich ist auch der Satz nicht zu denken, den er im Juni 1833 den Eltern schreibt: Er habe »in neuerer Zeit gelernt«, daß »nur das notwendige Bedürfnis der großen Masse Umänderungen herbeiführen kann …« – und daß das politische Wirken des einzelnen in diesem Bedingungsfeld steht. Eine Formulierung, die ihn bereits dicht an ein objektives, bis dahin noch unentdecktes Bewegungsgesetz der menschlichen Gesellschaft heranführt. –

Dem Vater muß der Angstschweiß ausgebrochen sein. Mit solchen Schlußfolgerungen kann und will die Familie bei allem Verständnis für die »Bewegung der Geister« nicht Schritt halten. Deren Anliegen wird von jetzt ab immer deutlicher: den gefährlichen politischen Aktivitäten des Sohnes vorzubeugen, ihn nach Möglichkeit unter ihre Kontrolle zu bringen. Büchner erkennt das auch und stellt sich darauf ein. Die Familie scheidet für ihn von nun ab als Partner offener Diskussion aus. Er läßt meist den Schleier humoristischer Distanz über Problematisches fallen, wenn er es mitteilt. Er arbeitet virtuos mit List und doppeltem Boden, versucht so bewußt über ein »*Teil*- oder eher noch ein scheinbares Einverständnis« mit den Eltern zu Rande zu kommen; einem Verständnis, das »auf entgegengesetzten Vorverständnissen beruht« (Th. M. Mayer). Betrüblich, daß Büchner kaum jemanden hatte, an den er unverstellt Briefe schreiben konnte, und daß der Großteil der Briefe an jene, denen gegenüber er ein großes Maß Offenheit beibehalten zu können glaubte, unfreiwillig oder freiwillig vernichtet worden ist. Dies ist einer der Gründe, warum wir so unvollkommen wissen, wie er dachte und was er tat.

Ziemlich sicher ist, Büchner war an keinerlei strafwürdigen Unternehmungen beteiligt; eine Mitgliedschaft in der Gesellschaft für Menschenrechte ist zumindest nicht nachzuweisen. Er hatte gehört, gelesen, gesehen, hatte beobachtet und für sich Stellung bezogen; mehr wohl nicht. So gibt es auch zu Saint-Simons Propagandisten in luftiger Höhe im übrigen nur eines: amüsierten Abstand.

21. Wanderung und Abschied

Der Sommer ist da, und das Semester wird bald beendet sein. Büchner begibt sich am 25. Juni, von Eduard Reuss dazu eingeladen, mit diesem und mehreren jungen Leuten aus dessen Bekanntenkreis in alter Burschenherrlichkeit auf eine mehrtägige Wandertour durch das schöne Elsaß und Lothringen. Den ersten Tag fahren sie in einer Kutsche über die Ruine Kintzheim bis Ste-Marie-aux-Mines, dann laufen sie in Richtung der Südvogesen. »Bald im Tal, bald auf den Höhen« steigen sie hinauf in die Kammlagen, zum Schwarzen und Weißen See, »zwei finsteren Lachen in tiefer Schlucht«. Nach Osten zu weitet sich vor ihren Blicken die Rheinebene zwischen Basel, Schwarzwald und Straßburg, nach West und Nordwest das Lothringer Hochland, im Süden erstrecken sich die Schweizer Gebirge vom Rigi bis zu den entferntesten Savoyer Alpen. Düstere Wetterwolken ziehen bei stiller Luft auf, ein Berggewitter geht nieder. Dann sind sie auf dem höchsten Punkt der Vogesen, dem tausendvierhundertdreiundzwanzig Meter hohen Bölchen: Bei Sonnenuntergang »die Alpen wie blasses Abendrot über der dunkel gewordenen Erde« (an die Eltern, 8. Juli). Die Nacht bringen sie in einer Sennhütte in Gipfelnähe zu. Eduards Bekannte, Kandidaten der Theologie, führen die halbe Nacht hindurch vor »zahlreich versammelten Hirten, in der helldämmernden Mondlandschaft« norddeutsche Musikstücke vor, an deren »unbeschreiblich ergreifende« Stimmung sich Eduard nach zwanzig Jahren noch erinnern wird.

Bereits beim ersten Lichtstrahl aus dem Osten sind sie auf den Beinen, um das Naturschauspiel nicht zu verpassen; den Aufgang des Sonnenballs begrüßen sie mit Freudenergüssen: »... der Himmel etwas dunstig, die Sonne warf einen roten Schein über die Landschaft. Über den Schwarzwald und den Jura schien das Gewölk wie ein schäumender Wasserfall zu stürzen, nur die Alpen standen hell darüber, wie eine blitzende Milchstraße. Denkt Euch über der dunklen Kette des Jura und über dem Gewölk im Süden, so weit der Blick reicht, eine ungeheure, schimmernde Eiswand, nur noch oben durch die Zacken und Spitzen der einzelnen Berge unterbrochen.«

Durch das liebliche Amarinental geht es, ein beachtliches Wanderpensum, eine alte Bergstraße entlang zu den Quellen der Mosel – und dann nordwärts zurück in Richtung Straßburg. Ein Erlebnis von der Weite und Schönheit der Welt.

Die zwei Studienjahre im Elsaß – sie waren die »glückliche« Zeit in Büchners von jetzt ab so angespanntem, konfliktreichem Leben. Trotz aller politischen Wirren, trotz des ständigen Bemühens, sich darin zurechtzufinden: Die Welt war anregend, das Lernen und Erkennen machten Spaß; Stadt und Landschaft waren kontrastreich schön, die Bewohner meist interessiert, verbindlich: eine Umwelt für einen menschlich wie politisch empfänglichen Jüngling. Zwar hat es im Gebirge mit Eduards orthodoxen Leuten einiges Geplänkel gegeben, und manchmal war auch der Freundschaftsüberschwang der geselligen Eugeniden ein bißchen spießig. Sie brauchten sich aber keine Kampfgefährten in lebensforderndem Streit zu sein, selbst wenn sie sich als »Kämpfer« für die Freiheit bezeichneten. Wort, Gesang, Bier und Wein überspielten manche Differenzen und blieben die Inspiratoren jugendlichen Gedankenaustausches.

Zwischen viele blütenkranzgeschmückte Blätter von August Stöbers Freundschaftsalbum setzt Büchner prosaische Zeilen:

Verse kann ich keine machen, eine Phrase fällt mir eben nicht ein, ich habe also nur die einfache Bitte, erinnere Dich zuweilen Deines

Georg Büchner

Straßburg, 2. August 1833.

Die Freunde begleiten ihn zur Post, die nach Darmstadt abgeht. Er reicht ihnen die Hände aus dem Kutschenschlag. Sie, Wilhelmine, seit Anfang 1832 heimlich mit ihm verlobt, ist nicht dabei. Sie ist zu Hause, von ihrer Liebe weiß niemand außer Boeckel und dem Bruder Louis. Sie werden ihr die Briefe überbringen, den Postillon d'amour machen.

Ein Handschlag zum Abschied.

Adieu, Schorsch! Schreib bald!

Adieu!

Als die Kutsche über die Rheinbrücke rollt, ist es, als ersterbe etwas in ihm.

22. »Wüstenei«, philosophische Gespräche — und Skizzen

Die Glocke des Ministeriums läutet. Das Landeskind hat lange genug fremde Luft geatmet. Es ist nötig, daß es sich nun wieder an den Ozon des hessischen Vaterlandes gewöhnt, sich in den verblei-

benden vier Semestern in die altbewährten atmosphärischen Druck-
verhältnisse Hessens einpaßt, um da selbst ein nützliches Glied seiner Gattung zu werden. Auch wird sein Geld im Inland benötigt.
Nicht aus menschenfreundlichen Stücken allein hatte 1609 ein fünf-
ter Ludwig im oberhessischen Gießen eine Universität Ludoviciana
gründen lassen; dort nämlich und nicht woanders sollen die Bürgersöhne die Gulden ihrer Väter hinterlegen.

Bevor das Klingelzeichen ertönt, wird Büchner noch eine dreimo-
natige Verschnaufpause im Vaterhaus gewährt: wieder mit verhaßten
Höflichkeitsbesuchen bei der Sippschaft, mit »der Wüste Sahara in
allen Köpfen und Herzen«. Aus der Verbannungsinsel ist für ihn, mit
noch geschärfterem sozialkritischem Blick auf deutsche Zustände, in
Jahresfrist eine endlose »Wüstenei« geworden. Die »furchtbar, kolos-
sal langweiligen Umgebungen«, die er Eduard Reuss wieder Ende
August aufs neue zeichnet, machen ihn diesmal *betroffen*. Noch ge-
wollter versucht er, sich im Sarkasmus steigernd, Distanz herzustellen: gegenüber dem, was ihn umgibt, und gegenüber seinem eigenen
pflichtgemäßen Wohlverhalten. Denn während seine »Freunde flüchtig ... oder im Gefängnis« sind, sei für ihn »nichts zu fürchten«,
schreibt er; »ich bin hier konstitutionell, liberal aufgeklärt worden ...«. Und: »Von Gießen verspreche ich mir wenig ...«

Willkommene Abwechslung bringt der Besuch des Eugeniden Muston. Endlich einer, mit dem man sich geradezu unterhalten, der
einen ablenken kann. Büchner geht in die vollen: Er ist dem Theolo-
gie- und Medizinstudenten bei dessen Doktorarbeit behilflich; er
übersetzt ihm deutsch geschriebene Akten über die Waldenser aus
dem Darmstädter Archiv. Zwischendurch schnappen sie Luft, streifen durch die Naturalien- und Kunstkabinette des Schlosses, das als
Museum hergerichtet ist. Äußere Anlässe wirken anregend. Vor einer
Sammlung christlicher Kultgegenstände und Handschriften ent-
spinnt sich nach Mustons Aufzeichnungen folgendes Gespräch:
Büchner bezeichnet die Gegenstände »auch« als »Fossile«; worauf
Muston »Hier ja, in (dem katholischen – R. L.) Frankreich nicht«
entgegnet. Büchners Replik lautet lakonisch: »Eines Tages überall.«
Fronten scheinen sich zwischen »Freigeist« und dem »Gottesgelehr-
ten« aufzutun. Doch sie verhärten sich nicht. Muston ist gegenüber
Gedanken, die auf Veränderung zielen, nicht unaufgeschlossen. Er
pariert den Angriff Büchners lediglich, indem er seiner Sorge über

das Schicksal zeitüberdauernder Werte Ausdruck gibt: »Wenn dann nur nicht die Religion als solche unter den alten Krempel verbannt würde.« Büchner horcht auf. Er reagiert nicht mit »absprechender Sprödigkeit« (E. Reuss) wie gegenüber den Orthodoxen in den Vogesen, nimmt seine vorpreschende Behauptung zwar nicht zurück, relativiert aber: Es sei »sehr wohl möglich, daß die kirchlichen Förmlichkeiten nicht immer der angemessenste Ausdruck des religiösen Gefühls« blieben. Und er bemüht sich nachträglich um eine stichhaltige Begründung seiner Auffassung, eine, die auch Mustons Sorge Rechnung trägt: Wie der Stellenwert des Religiösen innerhalb des historisch fortschreitenden Prozesses gefaßt werden könne. Büchner begreift das als entscheidende Frage.

Im religiösen Gefühl sieht er den *Traum von Glückseligkeit* verkörpert, und so setzt er zu einem kühnen Vergleich an: Die Pflege, Ausbildung der Glückseligkeit, des Ideals würden doch, anders als die Förmlichkeiten des Gottesdienstes, zum Fortschritt der Menschheit gehören! Muston hält solchen Gedanken für wert, in seinem Tagebuch festgehalten zu werden, macht damit den Dialog zum einzigen authentisch überlieferten mit Büchner als Gesprächspartner. Auch wenn es sich um eine Nachschrift im Tagebuch handelt, so offenbaren sich doch bei näherem Hinsehen weitere Züge von Büchners Denken im Sprechakt; deutlicher, als es die protokollarischen Notizen aus der »Eugenia« hergaben. Mit der zunächst spontan gesetzten Äußerung kommt etwas ins Rollen. Im Angesicht des Gegenübers, durch dessen Nachfragen und Widerreden, ist Büchner in die Pflicht genommen, seine Vorstellung zu verdeutlichen. Die Situation spielt entscheidend mit.

Indem Büchner das »religiöse Gefühl« als menschliches Ideal interpretiert, wird nicht weniger als der Kern von Feuerbachs Religionskritik vorweggenommen, nach der sich in der Projektion auf das »Jenseits … das Gefühl, die Vorstellung der Freiheit von den Schranken ausgedrückt, die hier das Selbstgefühl, die Existenz des Individuums beeinträchtigen« (Das Wesen des Christentums, 1841). Der vom knapp siebzehnjährigen Schüler niedergeschriebene Grundsatz, wonach das Leben nicht »Mittel«, sondern »selbst Zweck«, ja »Entwicklung« sei, wird so durch eine Reihe von Begegnungen und Erfahrungen in den folgenden Jahren Schritt für Schritt politisch, ästhetisch und naturphilosophisch materialisiert. –

Die Rheinische Tiefebene mit Blick auf den Melibocus

Als Alexis Muston nach Straßburg zurück muß, begleitet ihn Büchner ein Stück, lädt ihn auf seine Kosten zur Wanderung im Odenwald ein: zuerst zur Burgruine Frankenstein hinauf, über den Magnetberg herab nach Zwingenburg, wo Bruder Wilhelm in der Apothekerlehre steht. Muston hat ein Auge für Nuancen in der Landschaft, für Lichteffekte, Tiere, Pflanzen. Auch Büchner geht aus sich heraus, erzählt aus seinem Leben. »... er ist in allem leidenschaftlich: im Studium, in der Freundschaft, in seiner Bewunderung und Abneigung«, notiert Muston, und: »Ein Herz aus Gold durch und durch, sehr gebildet, ziemlich ausgelassen, dabei liebenswürdig ...«
Nach ein, zwei Stunden bei Wilhelm stärken sie sich in einer Bu-

113

chenlaube mit Schinken und Sahne, während sich ihre Augen in Laub und Licht weiden. Dann wird der Melibocus (517 m) bestiegen. Eine herrliche Aussicht in die rheinische Niederung belohnt für die Strapaze. Westwärts wandern sie ins sogenannte Felsenmeer, einen verlassenen Steinbruch aus der Römerzeit über dem Dorf Reichenbach. Hier skizziert Muston seinen Kameraden bei einer Rast dreimal.

Vielhundertjährige, ungestaltet gebliebene Brocken, auf einem sitzt Büchner. 1970 werden die etwas mehr als briefmarkengroßen, rasch, doch mit Blick fürs Charakteristische hingeworfenen Bleistiftzeichnungen des späteren französischen Landpfarrers wiederentdeckt: unverstellt aus dem Leben genommene Porträts, die wesensnäher sein mögen als das bis dahin einzige überlieferte Bildnis Büchners von dem Frankfurter Geschäftsmaler Hoffmann, der im Atelier den für die Eltern Sitzenden mit sittsam gelockerter Frisur festhielt. Luck schreibt 1878: »... ich sehe im Geist sein Angesicht, ähnlich einem alten Bilde Shakespeares, von bürgerlich gediegnem, tatkräftigem, aber auch liebenswürdig übermütigem Ausdruck. Es lag darin Zurückhaltung, Entschlossenheit, skeptische Verachtung alles Nichtigen und Niederträchtigen. Die zuckenden Lippen verrieten, wie oft er mit der Welt im Widerspruch und Streit lag ...«. Muston trifft auch das »ein wenig Hilflose im Blick des kurzsichtigen, besonders in Augenblicken nachdenklichen Versunkenseins wohl schielenden Freundes«. (H. Fischer)

Die Freunde laufen weiter: die Nibelungenstraße herab bis Bensheim, dann die Bergstraße nach Süden bis Heppenheim. Dort suchen sie eine Herberge und schlafen, mindestens fünfunddreißig Kilometer in den Beinen, »wie im Himmel ...«.

Am anderen Morgen brechen sie früh auf, folgen der Bergstraße nach Weinheim. Sie kommen wieder auf Weltanschauliches zu sprechen, auch Politisches wird erwogen. Ein ganzer Katalog saint-simonistischer Projektionen wird durchgenommen: »religiöse und soziale Erneuerung, universelle Republik, vereinigte Staaten von Europa und andere Utopien, von denen einige vielleicht Wirklichkeit werden«, wie Muston mit etwas skeptischem Zungenschlag festhält. Ideal und Progreß also – Büchner knüpft an seinen alten Gedanken an, präzisiert, säkularisiert ihn. Muston hält fest: »Der Mensch schafft sich die Welt nach seinem Ebenbilde: das heißt, jeder er-

Büchner am Hang des Felsberges bei Lautertal-Reichenbach im Oktober
1833,
Bleistiftzeichnung von Jean-Baptiste Alexis Muston
Beschriftung oben »Buchner«, unten »la mere des roches« (Felsenmeer)

träumt sie sich nach seiner Weise und ändert sie nach seinen Vorstellungen um.« Ins Zentrum rückt Büchner dabei nun das Verhältnis von Traum und Realität. Er, dem erst im Frühjahr in Frankreich klargeworden war, daß nur das materielle Bedürfnis der »großen Masse« und »Umänderungen herbeiführen« könne, die sonst nur »Ideen« und »Träume« der »einzelnen« bleiben würden, bemerkt: Das Erträumen und Verändern geschehe (vorerst), »nur in der Vorstellung; damit sich etwas davon verwirklicht, muß sich etwas von diesen Vorstellungen (idées) unter den Menschen ausbreiten, damit alle – oder wenigstens die meisten – zum Wunsch nach derselben Veränderungen gelangen«.

Damit nimmt Büchner Aspekte der vierten Marxschen These über Feuerbach (1844) vorweg, die die analytische Rückführung der »religiösen« Selbstentfremdung auf ihre weltliche Grundlage mit der Forderung vollenden wird, daß die Grundlage selbst »praktisch revolutioniert werden« müsse.

Freilich ist bei Büchner ein Rest an Abstraktheit und utopischer Verklärung nicht zu übersehen. So wenn er, sozial undifferenziert, vom Menschen an sich spricht.

Schwer zu glauben, daß ein so agiles Philosophieren über Ideal und Wirklichkeit völlig zufällig zustande kam, nur dem Anblick religiöser Reliquien, der Freundschaftsgeste des Begleiters, der Beschäftigung mit Saint-Simons Doktrin geschuldet war. Die Darmstädter Wochen haben einen Vorgeschmack von zu erwartenden inneren Bedrängnissen geboten. Büchner war an geistigen Vorklärungen, an Horizonterweiterungen gelegen. »Man konnte sich nie langweilen mit ihm«, resümiert Muston. Büchner war ihm inzwischen mehr als ein freundlich beredter Gastgeber von mitreißender Herzlichkeit geworden. Man war sich in diesen Tagen nahegekommen. Weiter gen Süden ziehend, hatten sie auch noch einmal über Frauen gesprochen; Sehnsüchte kamen hoch; letzte Gespräche verbanden »l'amour, la poésie et l'étude« (Liebe, Dichtung, Studium).

Dann kommt der Abschied. Büchner ist fast bis nach Heidelberg mitgegangen. Der Rückmarsch steht ihm noch bevor. Als sie sich die Hände geben, versprechen sie, sich in Paris wiederzutreffen.

Eine der Hoffnungen, die das Schicksal nicht einlösen wird.

23. Studien in Gießen

Doch dann ist es soweit. Am 24. Oktober 1833 langt Büchner in Gießen an und mietet sich zunächst eine Dachstube bei dem Kaufmann Hofmann. Eine Woche später trägt er sich als Student für Heilkunde an der Großherzoglich-Hessischen Landesuniversität ein. Obgleich der Vater auf den Broterwerb und damit die praktische Medizin orientiert hat, belegt Büchner wiederum von den dreiunddreißig angebotenen Lehrveranstaltungen in der »Heilkunde« vor allem solche, die zu den sogenannten beobachtenden Naturwissenschaften gehören und seinem theoretisch-übergreifenden Interesse entsprechen.

Er besucht ein Privatissimum bei Prorektor Professor Wernekinck; dieser demonstriert spezielle vergleichende Anatomie nach den landläufigen Wirbeltheorien Cuviers und Meckels. Büchner erlernt die Fertigkeiten feinsten Präparierens, die ihm später bei seinen Forschungen im Zusammenhang mit der Dissertation zugute kommen. Er folgt Wernekinck aufmerksam. Es kommt zu Disputen mit dem Professor, die den anderen Studenten bald zeigen, daß Büchner auch gründliche Kenntnisse mitgebracht hat.

Er hört höchstwahrscheinlich auch eine Vorlesung über die gesamte Anatomie des Menschen. Professor Wilbrandt, der sie hält, wird von den Studenten »das Äffken« genannt. Er liest täglich, ist Schellingianer und tritt mit antiempirischen naturphilosophischen Spekulationen auf; also können sporadische Besuche genügen. Drei Jahre darauf rechnet Büchner in seiner Züricher Probevorlesung mit der »Anschauung des Mystikers« ab. Und im »Woyzeck« verwendet er die Demonstration von Ohrenbewegungen durch den aufs Podest geholten Sohn des Herrn Professors als Beispiel für Verschrobenheit deutscher Gelehrter.

Für das Sommersemester sind wir im Medizinisch-Naturwissenschaftlichen auf Vermutungen angewiesen. Von den neunundzwanzig Lehrveranstaltungen im Angebot der »Heilkunde« scheint er belegt zu haben: vergleichende Anatomie sowie Gefäß- und Nervenlehre bei Wernekinck, Physiologie bei Wilbrandt, die Lehre von den Geistes- und Gemütserkrankungen bei Nebel, Geisteskrankheiten, deren Form und Behandlung bei Stammler sowie gerichtliche

Medizin bei Rau. Die Hinwendung zur Psychologie ist unverkennbar. Sein Interesse an seelischen Vorgängen wird nicht zuletzt durch sich steigernde Spannungen im Verhältnis zur Umwelt und durch eigene Krisenzustände sprunghaft motiviert. Der Verfasser der Novelle »Lenz«, der in diesem Werk den Prozeß des Wahnsinnigwerdens eines Intellektuellen in einer frappierend modernen Version bis in die Einzelheiten nachvollzieht, und der Schöpfer des »Woyzeck«-Dramas, der die gesellschaftlich-psychische Anatomie eines Mörders aus der Stadtarmut aufdeckt, scheint aus seinen Gießener Vorlesungen ein deutlich vertieftes Bewußtsein für psychologische Streitpunkte mitgenommen zu haben. Im Mai 1834 wird der im Zuchthaus Marienschloß gestorbene Mörder Johann Dieß, einer jener schuldhaft-schuldlosen Opfer der Armut, in die Gießener Anatomie überführt und dort seziert. Man hofft, physiologische Aufschlüsse über die inneren Antriebskräfte bei Verbrechern zu erlangen. Man deutet vulgär ins Körperliche, bemüht sich, auf Stoffwechsel und Blutkreislauf zurückzuführen, oder flieht ins andere Extrem, in Undeutbares, Okkultes, ohne zu umfassenderen Erkenntnissen zu gelangen.

Büchner wird einen Übergang markieren. Sein Werk enthält nicht nur medizinische Auslegungen, denen Psychologen bis heute Bewunderung zollen. Er entdeckt die menschliche Seele neu, indem er ihr von den Umständen bedingtes Werden als grundlegend für die moderne Medizin herausstellt.

Die Gießener Universität ist nicht völlig hinterwäldlerisch. Trotz einer Reihe mittelmäßiger Dozenten kann der bürgerliche Lehrkörper auch mit soliden, ja herausragenden Leistungen aufwarten.

In Professor Joseph Hillebrandt, der ihm am 6. September 1834 bescheinigt, daß er »die Logik und das Naturrecht mit lobenswertem Fleiße gehört« hat, lernt Büchner im Rahmen ideologisch ausgerichteter obligatorischer Grundlagenvorlesungen einen klugen oppositionellen Geist kennen, der ihn nicht nur in Logik und Naturrecht unterweist, sondern auch in der »allgemeinen Politik«, die gleichfalls zu dessen Überblicksveranstaltungen zählt. Dem noch in den vierziger Jahren von den Studenten als »ein universell gebildeter, echt humanistischer und humoristischer Jüngling in grauen Haaren« geschätzten Dozenten, der schließlich zwangsemeritiert wird, liegt »ein geist-

Dr. Joseph Hillebrandt,
um 1830/40

reicher Witz auf der Zunge«, mit dem er »über die literarischen
sowie auch, was damals viel heißen wollte, politischen Zustände der
unmittelbaren Gegenwart« unterm Beifallsgemurmel der Zuhörer-
menge Epigramme zum besten gibt. Dabei zeichnen sich seine Vorträge durch freien Redestrom aus; er hat alles im Kopf, blickt selten
auf sein Notizheft und weiß noch »die geistvollen Bonmots geradezu
aus dem Ärmel zu schütteln, und wenn er die Heiterkeit seines Pu-
blikums gewahrte, pflegte ihm in der Regel noch eine Geschichte
einzufallen«. So überliefert durch den radikalen Achtundvierziger
Rudolf Fendt (1875). – Für Büchner also ein lebendes Beispiel von
rhetorischer Lockerheit und Raffinesse. Und wenn er bereits im Wintersemester auf Hillebrandt aufmerksam geworden ist, was bei dessen
allgemeiner Beliebtheit nicht schwer gewesen sein dürfte, so konnte

Büchner auch Kollegien in Psychologie und Ästhetik in Verbindung mit »allgemeiner Geschichte der Kunst und ästhetischer Literatur« hören – alles Dinge, die ihn auf diesem Felde noch versierter machen und ihm zugleich bei der Ausbildung seiner eigenen künstlerischen Ansichten eine Anregung wert sein mochten.

Es spricht für Hillebrandts unkonventionelles Kunstverständnis wie für seinen Charakter, daß er 1846 und 1851 das poetische Talent seines einstigen, durch die »demagogischen Umtriebe« (!) verfolgten Hörers Georg Büchner als eine »ungewöhnliche Gabe dramatischer Auffassung und Belebung« öffentlich hervorheben wird.

In der Abteilung Chemie, ein paar Häuser weiter, experimentiert eine Forschergruppe um Justus Liebig an der künstlichen Herstellung des Harnstoffs. Ihr werden Soldaten zu ernährungsphysiologischen Experimenten zur Verfügung gestellt. Es gelingt ihr die Synthese – eine der folgenreichsten Entdeckungen der Neuzeit. Folgenreich auch für die Düngung der Felder im überbevölkerten Hessen.

Franz Woyzeck aber, der Büchnersche Stadtsoldat, wird sich im Zuge ähnlicher Versuche für ein Handgeld ausschließlich von Erbsen ernähren müssen – bis er die erste und zweite »Spezies« aufzuweisen hat, »... die schönste Aberratio mentalis partialis« und »fixe Idee(n) mit allgemein vernünftigem Zustand«.

24. Erkundungen

»Gießener Winkelpolitik und revolutionäre Kinderstreiche« – in so etwas würde er sich nie einlassen, hatte Büchner noch im Frühjahr aus Straßburg versichert. Er werde zwar immer seinen »Grundsätzen gemäß handeln«, aber das Gebaren einzelner dort sei wenig sinnvoll. Ob sie schrien, schrieben oder sonst etwas täten – man höre und lese sie nicht.

In Deutschland hatte sich inzwischen manches ereignet, was auf eine breitere Wirksamkeit der antifeudalen Bewegung schließen ließ:

etwa das Hambacher Fest am 27. Mai 1832 mit dreißigtausend Demonstranten für Deutschlands und Polens Einheit und Freiheit und mit geharnischten antifürstlichen Reden, worauf man von oben im Juli 1832 sogleich mit Bundestagsordonnanzen die Zensurbestimmungen verschärft und ein allgemeines Organisations- und Versammlungsverbot verhängt hatte. Die bürgerliche Opposition sah sich vor die Alternative gestellt, sich entweder auf die Reden im Landtag und wenige legale Mittel zu beschränken – oder den illegalen Kampf aufzunehmen. Es kommt zu einer Spaltung: in die konstitutionell-liberale Kammeropposition, die, auch aus Furcht vor den verarmten Massen, hofft, allmählich dennoch zu einer Übereinkunft mit den Fürsten zu gelangen und so ihre ökonomischen und politischen Ziele durchsetzen zu können – und in einen revolutionär-demokratischen Flügel, der zu der Überzeugung gelangt, daß eine revolutionäre Umwälzung nötig sei, um politische Rechte und Freiheiten für jeden Bürger ebenso wie die Einheit Deutschlands zu erreichen.

Ist der Frankfurter Aufstandsversuch auch gescheitert, so ist er doch ein Zeichen dafür, daß der revolutionäre Gedanke nach 1830 noch einmal in die praktische antifeudale Bewegung Eingang findet. Georg Büchners Wirken steht in diesem Zusammenhang.

Bald nachdem er in Gießen angekommen ist, beginnt Büchner Umschau zu halten und das Terrain zu sondieren. Seine Vorbehalte gegen den zugewiesenen Verbannungsort, der sich aufdrängende Vergleich mit der sympathischen Großstadt im Osten Frankreichs, wo nicht nur die Geliebte und die Freunde zurückgelassen werden mußten, sondern wo man auch die säkulare Größe politischer Streitfragen überall empfand, lassen ihn die Zurückgebliebenheit der Verhältnisse doppelt schmerzlich empfinden.

Mitte November taucht Büchner bei einem Bankett auf. Staatsminister Freiherr Du Thil hat am 2. November im Namen des Großherzogs den Landtag aufgelöst, da die Zweite Kammer sowohl die Begleichung der persönlichen Schulden des Monarchen ablehnte als auch die Kosten für eine Schloßerweiterung nicht bewilligte. Die Abgeordneten kehren zu den Wählern zurück. Die liberale Opposition belohnt sie für ihren »ehrenhaften« Widerstand durch Gedenkmünzen, Bankette und Bankettreden, demonstriert damit aufs neue ihre Antipathie gegen das »unwürdige« Verhalten von Regierung und Krone auf dem parlamentarischen Felde – und nutzt dies als Auftakt zum neuen Wahlkampf. Zweihundert Bürger feiern die Helden im Gasthaus. Büchner beobachtet die politische Party, und am anderen Tag schreibt er, unverkennbar ironisch, ans Elternhaus: »Einige loyale Toaste, bis man sich Courage getrunken und dann das Polenlied, die Marseillaise gesungen und den in Friedberg Verhafteten ein Vivat gebracht! Die Leute gehen ins Feuer, wenn's von einer brennenden Punschbowle kommt!« Das Phrasenhafte der liberalen Freiheitsrhetorik ist Büchner nicht entgangen. Große Worte sind ihm verdächtig geworden. An den folgenlosen Polencoup in Straßburg kann er sich noch gut erinnern; und die Zeit, da er den sittlichen Widerstand einzelner verantwortungsbewußter Männer wie Cato als höchste politische Tugend pries, ist zwar erst knapp drei Jahre her, liegt dennoch lange zurück, zu lange, um an die Standfestigkeit liberaler Deputierter und die Sinnhaftigkeit ihres Tuns glauben zu können.

So hegt er einen Widerwillen gegen das Treiben der offiziösen Opposition. Sind doch von den 178 000 Untertanen, infolge eines ausgeklügelten Systems von Bevollmächtigten und Wahlmännern, nur 1 000 in die Zweite Kammer (die erste besteht aus hoher Geistlichkeit und Adel) überhaupt wählbar: wer mindestens 100 Gulden direkte Steuern abgeben oder 1 000 Gulden Beamtengeld jährlich beziehen kann. Selbst Medizinalrat Dr. Büchner kann nicht gewählt werden, er verdient nur knapp die Hälfte der Summe, die für diese Gunst nötig wäre. Von den 50 hessischen Abgeordneten stellen sich allein 34 als höhere Staatsbeamte Seiner Majestät heraus, die ohnehin kaum wagen, gegen die Regierung zu stimmen. Zwar können sie neue Steuern bewilligen, doch kaum auf Dauer verweigern. Was also bleibt? Wenig mehr als die zweifelhafte Ehre, den ständig stärker werdenden Steuerdruck auf die Bauern mit ihrem Namen zu decken und immer wieder einmal schöne Reden zu halten, über die Büchner schon von Straßburg aus gegen die Eltern äußerte, das Volk würde sie teurer bezahlen »als der römische Kaiser, der seinem Hofpoeten für zwei gebrochene Verse 20 000 Gulden geben ließ«.

Solche Rechte des Mitregierens sind in der Tat nicht sehr gewichtig. Der Straßburger Student hatte sie vom Standpunkt der fortgeschrittenen bürgerlichen französischen Gesellschaft als »eine blecherne Flinte und einen hölzernen Säbel« bezeichnet, »womit nur ein Deutscher die Abgeschmacktheit begehen« könnte, »Soldat-

Der Gießener Marktplatz, um 1830

chens« zu spielen. Daß die Mehrzahl der Abgeordneten sich diesmal verweigert hatte, änderte nach Büchners Meinung nichts an der Sachlage. Solcherart hessische Haupt- und Staatsaktion bleibt für ihn Winkelpolitik, und die Liberalen mit ihrer fruchtlosen Kammeropposition sind kein politischer Partner. »Ein Feind jeder töricht unbesonnenen Handlung, die zu keinem günstigen Erfolge führen konnte, haßte er doch jenen tatenlosen Liberalismus, der sich mit seinem Gewissen und seinem Volke durch leere Phrasen abzufinden sucht ...« (W. Schulz, Nachruf)

Der zweite Büchnersche Test gilt Kommilitonen der medizinischen Fakultät. Gleich in den ersten Tagen registriert er Verhaftun-

Gießener Studenten beim Kartenspielen, 1835.
Stammbuchblatt von Ernst Elias Niebergall

gen und Relegationen von Mitstudenten wegen »unerlaubter Verbindungen«. Demnach muß sich doch einiges um ihn herum unter der Oberfläche tun.

Büchner läßt ein paarmal revolutionäre Äußerungen fallen – doch kommt es zu keiner Annäherung. Entweder hat man gegenüber dem Neuling mit seinen »welschen« Neuigkeiten über die entscheidende Rolle der »Bedürfnisse der großen Masse« kein Ohr – oder man tut, als ob man es nicht habe. Niemand weiß zudem, was sich hinter einem Neuling verbirgt. Das Verhalten der beiden Kommilitonen Carl Cratz und Carl Vogt, mit denen Büchner zu dritt das Privatissimum beim Prorektor Wernekinck bestreitet, weist darauf hin, daß beide Reaktionen vorhanden waren. Während Cratz sich offenbar nach einer Phase vorsichtigen Verhaltens sozialrevolutionären Auffassungen, die von Büchner stammen dürften (er äußert sie 1835 in seiner Schweizer Zeitschrift »Das Nordlicht«), aktiv verpflichtet fühlte, bescheinigt Vogt, Mitglied des »Palatia«-Corps, daß er und seine Kreise in keine nähere Beziehung zu Büchner kamen, weil sie sein Verhalten als »Hochmut« (Aus meinem Leben, 1896) empfanden. Büchner hielt sich nämlich nach einigen Versuchen revolutionärer Agitation »gänzlich abseits« ihrer Geselligkeiten, was man ihm verübelte.

Die Corps konnten allerdings als Beispiel dafür gelten, daß die einst in der Darmstädter Gymnasialzeit von Büchner schwärmerisch verehrte Burschenschaftsbewegung selbst in ihrer alten Hochburg Gießen nach dem Verbot von 1819 nicht selten zu landsmannschaftlichem Treiben verflacht war, worin das Kneipen bei billigem Bier obenan stand: das Salamandern, Rauchen, die Mensur und's Starkkrakeelen. Büchner, trotz seiner Abneigung gegen Tabak- und Bierdunst in der »Eugenia«-Weinrunde kein Spielverderber, hatte sich bereits in Straßburg wenig vorteilhaft über die »Roheit« der Studenten auf vielen Universitäten Deutschlands, insbesondere in Gießen und Heidelberg, geäußert. Er kam also auch in dieser Beziehung nicht ohne Voreingenommenheit hierher, was die Umstellungsschwierigkeiten nicht geringer machte. Grundsätzlich scheint er Aversionen in dieser Richtung nie aufgegeben zu haben. Im Mai 1934 wird er in einem Brief an die Eltern eine wohl übliche Gießener Szene beschreiben: Auf den Ruf »Bursch heraus!« prügeln sich Corpsstudenten zum wiederholten Male und unter den Augen des selbst betrunkenen Universitätsrichters mit Schuster- und Schneidergesellen vor der Kneipe auf dem Kopfsteinpflaster herum. Burschendünkel wurde also gerächt, und das Verhältnis zwischen studentischer und Handwerkerjugend war in Gießen nicht immer das beste.

Allerdings gab es seit 1828, dem Jahr der Gründungsversammlung der Allgemeinen Deutschen Burschenschaft in Stuttgart, auch wieder eine Tendenz zu politischer und moralischer Erneuerung. Das Programm der Burschenschaft war, trotz deren romantischer Mittelalterverherrlichung und obgleich es die neuen sozialen Gegensätze aussparte, auf den Sturz der Fürstenherrschaft, auf die Herstellung eines deutschen Einheitsstaates sowie auf die Erringung bürgerlicher politischer Freiheiten gerichtet, wofür viele Studenten im Laufe der Jahre drakonische Strafen erdulden mußten.

Auch in Gießen hatte ein Differenzierungsprozeß begonnen. Politisch bewußtere Mitglieder der »Palatia« wehrten sich in Wirtshausschlägereien gegen die Übermacht des konservativen »Teutonia«-Corps. Einzelne Studenten aber hatten bereits versucht, den Kontakt mit oppositionell eingestellten jungen Handwerkern herzustellen. Außerhalb Gießens hatte man sich vor dem Hambacher Fest zu Lese- und Diskutierzirkeln zusammengefunden und sich verschiedentlich gegen Übergriffe der Polizei zur Wehr gesetzt.

Von jenseits des Rheins war es nicht schwer gewesen, überlegen zu sein. Wollte man sich dort politisch umtun, so konnte man sogar noch einer halblegalen republikanischen Gesellschaft beitreten. Verbales politisches Engagement gehörte dort fast zum guten Ton studentischer Umgebung. Anders in Hessen: »Die Freiheit war allmählich bis zu einem Grade untergegangen, von dem niemand, der es nicht selbst miterlebt, einen Begriff hat. Jede Unbefangenheit, ich sage nicht einmal Freiheit der Rede, war unterdrückt. Die Polizei, öffentliche und heimliche, ... durchdrang alle Verhältnisse und vergiftete das Vertrauen des geselligen Lebens. ... Nur eins wurde festgehalten: Jeder Widerspruch gegen den geäußerten Willen (des Landesherrn – R.L.), direkt oder indirekt ausgesprochen, sei ein Verbrechen.« So Wilhelm Grimm als authentischer akademischer Zeuge über die Bedingungen, unter denen die hessischen Landeskinder, ob Kasselscher oder Darmstädter Zugehörigkeit, zu leben hatten und denen sich auch Georg Büchner nunmehr ausgesetzt sieht. Hessen ist für ihn kein Besuchsland mehr. Er ist hessischer Staatsbürger – ohne Urlaub. Trotz der in der Verfassung verbrieften Grundrechte (die durch eine Unzahl von Verordnungen wieder aufgehoben worden sind): De facto ist der Bürger Untertan. Er hat sich zu unterwerfen. Nicht Glück, sondern Gehorsam ist das Gebot. Mißtrauen gegen jedermann ist eine Folge der Unterdrückung. Wer politisch anders denkt, ist bald auch menschlich isoliert, denn sich anderen zu öffnen ist gefährlich. Obgleich er in den ersten Wochen nach den Vorlesungen abwechselnd »im Dreck und im Bett«, also ständig unterwegs ist: Mehr als drei Freunde hat Büchner nicht finden können. Es sind, dürfen wir annehmen, Minnigerode, Trapp und Neuner, ehemalige Mitschüler am Darmstädter Gymnasium. Und der Brief an die Eugeniden nach Straßburg vom 9. Dezember 1833, in dem er das berichtet, enthält zugleich die Klage über die Verhältnisse: »Hier ist alles so eng und klein. Natur und Menschen, die kleinlichsten Umgebungen ...«

Gießen, Regierungssitz der Provinz Oberhessen, hat siebentausend Einwohner, siebenhundertsechsundzwanzig Herde, drei Kirchen, einen Markt, fünfhundert Studenten und zahllose Lokale. Kaserne, Universität, Gericht weisen es als Zentrum aus, das noch ganz feudal regiert wird. Eine muffige deutsche Kleinstadt. Das Prädikat der Enge ist bei Büchner bereits zum Symbol hochgeschrieben. Und auch das »wahre Heimweh«, das sich in dem bislang freien, schweifenden Geist breitmacht, ist von solcher Art. Auf Büchner wirken die Verhältnisse, wie er sie nach einigen Gießener Wochen beurteilt, so bedrückend, daß er ihnen »keinen Augenblick Interesse abgewinnen kann«.

Die Gießener Erkundungen sind wichtiger Teil einer Kette deprimierender Erlebnisse. Ein paar Monate später, im April 1834, wird er den Eltern gestehen:»Ich war im Äußern ruhig, doch war ich in tiefe Schwermut verfallen, dabei engten mich die politischen Verhältnisse ein, ich schämte mich, ein Knecht mit Knechten zu sein, einem vermoderten Fürstengeschlecht und einem kriechenden Staatsdiener-Aristokratismus zu gefallen. ... Kummer und Widerwillen machten mich krank.«

Scheinbar Äußeres äußert sich psychosomatisch. Bereits Ende November 1833 hat Büchner einen Anfall von Hirnhautentzündung. Die gefährliche Krankheit kann noch im frühen Stadium abgefangen werden; doch ist der Rekonvaleszent genötigt, sich nach Darmstadt ins Elternhaus zu begeben, um sich auszuheilen.

25. Die Gewalt der prägenden Umstände

So ganz zur Untätigkeit verdammt und nicht mehr Diskussionspartner zu sein ist für Büchner die Hölle. Metz und Dr. Küntzel, die Darmstädter, versuchen sich weiter im Poetischen, probieren

»alle möglichen Accouchierstühle« (Gebärstühle – R. L.) durch. Doch das kann »höchstens noch an eine kritische Nottaufe in der Abendzeitung appellieren«. Es steht Büchner mittlerweise »am Halse«.

Ein *Leben ohne Sinn und Eigenwert* tut sich vor ihm auf; schon ist er in dessen Würgegriff! Er spürt das der Individualität bare Funktionieren der Leute um sich, fixiert »entsetzliche Gleichheit ...« und muß sich fragen, ob seine eigene Existenz noch *Leben* heißt. »Ich erschrak vor mir selbst«, wird Büchner um den 10. März 1834 herum der Braut seine *Identitätskrise* zu rekapitulieren versuchen. »Das Gefühl des Gestorbenseins war immer über mir. Alle Menschen machten mir das hippokratische Gesicht, die Augen verglast, die Wangen wie von Wachs, und wenn dann die ganze Maschinerie zu leiern anfing, die Gelenke zuckten, die Stimme herausknarrte und ich das ewige Orgellied herumtrillern hörte und die Wälzchen und Stiftchen im Orgelkasten hüpfen und drehen sah – ich verfluchte das Konzert, den Kasten, die Melodie und – ach, wir armen schreienden Musikanten!«

Die schleichende Mächtigkeit »widriger Verhältnisse« ist es, die er an sich und anderen erfährt. Sie gehört zu Büchners zentralen Erlebnissen. Aus der Erfahrung des inneren Zerfallenseins mit den fortbestehenden anachronistischen Lebensverhältnissen tauchen erstmals Bilder bei ihm auf, die später in Dichtungen zu tragenden Motiven entwickelt werden: die Empfindung, von fremden Zwängen bestimmt zu sein; der Schmerz derer, denen in einer antagonistisch zerrissenen Welt Sinn und Eigenwert ihres Tuns genommen scheint (»Danton«); das seelische »Gestorbensein« (»Lenz-Novelle«); der durch abstumpfenden mechanischen Ablauf des Lebens zum Automaten werdende Mensch (Komödie »Leonce und Lena«).

Büchners Sinn ist jetzt bereits beschwerter, als es der passagenweise heitere Ton des Briefes vom 9. Dezember an Adolph Stöber kundgibt. In dem mit nachträglichen Einfügungen versehenen zwiespältigen Dokument gesteht er, der im Kreis der Eugeniden stets so Feurige, nur ungern seine unglückselige Stimmung, versucht sie anfangs noch zu überspielen. Einerseits bekennt er: »Ich werfe mich mit aller Gewalt in die Philosophie.« Andererseits verharmlost er: Da man »unter der Sonne doch auf irgendeinem Esel reiten« müsse, so wolle er, »in Gottes Namen den seinigen« satteln; »fürs Futter ist mir nicht bang, an Distelköpfen wird's nicht fehlen, solang die Buchdruckerkunst nicht verloren geht«. Es sieht so aus, als denke er nicht nur ans Studieren, sondern auch schon mal ans Publizieren. Im übrigen werde er wohl nur »taube Nüsse zu knacken« vorfinden. Und so lache er von vornherein über seine eigene »Narrheit«.

Doch dann, in der Nachschrift, wie ein Aufschrei: »Die politischen Verhältnisse könnten mich rasend machen. Das arme Volk schleppt geduldig den Karren, worauf die Fürsten und Liberalen ihre Affenkomödie spielen. Ich bete jeden Abend zum Hanf und zu den Laternen.«

Währenddessen brennen aber die modernen Beleuchtungskörper die langen Spätherbstabende hindurch unter seinem Fenster ebenso still wie auf dem Schloßplatz oder vor der Oper. Niemand findet sich, um einen Aristokraten daran hochzuziehen. Nicht einmal die blankgeputzten Gläser werden eingeschlagen.

Sie beleuchten vielmehr die neue alte Version »Affenkomödie«: Hochzeitsvorbereitungen. Der siebenundfünfzigjährige Erb-Großherzog wird erwartet. Er hat sich entschlossen, als neue Gemahlin die Prinzessin Mathilde von Bayern aus München nach Hause zu führen. Wieder steht ein aufwendiger Empfang ins Haus. Darmstadt und der Mechanismus des Ständestaates laufen auf Hochtouren. Adel, Beamte und Bürger wollen auf sich aufmerksam machen. Der Anlaß scheint günstig. Jubler üben ihr vielstimmiges »Willkommen!«. In »Leonce und Lena« wird der Autor später durch einen Schulmeister den am Wege aufgestellten Bauern, die mit Tannenzweigen versehen sind, um einen Wald von Beifälligen vorzutäuschen, das »Vivat!«-Rufen einexerzieren lassen. Metz und Dr. Künzel setzen sich als Herausgeber der »Chronik der Feierlichkeiten« in Szene. Alles will organisiert sein: ein hundert Fuß hoher Triumphbogen am Maintor mit Kränzen und blauroten Fahnen, zweitausend Kinder mit Fähnchen, Mädchen- und Knabenchöre, die Zünfte in Abteilungen, Geistlichkeit, Staatsdiener, Ortsbeamte, sechzehn Abteilungen Ehrenritter, Ehrengarde, Bürgergarde, Glockenschall, Trommelwirbel, Kanonendonner, Gasbeleuchtung, mehrtägige Festlichkeiten mit Feuerwerk und Fackelzug. Metz und Dr. Küntzel, die alten Bekannten, entpuppen sich, sind hemmungslos auf Protektion aus, geben sich als Staatsdiener.

Kleinstaatmisere! Nicht nur, daß darin wie später in der staatspolitischen Komödie Menschen in einer »grotesken Schau dressierter Treuebekundung zu bloßen Dekorationselementen einer lebenden Kulisse« (H. Poschmann) herabgewürdigt werden. Das absolutistische Spektakel weist auch sonst allerhand Ähnlichkeit mit dem Ordnungsstaat Popo in »Leonce und Lena« auf, diesem Witz auf die moderne Weltgeschichte, wo man aus den Schloßfenstern die »strengste Aufsicht« über die Grenzen des Reiches hat. Hier wie dort scheinen sich alle das Denken abgewöhnt zu haben, sind zu Marionetten geworden. Ohne eigenen Willen und eigene Gefühle, unterscheiden sie sich quasi nicht von künstlichen Automaten. Ja, sie genügen mit solch an- und eingepaßtem Mechanismus bestens einem System, wo allein der senile König Peter mit seinem Staatsrat für seine Untertanen »denkt«, weltfremd an abstrakte, überholte Philosopheme geklammert. Alles wird nach Plan organisiert, selbst die Freude bedarf eines Beschlusses, die Unmittelbarkeit ist aus dem Leben gewichen. – In der Realität wie im Kunstwerk ist das System überfällig, funktioniert aber in seinem sich wiederholenden Kreislauf auf beklemmend exakte Weise.

Büchner indessen vertieft sich in philosophische Lektüre. Doch nicht Hegel ist es, bei dem er sich umtut. Die konservativen Züge der Hegelschen spekulativ-idealistischen Weltsicht schrecken ihn ab. Hegel ist ihm als Restaurationsideologe verdächtig. Selbst die dialektische Methode des Philosophen kam ja – zumindest in der Anwendung bei Hegel selbst – in den Geruch von »Taschenspielerkünsten«, das wissen wir schon vom Gymnasiasten Büchner. Allein Heinrich Heine, der 1821/22 an der Berliner Universität Hegel gehört hatte, vermochte dem preußischen Staatsphilosophen auch eine andere Seite abzulauschen, an die sich revolutionäre Schlußfolgerungen knüpfen ließen, wenn man sie aus dem rein Ideellen ins Praktische überführte.

Büchner hat freilich einen anderen guten Griff getan: Ihn beschäftigen Philosophen, die in der zweiten Hälfte des 18. Jahrhunderts dem materialistischen Flügel der französischen Aufklärung angehörten. Über bloß medizinische Berührungspunkte hinaus fühlt er sich jetzt zu dieser Tradition hingezogen. Anders als der gerade in Deutschland nach der Französischen Revolution wuchernde Idealismus, mit dem Büchner in der Schule vollgestopft worden war, betonten die vorrevolutionären bürgerlichen Materialisten nämlich nicht die Freiheit des Willens, sondern die *prägende Kraft der Verhältnisse!* Ihre Lehren sprechen Büchner jetzt tief an. Außer dem Kern des sensualistischen Materialismus, den, wie Büchner sich ausdrücken wird, »außer« den »Menschen« liegenden »Umständen«, die ihr Leben und Denken bestimmen, hat Büchner weitere Hauptmomente der Anthropologie Helvétius', Holbachs und Diderots aufgegriffen: das *Streben nach Lust und die Vermeidung von Unlust* sowie die Auffassung von der *Narrheit des Menschen.*

Dieser Rückgriff Büchners bleibt nicht ohne Folgen.

Als er Anfang Januar 1834, bei den Eltern gesundet, nach Gießen zurückkommt, ist sein Blick für *soziale Unterdrückung und Deformierung* geschärft. Die Arroganz der studierenden Bürgersöhne gegenüber den Armen wird nicht mehr stillschweigend hingenommen. In Begegnungen mit ehemaligen Schulkameraden, die auch die Gießener Universität besuchen, erkennt Büchner, was die hessische Wirklichkeit aus den Jungen, mit denen er einst gemeinsam von der Poesie des Lebens, von Gerechtigkeit und »wahrer Menschenwürde« schwärmte, gemacht hat! Zimmermann und Luck zum Beispiel sind in seinen Augen Durchschnittsgebildete geworden, die auf das herabblicken, was auf der sozialen Stufenleiter unter ihnen steht. Pflanzschulen solchen Verhaltens gibt es genug: Kaserne und Universität, die Verhältnisse im ganzen. In der Tragödie »Woyzeck« läßt Büchner später in einer Sozietät von der Art Gießens bürgerlich normale Unmenschlichkeit – in der Gestalt eines Majors und eines Universitätsprofessors – die bürgerlich »unnormale«, weil unangepaßte Menschennatur, aggressiv bedrohen: Der arme Soldat Woyzeck auf »unterst Stuf von menschliche Geschlecht« zu leben verurteilt, wird Opfer des Versuchs geistiger Vergewaltigung. Dieser Versuch wird durch zwei »für unmittelbare Erlebnisse schon abgestorbene selbstgefällige Gebildete ...« praktiziert. Beide treten als »primitiv rationalisierende und moralisierende Zuchtmeister ...« (H.-G. Werner) auf. Büchner, der schon am Ende der ersten vier Gießener Wochen mit sich uneins war und in den (verlorengegangenen) Briefen nach Straßburg wohl über sich selbst »klagte« und über andere »spottete«, sich »übel ... befand« (an A. Stöber, 19. Dezember 1833), reagiert zunehmend allergisch auf Ignoranz. Er brüskiert nun die alten Darmstädter, die in sozialen Dingen offenbar nicht dazulernen wollen.

Schließlich möchte er keinem mehr begegnen. Selbst Minnigerode, Neuner und Trapp fühlen sich vor den Kopf gestoßen. Zwar diskutieren sie noch, und es kommt vor, daß sie dabei laut werden, »wie Taube einander in die Ohren« schreien, was aber kaum zu gegenseitigem Verstehen beiträgt. Lange wird es nicht mehr dauern, bis auch sie sich meiden.

Das veränderte Verhalten des Sohnes wird den Eltern in Darmstadt hinterbracht. Sie stellen ihren Ältesten brieflich zur Rede: Warum er seine alten Schulfreunde meide, ihnen abweisend begegne? Ob er das Evangelium nicht mehr kenne, wo es heißt: Liebe deinen Nächsten wie dich selbst?!

Diesmal verleugnet sich Büchner nicht. Denn gerade der Vorwurf, der jenen Ignoranten eigentlich zukommt, wird gegen ihn ins Feld geführt: Arroganz, für ihn so ziemlich das Schlimmste, was es geben kann. Wie ehemals den Vorwurf der Gewalt, so gibt er auch diesen an seine Urheber zurück. Er verteidigt sein Verfahren, die Dinge ungeschminkt beim Namen zu nennen (später ein Eckpfeiler seines ästhetischen Programms!), ansonsten aber Trennlinien im persönlichen Umgang zu ziehen. Wie jedem Wesen das Recht zusteht, seine Identität zu wahren und das, was sie einschränkt, was Unlust zeugt oder es zum Zweck für andere degradiert, zu meiden, so nimmt er dieses Recht, das die materialistischen Philosophen als natürliche Reaktionslage eines jeden interpretieren, auch für sich in Anspruch. Büchner lenkt in diesem Brief an die Eltern den Blick auf die in Unwissenheit gehaltene plebejische Bevölkerung. Über das Bildungsproblem nähert er sich den Ursachen für die Lethargie des einfachen Volkes. An seinem eigenen Beispiel seelischer Not sehend geworden, beginnt er zu erkennen, was es den ungebildeten Schichten so schwer macht, jenen Kräften zu widerstehen, die es entmündigen. Ein Thema, das ihn ebenfalls bis zum drei Jahre später entstehenden »Woyzeck« beschäftigen wird.

So gerät ihm seine Verteidigungsrede unversehens zum Programm: »Ich verachte niemanden, am wenigsten wegen seines Verstandes oder seiner Bildung, weil es in niemands Gewalt liegt, kein Dummkopf oder kein Verbrecher zu werden – weil wir durch gleiche Umstände wohl alle gleich würden und weil die Umstände außer uns liegen. Der Verstand nun gar ist nur eine sehr geringe Seite unsers geistigen Wesens und die Bildung nur eine sehr zufällige Form desselben. Wer mir eine solche Verachtung vorwirft, behauptet, daß ich einen Menschen mit Füßen träte, weil er einen schlechten Rock anhätte. Es heißt dies, eine Roheit, die man einem im Körperlichen nimmer zutrauen würde, ins Geistige zu übertragen, wo sie noch gemeiner ist. Ich kann jemanden einen Dummkopf nennen, ohne ihn deshalb zu verachten; die Dummheit gehört zu den allgemeinen Eigenschaften der menschlichen Dinge; für ihre Existenz kann ich nichts, es kann mir aber niemand wehren, alles, was existiert, bei seinem Namen zu nennen und dem, was mir unangenehm ist, aus dem Wege zu gehn.

Man nennt mich einen Spötter. Es ist wahr, ich lache oft; aber ich lache nicht darüber, *wie* jemand ein Mensch, sondern nur darüber, *daß* er ein Mensch ist, wofür er ohnehin nichts kann, und lache dabei über mich selbst, der ich sein Schicksal teile. Die Leute nennen das Spott, sie vertragen es nicht, daß man sich als Narr produziert und sie duzt; sie sind Verächter, Spötter und Hochmütige, weil sie die Narrheit nur *außer* sich suchen. Ich habe freilich noch eine Art von Spott, es ist aber nicht der der Verachtung, sondern der des Hasses. Der Haß ist so gut erlaubt wie die Liebe, und ich hege ihn im vollsten Maße gegen die, welche verachten. Es ist deren eine große Zahl, die, im Besitz einer lächerlichen Äußerlichkeit, die man Bildung, oder eines toten Krams, den man Gelehrsamkeit heißt, die große Masse ihrer Brüder ihrem verachtenden Egoismus opfern. Der Aristokratismus ist die schändlichste Verachtung des Heiligen Geistes im Menschen; gegen ihn kehre ich seine eigenen Waffen: Hochmut gegen Hochmut, Spott gegen Spott.

Ihr würdet Euch besser bei meinem Stiefelputzer nach mir umsehn; mein Hochmut und Verachtung Geistesarmer und Ungelehrter fände dort wohl ihr bestes Objekt. Ich bitte, fragt ihn einmal ...«

Erst in der hessischen Enge entwickelt Georg Büchner Mitgefühl und Liebe für die Bedürftigen in einem Maße, wie es der Einsatz für deren Sache erfordert. Denn mit den eigenen Konflikten und der eigenen Vereinsamung angesichts enger, entmündigender Verhältnisse weiten sich sein Einfühlungsvermögen, seine Parteinahme für die Lebenssituation noch gedrückterer Existenzen. Er bleibt nicht mehr bei Denkvorgängen stehen. Zur empfundenen Solidarität mit den Armen tritt der Haß gegen die kleinen Unterdrücker aus dem eigenen Stande.

Die Brücke, die sich von diesen tragenden Pfeilern neuer Ansichten und Einsichten spannt, führt ihn über einen Sturzbach von Erlebnissen zur ersten plebejischen Tragödie. Diese entlarvt nicht nur einen Komplex ökonomischer, sondern auch geistiger Abhängigkeitsverhältnisse, in denen Woyzeck zur Strecke gebracht wird.

26. Der Fatalismus der Geschichte

Büchner verbringt diese Wintermonate zurückgezogen. Tagsüber den hohen Zylinder tragend, das Gesicht verdüstert, »wie eine Katze, wenn's donnert«, mit »schroffem, in sich abgeschlossenem Wesen«, arbeitet er neben den Kommilitonen in der Medizin; abends und nachts hockt er über den Büchern. Nicht selten kommen die Burschen von der »Palatia« spät von der Biertischrunde, bleiben unter seinem Fenster stehen und bringen ein ironisches Vivat auf den »Hochmütigen«, der sich ausschließt: »Der Erhalter des europäischen Gleichgewichts, der Abschaffer des Sklavenhandels, Georg Büchner, er lebe hoch! Er tat, als höre er das Gejohle nicht, obgleich seine Lampe brannte und zeigte, daß er zu Hause sei.« (C. Vogt)

Büchner greift in seiner Angespanntheit und Verkrampfung nun auch zum Studium der *Geschichte*. Es drängt ihn, sich in der *Historie* Rat zu holen, sie auf einen *Ausweg* aus den ihn niederdrückenden Verhältnissen zu befragen. Und was liegt da näher, als den Blick auf Frankreich und seine große Geschichte und Revolution zu richten. »Sein revolutionärer Instinkt und seine geistige Verwandtschaft mit den großen und außergewöhnlichen Männern und Taten der französischen Revolution gegenüber der politischen Dürre, die ihn umgab«, schreibt Ludwig Büchner 1850, hätten seinen Bruder »immer tiefer in das Studium jenes geschichtlichen Dramas hineingezogen …«.

Es ist die kleinbürgerlich-demokratische Phase der Revolution, in die er sich nun versenkt, unter Fragestellungen wie: Welche konkre-

ten Hinweise kann man von jenen Revolutionären, die trotz der Miß-
gunst der Verhältnisse in kritischen Situationen das Steuer herumris-
sen, bekommen, um *sich* womöglich *selbst in Verbindung mit den
Massen* aus der Misere zu befreien? Gibt es *Gesetzmäßigkeiten revolutionärer Bewegungen*, die damals offenbar geworden sind und die man
dabei, etwa um aussichts- und wirkungsreicher als jene Wachenstürmer vorzugehen, nutzen müßte?

Die große Revolution ist seine Hoffnung, sie soll ihn eine Alternative
zur eigenen deprimierenden Passivität erkennen lassen. Büchner liest
jetzt Darstellungen der Historiker Mignet und Thiers im Original.
Diese hatten ihr Handbuch »Histoire de la Révolution française«
1824/25 und in den folgenden Jahren herausgebracht, worin sie die
Französische Revolution erstmals *als Folge von Interessenkonflikten, ja
Klassenkämpfen, von Umständen und unvermeidlichen Reaktionen* dar-
stellten. Das ließ die *Rolle der Individuen in den Hintergrund* treten
und machte einen *zwangsläufigen Gang* der Dinge sichtbar, der sich
unabhängig vom »guten« und »bösen« Willen der einzelnen vollzog.
Sie beschrieben gleichsam den *Mechanismus* der (bürgerlichen) Revolution. Sie interpretierten diesen dahingehend, daß alle Umschwünge
in der neueren Geschichte, gegen die Widerstände von Adel und Kle-
rus und trotz, ja sogar mit zeitweiliger Hilfe von »Ausschreitungen«
von unten, auf die Herrschaft der die »Mittelklasse« repräsentieren-
den konstitutionell-liberalen Partei hinausliefen. Damit unterlegten
sie der geschichtlichen Entwicklung schicksalhafte Folgerichtigkeit.

Tatsächlich muß Büchner sich fragen, ob nicht die Finanzbourgeoisie die Früchte der Revolution von 1789 bis 1794 (und von 1830!) ge-
erntet hat; ob nicht Thiers, einer der Autoren, der, ein makabrer
Hohn, dann sogar als Ministerpräsident 1830 an die Macht kam,
recht gehabt hatte. Ob nicht die Masse zwar gekämpft, aber dabei die
Interessen der Besitzenden bedient hatte.
    In dem Dokument von Büchners Hand, das ein vorläufiges Resü-
mee seiner Geschichtsbefragung zieht, im Brief an die philosophisch
und historisch wenig geschulte Wilhelmine Jaeglé Anfang März
1834, der er vor allem die Ursachen seines langen Schweigens plausibel machen muß, ist freilich davon weniger die Rede. Büchner
schreibt: »Ich studierte die Geschichte der Revolution, ich fühlte

mich wie zernichtet unter dem gräßlichen Fatalismus der Geschichte. Ich finde in der Menschennatur eine entsetzliche Gleichheit, in den menschlichen Verhältnissen eine unabwendbare Gewalt, allen und keinem verliehen. Der einzelne nur Schaum auf der Welle, die Größe ein bloßer Zufall, die Herrschaft des Genies ein Puppenspiel, ein lächerliches Ringen gegen ein ehernes Gesetz, es zu erkennen das Höchste, es zu beherrschen unmöglich. Es fällt mir nicht mehr ein, vor den Paradegäulen und Eckstehern der Geschichte mich zu bücken. Ich gewöhnte mein Auge ans Blut. Aber ich bin kein Guillotinenmesser. Das *Muß* ist eins von den Verdammungsworten, womit der Mensch getauft worden. Der Ausspruch: es muß ja Ärgernis kommen, aber wehe dem, durch den es kommt – ist schauderhaft. Was ist das, was in uns lügt, mordet, stiehlt? Ich mag dem Gedanken nicht weiter nachgehen. Könnte ich aber dies kalte und gemarterte Herz an Deine Brust legen!«

Es ist erkennbar, daß Büchner tief betroffen ist, daß er infolge seiner eigenen Studien dem Individuum nur eine untergeordnete Rolle in der Revolution zugestehen kann. Von jenen Extremen, sich zu »Größe« durchzuarbeiten oder »Staub« zu bleiben, die er in seinen Schüleraufsätzen verfochten hatte, war er zwar im Begriff abzurükken; doch seit der Schulzeit hatte er den »Freiheitskampf der Franken« idealisiert, worin ihn die Propaganda der republikanischen Partei in Straßburg nur bestärkte. Die *Führer* der Französischen Revolution waren für ihn doch noch die *Heroen* der Freiheit, Gleichheit und Brüderlichkeit geblieben. Über Catos passiven Republikanismus hinaus, verkörperten sie die großartige Fähigkeit des einzelnen zur geschichtsbewegenden Tat, zur Mobilisierung der Massen unter ausweglos erscheinenden Umständen. Das undifferenzierte und die Wirklichkeit nicht genau widerspiegelnde Bild wird nun durch genauere Bekanntschaft mit den geschichtlichen Vorgängen endgültig gelöscht. Die bekannten politischen Gestalten, bemerkt er, waren nicht die entscheidenden Kräfte der geschichtlichen Kämpfe. Zwar hatte Büchner bereits beim Kommentieren des Frankfurter Wachensturms erkannt, daß ohne die Masse nichts geht; doch wo die Masse wirklich entfesselt nicht nur drei Tage, wie in der Julirevolution, sondern wie in der großen Revolution über längere Zeit in Aktion und politisch auf den Plan trat, da entstanden *neue Dimensionen, Qualitäten und Widersprüche!*

Die Revolution schien also gleichsam »nur Rollen« bereitzuhalten, die durch die Subjekte im Verbund der durch »alle« bewegten Ereignisse kaum wählbar und bestimmbar waren. Die Revolution und der Revolutionär in ihr offenbarten sich als verschiedene Größen; der Revolutionär muß sich damit begnügen, eher *Objekt* denn Subjekt der Geschichte zu sein. Subjektives Wollen und objektives Resultat klafften oft genug auseinander. Die individuelle Natur scheint selbst im revolutionären Prozeß zu einer »entsetzlichen Gleichheit« verdammt zu sein. Das mit vermeintlich besten Absichten antretende Subjekt der Revolution kann durch den objektiven Gang der Dinge, die es zum Objekt zu machen scheinen, verstrickt werden: Es kann im Blut waten, wie Robespierre, um danach selbst wie Robespierre unter der Guillotine zu enden. Auch St-Just und viele andere, die paradoxerweise »gegen« das »eherne Gesetz« handelten, sogar im Glauben, es zu vollziehen, ereilte das gleiche Schicksal!

Dennoch ist der einzelne aber ins »Muß« des revolutionären Handelns gestellt. Er ist es aufgrund einer »unabwendbaren Gewalt« der Verhältnisse. Dabei sind, nach Büchner, auch die Verhältnisse janusk…pfig. Einerseits zwingen sie »uns« (Büchner fühlt sich hier in seinem Schicksal offenbar den Massen verwandt) in einen Teufelskreis sozialer Verelendung und psychischer Selbstentfremdung, verstricken uns in Depressionen, Aggressionen, fordern die Liquidation anderer ab; *andererseits erzeugen sie revolutionäre Kraft.* Diese ist allerdings unberechenbar, so daß keine Führungsgestalt sich vermessen darf, zu glauben (selbst über die Kenntnis des »ehernen Gesetzes«, des Höchsten, was zu erreichen sei), sie könne die Revolution dirigieren, »beherrschen«. Das Gesetz wirke letztlich durch sich selbst, unabhängig von den Individuen. Büchner überträgt dabei als Naturwissenschaftler auf die menschliche Gesellschaft und ihre Geschichte auch einiges von der mechanistischen Auffassung, die die französischen Materialisten des 18. Jahrhunderts vertraten. Ihrer Meinung nach liefen die Naturvorgänge nach einer Kausalkette von Ursachen und Wirkungen ab.

Im Krisen-Bericht des Briefschreibers werden demnach in erster Linie Probleme benannt, die sich aus der Sicht des an der Revolution Interessierten ergeben. Und trotz der düsteren Töne ist Büchners »Fatalismus der Geschichte« weniger fatalistisch, als es aussieht. Revolutionäres Handeln hält er nicht für ausgeschlossen. Vielmehr macht ihm zu schaffen, daß er auch als Revolutionär vor allem Objekt der Geschichte sein müsse. Nicht umsonst hatte er bereits auf das Von-außen-Bestimmtsein im feudalbürokratischen Staatswesen mit so tiefer Abneigung reagiert. Und nicht zufällig wird er auch dieses existentielle Problem in den Werken immer wieder umkreisen: als Plus und Minus der in den »menschlichen Verhältnissen«, »in der Menschennatur« wie in der »Geschichte« wirkenden *Zwangsläufigkeit.*

Büchner wird dennoch den herben Weg des Revolutionärs einschlagen – und dabei versuchen, nicht einer geschichtlichen Erkenntnis zuwiderzuhandeln. Insofern ist die »Fatalismuskrise« für ihn von entscheidender Bedeutung. Büchner beginnt, revolutionärdemokratische Illusionen abzustreifen und die liberalistische Fatalismusauslegung für sich *umzufunktionieren*: in ein ehernes *Geschichtsgesetz der großen Masse.* Die Möglichkeit zu handeln sieht er nun im revolutionären *Dienst.* Eine unumstößliche Erkenntnis bleibt für ihn dabei die *Souveränität des Volkes.*

Viele der aufgeworfenen Fragen müssen vorerst als spannungsvolle Widersprüche unbeantwortet bleiben. Die Revolutionsstudien haben zwar momentan Büchners Unruhe noch vergrößert, doch sie haben ihn mit Tatsachen konfrontiert und seinen Gesichtskreis erweitert. Noch bevor er mit revolutionären Aktivitäten beginnt, haben sie ihm die Illusionen genommen. Sie haben ihn ein für allemal befreit von der Einschüchterung durch überlieferte Größe. Sein eigenes Denken und Handeln kann so den Stellenwert eines geschichtlich vollwertigen Experiments erhalten. Sein politisches Selbstbewußtsein wird damit im Zusammenhang stehen.

Die Erschütterung durch die Krise läßt ihn auch das überkommene Bild von der gottgewollten Ordnung der Dinge anzweifeln. Waltete wirklich eine göttliche Vernunft, eine Vorsehung, dann wären also die Schreie der Zeitgenossen nur ein Stöhnen unter der Folter, nur dazu da, daß es, »durch die Wolkenritzen dringend, wie ein melodischer Hauch in himmlischen Ohren stirbt?«. Alles menschliche Leid inszeniert für das Schauspiel eines Theatergottes? Wo bliebe da der große vernünftige Zusammenhang der Schöpfung?!

Ketzerische Überlegungen wie diese, wie er sie später im Drama den Dantonisten vor ihrem Tode und in der Erzählung Lenz in den Mund legt, hat er auch in einem weiteren Brief der Freundin Anfang

März mitgeteilt. Er hat Wilhelmine bereits geschrieben: »Meine geistigen Kräfte sind gänzlich zerrüttet. Arbeiten ist mir unmöglich. Ein
dumpfes Brüten hat sich meiner bemeistert, in dem mir kaum ein
Gedanke noch hell wird. Alles verzehrt sich in mir selbst; hätte ich
einen Weg für mein Inneres –« Panische Unruhe zeuge unaufhörlich
Kopfschmerzen und Fieberphantasien, »... die Nacht kaum einige
Stunden dürftiger Ruhe. Vor zwei Uhr komme ich in kein Bett, und
dann ein beständiges Auffahren aus dem Schlaf und ein Meer von
Gedanken, in denen mir die Sinne vergehen.« Ratio, Emotionen,
Physis sind in einer Kettenreaktion in Mitleidenschaft gezogen: »Ich
bin ein Automat; die Seele ist mir genommen.«

Büchner fühlt sich so kaputtgespielt, daß er sich fürchtet, in den
Spiegel zu blicken.

27. Im Übergang

Nichts auszusparen hat etwas für sich: Es vermag zu sensibili-
sieren, es drängt zum Finden einer Entscheidung. Der Nachteil ist
eine extreme existentielle Gefährdung. Immerhin war Büchner gerade von einer Hirnhautentzündung genesen.

Was Büchner durchmacht, ist nicht nur eine Bewußtseinskrise,
sondern eine komplexe *Lebenskrise*. Alle persönlichen Bereiche werden in den Sog dieser Krise hineingezogen: Die Beziehungen zu den
Jugendfreunden, mit denen ihn doch immerhin die gemeinsame
Schulzeit und ähnliche politische Haltungen verbanden, sind zum
Zerreißen reif. (»Meine Freunde verlassen mich«, klagt er.) Die Erwartungen des Vaters und der Mutter in seinen Abschluß und die
Aufnahme einer praktischen Tätigkeit im hessischen Medizinal-
dienst harmonieren weder mit seinen Studienambitionen, noch sieht
sich Büchner in der Lage, das Leben eines hessischen Beamten zu
führen. Auch die Geliebte, nun schon ein dreiviertel Jahr allein, ist
mit dem »stillen Geheimnis«, dem inoffiziellen Verlöbnis, nicht
mehr zufriedenzustellen. Sie fühlt sich von Büchner vernachlässigt

und will eine Entscheidung herbeizwingen. Wohl nicht ganz ohne Hysterie beantwortet sie seine Rechtfertigung, wonach die philosophischen Eindrücke, Fieber und sein gesamtes Befinden an seiner Schreibfaulheit, an dem Ton seiner Briefe schuld wären, mit dem Hinweis auf eigene Krankheit und »Tränen«. Mit den Waffen der Frau kämpft Wilhelmine um den Geliebten und künftigen Partner. Schließlich ist sie bereits dreiundzwanzig und drei Jahre älter als er. So drängt sie auf die Legalisierung des Verhältnisses. Auch hier ist Büchner mit einer Vertrauenskrise konfrontiert. Er soll eine Verbindung eingehen, ohne die Voraussetzungen dafür schaffen zu können. Und er kann sich an fünf Fingern ausrechnen, wie etwa der Vater darauf reagieren wird.

Auf der ganzen Linie dramatische Zuspitzungen – und daneben ist eine *Hauptentscheidung* fällig: über Hoffnungen und Absichtserklärungen hinaus, unwiderruflich und mit aller Verbindlichkeit sich dem Kampf an der Seite der unterdrückten Massen gegen die unerträglichen Verhältnisse zu widmen. Dazu bedurfte es nicht nur eines großen Maßes innerer Klarheit. Dazu war auch nötig, sich nichts vorzumachen, sich also Unabhängigkeit und Bewegungsfreiheit zu erhalten. Dies nun schloß Rücksichten auf persönliche Bindungen und bürgerliche Verpflichtungen weitestgehend aus.

Dennoch tendiert Büchner zu Lösungen des Übergangs. Er führt seine Studien in Hessen weiter, doch spezialisiert er sich offenbar noch stärker auf vergleichende Anatomie. Die über Gebühr strapazierte philosophische Betrachtungsweise wird ihm als Hauptmittel geistiger Auseinandersetzung verdächtig; er spürt, daß diese es auch an sich hat, lebendiges Sein auf abstrakte Gesetzmäßigkeiten zu reduzieren, den Suchenden in »wüste Irrgänge« zu führen. (Deshalb nennt er seinen »Fatalismus«-Brief an die Braut einen »Charivari«, eine Katzenmusik, etwas Unvollkommenes, nichts Halbes und nichts Ganzes.) Doch er wendet sich nicht abrupt von der Philosophie ab, sondern wird sie als eine Erkenntnismöglichkeit weiter gelten lassen: Sie wird von ihm künftig mehr als Hilfsmittel benutzt. Büchner neigt sich, durch die Fatalismuskrise dazu gereift, mehr dem widerspruchsvollen Leben zu. Er sucht das tätige Handeln, und er gelangt schließlich zur Kunst. Daß er dabei mit Fragestellungen erster Größenordnung aufwarten kann, dazu war der Drang ins Allgemeine allerdings eine wichtige Voraussetzung. Ansonsten versucht er, überhaupt mit

Louise Wilhelmine Jaeglé, vermutlich um 1830

mehr Abstand zu reagieren: Er hätte, bemerkt er gegenüber Wilhelmine, für die grotesken Illustrationen Jacques Callots (1592–1635) oder E. T. A. Hoffmanns dämonisch-spukhafte Erzählungen ein Modell abgeben können. »Für das Modellieren hätte ich Reisegeld bekommen. Ich spüre, ich fange an, interessant zu werden.« Todernst und Witz liegen wie so oft bei Büchner dicht nebeneinander. Seine Dantonisten werden von ähnlicher Art sein.

Im Wechsel der Reaktionslagen zeigt sich spannungsvoll der Widerspruch des Büchnerschen Suchens in seiner Übergangszeit: zwischen dem *Aufreißen von Problemen* – und *Antwortversuchen* auf angestaute Fragen. Leute vom Typ Büchners, wenn sie nicht in die *Verzweiflung* getrieben werden wollen, müssen bemüht sein, bei sich gewisse Sicherungen gegen allzu starke und zu oft wechselnde Pendelausschläge einzubauen. Dies tun sie instinktiv. Während Heinrich von Kleist in einer ganz ähnlichen Situation seit seiner Krise 1801 im Alter von dreiundzwanzig Jahren seltsamerweise Kraft darin fand, den Freitod als ein letztes Mittel der Selbstbewahrung zu haben, hilft Büchner die Vorstellung von der »Narrheit« der Welt und seiner selbst: Er wird zum »Skeptiker durch und durch ...« und »bezweifelte« nach Wilhelm Schulz (1851) »seinen eigenen Zweifel ...«. Darin spricht sich Kritisch-Selbstkritisches aus, zugleich das Bewußtsein, daß die meisten Urteile keinen absoluten, sondern relativen Wahrheitsanspruch besitzen, weil sich die Dinge in einem dem einzelnen (noch) nicht recht durchschaubaren Prozeß der Veränderung, in der Entwicklung befänden. Dies bewahrt Büchner davor, einem borniertem Dogmatismus zu verfallen. Er neigt sich vielmehr einem Denken und Empfinden zu, das dem *Gegensatz* Raum gibt: einer antithetischen Verarbeitungsweise. Hier, mit Bezug auf Callot und Hoffmann, ist sie noch etwas bemüht, später wird sie lockerer werden. So kann Büchner, weniger umwegig als Kleist, unmittelbar aus der Krise zur Tat finden. Im Experiment der politischen Praxis wird er einen Teil der Widersprüche produktiv lösen. Den Rest wird er vorerst verdrängen.

Büchner beginnt also, wie weiland Baron Münchhausen, sich am eigenen Schopfe aus dem Morast zu ziehen. »... ich bin mir selbst schuldig, einem unerträglichen Zustande ein Ende zu machen«, schreibt er der Freundin. Es gelingt ihm, sich zu kontrollieren. Trotz der monatelangen ausgeprägt depressiven Stimmungen versinkt er weder in Pessimismus, noch dreht er durch und landet im Wahnsinn wie der junge Lenz, Held seiner zwei Jahre später geschriebenen Novelle, der trotz verzweifelter Versuche, der Ich-Spaltung und inneren Auflösung im Zweifel Herr zu werden, auf tragische Weise untergeht. Büchners nervliche und kritisch-rationale Substanz sind (noch) fester gegründet.

Und schließlich verabschiedet er auch nicht die drängende Freundin. »Du frägst mich: Sehnst Du Dich nach mir?«, schreibt er; »Nennst Du's Sehnen, wenn man nur in *einem* Punkt leben kann, und wenn man davon gerissen ist und dann nur noch das Gefühl seines Elends hat?« Sie und die Erinnerung an Straßburg, das sind in seinem Innern zur Zeit die Hoffnungen, die dem Abgestorbensein, seinem »unerträglichen Zustand«, wenigstens für Augenblicke ein Ende machen könnten, die ihn mit »einer seligen Empfindung«, nach der er so »lechzt«, zu beglücken in der Lage sind.

Das muß man nehmen, wie es geschrieben steht. Es ist weder Taktik noch Übertreibung, der Braut sein Schweigen plausibel zu machen, es gar zu entschuldigen. Lenz wird sich später vergeblich, ohne Schlaf finden zu können, in Winternächten ins eiskalte Brunnenwasser werfen, um das furchtbare Abgestorbensein zu überwinden. So, wie die Dinge liegen, ist die innere Beziehung zu seiner Braut für Büchner an diesem Angelpunkt seines Lebens unverzichtbare Voraussetzung für seinen Lebenskampf. Und was seine Hauptentscheidung betrifft, so reichen Mitleid und Pflichtgefühl gegenüber den Armen allein offenbar nicht aus.

Er weiß jetzt, er ist ein schwacher Mensch wie andere, mit einem Herzen, das auf die Liebe, auf ihre entspannend-mobilisierende Wärme, nicht verzichten kann. Ohne Liebe kein Leben – dies trifft für ihn, den Analytiker, Skeptiker, Ironiker und das Skalpell handhabenden Naturforscher, offenbar mehr zu, als man es auf den ersten Blick vermutet.

Straßburg sollte also die Insel der Hoffnung bleiben: ein Lichtpünktchen, der Ruhepunkt inmitten der Gefahr.

Draußen bricht schon, zu Beginn des März, der Frühling mit sommerlicher Macht in dieses Jahr 1834 ein. Büchner geht hinaus, das erstemal seit acht Tagen. Ein »einziger forthallender Ton aus tausend

Lerchenkehlen« schwingt durch die Luft, »ein schweres Gewölk wandelt über die Erde, der tief brausende Wind klingt wie sein melodischer Schritt«. Die Natur scheint ihm ein großer Föhn, drängt Land und Menschen zu neuem Aufbruch. Büchner erschrickt über seinen nun erkennbar entfremdeten Zustand. Seit kurzem, schreibt er Wilhelmine, schwebe ihr Bild wieder beständig vor ihm. Wie das Zittern des Lichts, wenn er in die Sonne gesehen hat.

Sie hat ein »Heilmittel« angedeutet, und er will es anwenden: Er wird in den Osterferien nicht nach Darmstadt fahren, sondern zu ihr nach Straßburg. Mochten die Eltern auch erbost sein. Küsse schickt er ihr, Schneeglöckchen, Schlüsselblumen, Veilchen. Und Verse aus einem Elsässer Gedicht vom jungen Lenz:

> War nicht umsonst so still und schwach,
> Verlaßne Liebe trug sie nach.
> In ihrer kleinen Kammer hoch
> Sie stets an der Erinnrung sog ...

Georg Büchner entschließt sich zum offiziellen Verlöbnis. Er versucht, der Freundin Kraft durch wiedererwecktes Vertrauen in ihn zu geben. Das Ungewisse, die Gefahren eines Lebens mit ihm und die materiellen Bedrängnisse, spart er nicht aus; auch sie muß damit leben lernen. Dies soll Teil ihrer gemeinsamen Bewährung sein.

In sein Bukett ist eingebunden: »Was kann ich sagen, als daß ich Dich liebe, was versprechen, als was in dem Wort Liebe schon liegt, Treue? Aber die sogenannte Versorgung? Student noch zwei Jahre; die gewisse Aussicht auf ein stürmisches Leben, vielleicht bald auf fremdem Boden!«

28. Ein Freund anderer Art

Nicht allein der Frühling und die Liebe sind es, die Büchner aus seiner Entwicklungskrise herausführen. In den Briefen an die Freundin steht es aus erklärlichen Gründen nicht, doch ergeben es vier Jahre später geheime Untersuchungsprozesse: Insbesondere die Kontaktaufnahme zu revolutionären Gruppierungen hilft ihm, sein Tief zu überwinden.

Wohl nach dem Darmstädter Genesungsaufenthalt lernt er einen jungen Mann kennen, den man den »roten Becker« nennt. August Becker hat rotes Haar und einen roten Bart und ist der Sohn eines verarmten, früh verstorbenen Dorfpfarrers. Zu »der elenden Rolle eines Bettlers verurteilt«, wie er selbst schreibt, hatte er jahrelang versucht, in gutsituierten Bürgerhäusern als Hauslehrer den Unterhalt für sein gegen jede Neigung aufgenommenes Theologiestudium zu verdienen. Doch eines Tages blieben dem rebellisch Eingestellten auch diese Stellen verschlossen. Und so schlägt sich Becker ohne eine bestimmte Beschäftigung durch. Er haust in einem schuppenähnlichen Raum, in dem sich sein Vorgänger erhängt hat. Bekleidet ist er mit einer schwarzen Russenbluse, einem schwarzen Barett, und manchmal trägt er zum Selbstschutz einen kräftigen Knüppel bei sich. Becker ist viel unterwegs. Hinter dem rauhen Äußeren verbirgt sich eine Seele, die Demütigung und Hunger erlebt hat und den Haß gegen die Begüterten kennt. Becker in der verwaschenen Russenbluse und Büchner im modischen Polenmantel entdecken sich in jenem Winter in ihren Gesprächen. Büchner läßt sich von dem schokkierenden Äußeren nicht täuschen. Er sieht hinter die Hülle. Das spricht für Menschenkenntnis. Er gehört ja nicht zu denen, die sich dem ersten besten ohne weiteres öffnen. Er befragt Menschen schon früh auf ihren Wert und ihre Gesinnung. Luck ist es bereits in der Schulzeit aufgefallen, daß es nicht Büchners Art war, »sich andern ungeprüft und voreilig hinzugeben, er war vielmehr ein ruhiger, gründlicher, mehr zurückhaltender Beobachter. Wo er aber fand, daß jemand wirklich wahres Leben suchte, da konnte er auch warm, ja enthusiastisch werden.« Findet er zu jemandem keinen Kontakt, reagiert er verschlossen und wendet sich ab. Je besser er weiß, was er will, je weniger Illusionen er hegt, um so mehr sucht er sich seine Gefährten aus.

Das ist wohl ein Reflex auf sein Leben in einem Polizeistaat. So zu reagieren fällt ihm nicht leicht. Es fordert ihm ständige Beobachtung und Selbstkontrolle ab. Die vielen Verhaftungen unvorsichtiger Kommilitonen, ja schon die Reden Diltheys lehrten ihn: nicht ins offene Messer rennen!

Becker wirkt überzeugend. Büchner erhält einen Einblick in die psychische Welt der Erniedrigten und Beleidigten. Becker seinerseits erschließt sich die geistige Welt der Revolutionäre auf dem sozialen Weg. Sie zieht ihn an. »Dieser Büchner war mein Freund«, sagt er später aus, »der mich lange Zeit zum einzigen Vertrauten seiner teuersten Angelegenheiten machte, von welchen er weder seiner Familie noch einem seiner andern Freunde etwas gesagt hatte. Ein solches Vertrauen mußte ihm mein Herz gewinnen; seine liebenswürdige Persönlichkeit, seine ausgezeichneten Fähigkeiten, von welchen ich hier freilich keinen Begriff geben kann, mußten mich unbedingt für ihn einnehmen ...«

Becker ist es, der Büchner hilft, vom fruchtlosen Grübeln und von den Depressionen zu politischer Aktivität zu finden. Sobald er und Becker die Tore Gießens hinter sich gelassen haben, sehen sie Großdörfer, Kleinstädte und dazwischen handtuchgroße Äcker, auf denen tagsüber Kleinbauern schuften, die dann noch bis in die Nacht mit der Familie zu Hause am Leinewebstuhl für den Verleger tätig sind, ohne doch damit das Menschenrecht zu erwerben, sich täglich einmal satt essen zu können; bedrückt, bevormundet, von Geist und Bildung ausgeschlossen; viele in Schuldhaft genommen, vor ihren Augen ihr Hof und ihre Ackergeräte versteigert; »Im Namen des Großherzogs!«, ihr Vieh weggebracht, sie endlich selbst in den Kerker geworfen. Sogar das Recht, die Heimat zu verlassen und auszuwandern, etwa nach Amerika, muß der Arme von der Obrigkeit noch erbetteln. Zehntausende sind diesen bitteren Weg bereits gegangen. Das Großherzogtum Hessen hat die höchste Auswanderungsquote in Deutschland.

Büchner gibt Becker gegenüber zu, daß er infolge seines zweijährigen Aufenthalts in Frankreich das deutsche Volk wohl »nur ungenügend« kenne. Von Straßburg aus hatte er am 5. April 1833 nach der Niederschlagung des Wachensturms die »Indifferenz« der Deutschen beklagt, die seines Erachtens alle revolutionären »Berechnungen zuschanden« mache. Becker allerdings stammt aus ländlicher Gegend, aus Hochweisel, und weiß besser, was gut drei Jahre zuvor (als Büchner noch eine Cato-Rede hielt) hier los war: Mit Trommelschlag hatten sie sich vom Vogelsberggebiet, auch aus dem Kurhessischen, auf Gießen und Hanau zu in vier Zügen zu je tausendfünfhundert Mann in Bewegung gesetzt. Der Hunger hatte sie mit Urgewalt auf die

Die Zerstörung der Zollstation bei Frankfurt/Ferchenheim,
25. September 1830

Straße getrieben. »Wenn es nicht bald anders wird und die Abgaben gelinder«, hatten sie an den Bürgermeister von Alsfeld geschrieben, »so stecken wir einen Landratsbezirk nach dem anderen in Brand ...« Und: »Zittern sollt ihr vor den Schrecknissen, die wir werden anrichten, wenn es nicht anders wird!« Nicht nur Steuerämter und Zollstationen wurden gestürmt, auch der Handelseinrichtungen reicher Bürger hatte man sich bemächtigt. In Hanau war eine Getreidegroßhandlung geplündert worden. Ein neuer großer Bauernkrieg schien ins Land zu stehen! Es kam zur »größten bäuerlich-antifeudalen und plebejisch-revolutionären Insurrektionsbewegung im Innern Deutschlands seit den Bauernkriegen«, schreibt Th. M. Mayer. Zahlreiche Landproletarier waren mitbeteiligt. Becker weiß gewiß auch von der Erbitterung zu berichten, die die unter den Schüssen und

Hieben der Dragoner Gefallenen hinterließen: ein blutiges Mal fürstlicher Erbarmungslosigkeit, das nicht so leicht vergessen werden dürfte. Und er weiß von einem Riß, der seitdem durch die politische Kampffront der antifeudalen Bewegung geht. Denn die liberalen Bürger, von den Södeler Leinwandaufkäufern bis zu den »Volksvertretern«, hatten bei der Niederschlagung unrühmlich Schützenhilfe geleistet. Sie waren, noch ehe die Regierung selbst zu reagieren imstande war, mit Aufrufen bei der Hand gewesen, hatten darin zum Widerstand gegen die »Anarchie« und zum Erhalt des Eigentums aufgerufen; hatten sich bei den Mächtigen angebiedert und dem Volk weismachen wollen, daß ein Großteil der Steuern »aus den Taschen der Reichen« käme; ja, daß »alles, was diese Nachbarn«, die französischen Revolutionäre, nur »wünschen«, in Hessen bereits gewährt worden sei!

Gerade im Oberhessischen war also vor kurzem ein akuter sozialer Konflikt deutlich geworden zwischen verelendeten Massen und den »Reichen«, zu denen im Bewußtsein des Volkes alle besitzenden Klassen des Grundadels ebenso gehörten wie die wohlsituierten Bürger. Bei Büchner mußte der Eindruck entstehen, hieran lasse sich anknüpfen. Die Masse des Volkes bildeten ja in Hessen tatsächlich die Bauern, und gerade in Oberhessen fristeten sie nicht nur ein extrem elendes Dasein, sondern sie schienen hier auch Gespür für die rechte Richtung *sozialer* revolutionärer Aktion bewiesen zu haben. Man müßte also den »materiellen Hebel« (Büchner nach A. Becker) ansetzen, um die Massen erneut aus der Lethargie, in die sie zurückgefallen waren, zu reißen! Zumindest würde es ein Experiment sein können, dessen Ergebnisse, ähnlich wie die eines naturwissenschaftlichen, Vermutungen bestätigen, modifizieren oder revidieren konnten. Eine möglichst nüchterne Bestandsaufnahme war notwendig. Becker sagt später aus, Büchner sei es »vorderhand« darum gegangen, »nur die Stimmung des Volkes und des deutschen Revolutionärs zu erforschen«. Wenn dies sein erster taktischer Fixpunkt gewesen ist, so verband er solches Vorhaben bald damit, die hessischen Bauern auch für die *Revolution zu gewinnen* und so einen Beitrag zu deren Vorbereitung in ganz Deutschland zu leisten.

Bereits in Straßburg hatte Büchner das notwendige Bedürfnis der Masse als den springenden Punkt jeglicher Veränderung erkannt. Sein Fatalité-Erlebnis hatte ihn dann unter anderem auf Gefahrenmomente aufmerksam gemacht, denen Revolutionen unterlagen, die es anderen als den Volkskräften gestatteten, eine führende Rolle zu spielen. Die »Befreiung« des Volkes mußte demnach, so seine neue Erkenntnis, nicht nur das eigentliche und einzige »Ziel der Revolution« sein, sondern – wenn das Ganze nicht, wie 1794 oder 1830, als sinnloser Eklat enden sollte – auch letztlich »ihr Werk«.

Nach diesem Grundsatz, den August Becker überliefert hat und der Büchner über die bürgerliche Revolution hinaus zum Entwurf einer sozialen Volksrevolution führte, begann Georg Büchner nun seine propagandistische Arbeit. Er war nicht bereit, sich mit der fatalistischen Aussage abzufinden, zu der ihn seine geschichtsphilosophische Suche geführt hatte. Obwohl er philosophisch über eine im wesentlichen deterministische Auffassung, die dem einzelnen wenig Raum zu wirksamem Handeln zu lassen schien, nicht hinausgelangte, »beschied er sich nicht in tatenloser Resignation. Genau an dem Punkt, an dem die theoretische Einsicht dem revolutionären Willen zur Veränderung Einhalt gebot, wo der Weg des Erkennens im undurchdringlichen Dunkel endete, setzte Büchner den Vorstoß mit den Mitteln der Praxis fort. Was in der Reflexion als nicht erreichbar erschien, sollte in der Praxis – der letzten Instanz für den materialistisch Orientierten – versucht werden« (H. Poschmann).

Im übrigen blieb Büchner gar keine Wahl. Er hatte ja inzwischen erfahren müssen, daß er sich in Passivität oder Resignation nicht würde schicken können und daß er zum Opportunismus nicht taugte. Er wußte nun, daß er, ohne die Verhältnisse zu verändern und ohne selbst hierzu beizutragen, *nicht* würde *in diesem Staate leben können.* Hatte doch sein »ganzer körperlicher und geistiger Zustand« (Luck) immer bedrohlichere Formen angenommen, seitdem er vor einem halben Jahr hessischen Boden wieder betreten hatte. Die eigene *Lebensbefindlichkeit* war so, in einem Komplex von Faktoren, das entscheidende Moment. Sie ließ ihn den Entschluß fassen, nun das passive Stadium des *Von-außen-Beobachtens und des Hoffens* auf andere *zu verlassen*, das Nichtteilnahme-Versprechen gegenüber den Eltern zu übergehen und mit Mund und Hand *aktiv* in die hessische Politik *einzugreifen.*

Die da liegen in der Erden,
Von de Würm gefresse werden;

Besser hangen in der Luft,
Als verfaulen in der Gruft!

Das Schinderhanneslied vom legendären hessischen Rebellen, der, statt unter dem Druck der Gewalthaber zu seufzen und lebendig begraben zu sein, etwas gegen sie wagte: Becker hat es als Junge von Wildschützen seiner Heimat gehört. Er singt es mit Vorliebe. Sein Freund Büchner hat Grund, mit einzustimmen. Das Leitmotiv der letzten Strophe bleibt ihm so nahe, daß er es ein Jahr darauf in seinem »Danton« verwendet. Dort schallt es uns, zeitlich und landschaftlich versetzt, aus den Mündern rasender Pariser Elendsgestalten entgegen.

29. Verbindungsaufnahme

Irgendeine Aussicht auf Erfolg bestand für Büchner natürlich nur dann, wenn er an die bestehende Oppositionsbewegung anknüpfte. Daß es eine solche gab, wußte er durch die Festnahmen der Wachenstürmer, unter denen sich Gießener Studenten befanden. Er mußte versuchen, Kontakte herzustellen und Einfluß zu nehmen; dies war seine Chance. In August Becker, der des öfteren in diesem Winter bei ihm übernachtete, fand er einen Mittler. Wohl im März 1834 nimmt Becker ihn zu einem Besuch in das knapp zwanzig Kilometer südlich gelegene Städtchen Butzbach mit. Dort wohnt ein väterlicher Freund, der Becker akzeptiert und ihm vertrauensvoll Aufgaben überträgt. Es ist der Rektor der Butzbacher Elementar- und Latein-Schule, der Theologe Dr. Friedrich Ludwig Weidig. Der Zweiundvierzigjährige wohnt mit seiner Frau und mehreren Kindern im Butzbacher Schulgebäude. Weidig ist die Schlüsselfigur der demokratischen Opposition in Hessen; und diese ist nichts weniger als die bedeutendste Umsturzbewegung des Vormärz in Deutschland.
Der Oberförstersohn Weidig hat sich schon früh für die nationale Befreiung und Einigung Deutschlands an der Universität und in der

Landwehr eingesetzt. Er ist dafür relegiert worden. Dennoch hat er in der Zeit der Restauration als einer der wenigen aufrechten Männer nicht resigniert und an seinen demokratischen Idealen festgehalten. Er hat den griechischen und polnischen Freiheitskampf durch Sammlungen (tausendzweihundert Gulden brachte allein der Butzbacher Polen-Verein zusammen!) tatkräftig unterstützt, im Jugendunterricht (den er auch bei den aus der Schule Entlassenen fortsetzte, um sie »zu echten deutschen Männern« zu erziehen) der wissenschaftlichen Aufklärung und moralischen Widerstandskraft zugearbeitet, hat zahlreiche Kontakte zu Gießener Studenten geknüpft. Für die Hambacher Festbewegung hat er besonders die Armen seiner Gemeinde agitiert. Ab 1832, nach den Bundestagsbeschlüssen vom 29. Juni, hat auch er seine langjährigen Hoffnungen auf das progressive Wirken aufgeklärter Fürsten endgültig aufgegeben. Gewann er doch wie alle deutschen Oppositionellen links der Konstitutionellen den Eindruck, daß die vereinbarten landständischen Verfassungen letztlich die Funktion hatten, von dem De-facto-Fortbestand des Ancien régime abzulenken. So zählte er zu den bewußtesten Organisatoren des Frankfurter Wachensturms. Zwar war er gegen ein vorzeitiges Losschlagen aufgetreten, doch im Falle guter Vorbereitung hatte auch er gehofft, die Unternehmung könne »unter allen Klassen eine ungeheure Bewegung« auslösen. Weidigs Beziehungen reichten bis zum Frankfurter Handwerkerbund »Union«, der Hauptkraft des Umsturzversuchs, zu den Studenten der Gießener Universität, zu Bürgern und Bauern der Umgebung, ja bis zu anderen oppositionell eingestellten Gruppen und Privatpersonen in West- und Süddeutschland. Als Büchner ihn kennenlernt, gibt er gerade eine illegale Flugblattreihe heraus: »Leuchter und Beleuchter oder der Hessen Notwehr«. Darin stellt er besonders infame Staatsbeamte bloß, nennt das Verhalten der Regierung gegenüber der auseinandergejagten Zweiten Kammer »frech und unverschämt«, unternimmt es, die Wahlberechtigten zu ermutigen, trotz des Drucks von oben keine willfährigen Knechtsseelen zu wählen, stellt es so dar, als ob das Volk den »ehrlichen« Vertretern vertraut und sie liebt, und läßt den Deputierten Gedenkmünzen und silberne Ehrenbecher für ihr Verhalten zukommen. Er versucht noch immer, die »Gemäßigten«, die nicht revolutionär gestimmten Liberalen, für ein Zusammengehen zu gewinnen. Im Anschluß an den mißglückten Frankfurter Aufstandsversuch war eine Reihe Gießener Burschenschafter verhaftet und ins Gefängnis geworfen worden. Auch Weidig wurde zum Verhör geschleppt, mußte aber mangels Beweisen freigelassen werden.

Der organisatorisch rührige, versierte, taktisch kluge Revolutionärdemokrat Weidig ist bestrebt, eine Kampffront sämtlicher Regimegegner zustande zu bringen. Dabei bemüht er sich, Legales wie Halblegales, ja selbst Illegales, Friedliches ebenso wie Gewalt in Anschlag zu bringen. Ob und inwieweit die ersten Besuche Büchners bei Weidig bereits zur vollen beiderseitigen Offenbarung der Positionen, Anschauungen, laufenden Vorhaben und Verbindungen führten, läßt sich schwer abschätzen.

Weidig, der bereits 1815 im »Rheinischen Merkur« die Sache der unter Feudalrenten und Steuern seufzenden Bauern gegen die »großen Herren und Blutsauger« verteidigt hatte, ließ das Schicksal der armen Leute nicht kalt. Er lebte selbst in enger Tuchfühlung mit den Bauern und Handwerkern in Butzbach, unterstützte nach Beckers Darstellung die Bauern »mit Geld, er bewirtete sie, besuchte sie in ihren Wohnungen und speiste mit ihnen«. Er verfuhr auch bei der »Eintreibung« seiner ihm zustehenden »Besoldungsanteile mit der größten Uneigennützigkeit«, erließ »Unvermögenden oft die Zahlung«. Auch ihm, der sich zur christlichen Soziallehre der Evangelien, insbesondere zu dem Korintherbrief und der Praxis der ersten christlichen Gemeinden bekannte, ging nicht nur »Gemeinnutz vor Eigennutz«, sondern für ihn stand auch das Stillen des Hungers, so hatte es den Anschein, vor der Beseitigung geistiger Schranken, die die Obrigkeit mit ihren Zensurbestimmungen aufgerichtet hatte. Hierin sowie im Haß gegen die fürstlichen Unterdrücker konnten sich die Auffassungen des Revolutionärdemokraten Weidig und des unbekannten einundzwanzigjährigen Medizinstudenten und Sozialrevolutionärs Büchner, der von seinem Freund Becker gewiß mit gutem Leumund bei Weidig eingeführt wurde, begegnen. Büchner wurde denn auch vertrauensvoll aufgenommen.

Daß Weidig über Verbindungen verfügte und Zugang zu einer Druckerei hatte, das dürfte Büchner bald bewußt gewesen sein.

Ein Verwandter Weidigs, Wilhelm Schulz aus Darmstadt, gleichfalls ein Demokrat, hatte seit 1819 in anonym erschienenen Büchern und Flugschriften, darunter ein »Frage- und Antwortbüchlein«, versucht, statistisches Material für die Volksaufklärung zu nutzen. Wohl vor allem durch ihn mochte auch Weidig, dessen besonderes Interesse der Mathematik, der Erdkunde und der Geschichte galt, angeregt worden sein, »Vorträge über deutsche Statistik« in der Butzbacher »Deutschen Gesellschaft« zu halten. In seiner Bibliothek stand die »Statistisch-topographisch-historische Beschreibung des Großherzogtums Hessen« mit Zahlen zur Bevölkerung, Wirtschaft, mit dem Finanzplan der Einnahmen und Ausgaben.

Und so kommt Büchner an den vierten Band dieses Werkes von 1831, anhand dessen er belegen kann, daß die Bauern »einem Staate angehören, dessen Lasten sie größtenteils tragen müssen, während andere den Vorteil davon beziehen« (A. Becker, Prozeß).

30. Erster Auftritt

Anfang März werden die meisten der Gießener Wachenstürmer aus der Haft entlassen. Man hatte ihnen in den Zellen Botschaften zukommen lassen mit der Aufforderung, standhaft zu bleiben. Nun werden sie willkommen geheißen, und Büchner sucht ihre Nähe. August Becker, auch Minnigerode und Trapp, seine oppositionell eingestellten Schulfreunde, zieht er hinzu.

Etwa Mitte März kommt es zu einem ersten Treffen. Gewiß ist Büchner nicht ohne Furcht, Zweifel mochten ihn bewegt haben, ob er vor denen, die als gestandene Revolutionäre Rutenhiebe über sich ergehen lassen mußten, würde gelten können, ob er nicht als Grünschnabel übersehen würde. Oder können wir einer weniger gesicherten Überlieferung von Karl Emil Franzos trauen, wonach Büchner bereits im Januar 1834 an Befreiungsversuchen der im Friedberger Gefängnis Inhaftierten teilgenommen hat? In diesem Fall wäre er für die Versammelten kein unbeschriebenes Blatt mehr. Büchner schafft es jedenfalls, den jungen Leuten zu imponieren. So hat es Becker später in seiner Aussage vor Gericht zu Protokoll gegeben. Er erreicht das »sowohl durch die Neuheit seiner Ideen als auch durch den Scharfsinn, mit welchem er sie vortrug«.

Büchner hat seinen ersten Auftritt als politischer Agitator. Er wirft sein rednerisches Können in die Waagschale. Zur Originalität, Logik und Konsequenz seines Vortrages tritt der Charme seiner Persönlichkeit. So wächst er in der Aktion über sich selbst hinaus. Becker hat die Argumentation Büchners fast wörtlich, wie er betont, in der Prozeßniederschrift überliefert: »Die Versuche, welche man bis jetzt gemacht hat, um die Verhältnisse Deutschlands umzustoßen, beruhen auf einer durchaus knabenhaften Berechnung, indem man, wenn es wirklich zu einem Kampf, auf den man sich doch gefaßt machen müßte, gekommen wäre, den deutschen Regierungen und ihren zahlreichen Armeen nichts hätte entgegenstellen können, als eine Handvoll undisziplinierte Liberale. Soll jemals die Revolution auf eine durchgreifende Art ausgeführt werden, so kann und darf das bloß durch die große Masse des Volkes geschehen, durch deren Überzahl und Gewicht die Soldaten gleichsam erdrückt werden müssen. Es handelt sich also darum, diese große Masse zu gewinnen, was vorderhand nur durch Flugschriften geschehen kann.« Sodann, können wir annehmen, analysiert Büchner die Ursachen der Wirkungslosigkeit der bisherigen Flugschriftenaktionen, die sich um die Lebensbelange gerade der Kleinbauern nicht oder kaum bemüht hatten. In diesen sei bisher »die Rede vom Wiener Kongreß, Preßfreiheit, Bundestagsordonnanzen u. dgl.« gewesen, »lauter Dinge, um welche sich die Bauern ... nicht kümmern, solange sie noch mit ihrer materiellen Not beschäftigt sind; denn diese Leute haben aus sehr nahe liegenden Ursachen durchaus keinen Sinn für die Ehre und Freiheit ihrer Nation, keinen Begriff von den Rechten des Menschen, sie sind gegen all das gleichgültig und in dieser Gleichgültigkeit *allein beruht* ihre angebliche Treue, gegen die Fürsten und ihre Teilnahmslosigkeit an dem liberalen Treiben der Zeit. Gleichwohl scheinen sie unzufrieden zu sein, und sie haben Ursache dazu, weil man den dürftigen Gewinn, welchen sie aus ihrer saueren Arbeit ziehen, und der ihnen zur Verbesserung ihrer Lage so notwendig wäre, als Steuer von ihnen in Anspruch nimmt.«

Büchner idealisiert nicht, weder sucht er patriotische Phrasen oder die Moralpredigt, noch überzeichnet er den Bewußtseinsstand der Kleinbauern. Auch später, im »Woyzeck«, wird er der geistigen Zurückgebliebenheit der Armen illusionslos Ausdruck verleihen. Hier gibt es demnach keinen Bruch, auch wenn er, der im Kern stets den

Standpunkt einer souveränen Selbstbefreiung des Volkes vertritt, laut Becker jetzt noch von einer »ziemlich niederträchtigen Gesinnung« gesprochen haben mag, die »fast an keiner Seite mehr zugänglich sind als gerade am Geldsack«. Was benutzt werden müsse, »wenn man sie aus ihrer Erniedrigung hervorziehen«, sie aus ihrem (nach 1830 hier wie anderswo sichtbaren) Rückfall in die politische Apathie wecken wolle. Womöglich hat er damit Wind aus den Segeln seiner akademischen Zuhörer nehmen wollen, die hier, obgleich einige von ihnen vor dem Wachensturm schon selbst einmal auf dem Land agitiert hatten, wohl nicht ganz ohne alte Vorbehalte gegen »gesinnungsarmes Landvolk« sitzen. Büchner drängt jedenfalls dahin, die objektive Lage der Erniedrigten illusionslos zu begreifen und sie trotz allem als wichtigste politische *Kraft* anzusehen. Aufstand um jeden Preis hält Büchner für sinnlos. Auch August Becker hatte noch unmittelbar vor dem Wachensturm, die Stimmung, die Bewußtseins- und Kräftelage in seinem Heimatdorf nüchtern einschätzend, Weidig vor allzu großen Erwartungen gewarnt. Sowohl Weidig als auch Pfarrer Flick von Petterweil waren nämlich der Meinung gewesen, »es bedürfte nur eines Anfangs und der Aufstand werde ganz allgemein werden« (Apotheker J. Th. Trapp, Prozeß). Die Wachenstürmer selbst hatten in den Zellen genug Zeit gehabt, über ihren gescheiterten Alleingang nachzudenken. Das machte sie für ein weitsichtigeres Programm zugänglich. Durch Massenaufklärung zum Massenaufstand – das war eigentlich logisch. Der erste Schritt dazu sollte der Entwurf einer Flugschrift für die Agitation auf dem Lande sein. Sie könnte einen Rahmen für die Verständigung hergeben und für die Vorbereitung weiterer Unternehmungen genutzt werden. Büchner erklärt seine Bereitschaft und fordert offenbar auch andere Interessenten dazu auf.

Er hat Anschluß gefunden, ohne seinen Prinzipien untreu zu werden. Er hat begonnen, nach dem Wachensturm zersplitterte und in die Defensive gegangene Revolutionärdemokraten erneut zu sammeln. Er ist von Praktikern, die für ihre Überzeugung im Kerker durchhielten, akzeptiert worden.

Das wirkt auch auf Becker, auf Minnigerode, Trapp.

Für Büchner ein Erfolgserlebnis. Endlich!

Kein Politisieren im kleinen Kreis mehr; vielmehr beginnt die revolutionäre *Tat.* Er faßt in diesen Wochen die unwiderrufliche Entscheidung, seine Kräfte für den Befreiungskampf der Unterdrückten einzusetzen. Und so kann er der Braut, was seine Zukunftsaussichten angeht, schreiben: »... ein stürmisches Leben, vielleicht bald auf fremdem Boden!«

31. Straßburger Ereignisse und Darmstädter Folgen

Büchner borgt sich von seinem Darmstädter Onkel Reuss Geld und fährt nach dem Süden. Gut zwei Wochen, um das Osterfest, Ende März/Mitte April 1834, weilt er in Straßburg.

Es ist die Zeit der Poesiealben, Liebesschwüre, Löckchen und vielen Schnörkel, dieses späte Biedermeier; doch allzu viel Creme mag Büchner nicht. »Ein bißchen in Romantik machen« schon, wenn es die Mode nun einmal so will. Doch nicht so, daß Wilhelmines Verwandte dabei den Ton angeben. Er möchte nicht »hinter jedem Kusse die Kochtöpfe rasseln hören und bei den verschiedenen Tanten das Familienvatergesicht ziehen« müssen, wie er es bereits Anfang März der Braut unmißverständlich beibrachte; Vertraulichkeit ist ihm eine Bedingung.

Sie beide versprechen einander. Sie geht es an und den Vater, den kleinen Bruder Louis. Büchners eigene Familie wird es noch früh genug erfahren. Die Liebe soll eine Beziehung bleiben, keine Institution werden und keine Maske annehmen müssen.

Diskussionen mit Adolph Stöber über dessen am 15. April zu verteidigende Thesen zur theologischen Dissertation »Gedanken über die Verbindung Gottes mit der Natur und insbesondere die Offenbarungen Gottes in der Natur« können als wahrscheinlich gelten. Im Religionsgespräch von »Dantons Tod« finden wir die Problemstellungen dieser Arbeit, nicht deren Thesen und Ergebnisse, wieder. Dort versucht Chaumette, ein verhafteter Dantonist, der den bevorstehenden

Tod fürchtet, auf rationale Weise die Nichtexistenz oder Existenz Gottes (als Prinzip einer positiven, vollkommenen und somit ewigen Schöpfung) zu beweisen bzw. von den Mitinternierten bewiesen zu bekommen. Er möchte gewiß sein, daß er für seine »Sünden« nach dem Tode nicht bestraft wird, möchte einen sicheren Rettungsanker auswerfen, der ihn vor der Angst, vor dem Nichts bewahrt. Doch solches Bestreben stellt sich als sinnlos heraus. Ein Beispiel Büchnerscher Antithetik im Denken: Der Verstand kann zwar durch die Leugnung des Bösen zur Vollkommenheitsvorstellung der Welt gelangen – doch »das Gefühl empört sich dagegen. Merke dir es, Anaxagoras«, sagt Payne zu dem Mitgefangenen Chaumette: »Warum leide ich? Das ist der Fels des Atheismus. Das leiseste Zucken des Schmerzes, und rege es sich nur in einem Atom, macht einen Riß in der Schöpfung von oben bis unten.«

Es bleibt die Unentschiedenheit; doch zugleich, als Orientierungspunkt jenseits moralisierender Einengung, der Verweis auf die dem Menschen von der Natur gegebenen Bedürfnisse und Genußfähigkeiten. »Schafft das Unvollkommene weg, dann allein könnt ihr Gott demonstrieren …«

Gerade das wollte Büchner: das beseitigen, was der Herausbildung des Vollkommenen, Göttlichen, dem Ausleben aller Möglichkeiten und Eigenheiten der Individualität auf dieser Welt im Wege stand, was sie verkrüppelte und einengte, um die Menschenrechte für alle durchzusetzen. Eine sozial gewendete Natur- und Gottesauffassung war im Entstehen, die sich dann wie eine nachträgliche Entgegnung auf Stöbers Versuch liest.

Straßburg, das war nicht nur Verlobung und theologische Disputation. Die Stadt bot wichtige Anstöße für den aufgewühlten Revolutionär, der sich vor kurzem noch bei der Braut beklagt hatte, er höre, es gehe in der guten Stadt Straßburg allerlei vor, doch sie schreibe kein Wort darüber! Büchner dürstete nach aktueller politischer Information. Unmöglich, daß er da das Terrain der gesellschaftlichen Bewegung über dem des schönen Geschlechts gänzlich vergißt.

Und es ist allerhand los in diesen Tagen und Wochen! Der private Straßburgbesuch führt Büchner direkt hinein in die vorerst letzte zugespitzte revolutionäre Situation in der frühen Julimonarchie. Das bleibt für seine politische Entwicklung nicht folgenlos.

Die Organisation der Republikaner und der Arbeiterbewegung, die Société des Droits de l'homme, die zu dieser Zeit in Frankreich sechstausend Mitglieder in dreihundert Sektionen umfaßt (eine davon in Straßburg), sie sind in größter Aufregung. Denn die Pariser Deputiertenkammer bezeichnet sie gerade jetzt, am 26. März, als »umstürzlerisch« und beschließt ihr Verbot und das jeglichen Streiks unter schwerer Strafandrohung. Am 10. April soll das Gesetz in Kraft treten. Die Antwort ist eine noch entschiedenere Agitation der »Menschenrechtler« unter der Bevölkerung. Am 1. April plant eine Versammlung republikanischer Studenten Aktionen gegen das Hauptquartier der Division, gegen die Polizeipräfektur und das Rathaus mit der Zerstörung des Telegrafen, um die Verbindung nach Paris zu unterbrechen.

Es ist vorgesehen, Waffen zu erbeuten. Die Nationalgarde verhält sich schwankend, die Behörden befürchten ein Überlaufen der regulären Truppen, insbesondere der Artillerie, ins republikanische Lager.

Vom 9. bis 12. April kommt es dann zu einem neuerlichen Generalstreik und Aufstand in Lyon. Das zentrale Komitee der vereinigten Straßburger Gesellschaft der Menschenrechte tagt ununterbrochen. Die Ereignisse überschlagen sich. Am 12./14. April: republikanischer Aufstand in Paris, Barrikaden in den Quartiers Saint-Martin, Saint-Merry, du Marais. Doch am Morgen des 14. April sind die Aufständischen, wie die in Lyon, geschlagen. Die Truppen Thiers richten ein Blutbad an, zweitausend Verdächtige werden verhaftet. Die republikanische Partei ist liquidiert. Die »Demokratie« der reichen Bürger, das war nun überdeutlich, hat sich endgültig selbst entlarvt. Die Gesetze *sind* Hebel zur Durchsetzung ihrer Interessen, mag ein Heiligenschein von Vernunft, Ordnung und nationaler Verantwortung dies auch verbrämen. Das Staatsgefüge *bleibt* ein Gewaltverhältnis zwischen Reichen und Armen! Von Resten einer Illusion der neuen Freiheit bleibt nach einem dreiviertel Jahr Abwesenheit bei Büchner nichts mehr übrig. *Brüderlichkeit*, friedliche Gemeinschaft »aller industriels«? Ein saint-simonistischer Wunschtraum! Von nun an ist die neue Ordnung in Frankreich für Büchner keine Alternative mehr. Die Menschenrechte haben auch hier keine Heimstatt.

Das ist *ein* Ergebnis dieser Reise. Ein zweites, bedeutenderes war dies: Büchner kann sich endlich durch Flugschriften und in Gesprä-

Rue Transnonain. Honoré Daumier, 1834

chen aus erster Hand über die Entwicklung, den fortgeschrittensten
Stand der republikanischen und frühproletarischen kommunistischen Bewegung seit dem Sommer 1833 informieren. Die alten Forderungen nach echter *Gleichheit* aller werden jetzt in der revolutionären Bewegung stärker als vordem diskutiert. Man versteht darunter
jetzt mehr als nur die politische Gleichberechtigung der Bürger. Im
Pariser Zentralkomitee der Gesellschaft der Menschenrechte sitzen
nun in der Mehrzahl Vertreter des linken, des neobabouvistischen
Flügels revolutionärer Demokratie: enge Vertraute Buonarrotis, des
1830 aus dem belgischen Exil heimgekehrten ehemaligen Mitstrei-
ters Gracchus Babeufs, der in seinem »Manifest der Gleichen« frühkommunistische Forderungen nach der Vergesellschaftung der Produktionsmittel, nach einer nationalen Gütergemeinschaft, nach
Enteignung und Aufteilung der großen Ländereien aufgestellt hatte.
Babeuf war nach dem Verrat seiner Verschwörung 1795 hingerichtet
worden. Buonarrotis Frühkommunisten nehmen nun diese Gedan-

ken, soweit das angesichts zahlreicher kleinbürgerlich-jakobinischer Mitglieder der Société taktisch vertretbar ist, in ihre Propaganda wieder auf und verbinden diese mit sozialkritischen Erkenntnissen der utopischen Sozialisten. Wie Th. M. Mayer gezeigt hat, gibt es in dieser Zeit nur noch *ein* Programm, das die Büchnersche Variante der revolutionären Entwicklung erkennen läßt: das Programm der kommunistischen Richtung der Arbeiterbewegung in Frankreich. Dort kam es in den vorangegangenen Monaten zu einem frühen Höhepunkt in der Durchsetzung materialistischer Auffassungen und überhaupt revolutionärer kommunistischer Theorienbildung. Im Frühjahr 1834 wird dieses Programm, überraschend neu wirkend, auch in der Pariser Presse der deutschen Emigranten erstmals verkündet. Theodor Schuster, führendes Mitglied des aus dem republikanischen Deutschen Volksverein hervorgegangenen Bundes der Geächteten, fordert in der Zeitschrift »Der Geächtete« eine »*radikal soziale und politische* Emanzipation der arbeitenden Klassen«.

Schuster benennt auch den Klassenkonflikt, der dieser Revolutionsauffassung zugrunde liegt. Er benutzt das dann von Büchner in gleicher Weise verwendete Gegensatzpaar »Reiche« und »Arme«. Ja, er stellt – wie Büchner – ebenfalls fest, daß auch in Deutschland »die *Unterscheidung in zwei Klassen* von Jahr zu Jahr *stärker hervortritt,* in die Klasse der *verzehrenden nichts hervorbringenden Reichen,* und in die Klasse der *alles hervorbringenden und entbehrenden Armen*«.

Dies aber ist das Konzept einer sozialen (in wesentlichen Klasseninhalten bereits proletarischen) *Volksrevolution,* dem auch Büchner seit dem Frühjahr 1834 verstärkt anhängt. Die verbündeten kleinbürgerlichen revolutionären Neojakobiner haben indessen nur die alten abstrakten Verfassungslosungen nach ihrem Leitbild Robespierre neu belebt: Sie wollen in erster Linie die Staats*form*, gesellschaftliche Auswüchse und das moralische Antlitz der Bürger verändern, wollen in einer Art Tugendrepublik die Armut beseitigen.

Büchner hat Wesentliches davon registriert und verarbeitet. In den internen Diskussionen, während der agitatorischen Arbeit der durch ihn gegründeten konspirativen Verbindungen und in seinem Revolutionsdrama kehrt es bald als Problemstellung wieder.

Er wendet das Aufgenommene rasch an: Möglicherweise schmuggelt er – Straßburg ist ein bedeutender Umschlagplatz für Gedrucktes –

Flugschriften über die Grenze. Denn als er zum Abschluß der Osterferien ohne sein »lieb Herz« – er will die Eltern über seine Verlobung aufklären – in Darmstadt ankommt, gründet er dort, offenbar nach französischem Vorbild, die erste Sektion seiner Gesellschaft der Menschenrechte auf deutschem Boden. Als theoretische Grundlage dürfte er politisches Material verwendet haben, das in der Methodik auf erstaunliche Weise dem des frühkommunistischen Geheimverschwörerbundes um Buonarroti ähnelt. Bei der Aufnahme der Mitglieder werden (»ohne weitere Formalitäten«: keine Schwüre, kein Umtrunk, wie sie bei den Burschenschaften üblich sind) verlesen:

1. eine Menschenrechtserklärung in Anlehnung an die Robespierres von 1793, auf dreizehn oder vierzehn Artikel gebracht;
2. ein von Büchner selbst verfaßter Aufsatz, der Entwurf einer künftigen Staats- und Gesellschaftsverfassung im soziologischen Sinne;
3. die Satzungen der Gesellschaft als einer geheimen Organisation.

Das Material ist, wie Adam Koch, einer der acht Verschworenen, 1840 gegenüber der Deutschen Bundeszentralbehörde aussagen wird, »in der Tendenz auf Herbeiführung einer völligen Gleichstellung aller gerichtet ...« Das Soziale würde damit bereits jetzt stark in den Vordergrund treten – vorausgesetzt allerdings, daß Kochs zeitlich undifferenzierte Aussagen über das Ganze schon für die kurze Gründungsphase der Darmstädter Menschenrechtsgruppe, also vor Kochs Eintritt, zuträfen und nicht erst für die fünf Monate später erfolgende Weiterarbeit mit Büchner.

Büchner hat offensichtlich das Bestreben, sich für seine revolutionäre Tätigkeit eine *ideologische* Plattform zu schaffen. Er hält auch eine *straffe Organisation* der illegalen Arbeit durch einen Geheimbund für notwendig.

32. Die Gießener Sektion
der Gesellschaft der Menschenrechte

Als Büchner zu Beginn des Sommersemesters 1834, Ende April, wieder in Gießen anlangt, bringt er ein erwärmtes Herz mit. Und sein Wissen um die Probleme des Kampfes für die soziale Befreiung hat sich vertieft.

Trotz der erneuten schweren Niederlage der revolutionären Sache in Frankreich resigniert er nicht. Er nimmt das Widerstandsrecht nur um so nachdrücklicher wahr. Ohne Zeitverzug organisiert er aus der losen Versammlung vor den Semesterferien auch in Gießen eine straff arbeitende Gruppe der Gesellschaft der Menschenrechte. Ihre Mitglieder sind August Becker, einundzwanzig Jahre; Ludwig Christian (genannt Louis) Becker, Kandidat der Theologie, fünfundzwanzig Jahre; Gustav Clemm, Theologie-, dann Chemiestudent, zwanzig Jahre; Karl Minnigerode, Jurastudent, neunzehn Jahre; Jakob Friedrich Schütz, Jurastudent, zwanzig Jahre; Hermann Trapp, Medizinstudent, Alter unbekannt. Außer den sieben Studenten zwei Handwerker: David Schneider, Küfermeister, vierundzwanzig Jahre, und sein Berufskollege Georg Melchior Faber, dreißig Jahre. Zum Beitritt eingeladen wird Wilhelm Weyprecht, der Leiter eines ebenfalls im Frühsommer 1834 gegründeten Gießener Bürgervereins. Doch dieser lehnt ab. Mit Ausnahme von Büchners Schulkameraden Minnigerode und Trapp sind alle, trotz ihres jugendlichen Alters, durch den Wachensturm mit Praxis vertraut. Clemm ist erst am 20. März, Schütz gar erst am 11. April aus dem Friedberger Gefängnis entlassen worden.

Die Zusammenkünfte finden ziemlich regelmäßig in verschiedenen Quartieren statt, zumeist in der Stube Clemms bei dem Wirt Hering. Eine »förmliche Verpflichtung« aller, gewiß durch Handschlag besiegelt, ist dem laut Prozeß vorausgegangen. *Ideologische Fragen* bilden den *ersten* Tagesordnungspunkt.

Der Einfluß Büchners ist deutlich zu spüren, und er erstreckt sich nicht nur auf den Modus der Tagesordnung. Diskutiert wird – wohl anhand des von Büchner bereits vor dem Straßburgbesuch begonnenen Flugschriftenentwurfs für die Landagitation – über Liberalismus, Volksaufklärung und die Notwendigkeit des revolutionären

August Becker,
vermutlich nach 1852

Umsturzes. Auch über die Zeit danach: über die »beabsichtigten Staatsreformen«, und über die »Theorie einer öffentlichen Moral und Staatseinrichtung ...« (Eingabe Clemms vom 22. Mai 1835). Staat, Recht und Moral der Herrschenden sind als Unterdrückungswerkzeuge überfällig. Das neue Gesellschaftsgebilde, eine einheitliche demokratische Republik Deutschland, soll, gegründet auf die natürliche Gleichheit aller, Gerechtigkeit auf seine Fahnen schreiben; ebenso die vorenthaltenen bürgerlichen Freiheiten wie geheime und gleiche Wahl, die Meinungs- und Koalitionsfreiheit, den Widerstand gegen Bedrückung.

Dies ist nicht alles: Man überschreitet bürgerlich-demokratische Grenzen. Zu den unveräußerlichen Menschenrechten gehört es, sich satt essen zu können, ohne Angst vor dem Morgen zu leben, nicht aus sozialen Zwängen würdelose Behandlung erdulden zu müssen; und zu dem unbedingten Recht, zu existieren, gesellt sich das Recht auf Ausbildung der Persönlichkeit. Die gesellschaftlichen Verhältnisse werden als die Hauptursache für Verbrechen erkannt, und die Todesstrafe wird folgerichtig abgelehnt.

Nach der Revolution, so die Theorie der Neobabouvisten, mit der sich Büchner vertraut zeigt, gelte es, die repräsentativ-stellvertretende Demokratie in eine unteilbar-unübertragbare Direktdemokratie zu verwandeln. Nach dem, was Büchner in »Dantons Tod« zu diesem Problem bemerkt, soll sie jedem die Möglichkeit verschaffen, »seine Natur durch(zu)setzen«, »in seiner Art genießen (zu) können ...«. »Die Staatsform«, heißt es aus dem Munde des Dichter-Politikers Camille Desmoulins, müsse »ein durchsichtiges Gewand sein, das sich dicht an den Leib des Volkes schmiegt. Jedes Schwellen der Adern, jedes Spannen der Muskeln, jedes Zucken der Sehnen muß sich darin abdrücken. Die Gestalt mag nun schön oder häßlich sein, sie hat einmal das Recht, zu sein, wie sie ist; wir sind nicht berechtigt, ihr ein Röcklein nach Belieben zuzuschneiden.« Können die Äußerungen einer – zumal später geschaffenen – Dramen*gestalt*, des schwärmerischen Camille, auch nicht mit Büchners Auffassung, die er jetzt vertritt, ohne weiteres gleichgesetzt werden, so dürfte Camilles ansonsten sympathische Zeichnung doch zumindest die *Richtung* der Diskussion zwischen den Mitgliedern der Gruppe markieren: Es gelte, auch die *Individualität* zu beachten, die *Staatsfunktionen* einzuschränken, wodurch der Staat allmählich hinfällig würde. Denn nach Clemms Zeugnis ging es seiner (demnach Büchners) »Partei« nicht zuletzt darum, »Moral, Religion, Recht, ja selbst die Möglichkeit des Staates überhaupt, aufzuheben ...« (Eingabe Clemms vom 22. Mai 1835).

Was diesem Geheimbund aber vor allem eine frühkommunistische Tendenz verleiht, ist die von Büchner-Biografen lange übergangene Forderung nach Abschaffung der Klassenunterschiede, nach Gütergemeinschaft, nach Kollektivität des Besitzes; das bedeutet gleichermaßen Entmachtung der Aristokratie wie der bürgerlichen Klasse, die sich in Deutschland eben erst zur Machtübernahme anschickte. Durch Clemm ist weiter überliefert: »Die Revolution sollte danach eröffnet werden mit einem Kriege gegen die Reichen. ›Alles Vermögen ist Gemeingut‹, wurde docirt etc.« Woher sollte Clemm es haben, wenn nicht von Büchner? Unter Vermögensverteilung wurde sowohl die gerechtere Verteilung des gesellschaftlichen Reichtums verstanden als auch die Enteignung von Produktionsmitteln wie des Großgrundbesitzes.

Vorbild hierfür sind die seit 1793 in Frankreich immer wieder aufgetauchten Programme zur Landverteilung. Die Neobabouvisten propagieren sie wieder, und zwar als Übergangsstufe zur Gütergemeinschaft auf Kollektivfarmen. Clemm erläutert einem Butzbacher Schreiner auf dem Weg nach Gießen die diesbezüglichen Ansichten der Menschenrechtler so: »... seht, wenn wir es erst so weit haben, wie wir wollen, werden alle diese Felder in gleiche Teile geteilt, und jeder ohne Unterschied bekommt seinen Teil« (Clemm, Prozeß). August Becker eröffnet später, 1845, in der Schweiz, als er sich mit Wilhelm Weitling auseinandersetzt: daß Büchners »Gesellschaft der Menschenrechte ... sich schon vor elf Jahren zum Prinzip der Gütergemeinschaft« bekannt habe.

Was sonst noch eine Rolle gespielt haben mag, was Büchner, der einzige mit französischen Erfahrungen im Kreis der Menschenrechtler, wem noch anvertraute, bleibt ungewiß. Plädierte Büchner für eine völlige Enteignung auch der kleinbürgerlichen Schichten? Oder wollte er, wie die Neobabouvisten, hohe Steuern für reichen Besitz und hohe Einkommen erheben?

Radikale Lösungen versprechen auf den ersten Blick, die große Ungleichheit am ehesten abschaffen zu können und eine materielle und bildungsmäßige Gleichheit zu erreichen. Büchner dürfte zu diesem Zeitpunkt die materielle Gleichheit ebenso wie die totale Emanzipation der Individualität für realisierbar halten; nicht zuletzt daraus leitete sich offenbar sein Optimismus her. Ein halbes Jahr später allerdings finden wir sowohl den absoluten Freiheitsanspruch des Individuums als auch die unentwickelte Gleichmacherei im »Danton« keineswegs unkritisch vorgestellt. Die Volksmassen auf der Straße, die ums nackte Überleben ringen, haben vorerst andere Sorgen, als von der »Venus mit dem dicken Hintern« zu träumen. Sie, die trotz aller Versprechungen der bürgerlichen Revolutionsparteien hungern und frieren, schreiten wütend zur sozialanarchistischen Selbstjustiz. »Wir wollen ihnen die Haut von den Schenkeln ziehen«, ruft ein Bürger, »und uns Hosen daraus machen, wir wollen ihnen das Fett auslassen und unsere Suppen mit schmelzen. Fort! Totschlagen, wer kein Loch im Rock hat!«

Und vielfach das Echo:
»Totschlagen, wer lesen und schreiben kann!
Totschlagen, wer auswärts geht!
Totschlagen! Totschlagen!«
(Einige schleppen einen jungen Menschen herbei.)
Einige Stimmen. »Er hat ein Schnupftuch! Ein Aristokrat! An die
Laterne! An die Laterne!«
Gegen solche zwar verständliche, aber vulgäre, mit genuß-, kunst-
und bildungsfeindlichen Tendenzen einherkommende frühkommu-
nistische Gleichmacherei hatte bekanntermaßen auch Heine seine
Abneigung. Lief sie doch letztlich nur auf eine gerechtere Verteilung
des Mangels hinaus. Zugleich machte sie das Dilemma deutlich, dem
sich sozialökonomisch, beim damaligen Stand der Produktivkräfte,
eine Gleichheitsforderung gegenübersah.

Büchner muß demnach zu diesem Problem im Laufe des Jahres
1834 seine Auffassungen modifiziert haben, vermutlich sowohl auf
Grund von internen Gesprächen der Menschenrechtler als auch mit
anderen revolutionär-demokratischen Gruppen; denn über Eigentum
und revolutionäre Gewalt sprach man.

Im übrigen konnte er sich selbst den Menschenrechtlern nicht voll
offenbaren. Saßen doch auch Männer wie Faber, der trotz seines
Hasses auf »die Reichen« an seinem kleingewerblichen Besitz hing,
darunter. Nicht umsonst hatte der Küfermeister vor einem Jahr, wenige Tage vor dem geplanten Wachensturm, noch schnell »sein
Werkholz und seine Faßreife zu seinem Schwager (gebracht), um
sein Eigentum, während er selbst in der Revolution beschäftigt wäre,
einigermaßen unter Aufsicht zu haben« (Prozeß). Klein- und Kleinst-
besitz, wenn auch als Pachtgut, dominieren noch gegenüber der Ausbeutung durch Lohnarbeit auf dem Lande wie in den Städten, nähren
bei kleinbürgerlichen Revolutionären die Furcht um ihr Eigentum,
geben manchem Traum von Brüderschaft, Gemeinwohl und Freiheit
eine schillernde Färbung.

Das Problem der materiellen und geistigen Umgestaltung der Gesellschaft, dem sich Büchner verschrieben hat, ist gleichwohl von un-
geheurer historischer Dimension. Er und der Bund seiner Verschworenen tasten sich bei ihren Treffs in den Abendstunden mit
gedämpften Stimmen in Neuland vor. Noch aber ist alles Utopie, nur
vage umrissen.

Der *zweite* Tagesordnungspunkt der Zusammenkünfte: *Organisatorisches.* Hierbei wird nicht nur über eine Gesellschaftskasse beraten, die dazu beitragen soll, geheime Projekte zu bewerkstelligen, es werden auch Sanktionen bei Geheimnisverrat erwogen (wobei der Küfer Schneider, in geheimbündlerischer Tradition, rät, schwatzhafte oder verräterische Mitglieder »zu ermorden«). Zentrales Problem indessen ist, wie diese Zelle einer Gesellschaft der Menschenrechte aus einem kleinen geheimen Klub zu einem Organisationszentrum der ganzen revolutionären Bewegung werden könne. Damit steht und fällt vieles. Die soziale Revolution soll sich nicht nur allgemein auf die Massen der Verarmten stützen. Büchner hält eine festgefügte Vorhut offenbar für notwendig. Die Reihen sind zu stärken, es ist Einfluß zu nehmen, Verbindungen sind auszubauen.

Louis Becker und Schütz wollen nach dem Beispiel der im Herbst 1833 von deutschen Gesellen in der Schweiz ins Leben gerufenen und gerade jetzt, im April 1834, zum »Jungen Deutschland« zusammengeschlossenen Handwerkervereine auch unter den hessischen Handwerkern solche Organisationen gründen. Nicht zu Unrecht schreiben sie diesen eine »große Wirksamkeit« zu, da die »Handwerker alle Länder zu bereisen pflegen und durch sie die Grundsätze solcher Vereine überall hin verbreitet werden konnten« (Clemm, Prozeß). Über Schütz' Bruder bestehen direkte Kontakte zu den Resten der Frankfurter geheimen Handwerkerwiderstandsbewegung »Union«.

Auch Büchner hat die Handwerker als potentielle Verbündete erkannt. Er ist nicht prinzipiell gegen Kontakte eingestellt, um Bundesgenossen zu gewinnen. Es soll aber vor allem die eigene sozial orientierte Konzeption der Menschenrechtler propagiert werden. Gerade er und August Becker widersetzen sich deshalb energisch einem Versuch von Schütz, die Allgemeine Deutsche Burschenschaft unter den Gießener Studenten des ehemaligen »Palatia«-Corps zu reorganisieren. Gleichwohl treten ihr Louis Becker und Minnigerode bei. Offenbar sind die Verschworenen uneins in der Frage, wie man zu verfahren habe, um die Anliegen der Gruppe erfolgreich zu verwirklichen. Büchner tritt, wie die Einladung an Weyprecht belegt, nicht generell gegen Doppelmitgliedschaften in revolutionär orientierten Organisationen auf. Doch die überregionale Burschenschaft, deren pathetisch verkündetes Hauptziel eine gesamtdeutsche Monarchie ist, würde sich, nimmt Büchner offensichtlich an, nicht von der noch zu kleinen Gesellschaft beeinflussen lassen. Die Burschenschafter klammerten überdies nach wie vor soziale Forderungen aus. Also konnte die Gefahr bestehen, daß die Menschenrechtler von der überregionalen Organisation aufgesogen würden. Bei dem neuen kleinen Gießener Bürgerverein schien es dagegen eine Chance zu geben, ihn unter den führenden Einfluß der Gesellschaft zu bringen.

Und so betreibt Büchner folgerichtig als Teil der unter Punkt *drei* der Zusammenkünfte besprochenen *praktischen Aufgaben* nachdrücklich die Mitgliederwerbung. Vor allem er und Becker diskutieren mit denen, die sie bislang für Sympathisanten hielten, behutsam, abtastend, auf die »republikanischen Grundsätze« und Aufgaben zu, leisten Überzeugungsarbeit:»In der Unterhaltung mit ihnen wurden die Rechte des Menschen, die Staatsformen, mitunter nur in philosophischen Gesprächen, wie z. B. die Frage, ob der Staat eine Todesstrafe zu erkennen das Recht habe, verhandelt und besprochen. Sie haben immer davon gesprochen, daß die einfachste und dem Naturgesetz angemessenste Staaten- und Regierungsform, die wünschenswerteste sei und als Ideal für diese erkannten sie die Republik und sie erklärten, man müsse darauf hin auch in Deutschland wirken.« (Th. Sartorius, Prozeß)

Nach den Akten gehört Büchner auch zu den Besuchern des einzigen halblegalen Treffpunkts zwischen Akademikern und Handwerkern in Gießen. Es ist der Anfang 1832 von zwei Studenten und Professor Vogt gegründete »Leseklub«. Hier kann man am ehesten politisch Interessierte ausmachen. Denn hier gehört es zur Natur der Sache, wenn man sich in Gesprächen auf den Zahn fühlt, Gesinnungen sondiert. Im Sommer 1834 werden dann acht Studenten in unterschiedlichem Grade in einzelne Pläne der Gesellschaft eingeweiht – ohne Mitglieder zu werden.

33. Butzbacher Dispute

Gelingt es Büchner innerhalb kurzer Zeit, die jungen Gießener Sektionäre von kleinbürgerlich-demokratischen Positionen in Richtung auf eine *soziale Volksrevolution* zu führen, so muß ihn das ermutigen. Warum sollte es nicht auch bei den Butzbachern, ja sogar der organisatorischen Schlüsselgestalt des hessischen Widerstandes, Weidig, möglich sein, sie für diese Ziele zu gewinnen?

Einige Gießener Sektionäre gehen mehrfach zu Besuchen nach Butzbach hinüber. Hier stehen Büchner und seine Gefährten inzwischen mit mehreren Handwerkern des Weidig-Kreises in einem »brüderschaftlichen Verhältnisse«. Und auch manche der Bauern kommen, so der ehemals bemittelte, jetzt verarmte Kuhl, gelegentlich zum Gegenbesuch nach Gießen.

In der Wohnung des Rektors Weidig kommt es wiederholt zu Debatten. Gemäß der Devise, daß »alles, was existiert, beim Namen zu nennen« sei, zeigt Büchner hier statt taktischer Zurückhaltung Widerspruchsgeist und diskutiert offensiv.

Sucht er vor einem erweiterten Auditorium den Vergleich mit dem bislang autokratischen Ideologen? Auch Weidig ist ein erstklassiger Redner und besitzt nach übereinstimmenden Berichten eine außerordentliche persönliche Ausstrahlungskraft.

Büchner äußert, daß er von Weidigs Vorstellungen, mit seinen Flugschriften an die »öffentliche Tugend der sogenannten ehrbaren Bürger« zu appellieren, nicht viel hält; ja, er spricht sich mit zwei Sektionären heftig gegen Weidigs heimliche Fortführung des »Leuchters und Beleuchters« aus. Selbst Zeuner (ein ehemaliger Schüler Weidigs) und der Nachbar und Strumpfwirker Carl Braubach, der Weidig ansonsten als den Reformer in weltlichen Dingen ansieht, der Luther einst im Religiösen war, schließen sich an. August Becker war schon vorher der Meinung, daß »es nicht der Mühe wert sei, eine Opposition, welche die Gunst des Volkes nicht zu erwerben gewußt habe, zu unterstützen«.

Worum es Büchner und seinen Sektionären geht, ist dies: Sie wollen Einfluß auf Inhalt und Adressatenkreis von Flugblattunternehmungen gewinnen. Sie wollen eine generelle Kursänderung durchdrücken. Dafür ist die Zeit reif, und davon hängt ihr eigenes politisches Wirken ab. Wenn man vorderhand nur durch *Flugschriften* die große Masse gewinnen kann, muß man unbedingt an eine Druckmöglichkeit heran.

So attackieren die Sektionäre, voran Büchner, Weidigs bisherige Flugschriftenpraxis frontal; und Büchner kommt dabei auf ein vorbereitetes Terrain. Büchner, Becker und Clemm vermissen in Weidigs Flugschriften vor allem Gegenstände, die breiteste Kreise des Volkes interessieren. Büchner wird dabei nicht müde zu betonen, daß der »materielle Druck, unter welchem ein großer Teil Deutschlands liegt, ebenso traurig und schimpflich als der geistige« wäre; daß es – ein Seitenhieb gegen Weidig – »keine Kunst« sei, ein »ehrlicher Mann zu sein, wenn man täglich Suppe, Gemüse und Fleisch zu essen hat«; daß es vielmehr in seinen Augen »bei weitem nicht so betrübend« ist, »daß dieser oder jener Liberale seine Gedanken nicht drucken lassen darf, als daß viele tausend Familien nicht imstande sind, ihre Kartoffeln zu schmälzen« (Becker, Prozeß).

Polemisch und bündig macht Büchner die sozialen Prioritäten deutlich. Wieder ist sein Vergleich auf originelle, von der Realität hergeleitete, leicht erfaßbare Bildlichkeit bedacht. Weidig seinerseits hält der Kritik entgegen, daß die »Leuchter« ja lediglich gedacht seien »für die Schwachen, die nur an *solchen* Speisen Geschmack finden« (Becker, Prozeß). Daß man schließlich »den kleinsten revolutionären Funken sammeln« müsse, »wenn es dereinst brennen sollte«. Er hält solche Aktivitäten auf dem aktuellen parlamentarischen Nebenschauplatz – berechtigterweise – für nicht unwichtig; doch kann er, von den Sektionären bedrängt, nicht mehr wie sonst in seiner autokratischen Verfahrensweise die Tatsachen beiseite schieben, daß er sich zu einseitig engagiert hatte.

Zumal auch die Frankfurter »Union« seit Beginn des Jahres eine illegale Flugschriftenkampagne eingeleitet hat und sich dabei auf die Bauern orientiert. Ihr »Bauern-Conversations-Lexikon« ist bereits in mehreren Folgen erschienen mit Artikeln zu den Stichwörtern »Abgaben«, »Bürger«, »Briefgeheimnis«. Büchner kann sich auch darauf berufen. So gerät Weidig in den – wohl unzutreffenden – Verdacht, vor allem mit den Liberalen taktieren zu wollen; und so kommt es vorerst auf beiden Seiten zu Positionsverhärtungen. Weidig weiß mittlerweile überdies durch August Becker von der sozialradikalen Tendenz eines Flugschriftenentwurfs, den Büchner angefertigt und

Dr. Friedrich Ludwig Weidig

seinen Sektionären vorgestellt hat. Und diese Richtung gefällt ihm nicht. Zwar ist auch Weidig für eine Aufklärung des Volkes, nicht zuletzt über dessen miserable Lebenslage und dessen wahres Verhältnis zum Staat, auch er will Unmut und Haß gegen die Machthaber schüren, doch eben vom moralisch belehrenden Standpunkt des bürgerlichen Demokraten über das, was not tue. Büchner dagegen will den Massen einen Weg zeigen, auf dem sie selbständig auf der Grundlage ihrer materiellen Interessen für ihre Rechte kämpfen können.

Auch Weidig gibt einem Aufstand ohne die Massen keine Erfolgschance; doch sucht er letztlich nur ihre *Hilfe*. Die Führung soll »durch die Männer« geschehen, denen »der Herr ... seine Zeichen gibt ...« (»Der Hessische Landbote«). Und zu diesen zählt er, obgleich er eine gewisse Abneigung gegen die Reichen und die liberale Partei hat, als politischer »Romantiker« auch jene Angehörigen der »Mittelklasse«, die nicht unpatriotische Lauheit, sondern Patriotismus erkennen lassen.

Solche auf moralische Läuterung der Individuen bauende Position, die die sozialökonomischen durch sozialmoralische Maßstäbe, durch eine Art Kulturrevolution, ersetzen will, ähnelt, als deutsche Variante, dem französischen Neojakobinismus. In Weidigs Vorstellung vom Staat als »einem Leib«, an dem sich die in »mancherlei Geschäften« tätigen Klassen und Schichten wie Glieder eines Leibes ausnehmen, »die durch das wechselseitige Bedürfnis vereinigt und verknüpft sind« (wie er es zumindest in seinen »Reliquien« 1819 äußerte), verwischen die Grenzen zwischen Legislative und Exekutive, zwischen Volk und »Obrigkeit«. Büchner läßt in seinem Erstlingsdrama die Robespierristen sich dann ebenfalls als »Gesetzgeber«, als untrügliche »Augen« eines »Leibes« begreifen, wobei das Volk der politischen Führung, die sich als Konglomerat bewußter und politisch lauterer Persönlichkeiten versteht, lediglich die »Hände« zum Dienst zu leihen hätte!

Büchner macht Weidig den Vorwurf des Aristokratismus. Weidig, nicht auf den Mund gefallen, kontert, indem er Büchner des »Maratismus« bezichtigt (Zeuner, Prozeß), des Strebens nach der übertriebenen Volksherrschaft. Schließlich äußert Weidig gegenüber Clemm, der für die nachrevolutionäre Zeit das Übergewicht der Liberalen fürchtet, barsch, indem er faktisch die Diskussion über das Morgen verweigert: »Was das für Ansichten sind; wenn wir erst einmal die

34 *Zwingburgen gestürzt haben*, hernach wollen wir bald fertig sein.«
(Braubach, Prozeß)

Clemm aber will es, ähnlich wie Büchner, aus gutem Grund schon etwas genauer wissen, wofür er kämpft. Er will sich nicht, wie vor dem Wachensturm, mit den vagen Andeutungen im Hintergrund bleibender »Älterer« abspeisen lassen, wonach, »wenn die Revolution erst einmal da sei, höhere Männer die Richtung angeben würden …« (Bogen, Prozeß). Er will diesmal nicht wieder nur Handlanger spielen und womöglich seine Haut für andere zu Markte tragen. Er will mitbestimmen über das, was herauskommen soll.

Es wäre sonderbar, wenn man sich bei den Begegnungen nicht auch über andere Dinge unterhält; etwa über Fragen der *Moral*. Weidig hat nicht nur politisch eine ausgeprägte Tugendauffassung. Becker spricht ausdrücklich von dessen »rigoristischen Grundsätzen der Moral«. Sein Eheleben gilt in den Augen der Butzbacher als unbescholten, ja vorbildlich. Gerade moralische »Reinheit« bringt ihm (wie Robespierre bei Büchner!) politische Anhänger. Goethe hält er für einen unsittlichen Dichter. Hierin trifft er sich mit dem Neojakobiner Ludwig Börne und dessen revolutionär-demokratischen Anhängern in Deutschland. Für Weidig wie für Börne zählen auch alle die zu den Vornehmen, die »unsittlich«, das heißt nicht den engen kleinbürgerlichen Moralnormen gemäß, leben. Noch Ende 1834 wird er von »den Götzen dieser Erde, der Augenlust und Sinnenlust« (Antrittspredigt in Ober-Gleen), sprechen und sie mit Schelte belegen.

Büchner schätzt in Goethe, hierin mit Heinrich Heine verwandt, nicht zuletzt den Sinnenmenschen. Und die Revolution ist für Büchner auf jeden Fall nicht dazu da, um fragwürdigen Moralideen nachzulaufen. Dies belegt ebenfalls »Dantons Tod«, für dessen Problemstellungen, allein wenn man an die Gegenspieler Danton und Robespierre denkt, nicht nur literarische Anregungen durch Heines »Geschichte der Religion und Philosophie in Deutschland«, sondern auch die Kontroversen im Schulhaus zu Butzbach von erstrangiger Bedeutung gewesen sein dürften.

Erlebnisse aus der praktischen politischen Arbeit flossen also ein. Dies läßt Büchner dann dem Fragenkomplex eine eher politische als nur geistig-ästhetische Gewichtung geben. Er wird den sensualistischen Emanzipationsanspruch, sosehr auch er ihm anhängt, stärker als Heine hinsichtlich der gegenwärtigen materiellen Möglichkeiten seiner Verwirklichung überprüfen. Und er wird dem asketischen Moralisten zumindest eins nicht absprechen: Lauterkeit und Aktivitäten in den Grenzen von dessen Verständnis.

Eine kleine biografische Kuriosität bleibt zum Thema anzumerken: Weidig und Büchner verehren bei aller Unterschiedlichkeit in ihrer Moralauffassung denselben Frauentyp. Denn wenn Weidigs junge Frau, ein »überaus herrliches Geschöpf«, mitten in der heißesten politischen Debatte dazukommt, verliert er, Büchner, »sein natürliches Ungestüm ..., und wird zahm, wie ein Hirsch, wenn er Musik hört« (A. Becker, aus einem verlorengegangenen Brief an K. Gutzkow).

Auch wenn es in dieser kurzen Zeit vor der gemeinsamen revolutionären Praxis zu keiner generellen Umstimmung des organisatorischen Hauptes der revolutionären Demokratie in Hessen kommt: Die Dispute offenbaren Standpunkte und tragen so zur Klärung bei. Einige der Sektionäre beginnen sich ideologisch doch von Weidig abzukoppeln. Büchners Ansehen als Kopf der Klubisten wächst. Auch bei den Butzbacher Bauern und Handwerkern hinterläßt er einen guten Eindruck.

Ganz ohne Wirkung bleiben diese Dispute selbst auf Weidig nicht. Auch wenn er des öfteren gereizt reagiert, so hat er doch nach Bekkers Zeugnis »die Ansichten Büchners zum Teil geteilt«. Tatsächlich ist Dr. Weidig von der Gedankenklarheit und dem konzentrierten Willen des um zwanzig Jahre jüngeren Studenten keineswegs unbeeindruckt. Als Lehrer und Seelsorger hat er viel mit Jugendlichen zu tun, hat selbst manche Bewegung politischer Jugend mitgemacht und kann sehr gut echten revolutionären Geist von Mitläufertum und Strohfeuer unterscheiden. Er hat in Büchner einen vorzüglichen Propagandisten und Organisator erkannt.

Und dieser wiederum scheint von ihm diese Einsicht mitgenommen zu haben: daß es neben dem Vor-Augen-Rücken der materiellen Interessen, beim Bewußtseinsstand der Bauern, sinnvoll und nötig sei, bei Flugschriften-Feldzügen die Autorität der Bibel nicht ganz zu vergessen.

Weidig läßt also Büchner – halb genötigt, halb freiwillig – freie

Hand bei seinen organisatorischen Aufbauarbeiten; er räumt ihm den abverlangten Spielraum ein.

Solange die Gießener Radikalen ein kleiner Trupp besonders Rühriger bleiben, hofft er, sie weiter in die Gesamtbewegung einbinden zu können. Schließlich versichert man sich gegenseitig: »daß man *gemeinschaftlich* handeln müsse, wenn unser politisches Wirken einigen Erfolg haben soll« (Becker, Prozeß).

Doch den Zugang zur Druckerei betrachtet Weidig als seine Domäne.

34. Eine Delegiertenversammlung

Weidig läßt es keine Ruhe, daß sein publizistisches Wirken mißbilligt wird. Büchners rasch voranschreitender Aufbau eigener Sektionen, dessen Flugschrift für eine breitangelegte Landagitation und die Dispute mit den Gießenern verfehlen ihren Eindruck nicht. Das Haupt der außerparlamentarischen Opposition sieht sich unmißverständlich in Frage gestellt. Er orientiert sich um, begibt sich auf eine Informationsfahrt nach Mainz, Darmstadt, Frankfurt, Mannheim und Marburg, vielleicht bis nach Stuttgart. Er berät sich mit bekannten Verbindungsmännern, Advokaten, Ärzten, Hochschullehrern, zumeist also kleinbürgerlichen Intellektuellen, verschiedentlich auch mit Handwerkern. Dabei wirbt er für den Gedanken eines »Preßvereins«, einer gemeinsamen, weitsichtiger und differenzierter zu betreibenden, geheimen Presseagitation. Und er legt jetzt besonderes Gewicht auf die belehrende Aufklärung der Massen.

Bei einer Versammlung in Wiesbaden einigt man sich auf einen Kompromiß. Dieser trägt der nichtrevolutionären Situation von 1834 auf erstaunliche Weise Rechnung: Ein theoretisches Exilorgan für ganz Deutschland soll im grenznahen Gebiet Frankreichs herausgegeben und in jedem deutschen Land eine Flugblattreihe in Umlauf gebracht werden, die auf die besondere Sachlage eingeht und die Volksagitation zum Schwerpunkt hat.

Zum erstenmal nach dem Wachensturm wird der Aufbau eines nationalen Forums in Angriff genommen, das die zersplitterte Oppositionsbewegung Deutschlands zusammenführen soll. Putschistische Tendenzen werden überwunden. Dies gibt der zweiten Oppositionswelle gegen das deutsche Restaurationssystem eine mobilisierende Wendung.

Währenddessen sind auch die Gießener nicht untätig. Teils mit Weidig-Schülern, teils auf sich selbst gestellt, operieren sie in Friedberg, Hanau, Mainz und Steinheim und suchen eine intensivere Verbindung zur Frankfurter »Union«. Sie werden auf Volksfesten aktiv. In Hanau gewinnen sie den exmatrikulierten Studenten Wilhelm Braubach, er ist der ältere Bruder von Weidigs Nachbar Carl Braubach, der jetzt in der Mechanikerlehre steht. Im übrigen sondieren sie die Stationen einer künftigen Reise; es heißt, die neue Flugschrift soll in Offenbach gedruckt werden …

Büchner ist bei diesen Vorstößen ins Hinterland nicht mit dabei. Weidig hat zu einer »Beratung … über revolutionäre Gegenstände« (Clemm, Prozeß) eingeladen: für den 3. Juli in den Garten des beliebten Ausflugslokals an der Ruine der Badenburg bei Lollar, zwischen Gießen und Marburg. Weidig hat hinsichtlich der Teilnehmer-Proportionen die Vorauswahl getroffen; von den »jungen Leuten«, den Studenten, sollten, angeblich aus Platzgründen, »nur zwei hinkommen …« (Clemm, Prozeß). Anwesend sind zehn Vertreter aus vorwiegend grenznahen Gebieten Hessen-Darmstadts und Kurhessens. Neben Weidig aus Butzbach kommen aus Gießen Büchner (der – schwant ihm etwas? – zur Unterstützung den diskutier- und unternehmungsfreudigen Clemm mitgebracht hat), die Hofgerichtsadvokaten Briel und Rosenberg sowie der Buchhändler Ricker. Aus der kurhessischen Universitätsstadt Marburg sind der praktische Arzt und ehemalige Privatdozent Dr. med. Eichelberg, der Privatdozent Dr. med. Heß, der Student der Rechtswissenschaft von Breidenbach zugegen. Der einzige Vertreter des Handwerks – Mitarbeiter der Frankfurter »Union« sind nicht dabei (!) – kommt aus dem kurhessischen Weidenhaus und heißt Kolbe, ein Hutmacher. Mit Ausnahme Clemms, Büchners und Weidigs sind alle um die Dreißig.

Es soll ein geheimer gesamthessischer Presseverein gegründet wer-

Die Badenburg über der Lahn zwischen Gießen und Lollar,
mit Gaststätte (links), um 1840

den. Die Grundsatzentscheidung dafür war ja bereits in Wiesbaden
gefallen. Insbesondere soll die Linie der Volksagitation entschieden
werden. Sie war zwischen Weidig und Büchner bislang umstritten.
Wer agitiert in solchen Führungsblättern wen und zu welchem
Zweck? Wie und an wen vor allem soll man sich wenden?
  Darüber erhitzen sich die Gemüter. Als Vorlage dient aller Wahr-
scheinlichkeit nach Büchners Flugschriftenmanuskript. Weidig ver-
liest es teilweise und versieht es im Sinne einer (bereits vorgenomme-
nen?) Bearbeitung mit kritischen Kommentaren. Zwischen ihm und
Büchner, den Hauptrednern, entwickelt sich dabei eine Kontroverse,
obgleich sie beide hier nicht die eigentlichen Gegenspieler sind.

177

Doch da Weidig mit seinem philanthropischen Bürgermoralismus alle die Fragen, die Eigentum und Bildung nach der Revolution betreffen, ausgespart wissen will, argumentiert er im Sinne der bürgerlichen Kräfte: für eine (historisch notwendige) breite Bündnispolitik unter ihrer Führung. Vor den Intellektuellen äußert Weidig, Büchner propagiere in seinem Entwurf den »Kampf der Armen gegen die Reichen«, was die »Wirkung stören würde«, »weil selbst in jedem Dörfchen der Unterschied zwischen arm und reich bestehe« (Becker, Prozeß). Also müsse man anstelle der »Reichen« die »Vornehmen« setzen. Und das heißt: ideologisch im Sinne eines Kompromisses *neutralisieren.*

Daraufhin ergreifen Büchner und Clemm das Wort: Sie bekennen sich als Sozialrevolutionäre, als Interessenvertreter der ländlichen und städtischen Plebejer, für die die Revolution eigentlich durchzuführen sei, um die Klassenwidersprüche abzuschaffen. Sie sprechen offenbar von Gerechtigkeit für alle durch Besitzumverteilung und von der Armut als dem »revolutionären Hebel ...«. Dies offen in einer Flugschrift zu sagen sei um so wichtiger, als die bürgerliche »Mittelklasse für nichts mehr empfänglich« sei, was revolutionären Elan fordere. Man könne sie sowohl in der Revolution selbst als auch danach als nichts anderes denn als Feind der »niederen Volksklassen«, das heißt der großen besitzlosen Masse, ansehen.

»Büchner hoffte, seine Ansichten bei den Marburgern durchzusetzen«, teilt August Becker 1837 im Verhör mit. Da Büchner die Reaktion der anderen Gießener Anwesenden offenbar voraussieht, setzt er auf die Kurhessen. Mit ihrer Hilfe möchte er einen Mehrheitsbeschluß im Sinne der »Menschenrechtler« durchdrücken.

Doch lediglich der Vertreter der Handwerkeropposition Kolbe (verheiratet, sechs Kinder, verschuldet, Mitglied der Bürgerwehr und auch sonst seit Jahren politisch aktiv) stimmt am Nachmittag, wohl vom Weingenuß gelockert, begeistert von Büchners Vortrag, dessen Position zu. »Er fiel diesem mehrmals um den Hals und herzte ihn, er nahm ihn schwebend in die Höhe und trug den Büchner herum mit der Äußerung: Anders könne es nicht gehen! er habe das Rechte gesagt!« (Clemm, Prozeß) Für die Mehrzahl auch der Marburger sind die »extravaganten Ansichten Clemms und Büchners« (Dr. Eichelberg, Prozeß) dagegen nicht akzeptabel. Etwas später äußern sie mit einigem Zynismus: Es gelte ja wohl letztlich mit solcherart Flugschriften die Bauern zwar für den Umsturz als Fußvolk zu gewinnen – allein auch: im wohlverstandenen Interesse von »Ordnung« und »Vernunft« am Schnürchen der Mittelklasse zu halten! »Pöbelherrschaft« wie einst in Frankreich komme nicht in Frage.

So steht auf der Badenburg, halb und halb ausgesprochen, der Vorwurf revolutionärer Verstiegenheit gegen den sozialer Ignoranz. Weidig, trotz der idealistischen Züge seiner Revolutionsauffassung doch *praktisch* grundsätzlich im Recht, setzt schließlich gegen Büchner und Clemm eine verbindliche ideologische Vereinbarung durch. Büchners Flugschriftenentwurf soll überarbeitet werden, bevor er in den Druck geht. In der Hauptfrage, »in welchem Geist die Flugschriften abgefaßt werden müßten« (Becker, Prozeß), stecken die beiden Klubisten also eine klare Niederlage ein. In der strittigen Frage der angemessensten Organisationsform der revolutionären Demokratie – feste Klubs, wofür Büchner plädiert, oder lose persönliche Verbindungen – kann Büchner eine Niederlage abwenden. Jeder möge im kleinen Kreis aktiv werden.

In einem Punkt kann Büchner einen Erfolg verbuchen. Er betrifft die Hauptadressaten der geplanten Flugschriften. Es werden die Bauern sein. Weidig hat dem zugestimmt. Denn von dort könnte der entscheidende militärische Zuwachs zu erwarten sein, wenn es zu einer Revolution kommen sollte. Da ansonsten die bürgerliche Delegiertenmajorität Weidigs Position als vernünftig ansieht, kann dieser sie auch noch zu einigen praktischen Zusagen bewegen. Die Zusagen betreffen die für den Ankauf der Druckerpresse unbedingt notwendigen Geldbeiträge und die organisatorische Hilfe bei der Verbreitung der von Weidig zu redigierenden Flugschriften.

Büchners Stimmung nach dem Badenburger Treff ist, gelinde gesagt, verdrießlich. Als er August Becker, der von seiner Kundschaftertour zurück ist, trifft, äußert er sich »ungehalten« darüber, »daß auch die Marburger Leute seien, welche sich durch die Französische Revolution, wie Kinder durch ein Ammenmärchen, hätten erschrecken lassen, daß sie in jedem Dorf ein Paris mit einer Guillotine zu sehen fürchteten etc.«. Offenbar disqualifiziert Büchner sie als Leute mit engem Horizont und findet an ihnen so »unerschöpflichen Stoff zur Satire, … daß er gleichsam keine Zeit« (Becker, Prozeß) hat, Becker ernsthaft das Wesentliche der verhandelten Themen zu referieren.

Was sich bislang mehr auf eine Person, den Rektor Weidig, konzentrierte, stellt sich ihm nach der genaueren Bekanntschaft mit der illegalen hessischen Demokratie als eine *Unreife des Ganzen* dar, und er muß sich abreagieren.

Die tragische Konstellation eines Zufrühgekommenen zeichnet sich ab, der mit Ungestüm auf der endgültigen Lösung der sozialen Frage beharrt. Von der ökonomisch begründeten Gesetzmäßigkeit, daß aus dem Untergang der feudalen erst die moderne bürgerliche Gesellschaft hervorgeht, jenem historischen Gang der Entwicklung, der erst durch Marx entdeckt wird, kann Büchner nichts wissen. So weit reichen seine wie seiner Zeitgenossen Erkundungen nicht. Von nun an äußert Büchner immer öfter: »Sollte es diesen Leuten gelingen, die deutschen Regierungen zu stürzen und eine allgemeine Monarchie oder auch Republik einzuführen, so bekommen wir hier eine Geldaristokratie wie in Frankreich, und lieber soll es bleiben, wie es jetzt ist.« (Becker, Prozeß) Der alte, offen antagonistische Gesellschaftszustand enthält in Büchners Augen zumindest mehr revolutionären Sprengstoff als jener, in dem der verführerische Mammon große Teile des Volkes korrumpieren könnte.

Büchners Mission, die Auffassungen der Menschenrechtler in die Breite zu tragen, ist vorerst fehlgeschlagen. Die anderen sind im Lager der Verbündeten in der Mehrheit. Büchner mußte die Majorität solcher »Delegierten« als durch Weidig manipuliert erscheinen. War doch nicht nur die Handwerkeropposition unter Gebühr repräsentiert, die Masse der Bauern, des ländlichen und städtischen Frühproletariats, die eigentlich am Ende den Kampf zu führen hätten, blieb gänzlich ohne Stimmen. In seinen Augen wurde auf diese Weise pseudodemokratisch vorgegangen, mit scheinhumanistischen Redensarten über revolutionären Kampf befunden. Mißliebige Kontrahenten wurden mit an die Wand gemalten Schreckgespenstern matt gesetzt. So in etwa dürfte Büchner unmittelbar nach seinem Erlebnis der »Volksvertreter«-Versammlung von Badenburg den Vorgang der Beschlußfassung empfunden haben. Bleibende Spuren solchen Eindrucks sind zumindest in seinem ein halbes Jahr darauf verfaßten dramatischen Erstling »Dantons Tod« vorhanden. Nach der Machtergreifung, im Stadium der Institutionalisierung, bedient sich hier der zur Zeit tonangebende Flügel der (kleinbürgerlichen) Revolutionäre sogar übler Mittel und verkommener Typen, um die ursprünglich demokratisch gedachten revolutionären Machtorgane zu ihrer Hure zu machen, sich dadurch im Machtkampf behaupten zu können. Das Volk wird mit Schlagworten vom notwendigen Kampf der »Tugend« gegen das »Laster« und die »Anarchie« in seinem Drängen nach einem materiellen Umsturz der Verhältnisse scheinbar bedient. Das Problem wird in einer noch nahen Historie abgehandelt, die Initiatoren des Terrors großen Stils, die nicht nur das Revolutionstribunal manipulieren, werden in der revolutionär-demokratischen Machtspitze namhaft gemacht. Eine politische Offerte, die jene durch August Becker angedeuteten erregten Reaktionen Büchners ergänzt.

Auch die Entscheidungen auf der Badenburg sind gefallen, obgleich Büchner, ähnlich Danton, noch einmal seine ganze Überzeugungskraft einsetzte: vor einem Gremium, auf dessen Zusammensetzung er kaum Einfluß hatte. Anders als im Werk befindet man sich jedoch noch in der vorrevolutionären Phase. Man ist auf Gemeinsamkeit angewiesen. Und ist nicht Weidig ein integrer Charakter? Wenn er hier auf der Badenburg, womöglich im Bunde mit anderen, die Vorauswahl in seinem Sinne traf – tat er es nicht aus der besten Überzeugung heraus, daß nur so, aus der »vernünftigen« Position der Mitte heraus, die Unterdrückung überwunden und eine freiheitliche Ordnung aufgerichtet werden könnte?

Die Strategen der großen Revolution in Frankreich werden allerdings dann in »Dantons Tod« ebenfalls davon überzeugt sein, daß ihr Tun und Lassen, daß ihre »Korrekturen« im Sinne der revolutionären Sache die richtigen sind. Büchner wird die Robespierristen in seinem Stück jedenfalls so agieren lassen. Auch sie verstehen sich als Vertreter der Mitte.

Er ist, scheint es, durch das Badenburger Treffen tief getroffen gewesen.

Daß es Büchner Ernst war mit seinem agitatorischen Einsatz, daß er sich völlig eingab, bezeugt auch eine Erinnerung Dr. Eichelbergs. Dieser sah Büchner an diesem sonnigen Nachmittag an jener Stelle über dem weiten Tal der Lahn das erste- und letztemal. Trotzdem erinnerte er sich noch im Prozeß 1837: »*Büchner* schien mir die mit aller Vehemenz übersprudelnde jugendliche Kraft, welche sich hier im Zerstören gefiel, während sie sonst ebenso leicht die ganze Welt liebend zu umarmen sucht.«

Nicht eine zu schwache Ausstrahlung Büchners, nicht persönliche Antipathie, sondern die unterschiedliche Interessenlage und die unterschiedlichen Auffassungen veranlaßten die Zuhörer diesmal, ihn zurückzuweisen. Zugleich belegt dieses Zeugnis eines Andersdenkenden, daß Büchner bei aller sozialpolitischen Schärfe nicht sektiererisch eiferte. Mit seinem Drängen verband sich offenbar eine Weite der Lebensanschauung, wie sie auch in Heines »Reisebildern« zum Ausdruck kommt; eine Menschheitszugewandtheit, die von teutonisch Lauthalsem, wie man es sonst bei Gießener Studenten gewöhnt war, angenehm abstach. Politische Beharrlichkeit machte die Einheit seiner Person nicht zunichte.

»Die Grundlage seines Patriotismus war wirklich das reinste Mitleid (das heißt: Mitgefühl mit den Armen und Unterdrückten – R.L.) und ein edler Sinn für alles Schöne und Große. Wenn er sprach und seine Stimme sich erhob, dann glänzte sein Auge – ich glaubte es sonst nicht anders – wie die Wahrheit«, gibt August Becker dann ebenfalls 1837 zu Protokoll.

Die Neuheit von Büchners Ideen und sein scharfsinniger Vortrag waren demnach nur das eine. Was zumindest einige seiner Mitstreiter eine Zeitlang mit fast unbedingtem Glauben an ihn heftete, was seine Argumente bei einigen von ihnen zur Überzeugung werden ließ, solange er unter ihnen weilte, war die Ausstrahlung seiner gesamten Persönlichkeit.

35. »Der Hessische Landbote«

In welchen Tagen, ob bereits im März oder später, jene aus Sicherheitsgründen bald vernichtete Manuskriptvorlage zu einer Agitationsschrift fertiggestellt wurde, ist nicht genau auszumachen. Ende Mai 1834 lag Büchners Produkt bei Weidig vor. Überbracht hatten es Gustav Clemm und August Becker. Die Schrift trug Beckers Züge.

Denn Büchner hatte, zur ewigen Klage seiner Editoren, obgleich er noch nicht im medizinischen Dienst praktizierte, eine »durchaus unleserliche« Hand. Wahrscheinlich hatte er bereits vor der Straßburgreise das meiste zu Papier gebracht. In den ersten Maiwochen ergänzte und überarbeitete er. Ergebnisse seines Frankreichbesuchs und von Diskussionen in der Sektion der Menschenrechtler flossen ein.

Auf dem Schreibpult in seinem Dachzimmer, griffbereit, liegt die von Weidig ausgeliehene Statistik. In deren Angaben zum Finanzhaushalt schlägt er immer wieder nach. Er macht sie sich zunutze, formt sie zur politischen Waffe um: eine Wirklichkeitsanalyse auf dokumentarischer Basis. Das Gewicht der Fakten soll die Glaubwürdigkeit der aufklärenden Argumentation in den Augen der Adressaten erhöhen. Es soll der Hebel sein, der das Rätsel des Elends aufdeckt, es soll Denkanstöße geben. Das Volk vom Land hat ein Recht darauf, zu erfahren, in wessen Hände die von ihm erpreßten Steuergulden fließen und was damit angestellt wird.

Nicht abstrakte Ideale, sondern die materiellen Interessen des Volkes werden ins Feld geführt. Ein *Hauptgedanke* wird herausgearbeitet. Diesen will er wie einen Keil in die Hirne der Armen treiben. Differenzierungen lenken womöglich ab. Das Volk ist nicht gewohnt, differenziert zu denken. Notwendige Staatsausgaben, etwa für Kultur, bleiben daher unerwähnt. Um keine Grenzwerte zu markieren, wird durchgehend schwarz gezeichnet. Nichts wird relativiert.

Büchner spricht mit den Bauern zu ihrer Sache und in ihrer Sprache. Robuste Bilder und Gleichnisse, die Prägnanz der Worte entnimmt er ihrer Erlebniswelt. Er, der nie länger unter Landleuten gelebt hat, dem bei seinen Streifzügen und Wanderungen durch Odenwald und Oberhessen nur flüchtige Eindrücke von der Natur und den Menschen dort blieben, der nur aus Gesprächsfetzen in der väterlichen Praxis manches entnahm oder Eindrücke bei Besuchen in Hütten von Vorstädtern, die Ackerbau betrieben, verarbeitete, er beweist nun schöpferische Phantasie.

»Friede den Hütten, Krieg den Palästen!« Die Eingangslosung beschwört die Tradition eines unvermeidlichen Krieges zwischen arm und reich. Ihre Paten: der Deutsche Bauernkrieg, der frühe französische Kommunismus von Babeuf bis Buonarroti und Blanqui. Die

Der Hessische Landbote.

Erste Botschaft.

Darmstadt, im Juli 1834.

Vorbericht.

Dieses Blatt soll dem hessischen Lande die Wahrheit melden, aber wer die Wahrheit sagt, wird gehenkt, ja sogar der, welcher die Wahrheit liest, wird durch meineidige Richter vielleicht ge straft. Darum haben die, welchen dies Blatt zukommt, folgendes zu beobachten:

1) Sie müssen das Blatt sorg ltig außerhalb ihres Hauses vorder Polizei verwahren;
2) sie dürfen es nur an treue Freunde mittheilen;
3) denen, welchen sie nicht trauen, wie sich selbst, dürfen sie es nur heimlich hinlegen;
4) würde das Blatt dennoch bei Einem gefunden, der es gelesen hat, so muß er gestehen, daß er es eben dem Kreisrath habe bringen wollen;
5) wer das Blatt nicht gelesen hat, wenn man es bei ihm fin= det, der ist natürlich ohne Schuld.

Friede den Hütten! Krieg den Palläften!

Im Jahr 1834 siehet es aus, als würde die Bibel Lügen gestraft. Es sieht aus, als hätte Gott die Bauern und Handwerker am 5ten Tage, und die Fürsten und Vornehmen am 6ten gemacht, und als hätte der Herr zu diesen gesagt: Herrschet über alles Gethier, das auf Erden kriecht, und hätte die Bauern und Bürger zum Gewürm gezählt. Das Leben der Vornehmen ist ein langer Sonntag, sie wohnen in schönen Häusern, sie tragen zierliche Kleider, sie haben feiste Gesichter und reden eine eigne Sprache; das Volk aber liegt vor ihnen wie Dünger auf dem Acker. Der Bauer geht hinter dem Pflug, der Vornehme aber geht hinter ihm und dem Pflug und treibt ihm mit den Ochsen am Pflug, er nimmt das Korn und läßt ihm die Stoppeln. Das Leben des Bauern ist ein langer Werktag; Fremde verzehren seine Aecker vor seinen Augen, sein Leib ist eine Schwiele, sein Schweiß ist das Salz auf dem Tische des Vornehmen.

Im Großherzogthum Hessen sind 718,373 Einwohner, die geben an den Staat jährlich an 6,363,364 Gulden, als

1) Direkte Steuern	2,128,131	fl.
2) Indirecte Steuern	2,478,264	„
3) Domänen	1,547,394	„
4) Regalien	46,938	„
5) Geldstrafen	98,511	„
6) Verschiedene Quellen	64,198	„
	6,363,363	fl.

Dies Geld ist der Blutzehnte, der von dem Leib des Volkes genommen wird. An 700,000 Menschen schwitzen, stöhnen und hungern dafür. Im Namen des Staates wird es erpreßt, die Presser berufen sich auf die Regierung und die Regierung sagt, das sey nöthig die Ordnung im Staat zu erhalten. Was ist denn nun das für gewaltiges Ding: der Staat? Wohnt eine Anzahl Menschen in einem Land und es sind Verordnungen oder Gesetze vorhanden, nach denen jeder sich richten muß, so sagt man, sie bilden einen Staat. Der Staat also sind Alle; die Ordner im Staate sind die Gesetze, durch welche das Wohl Aller gesichert wird, und die aus dem Wohl Aller hervorgehen sollen. — Seht nun, was man in dem Großherzogthum aus dem Staat gemacht hat; seht was es heißt: die Ordnung im Staate erhalten!

Küferarbeit auf einem rheinischen Bauernhof, erste Hälfte 19. Jahrhundert

Mittel der Streitschrift: Behauptung, Beweis, Schlußfolgerung, der rhetorisch-didaktische Dreischritt: zur Abwiegelung einst eintrainiert, zur Rebellion jetzt praktiziert. Damals, mit Cato, rhetorische Propaganda als Moralpredigt; jetzt nüchterne Argumentation und glutvoller Kommentar im Wechsel. Damals abstrakte, indirekte bürgerlich-antifeudale Zeitkritik; jetzt konkrete, offene Enthüllung der realen materiellen Zusammenhänge der sozialen Ausbeutung und Aufforderung zum radikalen Umsturz der Verhältnisse. Damals im Auditorium kein wirklicher Adressat, das Ganze ging am konkreten Inhalt der Kämpfe draußen vorbei; jetzt die Überzeugung von der Notwendigkeit massenhafter Aufklärung, jedoch: keinerlei Kämpfe draußen. Damals Selbstermunterung und Ermunterung einiger Freunde – und heute ...?

Sogleich kommt Büchner zur Sache. Er zerpflückt, nein seziert den Staatshaushalt, Posten für Posten macht er die große Rechnung auf, benennt er mit den Beträgen die Funktionen, die die einzelnen Organe des kostspieligen Unterdrückungs- und Ausbeutungsmechanismus haben: Staatsrat, Ministerien, Justiz, Militär, Polizei. Blanqui hatte als Arbeitervertreter in seiner Rede vom Januar 1832 den französischen Staat als eine komplizierte Ausbeutungsmaschinerie im

185

Dienste der Reichen gekennzeichnet. Büchner steuert auf ebendieses Ziel: die Offenbarung des inneren Zusammenhangs des Herrschaftsorganismus. Doch wendet er sich an Bauern und wählt deshalb ein Bild aus *ihrer* Lebenswelt, die mit Maschinen noch nichts zu tun hat: Einen riesigen »Blutegel« läßt er übers Land kriechen, das *Untier der Bürokratie*, dessen Kopf der Fürst ist, »die Minister sind seine Zähne und die Beamten sein Schwanz«. Die Reichen sind nicht nur nichtstuende saint-simonistische Drohnen, sondern Blutsauger, Schinder, die listig-höhnisch das Volk zur Knechtschaft ermahnen und ihm alle Menschenrechte geraubt haben.

Büchner schlägt die Feinde mit ihren eigenen Waffen. Hohn wider Hohn! Mit scharfem Skalpell wird seziert; und der Staat, stellt sich heraus, ist nichts anderes als das Instrument eines Gewaltverhältnisses, womit sich eine verschwindende Minderheit den Arbeitsertrag der großen Mehrheit aneignet.

Der Kreis ist geschlossen, der Beweis erbracht, »mit wahren Zentnerworten inmitten eines heftig dahinfahrenden Sprachstroms, ungebärdig und zielbedacht, besonnen und atemlos«. (W. Dietze) Ein würdiger Vorläufer des »Kommunistischen Manifestes« von 1848, das dann das »eherne Gesetz« durchschaut haben wird und sich an ein seiner selbst bewußt gewordenes Proletariat wenden kann. Noch sind es verarmte Kleinbauern, Halbproletariat mit einem Fetzen Acker und unterbezahlter Heimarbeit. An sie wendet sich der junge Revolutionär, die treibenden Kräfte mit der »großen Masse« suchend. Industrieproletariat bildet sich, zumal im wirtschaftlich rückständigen Hessen, erst schwach heraus; Partei, Avantgarde gibt es ohnehin noch nicht.

Es ging Büchner um den sich abzeichnenden epochalen Gegensatz von Armut und »Mammon« in jeglicher Gestalt, ob dieser nun im großen Palast des Fürsten oder in der Villa des neuen Bourgeois zu Hause war. Insofern weist er in die kommenden Kämpfe des Jahrhunderts. Als Weidig das Geschriebene in Händen hielt und las, waren seine Gefühle gemischt. Auf Anhieb erkannte er aber die enorme Ausdrucksfähigkeit des Neulings. So etwas mußte von ungemeiner Schlagkraft sein! Es war aber mit einer Tendenz versehen, die Weidig überaus problematisch erschien. Ihm, der die Oppositionellen sammeln wollte, ohne allzu konkret über die Perspektive nachzusinnen, befürchtete sofort, »daß bei solchen Gegensätzen kein ehrlicher

Mann mehr bei uns aushalten werde«. (Er meinte damit die Liberalen.) Schließlich sagte er, diese »Flugschrift müsse vortreffliche Dienste tun, wenn sie verändert werde. Dies zu tun, hielt er sie zurück« (Becker, Prozeß).

Er ließ sie in der Scheune des Nachbarn Braubach im Heu verstekken und setzte schließlich seinen Rotstift an: machte Einschübe, gab der Schrift den Titel »Der Hessische Landbote«, fügte eine übervorsichtige Vorrede über Verhaltensmaßregeln beim Auffinden hinzu, neutralisierte »die Reichen« in »Vornehme«, strich alles, was gegen die liberalen Bürger gesagt wurde, ersetzte es durch Zweifel an der Wirksamkeit der konstitutionellen Verfassung. Weidig veränderte das Ganze gekonnt, aber dehnte es. Anders als der erste Autor war er auf einen moralisierenden Feldzug aus. Viel stärker als Büchner brachte er die beim Landvolk wichtige Autorität Gottes ins Spiel und hantierte mit biblischen Stellen. Sie sprachen der Aristokratie Machtbefugnis durch höheren Willen zu und instruierten das Volk, »daß der Gehorsam gegen eine solche Teufelsobrigkeit nur so lange gilt, bis ihre Teufelsgewalt gebrochen werden kann!«. Er richtete, wie stets, die »lammfrommen« christlichen Tugenden gegen den Strom, kehrte Demut in Streitbarkeit.

Als Büchner dann, Wochen später, die eigenmächtig redigierte Schrift zu Gesicht bekam, war er über die Veränderungen »außerordentlich aufgebracht«, er »wollte sie nicht mehr als die seinige anerkennen und sagte, daß er ihm gerade das, worauf er das meiste Gewicht gelegt habe und wodurch alles andere gleichsam legitimiert werde, durchgestrichen habe«. (Becker, Prozeß)

Dennoch: Büchner wird den verstümmelten Boten weiterleiten.

36. Anlauf der Aktion –
Zugriff des Machtapparates

Am späten Abend des 5. Juli kommen Büchner und Schütz nach Butzbach. Weidig übergibt ihnen das Manuskript und ein Empfehlungsschreiben an den Drucker, woraufhin sie noch in derselben Nacht ihre Weiterreise antreten. Sie tragen das Schriftstück in einer Botanisierbüchse verborgen bei sich. Der Transport ist nicht ungefährlich, es geht über zwei Landesgrenzen: durch den schmalen kurhessischen Streifen nördlich von Offenbach und über den Main. Neben der Tarnung als Botanisierreise versieht man sich vorsorglich mit lückenlosen Alibis: In Steinheim suchen sie Gros auf, einen Jurastudenten und Wachenstürmer, mit dem sie ein oder zwei Tage verbringen und die Mainkur, eine Zollstätte und einen Vergnügungsort bei Hanau besuchen; in Offenbach treffen sie einen anderen Jurastudenten namens Müller; hier ist es besonders wichtig, von der eigentlichen Mission abzulenken. Denn das Manuskript und Empfehlungsschreiben wird an diesem Ort dem Drucker und Setzer Karl Preller übergeben. Preller ist der Schwiegersohn des Darmstädter Verlegers Leske und seit zwei Jahren Inhaber der Bredeschen Buchhandlung und -druckerei. Er hat aus Überzeugung bereits wiederholt das Risiko auf sich genommen, illegal Flugschriften der »Union« zu drucken.

Dann treten sie den Rückweg an.

Einige Wochen vergehen.

Am 29. Juli 1834 läßt Weidig durch einige seiner Butzbacher Schüler, die in Gießen an einem Scheibenschießen teilnehmen, andeuten, die »Landboten« seien ausgedruckt.

Einen Tag später gehen Schütz und Minnigerode nach Butzbach. Weidig gesellt ihnen seinen Schüler Zeuner bei. Zu dritt macht man sich in der Nacht zum Einunddreißigsten auf den Weg. Während Schütz und Minnigerode am späten Vormittag bei Preller in Offenbach anlangen, wartet Zeuner an einem von Weidig vorgesehenen Treffpunkt bei Enkheim. Dorthin bringt Minnigerode zusammen mit zwei Gehilfen des Lederhändlers Hausmann, der im selben Haus mit Preller wohnt, am Abend mehrere Pakete mit Exemplaren des »Landboten«. Schütz trägt, offenbar im direkten Auftrag Büchners, ein weiteres Paket zur Darmstädter Sektion der Gesellschaft der Menschenrechte.

Am 1. August gehen Zeuner und Minnigerode – ab Niederwöllstedt auf getrennten Wegen – bis Friedberg. Hier gibt Zeuner einen Teil seiner »Landboten«-Exemplare bei dem Gehilfen des Apothekers Trapp ab. Zeuner erreicht mit dem Rest seiner Exemplare unbehelligt Butzbach. Minnigerode mietet einen Einspänner nach Gießen. Gegen achtzehn Uhr fünfundvierzig wird er bei der Einfahrt am Gießener Salzertor verhaftet.

Als die Posten seinen Leib abtasten, setzt er zu der Erklärung an, »daß ihm durch seine Verhaftung ein Gang erspart worden sei, indem er im Begriffe gestanden habe, sich alsbald nach seiner Ankunft entweder zu dem Großherzoglichen Kreisrat oder dem Gr. Universitätsrichter zu begeben und dasjenige abzuliefern, was er hiermit überreichen wolle«. (Verhaftungsprotokoll)

Das entbehrt nicht der Komik. Sie wird verständlich, wenn man weiß, daß der ansonsten in allen Tricks und Kniffen bewanderte Weidig ebendiesen nicht gerade geschickten Wink im »Vorbericht« des »Landboten« für den Fall der Entdeckung eines Lesers durch die Polizei empfiehlt und daß Minnigerode nicht weniger als hundertneununddreißig – und zwar in den Rock eingenähte und in den Stiefeln eingewickelte! – Exemplare bei sich trägt. Von den Anweisungen des Vorberichtes habe der »Student Minnigerode sofort den frechsten Gebrauch gemacht«, heißt es denn auch im Bericht der Bundeszentralbehörde vom 1. Oktober. Man faßt seinen Spruch als dreisten Rechtfertigungsversuch gegenüber den Staatswächtern auf. Was es wohl auch sein sollte: ein Witz dessen, der in der Patsche sitzt und sich selbst beweisen will, daß er noch Humor hat.

Minnigerodes Wohnung und die von Schütz (sie wohnen zusammen bei Orgelbauer Burgy) sind bereits im Verlaufe des Tages durchsucht und versiegelt worden. Ob die Sektionäre davon rechtzeitig Kenntnis hatten, ist ungewiß. Es ist anzunehmen, daß sie in diesem Falle wohl noch versucht hätten, Minnigerode vor der Stadtgrenze abzufangen. Seine Verhaftung wird den Wartenden schnell bekannt. Bereits »im Laufe des ... Abends und auch noch gegen Mitternacht (bilden) sich vor der Wohnung des Universitätsrichters (Georgi) mehrfache Rottierungen von jungen Leuten ..., aus denen unpassende Gesänge und Geschrei erfolgen«, steht im Protokoll der Ordnungshüter. Kurzum: Die Sektionäre wollen den Universitätsrichter, der zugleich als bevollmächtigter Regierungskommissar die staatliche Überwachung der Universität ausübt und Minnigerode in den Karzer abführen läßt, unter Druck setzen, was aber mißlingt.

Georgi ist nicht der Typ dafür. Er weiß, daß seine Aktionen nicht ohne Gegenwehr bleiben werden. Man rechnet mit der erneuten Ausbreitung aufrührerischer Stimmungen im Lande. Da man davon Kenntnis hat, daß der Arrestant mit vielen jungen Bürgern und Studenten, die oppositionell eingestellt sind, befreundet ist, hält man einen Befreiungsversuch für möglich.

Die Bewachung Minnigerodes im Karzer durch zwei Gendarmen läßt Georgi deshalb um vier Soldaten verstärken. Doch scheinen ihm die Gießener Hafteinrichtungen noch nicht sicher genug. Deshalb bemüht er sich noch in derselben Nacht um eine Übergabe des Festgenommenen an die Justizbehörden. Dieser wird umgehend auch ohne Zögern vom Landesgericht für politische Gefangene in Friedberg übernommen, wo man bereits gegen andere Verfasser revolutionärer Schriften ermittelt.

Minnigerode bekommt keine Gesellschaft, weder im Karzer noch im Kerker. Er kann glauben, daß ein unglücklicher Zufall seine Entdeckung herbeiführte: daß also sehr viel von ihm allein, von seinem Verhalten, seiner Festigkeit abhängt, ob es beim Einzelfall bleibt ...

Was aber sollen die Mitverschworenen als Ursache der Durchsuchung von Minnigerodes und Zeuners Stuben und der erst danach erfolgten Verhaftung annehmen? Konnte das »Erwischen« am Stadttor von ihnen allenfalls noch als ein Zufall angesehen werden – das vorherige gezielte Durchsuchen nicht. Darüber kann man sich schwerlich von Beginn an hinweggetäuscht haben. Büchner und seinen engsten Gefährten muß sehr bald der Verdacht auf Verrat gekommen sein. Zumindest konnte er nicht ausgeschlossen werden. Davon scheint bereits die erste, den Ernst der Lage begreifende Reaktion Büchners zu künden; daraus wird sich sein monatelanges Gefühl, bedroht zu sein, nähren; und darauf weist schließlich jene Bedeutung hin, die der Denunziation aus den eigenen Reihen im »Danton« beigemessen wird: in der Schilderung des Verrats des von General Dillon geplanten Aufstandes durch Laflotte. »Er (Danton – R. L.) ist doch verloren. Was ist's denn, wenn ich auf eine Leiche trete, um aus dem Grab zu klettern?« lautet dort die Selbstrechtferti-

Carl Minnigerode. Fotografie, um 1850

gung des Denunzianten, der, selbst ein Kind der Genußideologie der Dantonisten, seinen Anspruch auf ein sinnenfreudiges Leben gegen seine Urheber wendet. (Eine Form selbstkritischer Abrechnung des Autors mit seiner ausgeprägten Bejahung des sinnlichen Anspruchs der Individualität?) »Nun freilich, es riecht ein wenig nach Schufterei. Was tut's? Ich hätte Lust, auch das zu versuchen, ich war bisher zu einseitig. Man bekommt Gewissensbisse, das ist doch eine Abwechselung; es ist nicht so unangenehm, seinen eigenen Gestank zu riechen.« Der revolutionären Sache entfremdet, konvertiert Laflotte ohne Schwierigkeiten und steigt auf den Köpfen ehemaliger Gefährten »aus dem Loch ...«

Die Motive des wirklichen Verräters der »Landboten«-Aktion waren zwar materieller Art, Lebensangst spielte keine Rolle; doch ein gutes Leben wollte auch er sich verschaffen. Büchner hat ebenso wie seine engsten Mitkämpfer nie Genaueres erfahren. Erst zehn Jahre später kam enthüllendes Aktenmaterial zum Vorschein, das die Quelle der Information des zuschlagenden Machtapparates preisgab. Der Verräter stammte aus dem Weidig-Kreis, wo offenbar jeder alles zu hören bekam. Es war der ehemals wohlhabende, dann heruntergekommene Butzbacher Landwirt Konrad Kuhl. Dieser hatte sich 1832 der revolutionär-demokratischen Oppositionsbewegung angeschlossen und sich durch Eifer Vertrauen erworben. Bereits seit März 1833 hatte er als Spitzel und »agent provocateur« fungiert, nachdem er dem Großherzog selbst ein solches Angebot unterbreitet und daraufhin von diesem urkundlich Straffreiheit und Geheimhaltung seines Namens zugesichert bekommen hatte. Seinen Wert als Informant hatte er unter Beweis gestellt, als er im April 1833 den bewaffneten Frankfurter Aufstand einen Tag vor dem geplanten Termin verriet; der Großherzog hatte ihm dafür aus dem Zentral-Fiskus ein »Honorar« von zweitausend Gulden zukommen lassen – »ein Posten, um den die Aufstellung des ›Hessischen Landboten‹, in der Büchner den Untertanen vorrechnet, was sie für ihre eigene Unterdrückung bezahlen, noch zu ergänzen wäre« (H. Poschmann).

Auch der Verhaftung Minnigerodes lag eine Anzeige Kuhls zugrunde. Dieser wußte, zu welchem ungefähren Zeitpunkt die beiden Studenten Minnigerode und Schütz mit einem Teil der ersten Auflage der Flugschrift in Gießen eintreffen würden. Er hatte seine Information offenbar deshalb relativ spät gegeben, weil Minnigerode,

Schütz und Zeuner sich erst in der Nacht zum Einunddreißigsten von Butzbach aus auf den Weg gemacht hatten. Erst zu diesem Zeitpunkt war wohl der Ankunftstermin in Gießen genauer auszumachen gewesen. Kuhl wollte in seinen Angaben auf Nummer Sicher gehen. Auch lag ihm gewiß daran, in den Augen der Revolutionäre vorerst jeden Verdacht von Butzbach, dem Ort der Denunziation, auf Gießen hinzulenken. Alles sollte im unklaren bleiben. Kuhl gab aus gutem Grund seine Informationen nur häppchenweise. Damit machte er die Vermutung etwas unwahrscheinlicher, daß es sich um Verrat aus der eigenen Mitte handeln könne; zugleich holte er immer neue Geldraten für sich heraus. Mit Bauernschläue und infamer Verstellungskunst führte er alle Revolutionäre hinters Licht und einen nach dem anderen in die Hände der Schergen. Dieser Art Mensch gegenüber, die auf makabre Weise Büchners Ausspruch »Unsere Zeit ist rein materiell ...« (an Gutzkow, 1835) demonstrierte, zeigten sich die Grenzen von Weidigs und Büchners Menschenkenntnis. Kuhl war, wohl aus Geldgier, so dreist geworden, mehrfach sogar gegen den Großherzog Klage zu erheben, als dann 1835 – der Mohr hatte seine Schuldigkeit getan – die schriftlich zugesicherten Zahlungen ausblieben.

37. In Bewährung

Bereits eine halbe Stunde später, nachdem man Minnigerode unter seinem Fenster den Seltersweg, wohin er vor einem halben Jahr umgezogen war, entlangführte, also abends um Viertel acht, verläßt Georg Büchner Gießen.

Und zwar nicht, ohne vorher jede »Zeile, die mich kompromittieren könnte« (an die Eltern, 5. August 1834), auf seiner Stube vernichtet zu haben; und gewiß nicht ohne Verständigung mit einem der Sektionäre über einzuleitende Abwehrmaßnahmen. Einen glücklichen Zufall im Unglück will Büchner nutzen, um handeln zu können und zugleich zu einem Alibi zu gelangen: Der Straßburger Studien-

Blick auf das Gießener Selterstor und die Frankfurter Straße,
19. Jahrhundert

freund Boeckel befindet sich in Frankfurt am Main auf der Durchreise.

Die ersten zwanzig Kilometer, bis Butzbach, legt Büchner in den
Abend- und ersten Nachtstunden zurück. Obgleich er es später, ver-
harmlosend, den Eltern etwas anders darstellt, haben wir allen Grund
anzunehmen, daß er nicht mit der regulären Postkutsche fährt, sondern abwechselnd rennt, marschiert, auf ein Gefährt springt. Studenten wurden schon einmal mitgenommen.

Hochsommerliche Hitze lagert in diesen Tagen über dem weithin
welligen Land. Das steigert die Unruhe, treibt den Schweiß aus den
Poren; zumal Büchner, um zivilisiert zu erscheinen, Hut und Jacke
tragen muß. Beim Durchschreiten der Ortschaften ist besondere Vor-
sicht geboten. Was auch in Butzbach inzwischen vorgefallen und von
dort in Richtung auf die Provinzhauptstadt in Bewegung gesetzt worden ist, weiß niemand.

Überhaupt, es ist alles undurchsichtig. Vor Büchners innerem
Auge tauchen Gesichter, Stimmen, Situationen auf, Panikartiges
drängt in Wogen vor. Da muß er durch. Zwar vermochte er anfangs
rasch zu reagieren, doch ein Hüne mit dickem Fell ist Büchner nicht.
Andererseits, wenn die Bedrängnis am größten ist, formieren sich
Gegenkräfte, das »Material« aufarbeitend, wie aus einem verborge-
nen Grund herauf, stärker.

Minnigerode ist in flagranti erwischt worden. Mindestens da ist die
Einstiegstelle der Schergen. Sie werden alles tun, um ihn als Kron-

194

zeugen zum Sprechen zu bringen. Bei dessen Vater, dem Hofge-
richtspräsidenten, wird alles wie eine Bombe einschlagen, aber helfen
wird auch er ihm nicht können, wird ihn womöglich im eigenen Interesse bewegen wollen, ein Geständnis abzulegen. Und »Minchen«,
wie ihn die Kameraden nennen, ist sensibel, auch nicht kräftig von
Wuchs. Vorwitzig allerdings – schon als Gymnasiast. Wird sich das
als Festigkeit erweisen können? Fest steht nur, daß sie alle an seinem
Faden hängen.

Und ein Geständnis bringt ihm kaum Strafmilderung. Das muß er
wissen. Er hat nicht umsonst Jura studiert.

Eine Weile – ob Tage, Wochen, vielleicht Monate? – wird Minnigerode wohl durchhalten, um ihnen Zeit zu verschaffen.

»Bon jour, citoyen!«

Komm gut durch, in der *Nacht*.

An solchen strahlungsintensiven Augusttagen geht die Sonne meist
mattrot unter, und im Dunst über dem nordwestlichen Horizont hinterläßt sie für geraume Zeit weiträumige Zirrusstreifen: violett, dann
grau, grauschwarz stehen sie, wie fixiert. Erst zwei Stunden vor Mitternacht zerfließt, verlöscht alles in Büchners Rücken in einem Sternenhimmel, der zuerst über dem Gesichtskreis des Dahineilenden
Gestalt wird, mit dem allein und groß funkelnden Abendstern; bis
nach und nach die ganze Glocke des Alls erscheint. Anhaltendes
Wetterleuchten, Zeichen ferner atmosphärischer Eruptionen, durch-
zuckt den nächtlichen Himmel. »... das Biegen seines Fußes tönte
wie Donner unter ihm ...« (»Lenz«) – bis schließlich die ersten Häuser von Butzbach, angekündigt durch vereinzeltes Hundegebell, bei-
derseits des Weges kenntlich werden.

Zuerst geht Büchner zu Karl Zeuner. Zeuner wohnt an dieser Straße.
Er müßte wissen, was bei Weidig in der Zentrale los ist. Und er muß
ihm am meisten gefährdet erscheinen, denn es wäre ja möglich, daß
er seinen »Landboten«-Packen noch bei sich hat. Dies ist auch seine
erste Frage an Zeuner. Die Antwort lautet: Becker hat die »Landboten« bereits in einer Tasche zu Weidig gebracht.

In Butzbach ist also noch alles intakt. Wenn der Schaden klein gehalten werden kann, dann nur durch überlegte Maßnahmen, durch
Abstimmung mit Weidig, der den Ablauf der Aktion leitet. Zeuner

gibt dann vor Gericht zu Papier: Es »klopfte mir um Mitternacht jemand an meinem Fenster und rief mich bei Namen. Ich öffnete das Fenster und fragte: Was gibt's Neues, worauf erwidert wurde: Minnigerode sei am Tor zu Gießen verhaftet worden und man habe bei ihm Schriften vorgefunden; er habe sich sogleich aufgemacht, um uns davon zu benachrichtigen. Ich erkannte nun den Büchner, er wünschte, ich möge ihn alsbald zu Weidig begleiten, was ich dann auch tat. Ich klopfte dem Weidig am Fenster; sowie er heraussah, wurde ihm alsbald die Hiobspost mitgeteilt; er erwiderte, das sei sehr schlimm. Weidig öffnete das Haus, und wir traten in seine Stube. Weidig pochte auch den A. Becker aus dem Schlaf, welcher damals in dem Weidigschen Haus übernachtete. Becker war sehr bestürzt. Außer uns vier Personen war niemand zugegen. Weidig sagte sogleich zu Büchner, da er doch einmal auf dem Weg sei, so müsse er notwendig seine Reise fortsetzen, namentlich nach Offenbach, um den Schütz, wo möglich, zeitig zu benachrichtigen, damit er nicht in eine gleiche Falle gerate, sodann auch den *Hausmann*, damit dieser etwa vorrätige Schriften wegtun könne etc.«

Weidig, der alte Praktiker, erkennt auf Anhieb, daß es sich um eine »Falle« handelt, also das gesamte Unternehmen und zumindest die daran beteiligten Personen wohl nicht durch reine Zufälligkeit gefährdet sind. Es muß also rasch und doch besonnen gehandelt werden. Für den wichtigsten Teil der als erstes anstehenden Verdunkelung setzt er den in seinen Augen fähigen politischen Gegenspieler ein.

Obgleich es Zeuner vor Gericht nicht erwähnt, muß Büchner bereits vorher ähnliche Vorstellungen wie jetzt Weidig gehabt haben und mag sich nun, da er eine Alibimöglichkeit besitzt, für den Weitermarsch selbst anbieten. Er erklärt sich jedenfalls sofort einverstanden. Denn Becker ist zu bestürzt, Zeuner womöglich gefährdet, und keiner könnte später ein echtes Alibi vorweisen.

Ohne Verzug, mitten in der Nacht, bricht Büchner wieder auf und geht nach Süden. Über Friedberg, Homburg bis Offenbach, weitere fünfunddreißig Kilometer. Bei solch schier endloser, kilometerfressender Tour bewegen sich die Beine anfangs wieder wie von selbst. Dann zeigt sich irgendwann die zweite Krise an. Zuerst bei den Willensanstrengungen, die Steigungen kosten. Bis plötzlich alles zur Steigung wird, die Beine bleischwer scheinen, der Körper bar der Re-

Die sogenannte Klosterkaserne in Friedberg, in deren 3. Stock die politischen Flüchtlinge einsaßen, um 1840

serve ist. Ein unwiderstehlicher Drang, sich fallen zu lassen, die Augen zu schließen, kommt über den hastenden Wanderer. Zwei Ländergrenzen und der Main sind zu überwinden. Dies illegal, auf Schleichwegen. Höchste Wachsamkeit ist geboten. Das Vorsondieren des Terrains zahlt sich nun aus.

Irgendwo auf der Strecke, wohl noch vor Offenbach, trifft er Schütz, der aus dem Darmstädtischen zurückkommt: zwanzig Jahre alt, wie Büchner, noch frei, Deckname Mephisto, mit erledigtem Auftrag. Die Darmstädter Sektion lasse grüßen!

Womöglich begleitet ihn Schütz, nachdem er die Gießener Hiobsbotschaft vernommen hat, noch zurück bis Offenbach. Dort langt

Büchner nun um Mittag an, geht zu Preller und dessen Nachbar, dem Lederhändler Hausmann, informiert sie und sorgt mit ihnen gemeinsam dafür, daß die Druckstöcke des »Landboten« verschwinden und alles belastende Material vernichtet wird. Die Benachrichtigung der übrigen Offenbacher Verbindungsmänner übernimmt Preller.

Büchner geht (mit Schütz?) sofort weiter nach Frankfurt am Main, nochmals fünf Kilometer. Auch hier muß er sich an der Stadtgrenze vorsehen, um nicht angehalten zu werden. Die Führer der dortigen Geheimverbindungen können ihm mitteilen, daß nach Schütz bereits gefahndet wird.

Dies und die kurz darauf bei Preller stattfindende – ergebnislose – Hausdurchsuchung sind die Bestätigung dafür, daß Büchner einen entscheidenden Wettlauf gegen den Apparat der Macht, wenn auch knapp, so doch gewonnen zu haben schien.

Der Autor des »Hessischen Landboten« hatte gezeigt, daß er nicht nur beeindruckend reden und schreiben konnte, sondern auch rasch entschlossen und taktisch umsichtig zu handeln verstand. Er hatte den Beweis dafür erbracht, daß er, ohne sich selbst zu schonen, im Einsatz für die Sache und die Gefährten zu lebensrettender Tat in der Lage war.

Mehrere Mitbeteiligte am Unternehmen hatte er gewarnt und fürs erste ein kluges Defensivverhalten der Revolutionärdemokraten ermöglicht.

38. Erlebnisse um ein Alibi

Ein erst zu abendlicher Stunde aus dem Stegreif begonnener Marathonmarsch und -lauf von etwa sechzig Kilometern (Umwege nicht mitgerechnet) ist auch für einen Zwanzigjährigen, der einen Meter zweiundsiebzig mißt (was bei einer mittleren Rekrutengröße von einem Meter sechzig als durchaus groß gelten kann) und von dem berichtet wird, daß er »in mancherlei Leibesübungen wohl bewandert« (W. Schulz), also nicht untrainiert war, eine Strapaze.

Hinzu kommt die zehrende Ungewißheit, die zwar etwas nachläßt, jetzt, da das erste getan scheint, dennoch weiter mitschwingt, aus der Atemlosigkeit in die Abmattung hinein.

Ruhen ist noch immer nicht möglich, denn der zweite Teil der Aktion muß in Angriff genommen werden.

Man kann Büchner einigermaßen nachfühlen, wie ihm zumute gewesen sein muß, als er nun, wohl spätnachmittags, noch zu einem konventionellen Besuch antritt. Er will sein Alibi durch den Besuch gesellschaftlich glaubwürdiger Leute gerade hier in der Freien Stadt untermauern. Er klopft – es ist Sonnabend – bei dem der Familie Büchner bekannten Pfarrerehepaar Becker in Frankfurt an und fragt wegen einer Beherbergung nach: Ein Freund käme morgen überraschend, befände sich auf Durchreise …

Die Bitte wird gewährt, gewiß mit deutsch biederer Freundlichkeit; eine Reverenz auch an die Familie Büchner, die zu einem Stündchen Unterhaltung oder zwei verpflichtet, zum Wie-geht-es-zu-Haus und überhaupt …

Man saß bei solchen Gelegenheiten vermutlich – ein Stadtpfarrer ist kein Landpfarrer – in der guten Stube, auf Sofa und Stühlen um einen runden Tisch, umgeben von Formen klarer, edler Harmonie aus Mahagoni, plauderte, während die Uhr so langsam wie an allen Tagen tickte. Dann das Abendbrot. Servietten wurden auf die mit Fransen verzierte Decke gebreitet, darauf Teller vom guten Service gestellt, die Bestecke gelegt. Hier deckte wohl ein Dienstmädchen, und vielleicht stellte die Hausfrau, obgleich es noch hell war, einen schlanken versilberten Leuchter neben den Sommerblumenstrauß in die Mitte der Tafel, brannte gar die Kerze an.

Nichts geht über die Gemütlichkeit in deutschen Landen. »Nabel-und-Bauch-Gottesdienst«: mit Bratwurst und Sauerkraut oder »mit einer Partie und Butterbrot« (E. Beuermann, 1835), Gänseleberpasteten und Fasanen, Feldhühnerragout und indianischen Vogelnestern, Bremer Bricken …

Und Minnigerode liegt vielleicht in Eisen!

Also dann ein gesegnetes Nachtmahl, lieber Herr Büchner, lasse Sie sich's schmecke. Greife Sie hübsch zu, Sie sind jung und könne noch viel vertrage.

Prosit!

Ausgebrannt, wie er war, wird er den Speisen und Getränken zuge-

Das Gasthaus und Hotel »Zum Schwanen« in Frankfurt am Main, um 1830

sprochen haben. Auf das animalische Erlebnis der physischen Verausgabung, des Hungers und des Durstes, folgte das einer Befriedigung des Leiblichen, wenn auch nicht aus vollem Herzen. Denn seltsam muß es ihm aufgekommen sein, sich aus der Welt des Revolutionärs so jäh in die Welt des Bürgers versetzt zu sehen. So deutlich wie in diesen Tagen war der Kontrast selten.

Ja, die Leute lebten ihren Tag. Und hoffentlich, konnte er nur wünschen, gingen sie bald schlafen.

Als schließlich der Hausherr die Tafel aufhob und Büchner, der Gast, sich erheben durfte, muß er bleischwere Augenlider und nicht minder schwere Beine gehabt haben. Dazu ein schmerzhaftes Muskelempfinden wie wohl nie in seinem Leben. Die Medizin sagt, Säuren sammeln sich auf außergewöhnliche Reize hin in den Zellen an – die ihrerseits das *Wachstum der Kräfte* anregen.

200

Da er als zweiten Alibibeweis den erfolgten Freundesbesuch benötigt, paßt Büchner den Eugeniden Boeckel, dem er einige Tage zuvor
aus Gießen unter Vorwänden abgesagt hat, um elf Uhr im Gasthaus
»Zum Schwanen« ab. Der leutselige Boeckel hat gewiß – seine Briefe
sprechen diese Sprache – gleich tausend unwahrscheinlich wichtige
Alltäglichkeiten zu berichten und hundert ebensolche Fragen zu stellen. Ein Jahr hat man sich nicht gesehen. Was bei anderer Gelegenheit einen netten Plausch hergeben mochte, das Weißt-du-noch mit
Grüßen und Schulterklopfen, dürfte anfangs allenfalls dazu angetan
gewesen sein, als peinliche Verstellung, spaltender Zwang aus der
Gegenwart in die Ungegenwärtigkeit, empfunden zu werden. Zumal
die alten brieflichen Klagen über Vereinsamung am Verbannungsort
Gießen nicht mehr recht stimmen, andererseits nicht einfach zu de-
mentieren gehen; es sei denn, Büchner würde den wahren Grund dafür nennen: daß er Kampfgefährten gefunden hat, mittendrin ist in
einer Unternehmung ...
   Doch sie sitzen acht volle Stunden beisammen, bis abends um sieben! Und das tut man schwerlich aus rein taktischen Erwägungen.
Man befindet sich zwar nicht an einem der luxuriösen Spieltische
wie Danton, Paris 1793, doch die Gaststätte gehört zu den besten dieser Handelsstadt. Man kann, vor der Hitze geschützt, angenehm und
kulturvoll in mehreren Gängen speisen. Es geht das Sprichwort um,
wer im »Schwan« zu Mittag gegessen, der danke Gott, wenn er am
anderen Mittag mit der Verdauung so weit gekommen, daß er wiederum im »Schwan« zum Mittag essen kann! (E. Beuermann)
   Danach kann man einen guten Kaffee zu sich nehmen, mit Ku-
chen, Torte, Eis; ganz nach Belieben. Sonntag nachmittags wird zudem Musik gemacht, zur Unterhaltung, unaufdringlich durch die
Räume schwebend ... Und wenn man ab und an einen Blick durch
die Scheiben tut, sieht man draußen die hübschen Häuserfassaden.
   Zwar gibt es keine Grisetten in diesem ehrenwerten Lokal, wohl
aber einen sinnenfreudigen Trink-, Studier- und Diskutiergesellen
von einst, dessen Wiedersehensfreude echt ist. Auch das kann
schließlich stimulieren. Boeckel ist reise- und welthungrig, ist darauf
bedacht, »immer lustig und immer bei Gelde« zu sein, nichts zu verpassen, »sich nichts abgehen zu lassen« (an Büchner, 16. Januar
1836). Er verkörpert in seinem persönlichen Lebensstil etwas von der
emanzipierten Potenz der französischen bürgerlichen Zivilisation.

Ein bißchen ähnlich, wenn auch eher mit einem Stich ins Biedere, nicht gar so originell und leidenschaftlich, wie dann jene lebenshungrigen jungen Männer um Danton, die sich nach der politischen Revolution, an der sie vornan teilhatten, aus dem konsequenten Kampf zurückziehen und in vollen Zügen ihren eigenen Lebensanspruch verwirklichen, nichts mehr aufschieben wollen in dieser schnellebigen, wandelbaren Zeit. Und jene als asketische Moralisten belächeln, die den alten abstrakten Idealen, welche noch nicht allgemein, noch nicht für die Massen einlösbar sind, wirklichkeitsfremd nachlaufen. Realität und Kunst sind nicht deckungsgleich.

Doch Boeckel, der einst von der Revolution angehauchte Freiheits-»Kämpfer«, befindet sich zumindest auch mitten auf dem Wege, seinen Frieden mit den Verhältnissen und seinen »Schnitt« zu machen. Er darf als eine der zahlreichen Varianten jenes pragmatischen Alltagsverhaltens bezeichnet werden, das den Trend zum modernen Spießertum in sich birgt: Er hält sich aus aller politischen Aktivität heraus, räsoniert mit Abstand − und scheint sich dabei eine unorthodoxe Weite des Lebensgenusses zu eröffnen.

Und gerade solche Seite des Daseins mag Boeckel dem Freund wieder stärker in Erinnerung gerufen haben. Büchner hatte von den sinnlichen Freuden des Lebens, die er einst gekostet hatte und zu deren Verallgemeinerung die Revolution ja nur Mittel sein sollte, unter Zwängen und Krisen seit einem Jahr so manches vernachlässigt und versäumt: die Braut, das schöne Elsaß, den verabredeten Treff mit Muston in Paris. Gelegentliche Gießener »Bürgerball«-Besuche waren hierfür nur ein ungenügender Ersatz.

Verwandte Danton-Robespierre-Konstellationen dürften hier, mit etwas anderer »Rollenverteilung« als bei den Disputen mit Weidig, wieder umspielt worden sein und im Bewußtsein des künftigen Autors dem widerspruchsreichen Problemkreis Sensualismus−Asketismus einen Stellenwert verliehen haben, den dieser nicht allein durch philosophische und literarische Anregungen bekommen haben kann.

Jedenfalls muß Büchner an diesem Nachmittag dann doch aus vollem Herzen getafelt haben. Allerdings hatte die Offenherzigkeit ihre Grenzen. Boeckel wird nicht mit dem entscheidenden Vertrauen einer Freundschaft bedacht: Die eigentliche politische Mission wird ihm vorenthalten.

202

Es ist Büchner offenbar zu gewagt, ihm, dem Genießer, vom herben Wein des Realen einzuschenken. Boeckel ist in seinen Augen kein echter Kampfgefährte. Einmal mehr beweist Büchner Instinkt. Boeckel wird sich als politischer Opportunist herausstellen.

So trinkt Büchner den süßen Saft der Reben mit; für ihn schmeckt der Johannesberger nach südwestlichen Gestaden des Rheins. Sein Wilhelminchen schwebt auf Bacchus' sanft vergoldetem Spiegel, während sich Boeckel wieder einmal als ihr Liebesbote ergeht.

Die »Reise« aber führt zurück nach Norden.

Zuvor noch verfaßt Büchner ein paar Zeilen an die Eltern, die eine dritte Untermauerung des Alibis abgeben sollen, das ihm der Zufall und dessen kluge Nutzung verschaffte. Von Atemlosigkeit ist da nichts zu merken, der Riesenmarsch nimmt sich wie eine idyllisch-romantische Partie aus: »*Freitags abends* ging ich von Gießen weg; ich wählte die Nacht der gewaltigen Hitze wegen, und so wanderte ich in der lieblichsten Kühle unter hellem Sternenhimmel, an dessen fernstem Horizonte ein beständiges Blitzen leuchtete. Teils zu Fuß, teils fahrend mit Postillionen und sonstigem Gesindel, legte ich während der Nacht den größten Teil des Weges zurück. Ich ruhte mehrmals unterwegs. Gegen Mittag war ich in Offenbach. Den kleinen Umweg machte ich, weil es von dieser Seite leichter ist, in die Stadt zu kommen, ohne angehalten zu werden. Die Zeit erlaubte mir nicht, mich mit den nötigen Papieren zu versehen.«

Der Briefschreiber will auch den Besorgnissen der Eltern vorbeugen, die mit Sicherheit in kurzem von Minnigerodes Verhaftung erfahren werden. Die auffällig lange Abwesenheit des Sohnes gerade in diesem Augenblick muß ihnen verdächtig erscheinen.

39. Ein gewagter Entschluß

Während Büchner am 3. August in dem Ort Vilbel, östlich von Frankfurt am Main, in einem Gasthof ins Bett steigt, trifft bei dem Universitätsrichter Georgi abends kurz nach dreiundzwanzig Uhr eine auf den Zweiten des Monats datierte Order des Darmstädter Ministeriums des Innern und der Justiz ein:

»Mit Bezug auf unser Reskript vom heutigen, bemerken wir Ihnen weiter, daß nach den uns zugekommenen Anzeigen der Student Büchner zu Gießen der Verfasser der in Rede stehenden revolutionären Druckschrift sein soll. Wir halten es nicht allein wegen dieses gegen denselben vorliegenden Verdachtes, sondern auch um Collusionen (Absprachen zur Entlastung – R. L.) vorzubeugen, für dringend nötig, daß derselbe alsbald verhaftet und seine Effekten unter Siegel gelegt werden. Wir beauftragen Sie, dieses unverzüglich zu bewerkstelligen und davon das Gr. Hofgericht zu benachrichtigen.

Mundiert am 1. August 1834.«

Kuhl hat offenbar dem ersten Wink weitere verräterische Hinweise folgen lassen. Seine Angaben werden in der Zentrale als geheime Staatssache behandelt.

Die Falle für das nächste Opfer ist gestellt.

Georgi läßt sofort um das Haus, in dem Büchner wohnt, Wachen aufstellen. Sie sollen verhindern, daß der zu Verhaftende entkommt, wohl auch weitere Kontaktbewegungen feststellen. Georgi selbst erscheint frühmorgens um fünf Uhr, um den Haftbefehl zu vollstrecken. Doch der Gesuchte befindet sich nicht in seinem Quartier. Georgi durchsucht den Raum, bricht Büchners Schreibpult auf, beschlagnahmt daraus »mehrfache Literalien«, insbesondere Briefe, und läßt das Pult und einen Schrank versiegeln. Er befragt den Vermieter, den Amtmann Bott, einen Pensionär, über Umgang und Lebensgewohnheiten des Untermieters. Bott sagt aus, der Student Büchner habe »sehr häufig Reisen unternommen und eine starke Korrespondenz geführt, er hat wenig Umgang und auch nur mit solchen Studierenden geführt, die bekanntermaßen republikanischen Gesinnungen huldigen«.

Das ist besser als nichts für ein Justizgemüt, dessen Innung sich im »Hessischen Landboten« als »Legion unnützer Beamter« und »Hure der deutschen Fürsten« beschrieben findet.

Georgi kann den vorgefundenen Briefen entnehmen (oder Bott weiß davon?), daß Büchner nach Frankfurt wollte. Sofort schickt Georgi ein »Signalement«, ein steckbriefliches Fahndungsgesuch also, an das Frankfurter Polizeiamt.

204

»Signalement des stud. med. Georg Büchner aus Darmstadt:

Alter:	20 Jahre
Größe:	6 Schuh 9 Zoll hessisches Maß
Haare:	blond
Stirn:	sehr gewölbt
Augenbrauen:	blonde
Augen:	graue
Nase:	stark
Mund:	klein
Bart:	blond, etwas am Kinne und schwacher Schnurrbart
Kinn:	rund
Angesicht:	oval
Gesichtsfarbe:	frisch
Besondere Zeichen:	düsteren, nach der Erde gesenkten Blick, dem Anscheine nach kurzsichtig, trägt zuweilen eine Brille, geht etwas einseitig
Wahrscheinliche Kleidung:	runder schwarzer Hut; Rock: blautüchner, eine Art Polonaise mit Schnüren auf der Brust und Rücken, sog. Blattlitzen; Beinkleider: unbekannt; Stiefeln: gewöhnlich«

Daraufhin läßt Georgi auch Schütz' Zimmer, das bereits am Spätnachmittag des 1. August versiegelt worden war, durchsuchen. Schütz war unvorsichtig genug, Beweismaterial in den eigenen vier Wänden verborgen zu halten: die burschenschaftliche Bibliothek sowie die Konstitution der Allgemeinen Deutschen Burschenschaft. Es wird von Georgi beschlagnahmt. Dieser sieht darin hinlängliche Beweise, um vor Gericht die Mitgliedschaft in einer als gemeingefährlich eingestuften, im gesamten Gebiet des Deutschen Bundes verbotenen politischen Organisation belegen zu können.

Die Treibjagd der hessischen Staatsbeamten verspricht also doch noch ertragreich zu werden.

Büchner macht inzwischen Station in Butzbach. Dort kommt er am Abend an. Alle wichtigen Männer, die an dem Unternehmen beteiligt sind bzw. die übrigen vertreten können, sind versammelt. Wie bereits in der Nacht zum Zweiten kommt es bei Weidig zu einer Lagebesprechung. Die Linie ist festzulegen, wie man sich weiterhin taktisch verhält:

Schütz muß untertauchen. Es besteht unmittelbare Gefahr für ihn. Er wird sich einige Zeit im Oberhessischen bei Bekannten in wechselnden Quartieren zu Butzbach, Rödelheim, Petterweil und Bonames versteckt halten. Erst nach drei Wochen wird Schütz über die französische Grenze gehen und sich in Sicherheit bringen.

Für Büchner bleibt das der letzte Ausweg. Und was die Erfolgsaussichten einer Abwehr betrifft, wovon an diesem Abend zweifellos die Rede ist, so scheint Büchner mit seinem Alibi der einzige zu sein, der über einen gewissen Schutzschild verfügt und somit einen Trumpf in der Hand hält. Einen Schild, mit dem er den Gelüsten der Behörden vielleicht eine gewisse Grenze weisen und außerdem womöglich noch auf den Busch klopfen kann: um in Erfahrung zu bringen, wie stichhaltig denn die dortigen Belege, von bloßen Verdachtsmomenten abgesehen, nun wirklich sind. Wenn Minnigerode dichthielt, konnten sie, wenigstens gesetzlich, Büchner schwerlich etwas beweisen. Bei einer Hausdurchsuchung würde man – das kann Büchner versichern – nur ein paar harmlose Briefe finden, und die sollten sie sogar finden: Briefe von Wilhelmine, Boeckel, Lambossy, Muston. Er hatte also, anders als Schütz, aus den ihm bekannten Praktiken der Spitzelei, der heimlichen und öffentlichen Durchsuchungen, seine Konsequenzen gezogen. Wie es sich für einen konspirativ arbeitenden Revolutionär im übrigen gehörte.

Also blieb im wohlverstandenen eigenen Interesse wie im Interesse der revolutionär-demokratischen Bewegung Büchner eigentlich nur die Schlußfolgerung übrig, nach Gießen zurückzukehren und, wenn sich die Gelegenheit böte, *juristisch* sogar in die *Offensive* zu gehen. Nicht zuletzt war es Weidig, der, von der Wirksamkeit legaler Kampfmittel unter Bezugnahme auf die landständische Verfassung noch überzeugt, Büchner in Butzbach hierzu ermutigt haben dürfte.

Allerdings wußten weder Büchner noch seine Genossen, daß bereits ein Haftbefehl gegen ihn vorlag.

Dieser »Verhaftsbefehl« von oberster Stelle, nur aufgrund einer heimlichen *Anzeige* ohne Beweiskraft erteilt, machte aber deutlich, wohinein sich Büchner mit seinem Alibi-Papier-Schild eigentlich begab. Gegen Rechtsverstöße der Machthabenden gab es trotz anders

206

lautender Gesetze und wiederholter offizieller Beteuerungen letztlich keinen wirklichen Schutz. Eine unabhängige Rechtsprechung war nicht vorhanden, ihre Behauptung eine Phrase. Und der »Landbote«, das Delikt, keine Kleinigkeit. Er stellte alles, was die revolutionären Demokraten bisher unternommen hatten, in den Schatten. Verglichen mit diesem Schwertstoß, waren das Nadelstiche gewesen, von der Obrigkeit noch als »boshafte und entstellende Beurteilungen von Regierungshandlungen«, als »Lästerungen und Verdächtigungen der höchsten Staatsbehörde ...« eingestuft. Beim »Hessischen Landboten« hegte der Staatsapparat von Beginn an keinen Zweifel daran, daß er eine neue Qualität darstellte. Sein Urteil lautete, hier werde »mit einer ... Sprache, wie man sie selbst niemals zur Zeit des tollsten Jacobinismus vernahm ...«, zu »offenem Aufruhr und Umkehrung der bürgerlichen Ordnung« aufgefordert. Von allen Schriften wurde allein diese vom Gericht als *»unzweifelhaft revolutionäre Flugschrift«* beurteilt, als *»Ausfluß der verwerflichsten Gesinnung, als das Produkt des frechsten, zügellosesten Republikanismus«* (Noellner, 1837).

Der Obrigkeit war also sehr daran gelegen, die Urheber dingfest zu machen. Sie würde dabei nicht sanft vorgehen. Das war Büchner gewiß ebenso klar wie den anderen Versammelten.

In Preußen wurde man seinerzeit für viel weniger zum Tode verurteilt. Man denke an Fritz Reuter. Reuter hatte 1832 lediglich an einer Studentendemonstration in Jena, also sogar außerhalb des preußischen Territoriums, teilgenommen, als er denunziert und 1833 in Berlin auf der Durchreise verhaftet, wegen »Teilnahme an hochverräterischen burschenschaftlichen Verbindungen« zum Tode verurteilt, 1837 dann zu dreißig Jahren Festungshaft »begnadigt« und nach sieben leidvollen Jahren entlassen wurde.

Dr. Eichelberg wird dann in Kurhessen nur wegen Beihilfe zum *»versuchten* Hochverrat durch *Nichthinderung* hochverräterischer Unternehmungen« zu fünfjähriger Festungshaft und Dienstentsetzung verurteilt werden. Professor Jordan, ebenfalls aus Marburg, erhält einzig wegen Verbreitung unzensierter Schriften neun Jahre Haft!

Was wartete auf Büchner?

Allein der »Landbote«, nicht gerechnet die Gründung bzw. die Mitgliedschaft in der Gesellschaft der Menschenrechte, machte ihn des Verbrechens der Volksaufwiegelung, der Aufreizung zur Widersetzlichkeit gegen die Obrigkeit, der Majestätsbeleidigung und des

Hochverrats schuldig. Dafür mußte er im Großherzogtum Hessen, wo man, anders als in Preußen und Österreich, mit der Todesstrafe noch zögerte, *einer Zuchthausstrafe von zehn Jahren* gewärtig sein! Durch die »Landboten«-Aktion mit ausgelöst, wird es eben jetzt auch in Hessen-Darmstadt zu einer rigorosen Strafverschärfung kommen.

Es war also ein sehr gewagter Entschluß, dem Büchner mit dem Gang in die Höhle des Löwen nachkam. Der Zwanzigjährige gab sein Leben ein. Trotzdem bleibt seine Devise: Angriff ist die beste Verteidigung. Und die war allemal besser, als geduckt den Zugriff der Macht abzuwarten.

40. Ernst und Spiel

In einem gewissen Sinne ist das, was jetzt kommt, mit einer Gesellschaftskomödie zu vergleichen. Es ist ein Spiel, das alle Mittel erlaubt und alle Chancen nutzt. In diesem erfindet man, indem man Schein für Sein setzt, zu Täuschungszwecken *Rollen* – und spielt sie aus. Wer dies am geschicktesten vermag, ist unter Umständen in der Lage, die anderen zu verunsichern, ja, sich mit Gewinn aus der Affäre zu ziehen: ein Wechsel von Spaß und Ernst, wovon auch das Theater lebt.

Eben solches inszeniert Georg Büchner nun – gegenüber dem dramatischen Geschehen auf der Bühne allerdings mit dem Unterschied, daß der Ausgang der einen Vorstellung über Leben und Tod des Mimen entscheidet.

Sollte er wirklich in Butzbach noch nichts von der Durchsuchung seines Zimmer gehört haben, so muß ihm, als er (ohne vorher verbliebene Sektionäre gesprochen zu haben?) am 4. August seine stramm durchsuchte Stube sieht, die akute Bedrohung, unter der er steht, vollauf bewußt werden.

Hier, stellt er fest, ist *hemmungslos und ohne Rücksicht auf jedes Nachspiel* das Gesetz mit Füßen getreten worden. Büchner kennt sich – und darauf wird er seine Taktik aufbauen – sehr gut in den Gesetzen aus: »Es sind also drei Verletzungen des Gesetzes vorgefallen: Haussuchung ohne dringenden Verdacht (...) Haussuchung ohne Urkundspersonen, und endlich Haussuchung am dritten Tage meiner Abwesenheit ohne vorher erfolgte Vorladung.« (An die Eltern, Ende August 1834)

Um so mehr Ansatzpunkte ergeben sich zwar für seine Verteidigung; um so schwerer aber auch, kann Büchner zugleich schlußfolgern, wird die Abwehr des gegen ihn Angestrengten letztlich zu bewerkstelligen sein.

Georgi ist für ihn das offiziell ausführende Organ des Regimes. Gegen ihn muß er antreten, auf ihn muß er sich einstellen: und zwar so, daß Georgi einen unter Umständen vorhandenen Haftbefehl nicht realisieren kann. Was aber soll dafür sprechen, daß sein, Georg Büchners, auf Bluff zu bauendes Vabanquespiel gelingt, die einzige Chance, sich aus der Falle zu ziehen und den Angriff auf die revolutionäre Sache abzuwehren? Ausgerechnet bei Georgi, dem hemmungslosen Alkoholiker, der, wie jeder weiß, von krankhafter Gier nach Jagdbeute in dem ihm zugewiesenen oberhessischen Studenten- und Bürgerrevier besessen ist?

Hier wird die Vielschichtigkeit von Büchners Natur bedeutsam. Sie erfordert an einem kritischen Punkt seines Lebensweges erneut unsere Aufmerksamkeit.

Trotz seines revolutionären Verhaltens war er auch in Gießen seit dem März nicht allein auf die argen Seiten des Daseins fixiert. Bei allem Tiefgang des Gemüts wußte er die Welt auch als Sinnenmensch zu nehmen. Instinktiv versuchte er, wie jeder seelisch einigermaßen Gesunde, über das Bedrückende zu obsiegen. Als Mittel gegen den grassierenden »Staatsdiener-Aristokratismus« und die verbreiteten »Ammenmärchen« nutzte er seit seiner sogenannten Fatalismuskrise entschiedener Spott und Hohn in der Auseinandersetzung. Er erfand immer neue Bilder, Gleichnisse, Wortspiele, Wendungen, Anekdoten, in denen er vor seinem kleinen, internen Publikum die umgehenden Klischees und Phrasen mit abgrundtiefer Verachtung strafte. Damit entthronte er sie, baute Furcht vor der Macht der Obrigkeit ab – und eigene Positionen auf.

Gerade eben, am 2. Juli, hat Büchner sich nicht enthalten können, sogar dem Elternhaus davon etwas zum besten zu geben. In dem betreffenden Brief ging es um einen Regierungskommissar, und zwar um den Butzbacher Kollegen von Georgi. Was Büchner da schrieb, las sich beinah wie eine Übung für eine eigene Kollision mit Vertretern der Staatsgewalt. Ein nimbusbannender Selbststärkungsakt? – »Kolumbus«, so hieß der Kommissar, »sollte in Butzbach bei einem Schreiner eine geheime Presse entdecken. Er besetzt das Haus, dringt ein. ›Guter Mann, es ist alles aus, führ er mich nur an die Presse!‹ – Der Mann führt ihn an die Kelter. ›Nein, Mann! Die Presse! Die Presse!‹ – Der Mann versteht ihn nicht, und der Kommissär wagt sich in den Keller. Es ist dunkel. ›Ein Licht, Mann!‹ – ›Das müssen Sie kaufen, wenn Sie eins haben wollen.‹ – Aber der Kommissär spart dem Lande überflüssige Ausgaben. Er rennt, wie Münchhausen, an einen Balken, er schlägt Feuer aus seinem Nasenbein, das Blut fließt, er achtet nichts und findet nichts. Unser lieber Großherzog wird ihm aus einem Zivildienstorden ein Nasenfutteral machen.«

Ein dialogisch komponierter Bericht, direkt der Wirklichkeit nachgebildet. Er ist knapp, treffend formuliert, dennoch scheinbar nur so hingeworfen, eine kleine Kostprobe zum Thema Irreführung der Behörden. Wenn man dann noch weiß, daß die Hausdurchsuchung beim Schreiner und Bürgermeister Kraus auf eine absichtlich desinformierende, anonyme Anzeige aus dem Weidig-Kreis hin stattfand (und die Regierung eine Geldprämie für Hinweise zur Aufdeckung der »Leuchter und Beleuchter«-Flugschrift ausgesetzt hatte), bekommt die Pointe noch einen besonderen Pfiff. Man übernahm die Rolle eines Denunzianten, inszenierte eine politische Posse – und brachte sie bereits zwei Wochen später, in Gedichtform, in Butzbach und Darmstadt mit unterlegter Volksliedmelodie als Flugblatt unter die Massen. Büchner hat möglicherweise an den Versen mitgedrechselt, deren letzte lauten:

Herr Knapp, Herr Du Thil tröstet Euch:
So bleibt's nicht stehn im deutschen Reich.
Kommt, statt des Leuchters, die Latern,
Dann heißt's: *Lebt hoch,* Ihr werten Herrn!

Die Männer des vormärzlichen Widerstandes waren jedenfalls keine einfallslosen Grimmbärte ohne Humor. Die zumeist jungen Leute verstanden das Komödienspiel. Den Mächtigen wurde gerade, indem man sie lächerlich machte, mancher Hieb versetzt. Das schlug auf die Stimmung der Rebellen zurück und lockerte auf. Gelungene Einlagen wie diese wurden in Büchners Freundeskreis zweifellos mit Applaus honoriert. Bereits der Schüler Büchner, bemerkten wir, beherrschte das Irritier- und Versteckspiel. Damals waren entschuldbare jugendliche Naivität, der gute Leumund der Eltern und des Direktors die Schutzschilder seiner versteckten Invektiven. Büchners Schwester Luise spricht von einem »komischen Pathos«, das der Bruder bei solchen Gelegenheiten hervorkehren konnte.

Tatsächlich hatte das Bewußtsein von der politischen und moralischen Überfälligkeit des Systems und seines Apparates Büchners Sinn für *Komik* entwickelt, in der bald spöttische, sardonische Züge überwogen. Dem lag Büchners Einfallsreichtum zugrunde. Knapp und sicher formuliert er, mit seiltänzerischer Sicherheit bewegt er sich hart am Rande des Möglichen. Bisher freilich vor eingeweihtem Publikum. Büchners komödiantisches Talent bedurfte offenbar einer Herausforderung. Der Junge zeigte nicht, wie Wolfgang Goethe, den Hang zum Erfinden von Puppenspielen oder anderen Sonderstückchen. Er hat das Rollenspiel selbst trainieren müssen. Augenscheinlich ist es, infolge des Zwanges zur autodidaktisch-praktischen Selbstausformung, um so origineller und reifer geworden, bevor er sich, spät, künstlerisch gab.

Ernst und Spiel gingen immer deutlicher ineinander über. Mit direkt geäußerten Wahrheiten hätte er bereits in der Schule Schiffbruch erlitten. Das Spiel wurde zu einem Schutzreflex, der sowohl Abstand als auch Position schuf; es wurde ein Mittel der Selbstbehauptung. Und so hielt Büchner nun eine Technik in der Hand, die er getrost gegen Georgi, den Repräsentanten der Staatsräson, in Anschlag bringen konnte.

Büchner wußte sein Rollenspiel zugleich so zu handhaben, daß er sich dabei nur in Ausnahmesituationen verleugnen mußte. Dies wurde ihm dadurch möglich, daß er auf verschiedenen Sprach- und Bedeutungsebenen sowie mit verschiedenen Tonfällen operierte. Er konnte zunehmend gerade mittels ironischer Brechungen und indem er den Gegensatz von Wort und Handlung nutzte, »wie ein echter Redekünstler, auch das sagen, was er nicht sagt« – und erreichte schließlich jene »Finesse, die den Dichter ausmacht« (Kleist 1805).

Heinrich Heine, der Virtuose des Hintersinns, führte dies der jungen Generation in »Reisebriefen« und anderenorts vor; für agile Geister eine anziehende Methode. Büchners im wesentlichen vom Praktischen herkommendes Komödiantentum hatte darüber hinaus zur Voraussetzung, daß er sich mit Hilfe weniger Anregungen in Geisteslagen und vermutliche Reaktionsweisen anderer hineinversetzen konnte. Für den folgenden dreisten Auftritt mit Georgi war dazu von Belang, daß er es, wie er wußte, mit einem brutal zugreifenden, zum Überziehen neigenden, weniger mit einem listig-verschlagenen Typ zu tun hatte.

Auch geschichtliche Erfahrung war für ihn gewinnbringend. Sie hatte ihn erkennen lassen, daß selbst die Politik zumeist mit einem theatralischen Rollenspiel einherging. Inszenierungen, raffiniert für Gutgläubige in Szene gesetzt, mit Pathos und Pomp drapiert, waren seit alters ein wichtiges und probates Mittel zur Herrschaftssicherung über das Volk. Büchners Kommentare zum üblen Mechanismus des parlamentarischen Systems in Frankreich sowie zur »Affenkomödie« in Hessen sprachen eine unzweideutige Sprache. Früh bewies er einen Blick für das Theatralische in realen Handlungen. Nicht nur seine Beschreibung des Polenempfangs belegt es. Es entwickelte sich in ihm auch früh Haß darauf, »daß die Unwissenheit des Volkes benutzt werde, es zu betrügen oder zum Werkzeug zu machen ...« (Luck).

Die komödiantische Waffe war also als Notwehr gegen die bezahlten großen und kleinen Herrschaftskomödianten einzusetzen. Die Übermacht der »Presser« (»Hessischer Landbote«) rechtfertigte es, zu versuchen, sie mit ihren eigenen Waffen zu schlagen, solange eine offene Konfrontation nicht möglich war.

Damit ist der geistige und psychische Freiraum vorhanden, den Büchner gegenüber Georgi braucht.

41. Komödiantischer Schlagabtausch

Georgi ist der Typ des nachvollziehenden Staatsbeamten. Büchner hat den Mechanismus, in dem ein solcher Typ ein Schräubchen ist, im »Landboten« illusionslos gezeichnet. Doch er weiß auch, daß Bürokraten wie Georgi (und hier mag es Erfahrungen mit dem Emporkömmling Direktor Dilthey gegeben haben) im eigenen Interesse sehr wohl darauf bedacht sein müssen, der Machtspitze öffentlich keine unnötigen Unannehmlichkeiten zu bereiten. Ihre Leistungen müssen daher im staatspolitischen Sinne glatt sein. Die Opposition reagiert empfindlich auf offensichtliche Rechtsverstöße. Dem Vorwurf des Verfassungsbruchs will sich die Spitze nach Möglichkeit nicht aussetzen. Die Beschädigung der Rechtsstaatsfassade könnte bei loyalen Bürgern Mißtrauen und Unwillen erregen und der Opposition Sprengstoff liefern. Die Lage ist infolge der vielen Flugschriften und der Auflösung des Landtags durch Regierungserlaß angespannt genug.

Sind Verstöße erkennbar geworden und sind sie nicht mehr zu vertuschen, delegiert man die Verantwortung, sofern man sie nicht rundheraus abstreitet, gewöhnlich als persönliches Versagen einzelner mittlerer Beamter nach unten.

Das weiß Büchner wohl. Und er darf auch annehmen, daß Georgi dies weiß, der sich in seinem Übereifer ganz offenbar unkorrekt verhalten und übernommen hat. Tatsächlich lautete die Order nur: Büchner zu verhaften und sein Zimmer zu versiegeln; versteht sich: unter formaler Zeugenschaft und ohne Dinge zu entnehmen, die in ihrem Zusammenhang zu interpretieren Georgi nicht kompetent genug schien. So hat Büchner trotz der so argen Bedrängnis, in der er sich befindet, Georgi beim Auftritt auf dem Gießener Halbtheater doch einiges entgegenzusetzen. Er läuft keineswegs spontan in die Szene, sich nur auf improvisierte Eingebungen verlassend. Er hat mit kombinatorischem Scharfsinn vorgearbeitet.

Büchners Komödienrolle: ahnungsloser, zu Unrecht verdächtigter und bis ins Allerheiligste der Familiengeheimnisse durch Eingriffe eines einzelnen Beamten geschädigter, daher höflich, aber bestimmt Genugtuung fordernder Bürger. Ort der Handlung: Georgis Dienstraum. Zeit: Vormittag, offenbar mit Vorbedacht gewählt, weil da gewöhnlich noch andere Personen, wohl Besucher, als brauchbare Zeugen zugegen sind.

Büchner tritt ein. Er geht auf Georgi zu, begrüßt den Herrn Universitätsrichter und sagt ihm auf dessen Frage, wer er sei, mit seinem Namen, »ganz kaltblütig mit der größten Höflichkeit, in Gegenwart mehrerer Personen: wie ich vernommen, habe er in meiner Abwesenheit mein Zimmer mit Seinem Besuche *beehrt*; ich komme, um Ihn um den Grund seines gütigen Besuches zu fragen etc.« Das Etcetera steht hier im drei Tage später geschriebenen Brief an die Eltern, und man muß sich daher die Erklärungen über die drei benannten Rechtsverletzungen hinzudenken, die über mehrere Briefe nach Hause verstreut zu finden sind. Etwa diese: »Das Gesetz sagt, nur in Fällen sehr dringenden Verdachts, ja nur eines Verdachts, der statt halben Beweises gelten könne, dürfe eine Haussuchung vorgenommen werden.« Oder: »Eine solche Gewalttat stillschweigend ertragen, hieße die Regierung zur Mitschuldigen machen; hieße aussprechen, daß es keine gesetzliche Garantie mehr gäbe; hieße erklären, daß das verletzte Recht keine Genugtuung mehr erhalte. Ich will unserer Regierung diese grobe Beleidigung nicht antun.« (8. August)

Georgi kann nach solcher Eröffnung Büchners schwerlich rundheraus die Verhaftung auf Grundlage der Order des Großherzoglichen Hofgerichts vornehmen. Das würde nach fehlenden Beweisen, nach Willkür – und sogar nach Zudeckung eigener Übertretungen aussehen. Die Sache ist, so wie sie Büchner aufzieht, schon fast offiziell geworden.

Georgi erweckt also den Anschein, als ob er gesetzlich vorgehe. Wobei er fast »birst« und Büchners »beißende Ironie mit der größten Höflichkeit beantworten« muß: Er verlangt, Büchner möge sich über seine Abwesenheit ausweisen. Georgi erwartet wohl irgendeine wenig stichhaltige mündliche Erklärung – und dann wird er dem jungen Springer schon den Rachen stopfen!

Doch Büchner kann sich »mit der größten Leichtigkeit« ausweisen: Er zieht aus der Tasche »Briefe von Boeckel, die jedes Wort bestätigen, das ich gesprochen ...« Die Briefe sind französisch geschrieben, Georgi kann nicht Französisch, erkennt aber so viel, daß er sie vorerst als Beleg für die Abwesenheit gelten lassen müßte.

Georgi befindet sich in einer höchst seltsamen Lage. Daß der Gesuchte überhaupt erscheint, noch dazu völlig freiwillig, ist ungewöhnlich und verstößt geradezu schmerzhaft gegen seine Erfahrungen und sein Urteilsvermögen. Wenn die Studenten sonst nur Lunte rochen, flohen sie. Und dieser hier, vermeintlicher Verfasser der so staatsgefährdenden, mit Höchststrafen geahndeten Flugschrift, stellt sich selbst!?

Diese irritierende Wirkung durch Erscheinen in persona vor dem überforderten Beamten war natürlich von Büchner als Bluff Nummer eins einkalkuliert. Durch dieses Überraschungsmoment und die Zeugenschaft anderer gelang es ihm, erst einmal Georgi *seinen Ton* und *seine Taktik* aufzuzwingen: das heißt, dem Universitätsrichter auch seine groben »Formfehler«, bis zum Einbruch, öffentlich ins Bewußtsein zu rücken. – Dazu das schriftliche Alibi, zumindest auf den ersten Blick plausibel. Sodann Büchners sicheres Auftreten, seine bloßstellende Rede und seine Gesetzeskenntnis, die zeigen, daß er keineswegs auf den Kopf gefallen ist und überall bei »Rechtskundigen«, womöglich hinauf bis zur »Regierung«, anzuklopfen bereit sein mochte, um sich wegen des »Einbruchs« und »Diebstahls«, des Bruchs der »heiligsten Rechte« der Person, Genugtuung zu verschaffen: wenn (und hier scheint Büchner dem von ihm hernach höhnisch als scharfsinnig titulierten Georgi nach den ersten Bugschüssen einen einlenkenden Köder hingeworfen zu haben) – wenn er, Büchner, vom Herrn Universitätsrichter nicht umgehend wenigstens alle seine Sachen wiederbekäme.

Mehr fordert er in diesem Augenblick nicht. Denn Georgi muß man eine Brücke bauen!

Und der ernüchterte, verunsicherte, sich gewiß schlagartig seiner Formfehler und seiner Lage bewußt werdende Georgi geht über diese Brücke, geht auf dieses vorläufige Remis-Angebot ein!

Schließlich: Was wäre, wenn die Anzeige in der Zentrale wirklich ein Irrtum, wenn sie sich als nicht oder nur sehr wenig stichhaltig herausstellte? Spricht nicht ohnehin vieles dafür, daß diese Flugschrift, die zweifellos auch er gelesen hat, »nicht das Werk eines (zwanzigjährigen!) Studenten, sondern unverkennbar eines erfahrenen, gewandten und geübten demagogischen Schriftstellers« ist? (So lautet dann eine ebenfalls irritierte Witterung: die Stellungnahme der Bundeszentralbehörde.) Womöglich bliebe nur eine Klage des

Studenten gegen seine, Georgis, Übertretungen übrig? Und *er* müßte zu guter Letzt als schwarzes Schaf herhalten?

»Auf mein Verlangen wurden die Siegel sogleich abgenommen, auch gab man mir meine Papiere ... zurück ...«

Büchner rekapituliert den ganzen Auftritt bei Georgi frohlockend, mit einem auffälligen Wechsel des Tonfalls. Er, der den Eltern sogleich in mehreren Briefen ebenfalls die Rolle des empörten Unschuldigen vorspielt, um auch dort sein Unbeteiligtsein an der aufgedeckten Konspiration noch glaubhafter zu machen, kann dabei seinen Spaß über das gelungene Husarenstück nicht völlig unterdrücken. Er hat auch diese Situation mit Talent, ebenso wagemutig wie überlegt, gemeistert. In der Mitte der Sache stehend, hat er ein weiteres Mal entschlossen und konzentriert gehandelt.

Die Erfindung einer Rolle und ihr glaubhaftes Spiel waren ihm in einer Szene seines Lebensdramas zum Retter geworden. Sie hatte ihm neuen Spielraum verschafft, sich als Mittel bewährt, im Wirklichen das Letztmögliche auszuschöpfen.

Im Kampf lebte die Lust an Experiment und Spiel neu auf.

Georgi bittet das Ministerium um Verständnis, daß er »es gewagt habe, die befohlene Verhaftung nicht zu vollziehen«. Er rechtfertigt das offiziell damit, daß »Büchner sich gewiß nicht gestellt haben würde, wenn er sich nicht hinlänglich sicher wußte ...«!

42. Nachspiele

Durch Büchners Vorgehen war nicht nur ihm selbst, sondern auch den anderen, die an der Unternehmung beteiligt waren, wieder etwas Bewegungsraum verschafft worden. Wenn der Zugriff des Regimes dadurch noch gebremst werden konnte, so schienen die dort vorliegenden Beweismomente nicht auszureichen. Dieser Nachweis ermutigte und half, den anfänglichen Defätismus zu überwinden.

Büchner spielt inzwischen die einmal begonnene Rolle weiter. Jetzt völlig still zu sein hieße ja, dem ohne Zweifel gegen ihn weiterbestehenden Verdacht Nahrung zu geben. Zugleich trifft Büchner damit Vorsorge für ein Nachspiel: Er wendet sich an Hofgerichtsrat Briel (von der Badenburg!). Dieser konzipiert umgehend eine Eingabe, die Büchner bei dem Rektor der Universität überreichen will, es aber dann, wohl aus taktischen Gründen, unterläßt. Er bittet auch das universitäre »Disziplinargericht ... um Schutz gegen die Willkür des Universitätsrichters«. Doch solche Vorstellung ist, wie er selbst schon vorher gewußt haben dürfte, »im Grund genommen überflüssig, weil der Universitätsrichter als Regierungskommissar nicht unter ihm steht«.

Im übrigen: »... die Leute sind etwas furchtsamer Natur; ich bin überzeugt, daß sie mich an eine andere Behörde verweisen.« Bei der Gelegenheit wird ihm indessen bestätigt, daß Georgi »die Haussuchung als *Regierungskommissär*« (an die Eltern, Ende August) vornahm! Ein Grund mehr, den Verwandten zu verkünden: »Ihr seht also, wie weit man es in der gesetzlichen Anarchie gebracht hat« – und selbst noch eine nachträgliche amtliche Bestätigung über seine Gefährdung und den Grad des gegen ihn gerichteten Verdachts zu haben. Er will also gegen Georgi nun lieber »nicht mit der Türe ins Haus fallen«, wohl um ihn nicht unnötig zu reizen; doch scheint es ihm wichtig, wenigstens eine offizielle Stelle und einen oppositionellen Advokaten über den Sachverhalt der Gesetzesverletzung informiert zu haben. Erst einmal hinter Gittern, wäre es ja ansonsten möglich, seinen Fall völlig anonym zu behandeln.

Der Regierungskommissar seinerseits mußte zwar die erste Schlappe einstecken, doch sucht er sie wieder wettzumachen. Er läßt sofort Büchners Alibi in Frankfurt und Vilbel überprüfen. Die Pfarrersfamilie und das Gasthaus bestätigen die Angaben. Das Ministerium, das Georgis Entschluß nachträglich billigt, ist seinerseits bereits am 27. August auf den Nachweis aus, daß die Begegnung mit dem unverdächtigen Studienfreund nur der »ostensible Zweck« von Büchners Reise war, die in Wirklichkeit »dazu gedient haben kann, andere bei der Entstehung, dem Druck und der Verbreitung des ›Landboten‹ interessierte Personen schnell von dem Vorgang in Kenntnis zu setzen« (abgedruckt bei Diehl).

Georgi kann jedoch ebenfalls keine weiteren belastenden Beweise gegen Büchner beibringen. Der nur dem Großherzog bekannte Denunziant mochte lediglich den Namen liefern. Vor Gericht anzutreten, dazu ist er nicht bereit und hat zudem Straffreiheit.

Äußerlich tut sich nichts. Noch drei Wochen nach der Hausdurchsuchung gibt es keinerlei offizielle Anzeichen für weitere Aktivitäten. Weder eine Begründung für den Eingriff noch sonst irgend etwas – obgleich der Vorfall juristisch, für sich genommen, einfach und klar zutage liegt. Aber Georgi hat es nicht nötig auszupacken. Dies könnte ihm nur schaden. Entweder werden die Nachwehen des empörten Bürgers im Sande verlaufen – oder man findet am besten selbst noch etwas, zur eigenen Entlastung. Die Mühlen der Bürokratie mahlen langsam. Doch sie mahlen.

Kein Alibi ist perfekt, auch das durch einen glücklichen Zufall erstellte Büchners nicht. Es gelingt Georgi, Boeckel auf der Rückwanderung in Mainz abzufangen. Der Ahnungslose macht Angaben über das Zustandekommen des (zuvor ja abgesagten) Treffs, die Unstimmigkeiten zutage fördern. Bereits am 17. August hatte Georgi dann »erhebliche Anhaltspunkte« beisammen, so daß er die weitere Ermittlung den Landesjustizorganen übertragen konnte.

Inzwischen, nach einigem Zögern, findet ein anderes Nachspiel statt; die Verbreitung der überwiegend nicht beschlagnahmten »Landboten«-Exemplare kommt in Gang. Man läßt sich durch die Zwischenfälle und Verluste nicht von dem einmal gestarteten Vorhaben abbringen.

Clemm holt das in Friedberg verbliebene Paket nach Gießen. Bekker organisiert den Transport eines nach Rödelheim gelangten Pakkens nach Butzbach.

Durch die späteren Prozesse ausführlicher belegt ist die nächtliche Verbreitung durch Mitglieder des Weidig-Kreises in mehreren Dörfern der Umgebung Butzbachs. Dort wird die Flugschrift von einem dann nach Amerika auswandernden Bäckergesellen auch einer Gruppe von Landarbeitern, Dreschern, vorgelesen. Diese sind von ihr so beeindruckt, daß sie »nichts davon auszusagen« bereit sind (Prozeß), selbst um den Preis eines Meineides. Zugleich scheinen einzelne Mitglieder und Vertraute der Gießener Menschenrechtsgesellschaft im späten Sommer und frühen Herbst Exemplare in der Umgegend Gießens verbreitet zu haben, ja sogar Weyprechts Bürgerverein scheint für diese Aufgabe gewonnen worden zu sein.

Th. M. Mayer hat aufgrund umfangreichen Aktenmaterials wahrscheinlich machen können, daß die Überlieferung vom totalen Scheitern der Juliauflage des »Landboten« nicht den Tatsachen entspricht. Wir werden später von dem Stellenwert hören, den die Reaktionen auf den »Landboten« bei Büchner einnahmen.

43. Warum fort?

Am 7. September tritt Weidig, nach zweiundzwanzig Jahren aufopferungsvollen Dienstes strafversetzt, eine Stelle als Pfarrer in Ober-Gleen, einem Dorf im nordöstlichen Winkel des Landes, an. Die alte Operationsbasis Butzbach ist damit ihrer Führung ledig. Büchner könnte sie jetzt vielleicht mit seiner Menschenrechtsgruppe übernehmen, waren doch die Kontakte intensiv gewesen; doch auch er verläßt im September Gießen – und geht nach Darmstadt.

Warum?

In dieser Zeit werden die zunehmenden Untersuchungen besonders von Gießen aus geführt, und der durch Gerüchte beunruhigte Vater, dessen Gehalt gerade um zweihundert Gulden erhöht wurde, glaubt den Sohn vorerst besser zu Hause aufgehoben, unter seiner Obhut. Hier scheint er ihm aus dem unmittelbaren Gefahrenkreis gezogen zu sein, entrückter den Verdächtigungen. Zudem mochte er Georgs Unschuldsbeteuerungen nicht wirklich Glauben schenken; denn obgleich er dessen feste Versicherung hat, sich an keinerlei »Umtrieben« und »Umsturzversuchen« beteiligt zu haben, kennt er andererseits das aufgeweckte Temperament seines Ältesten und fürchtet, wie wir wissen, aus gutem Grund das politische Engagement seiner Söhne – Minnigerodes Vater ist sofort seines Amtes als Oberpräsident des Hofgerichts(!) enthoben und in Ruhestand versetzt worden.

Dennoch langt diese Erklärung nicht hin. Einer, der es zuwege gebracht hat, im gerade von der Revolution umgewälzten Frankreich studieren zu dürfen, und der heimlich zwei Jahre verlobt war, ohne den Eltern davon etwas zu sagen, würde auch diesmal Mittel und Wege gefunden haben, sich nicht völlig vor den Karren des Vaters spannen zu lassen. Vorausgesetzt allerdings, er hätte es unbedingt gewollt.

In den drei aus dieser Zeit erhaltenen Briefen nach Hause spielt Büchner genauer besehen ja nicht nur eine, sondern *vier Rollen*: neben der des Unschuldsengels ein wenig die des kritischen Meinungsinfiltrators in puncto Ordnung und Gesetzlichkeit im Lande und zunehmend die des Gerechtigkeitsfanatikers. Je weiter die Zeit fortschreitet, um so mehr verniedlicht er nämlich die Gefahren nicht mehr, sondern beschwört sie eher herauf. Ende August verlangt er schließlich, daß man ihm »entweder volle Genugtuung schaffen oder öffentlich erklären muß, das Gesetz sei aufgehoben und eine Gewalt an seine Stelle getreten, gegen die es keine Appellation als Sturmglocken und Pflastersteine« gäbe. Sein Empörung ist gespielt; er weiß längst, daß es in diesem Staate keine echte Rechtssicherheit gibt. Was soll also eine solche Demonstration, es auf Biegen oder Brechen mit den Behörden ankommen zu lassen? Das *mußte* ja den Vater geradezu herausfordern, ihn nach Darmstadt zurückzurufen, damit er dort in Gießen um Gottes willen keinen aufmüpfigen Unsinn verzapfte! Bereits am 8. August hatte der Sohn gar prophezeit: »Sollte man, so wie man ohne die gesetzlich notwendige Ursache meine Papiere durchsuchte, mich auch ohne dieselbe festnehmen, in Gottes Namen! Ich kann so wenig darüber hinaus, und es ist so wenig meine Schuld, als wenn eine Herde Banditen mich anhielte, plünderte oder mordete.«

Zur vierten Rolle: Wir können mit Sicherheit annehmen, daß man in Büchners Kreisen von den Praktiken der Nachrichtenbeschaffung durch geheime Postüberwachung der österreichischen und hessischen Geheimdienste wußte und daß Büchner sich auch darauf einstellte. Gerade Teile des südwestdeutschen öffentlichen Postverkehrs, insbesondere die Schaltstelle Frankfurt, werden, über Schwachstellen der Thurn-und-Taxisschen Postverwaltung, äußerst raffiniert kontrolliert. Man verwendet rauchlose Kerzen zum Erwärmen der originalen und Metallpasten zum Nachgießen falscher Siegel, Beinmesser, Drähte, Abdeckschablonen, ganze Dateien falscher Petschafte, hat Kalligraphie- und Dechiffrierspezialisten zum Nachfälschen beschädigter und zur Entzifferung verschlüsselter Briefsendungen zur Hand. Abschriften der geöffneten Schreiben werden von Schnellschreibern angefertigt. – Allem Anschein nach versucht Büchner, diesen Sachverhalt der Verletzung des Postgeheimnisses für sich zu nutzen: Er spielt die Rolle des unschuldigen und empörten Bürgers gerade auch für die Postspitzel. Denn man kann durch ein Brieflein – das ist ein offenes Geheimnis –, auch wenn dies nicht an die Behörde gerichtet ist, alles »schnell an die Behörde befördern«, kann »Attila« für seine Mitmenschen werden, oder »neckender Kobold« mit der Obrigkeit spielen (E. Beuermann). Die Schnüffler sollen im intimen Dokument *das* bestätigt finden, was er bei Georgi vorgespielt hatte. Seine Glaubwürdigkeit *steigt* mit seiner gespielten Ungehaltenheit ...

Büchner betreibt demnach selbst seine Rückkunft!

Es scheint nämlich der Zeitpunkt herangerückt, die aktive Operationsbasis endlich über den engen Raum Gießen–Butzbach hinaus zu erweitern; und zwar in den äußersten Norden wie in den Süden des Großherzogtums hinein. Die programmatische Flugschrift ist gedruckt, ihre Verbreitung, eine rein organisatorische Maßnahme, in die Wege geleitet. Der Zeitpunkt wird auch dadurch diktiert, daß die beiden führenden Köpfe zum Ortswechsel verpflichtet bzw. gedrängt sind.

Und die übrigen Sektionäre scheinen in der Lage zu sein, die Position halten zu können: Gustav Clemm, Deckname Klauer, wird in Gießen vorerst Büchners Stelle einnehmen. Er ist zumindest die wichtigste Kontaktperson. August Becker wird versuchen, an Weidigs Stelle zu treten. Er besitzt das Vertrauen sowohl Weidigs als auch Büchners.

Soll der Gedanke einer überterritorialen, ganz Deutschland umfassenden Gesellschaft der Menschenrechte mit Leben erfüllt werden, so müssen sich deren Keimzellen rascher vermehren. Und Büchner braucht auch eine eigene *Informationsbasis*. Die Verhaftung Minnigerodes, die Durchsuchung bei Preller, die eingeleiteten Maßnahmen gegen ihn – letztlich ist alles ungeklärt, fast mysteriös geblieben. So muß sich bei ihm der Verdacht, es gäbe undichte Stellen, erhärten. Besonders in Butzbach wissen wohl viele schon zu viel.

Ob Büchner schließlich auch unter den Gießenern so etwas nicht ausschließt, sei dahingestellt. Das Sicherungsbedürfnis innerhalb der Bewegung junger Revolutionäre wird, zumindest nach dem Zeugnis des »Danton«, stark vorhanden gewesen sein. Dantons Vertrauen wird durch Hintertragung verunsichert, Robespierre seinerseits vermutet, daß ein Umsturz geschmiedet wird, der seine eigene Macht gefährdet; eine rückhaltlos offen ausgesprochene kritische Meinung wird nicht geduldet. Das vergiftet die Atmosphäre. Die junge Linke ist bunt zusammengewürfelt und handelt noch nicht aus einem ausgeformten Programm heraus. Manches geschieht zu spontan, aus bloßen Stimmungen geboren. Um so eher ist die Abrechnung mit »Abweichlern« möglich. St-Just praktiziert sie mit kalter Berechnung.

Zwischen Darmstadt und Gießen/Butzbach wird man künftig vorwiegend mit Geheimkodes verkehren. Dies wohl nicht nur wegen der Überwachungsgefahr von außen. Das Kommende selbst bestätigt, daß die Tendenz zum Verrat nicht nur in Butzbach bestand. Sie war auch in Gießen vorhanden. Einer, der, noch umfänglicher und belastender als Kuhl, den Großteil der aktiven hessischen Opposition durch Enthüllungen ans Messer liefert und sie eigentlich erst handlungsunfähig macht, kommt – aus der Gießener Gesellschaft der Menschenrechte! Im nachhinein wird auch Büchners distanziertes Verhalten im Exil zu Trapp dafür sprechen, daß er einigen seiner vorwiegend akademischen Mitverschworenen gegenüber doch gewisse Vorbehalte hat. Sie betreffen letztlich ihren kleinbürgerlichen Denkhorizont. Auch unter Büchners intensiver Einwirkung konnten die Mitstreiter diesen nicht überwinden. Schütz' Entwurf einer burschenschaftlichen Konstitution spricht nach wie vor in moralisierendem Ton lediglich vom Wirken für die »Freiheit, Gleichheit und Einheit Deutschlands ...«. Die Butzbacher, seit Jahrzehnten unter Weidigs Einfluß, scheinen weiter auf dessen Persönlichkeit fixiert, überbringen Weidig bald eine wertvolle Bibel als Erinnerungsgeschenk nach Ober-Gleen. Sie auf einen konsequent sozialrevolutionären Kurs zu bringen, dürfte Büchner am Ende als kaum möglich erschienen sein.

Nach und nach zeichnet sich ab, daß auf das Bewußtsein überhaupt nur bis zu einem gewissen Grade durch Argumentation Einfluß genommen werden kann. Einmal gefestigte Strukturen sind zäh, bei Akademikern wie bei Bauern.

44. Aktivität — und das leidige Geld

Ohne Zeitverzug reorganisiert Büchner in seiner Heimatstadt noch im September die hier im Frühjahr gegründete Sektion einer Gesellschaft der Menschenrechte. Einige Mitglieder haben den Sommer über die Stellung einigermaßen gehalten. Neben drei Schulfreunden bzw. Mitschülern (Jakob Koch, siebzehn, jetzt Bäcker; Ludwig Nievergelter, zwanzig, Forststudent, Deckname Fasan; Hermann Wiener, zwanzig, Theologie- und Philosophiestudent, Deckname Fuchs) gehörten der Darmstädter Gruppe bereits im April drei Handwerker an: Johann Georg Müller, zweiundzwanzig, Kalbsmetzger(geselle); Wilhelm Wetzel, Alter unbekannt, Schmiedemeister; Christian Kahlert, neunundzwanzig, Färber(meister). Aus der Keimzelle soll ein Zweig einer überterritorial sich ausbreitenden selbständigen Organisation werden. Büchner erweitert sie rasch. Sie gewinnt neue Kräfte. So daß sie (nach Ludwig Büchner in dessen Einleitung bei der Herausgabe der Nachgelassenen Schriften des Bruders 1850) »bald bedeutend stärker aufblüht als ihre Gießener Muttergesellschaft«. Nach Th. M. Mayer zählt sie zwölf aktive Mitglieder und sieben bis acht Eingeweihte. Noch im September wird der erst siebzehnjährige Adam Koch, der zusammen mit seinem älteren Bruder Jakob im Winter 1833/34 in Gießen ein Semester Medizin studiert hat und wie dieser den Familienberuf eines Bäckers erlernt, aufgenommen. Während weiterer »vier oder fünf Versammlungen bis gegen Ende Oktober« (Prozeß) gewinnt Büchner noch den einundzwanzigjährigen Landvermesser Christian Möser und den fünfundzwanzig Jahre alten Bleichgärtnergehilfen Daniel Mahr (Deckname Der Rote). Zum Beitritt vorgeschlagen ist ein weiterer Landvermesser. Einschließlich der Person Büchners ist das Verhältnis von Akademikern zu Handwerkern hier drei zu sieben, umgekehrt wie in Gießen. Und dabei überwiegen nicht die Meister, sondern die Gesellen und Gehilfen, die keine Produktionsmittel besitzen, Angehörige des städtischen Proletariats.

Ein Zufall? Eher eine Tendenz.

Wir erinnern uns, daß auf der Badenburg neben Clemm nur der Hutmacher Kolbe Büchners soziale Gleichheitsforderung unterstützt hatte. Die übrigen Delegierten, Angehörige der Intelligenz aus Marburg, Gießen, Butzbach, wollten davon nichts wissen. So spricht Büchner nach Adam Kochs Aussage spätestens jetzt die Forderung nach Gleichheit für alle offen aus, integriert sie in seinen Entwurf einer künftigen Staats- und Gesellschaftsverfassung als eine »auf die völlige Gleichstellung aller« gerichtete »Tendenz«. Und sein Grundgedanke für jedes erfolgreiche politische Wirken bleibt, »das materielle Elend des Volkes sei es, wo man den revolutionären Hebel der geheimen Presse ansetzen müsse« (Prozeß Koch). Mit Energie sucht er dementsprechend zu handeln. Zu jenen, die die revolutionäre Aktivierung aller Nichtbesitzenden (also vor allem die Masse der Bauern) zuwege bringen könnten, zählt er dabei in allererster Linie nun wohl die städtischen Werktätigen. Da er die revolutionäre Schulung offenbar als Voraussetzung zu solch zielgerichtetem sozialen Wirken ansieht, widmet er sich ihr wahrscheinlich noch intensiver als vordem. Waren doch diese Handwerker bis vor einem halben Jahr noch eine bewaffnete Außengruppierung des Frankfurter Männerbundes »Union«, dem zwar revolutionäre Handwerker angehörten, der aber von Angehörigen des akademisch gebildeten und des Besitzbürgertums getragen wurde. Im April 1833 war dieser Gruppierung laut Prozeß die Aufgabe zugefallen, »einen Aufstand unter dem Darmstädter Pöbel« zu entfachen. Sie leugneten dies aber in einer gerichtlichen Untersuchung im Sommer 1833 durch verabredete Meineide. Auch Büchner hatte in diesem Zusammenhang, noch vor dem 20. März 1834, einen falschen Eid zu ihren Gunsten abgelegt.

Dies war wohl der erste praktische Kontakt zwischen dem Sohn des Medizinalrats und den lokalen Vertretern der revolutionären Demokratie gewesen. Solcherart Votum für sie dürfte mit besonderer Achtung und Vertrauen erwidert worden sein. Da gerade im März 1834 infolge zunehmender Verhaftungen die Zentrale in Frankfurt paralysiert wurde, war es Büchner gelungen, diese führungslosen Kräfte unter seiner Menschenrechtslosung zu vereinigen; was allerdings nach Gießener Erfahrungen nicht hieß, daß er damit ihr revolutionär-demokratisches oder gar auf die konstitutionelle Monarchie orientiertes Denken überwunden hatte.

Wilhelm Büchner berichtet, daß sein Bruder noch damit beschäftigt war, »mit seinen politischen Freunden« darüber zu debattieren, »ob es wünschenswerter sei und erfolgversprechender, gleich eine einheitliche Republik zu proklamieren, oder ob man nicht zuerst dahin streben müsse, zugunsten der Krone Preußens die anderen Dynastien zu beseitigen. Mein Bruder meinte damals, das gäbe doppelte Arbeit, und wollte von dem stationsweisen Vorgehen nichts wissen.« Bemühungen um die Klärung der Ziele und Aussichten der Revolution in Deutschland sind also dringlich. Die soeben, 1834, unter dem Konkurrenzdruck der westeuropäischen Länder und unter Führung Preußens vorgenommene Gründung des Deutschen Zollvereins bringt auch für hessische Wirtschaftskreise einige Chancen. Preußen als der am stärksten industrialisierte Kleinstaat scheint in der Lage zu sein, die Einheit der Nation auf konstitutionellem Wege herbeiführen zu helfen. Wie sich 1848 herausstellen wird, war das eine Illusion. Es wäre freilich unangemessen anzunehmen, daß mit Büchners agitatorischem Wort die Probleme mit einemmal vom Tisch sind. Zeit für längeres beharrliches Einwirken steht Büchner aber nicht zur Verfügung.

Der Verständigung über Fragen der Organisation, über die Prinzipien der illegalen Arbeit dienen regelmäßige Zusammenkünfte der Gruppe in einem Gartenhaus des Schmiedes Wetzel am Großen Woog, einem kleinen See am Rande Darmstadts. Zweimal wöchentlich trifft man sich, anfangs abends, schließt vorsichtig die Läden, stellt Wachposten auf. Die Sektionäre »übten sich sehr eifrig in den Waffen und hatten bedeutende Schießvorräte verborgen«, weiß Ludwig Büchner zu berichten. Das Säbel- und Bajonettfechten sowie das Pistolenschießen trainiert man in kleineren Gruppen. Ein verlassener Getreidespeicher gibt dafür die Örtlichkeit ab. Gewehre und Munition hatten Wetzel, Kahlert und Müller schon vor dem Wachensturm zu besorgen gewußt. Sie scheinen noch immer in Erwartung eines baldigen revolutionären Umschwungs zu leben.

Wahrscheinlich bis in den Dezember hinein halten auch andere Aktivitäten an. So die geheimen Bemühungen um den Ankauf einer eigenen Druckerpresse. Büchner verfolgt sein Flugschriftenprojekt also vorerst weiter. Eine »kleine Presse nach englischer Art« (Prozeß) ist in Darmstadt »unter der Vermittlung dortiger Einwohner« (Prozeßbericht Schäffer) bei der Maschinenbaufirma Jordan bestellt worden. Der moderne Druckapparat soll vorläufig bei dem Lithographen Schüler, einem Bruder des geflüchteten Wachenstürmers Ernst Schüler, der sie von Berufs wegen unverfänglich erwerben kann, aufbewahrt werden. Auch bewegliche *Lettern* sollten über einen Drucker

Der Große Woog, im Hintergrund das »Pädagog«, um 1830

der inzwischen ziemlich dezimierten Frankfurter »Union« besorgt werden. Schäffer vermerkt weiter, daß es sich nach Verhöraussagen anfänglich um ein gemeinsames Vorhaben der hessischen revolutionär-demokratischen Gruppen im Zusammenhang mit den Badenburger Beschlüssen gehandelt haben müsse, denn es interessierten sich auch Weyprecht, Pfarrer Flick und Dr. Jucho für deren Anschaffung. Als endgültiger Aufstellungsort wurde Hanau anvisiert. Das Mainstädtchen war für beide hessische Provinzen zentral gelegen.

Indessen bleibt es beim bloßen Interessebekunden der anderen. Weidig, der an alte Beziehungen anknüpft, gelingt es in kurzer Zeit in seinem oberhessischen Bergdorf, mit Kontakten bis nach Fulda hinein, sich »neuen Anhang zu verschaffen« (Prozeßbericht Schäffer). Gelder, die im Oktober von Bürgern selbst aus Hanau für die revolutionäre Presse gespendet werden, bestimmt er aber über August Becker nicht für die gemeinsame Darmstadt-Hanauer Investition. Er verwendet sie für neue Flugschriften: für einen fünften »Leuchter und Beleuchter« und eine zweite Auflage des »Landboten« mit 400 Exemplaren, die im November erscheinen. Beide werden in Zusammenarbeit mit Dr. Eichelberg verfaßt bzw. bearbeitet. Weidig sieht sich offenbar aus taktischen Erwägungen genötigt, Rücksicht walten zu lassen. Er will unbedingt wirksam bleiben. Die Marburger Gruppe praktiziert insgeheim eine Zensur: Sie hat sich mit dem Drucker Rühle in Marburg eine private illegale Publikationsmöglichkeit geschaffen – nach Prellers Ausfall (dieser steht seit Sommer unter behördlicher Beobachtung) ein Monopol. Die Gruppe wacht über den Zugang dorthin. Nicht genehme Flugschriftenentwürfe, so auch eine weitere Nummer des »Bauern-Conversations-Lexikons« der »Union«, läßt sie nicht passieren und verlangt deren Umarbeitung. Hatte Weidig in der ersten Auflage des »Landboten« Büchners Angriffsziel »Reiche« in »Vornehme« neutralisiert, so reduziert jetzt Eichelberg kurzerhand in »die Fürsten«. Auch von Klassenjustiz ist keine Rede mehr. Derartige Steine des Anstoßes werden beseitigt. Verbreitet werden die Exemplare dennoch auch durch die Butzbacher und Gießener, indessen nicht durch die Darmstädter Gruppe.

Schon Ende September treffen sich Weidig und Clemm in Marburg bei Eichelberg zu einer Grundsatzdebatte, »bei der sich anscheinend die drei schon auf der Badenburg sichtbaren Positionen mit zentrifugaler Tendenz verstärken« (Th. M. Mayer). Mit Sicherheit wurde Büchner von Clemm über die Ergebnisse informiert. Eichelberg erklärte zumindest gegenüber Weidig, daß er sich »zu nichts mehr (an Geldbeiträgen – R. L.) verstehen« würde, »wenn die geheime Presse weiter nichts als Blätter, wie der bezügliche *Landbote* war, zutage fördern sollte« (Prozeß).

Ein »Rechtsdruck« ist deutlich spürbar, dessen Wellen auch Büchner erreichen. Im Frühjahr 1835 dringt dann selbst Weidig auf eine eigene Druckerpresse, die er im Raum Fulda aufstellen lassen möchte – wohl um seinerseits von den Marburgern unabhängig zu werden. Das Projekt mit einer gemeinsamen Darmstadt-Hanauer Presse wird also von Anfang an nicht ausreichend unterstützt und später offenbar fallengelassen. Notwendige Geldzuschüsse bleiben zumindest aus Marburg, Ober-Gleen und auch aus Frankfurt am

Main aus. Man hegt wohl ein unüberwindliches Mißtrauen gegen die Sozialradikalen, die die Ansprüche des Proletariats in die revolutionäre Bewegung eingebracht haben. Der Richtungskampf zwischen den immer mehr vom Marburger Kreis geführten Revolutionärdemokraten, die die meisten Mittel besitzen, und der frühkommunistischen Unterströmung drängt zum Ausbruch. Bei der Verhaftung Eichelbergs wird man dann sogar einen Manuskriptentwurf zu einem Gegen-»Landboten« finden. Eichelberg opponiert darin ausdrücklich gegen die unerwünschte sozialrevolutionäre Richtung »von unten«, die von ihm auf die Formel »unvernünftige Gleichmacherei« gebracht wird. Die »wahre« oder »vernünftige Gleichheit« sei einzig die bürgerlich-politische vor dem Gesetz. Eine öffentliche Kontroverse um die Auslegung der Gleichheits- und Freiheitsforderung als zentraler politischer Kategorie der Zeit steht kurz bevor.

So kommt es dazu, daß nur unter den Freunden in Darmstadt, Gießen und Butzbach Geldsammlungen für die Presse eingeleitet werden. In der zweiten Oktoberhälfte trifft der Butzbacher Carl Flach ein und bespricht sich mit mehreren Sektionären über dieses Vorhaben. Am 6. November (oder im Dezember?) kündigt Büchners Freund Hermann Wiener den nahe bevorstehenden Ankauf (»in 8 Tagen«) in seinem Brief an Clemm und die Reste der Gießener Schwestergruppe der Gesellschaft der Menschenrechte an. Die Aufstellung stehe kurz bevor. »Es tut dergl. jetzt sehr not. Treibt nur auf Organisation ordent(liche) Posten, (mit) militär. Pünktl(ichkeit) und Subordination. Ça ira.« Er kann auch berichten, daß die Darmstädter Organisation »zieml(ich) steht u. daß wir willens sind u. auch schon begonnen haben, alle Stränge anzuspannen«. Noch im Dezember allerdings mahnt Büchner Clemm nach dessen Aussage wegen der Geldbeiträge. Von Gießen bleiben sie aus, während von Butzbach einiges eintrifft. Es kommt zu Spannungen mit Clemm, dem in der Nacht zum 27. November offenbar die Nerven durchgehen: Vor dem Haus, in dem bis Ende Juli Minnigerode und Schütz wohnten, begeht er irgendwelchen »Straßenunfug«. Das Disziplinargericht verurteilt ihn zu 8 Tagen Karzer. Außer ihm ist von den Gießener Sektionären wohl nur noch August Becker in Butzbach aktiv.

Büchner muß es angesichts der in Marburg gedruckten Flugschriften, in denen die sozialrevolutionäre Tendenz ausgemerzt ist, besonders dringlich erscheinen, durch verstärktes Engagement und Diszi-

Gustav Clemm

plin in der Finanzierungsfrage voranzukommen, um, etwa mit dem Druck der ursprünglichen Fassung des »Landboten«, selbst wirksam werden zu können. Doch konnten die unbemittelten Handwerker und Studenten der Darmstädter Sektion schwerlich all das aufbringen, was nicht nur die Presse mit gut hundert Gulden kostete. Die wenigen Helfer aus der Intelligenz, die man ins Vertrauen zog, wie der Redakteur Dr. Heuser, der Hofgerichtsadvokat Stahl, ein ehemaliger »Schwarzer«, oder der fünfundvierzigjährige Bruder des Advokaten Briel und dessen Töchter Caroline (und?) Jeanette, vermochten dies ebenfalls nicht, obwohl sie nicht die in bourgeoisliberalen Kreisen verbreitete »Landboten«-Aversion wie die des Forstrats Dr. Hundshagen teilen mochten. Dieser, Spitzenmann vom Wachensturm, bezeichnete die Flugschrift von Büchner und Weidig rundheraus als »die Ausgeburt eines verbrannten Gehirns«. Ähnlich wie die Bundeszentralbehörde stellte er sie »an die Seite der wütendsten

Schriften der französischen Schreckensherrschaft« (Prozeß). Die späteren Konstellationen von 1848 zeigen sich bereits an: Die Furcht vor dem »Pöbel« ist größer als die vor den Fürsten. So kommt es dazu, daß infolge der Differenzierung, die sich selbst innerhalb der revolutionären Demokraten im hessischen Raum so deutlich wie nirgendwo in Deutschland vollzieht, trotz manch kooperativer Vereinbarungen der linken Bewegung deren sozialrevolutionäre Fraktion letztlich ausgeschaltet wird.

Endgültige Klarheit über die Gründe des nicht zustande gekommenen Ankaufs fehlt.

45. Befreiungsversuche

Büchner und seine Genossen widmen sich in dieser Zeit nicht weniger energisch dem ebenso aufwendigen Projekt der Befreiung der inhaftierten Mitkämpfer. Das ist Ehrensache und notwendig für den Schutz der in Freiheit Befindlichen. Denn selbst die geltende Gerichtsordnung, weiß man, hält physische und psychische Gewalt gegenüber den Untersuchungshäftlingen bereit. Ohne ihnen Möglichkeiten zur Verteidigung einzuräumen, unterwirft man sie einem geheimen Inquisitionsverfahren. Damit soll der Wille der Eingekerkerten gebrochen und ihre Geständnisbereitschaft erzwungen werden. Es ist also unerläßlich, eine Nachrichtenverbindung aufzubauen, die den Gefangenen Informationen liefert, über die Entlastungszeugnisse eingeschmuggelt und die Aussagen für die Verhöre abgestimmt werden. Dabei macht man sich zunutze, daß eine Bibel und etwas Zuckerzeug empfangen werden dürfen. »In den Bibeln wurden auf einer der ersten Seiten einzelne Buchstaben mit Punkten versehen und so zu Worten und Sätzen formiert – das ganze mußte von der Rechten zur Linken, also nach Art der Hebräer, zusammengelesen werden. Unter den Zuckerstückchen aber befanden sich immer einige mit fein eingebohrten Röhrchen, in welche, dicht zusammengerollte eng beschriebene Zettelchen gesteckt waren. Die

Korrespondenz durch die Bibel wurde bald entdeckt, und als der Kerkermeister einmal seinen Morgenkaffee aus der Zuckertüte der Gefangenen versüßte und plötzlich zu seinem Erstaunen ein Zettelchen auf der Oberfläche des braunen Tranks auftauchen sah, da ward auch dies andere Mittel der Verständigung unmöglich gemacht.«
(K. E. Franzos)

Man erfährt auf diese Weise, daß Minnigerode mißhandelt wird, am schwersten betroffen ist und sehr leidet. Er befindet sich in einer Einzelzelle in Dunkelhaft und soll zum Kronzeugen weichgemacht werden. Auch mit Nahrungs- und Schlafentzug wird gearbeitet. Keiner weiß, wie weit die Widerstandskraft dieses Sohnes aus bestem Hause reichen wird, wie lange er sich noch weigern kann, ein Geständnis abzulegen und die anderen schwer zu belasten. Aufweich- und Lockmittel werden neben dem psychischen und physischen Druck in solchen Fällen angewandt: in Aussicht gestellte Hafterleichterung, Strafminderungen, Finten über Beweise und Geständnisse anderer. Es gibt eine Menge raffinierter Praktiken, die alle auf den Schwächepunkt hinarbeiten. Anfang November bereits wird Dr. Jucho von der »Union« verhaftet, ihm folgt am 27. November Karl Zeuner aus Butzbach.

Die illegalen Widerstandskämpfer kennen sich zumeist persönlich. Einer weiß von den Aktionen und Vorhaben der anderen. Um so größer ist die Gefahr, wenn nur *einer* in seiner Not schwach wird! Sollte es aber gelingen, politische Häftlinge zu befreien, so würde das einen Sieg über die mit allen Machtmitteln des Staates ausgerüstete Reaktion bedeuten. Im Mai 1834 glückte der Frankfurter »Union« ein Befreiungsversuch teilweise. Schon das erregte öffentliches Aufsehen. Das wissen Büchner und seine Gefährten. Sie können hoffen, daß mit geglückten Befreiungsaktionen die Furcht vor der Allgewalt der Herrschenden untergraben würde und die Opposition neuen Mut bekäme. Trotz der verschärften politischen Unterdrückung wäre ein Zeichen gesetzt: einer tätigen Hilfe, die bis in die Kerker reicht.

Die Gelder sind also mindestens zu halbieren. Dennoch hat Büchner im Beschwerdebrief an Clemm nach Gießen nicht nur Kritik (Clemm nennt es im Prozeß »Tadel«) darüber bei der Hand, daß aus Gießen nichts für die Druckerpresse einkommt. Er bleibt konstruktiv und kooperativ. Er teilt Clemm mit, in der Angelegenheit Minnigerode könne »über jede beliebige Summe disponiert werden« (Clemm,

Prozeß). Das Leben des Kameraden hat Vorrang. Als erste Hilfestellung werden wahrscheinlich 150 Gulden in Gold sofort übermittelt. Als zwei oder drei Wochen vor Weihnachten der zweiundzwanzigjährige Färber und Leimsieder Valentin Kalbfleisch, ein Butzbacher Weidig-Schüler, nach Darmstadt kommt, treffen sie sich (wohl verabredungsgemäß) bei der Wachparade. Sie gehen aus der Stadt hinaus vors Rheintor, wo sie über das Befreiungsprojekt und insbesondere über die Beschaffung der Geldmittel reden. Sowohl er als auch Koch »bestärken« (Kalbfleisch, Prozeß) die Butzbacher in ihren Bemühungen. Wilhelm Büchner spricht später von der Umsicht seines Bruders, die bei den vielen bis ins einzelne gehenden Gesprächen über Minnigerodes Befreiung von ihm schon damals bewundert worden sei. Büchner sagt jetzt aus Darmstadt Kalbfleisch sechshundert (!) Gulden zu, die »in der Kürze« nach Gießen gebracht würden. Möglicherweise ist es gelungen, auch den liberalen Staatsrat Jaup als Geldgeber zu gewinnen. Obgleich ansonsten der Zusammenhang im Handeln bei den operierenden hessischen Gruppen gestört ist, kommt es in der Angelegenheit Gefangenenbefreiung zu einem koordinierten Zusammenspiel.

Auch Weidig wirkt unermüdlich von seinem abgelegenen Aufenthaltsort aus, tut, was er kann. Clemm hält wohl die meisten Fäden in der Hand.

Ein Befreiungsplan ist ausgearbeitet; zwei Gefängniswärter werden durch Bestechung gewonnen, Nachschlüssel sind angefertigt, der Kerkermeister soll mit Opium betäubt werden, für die Beförderung über die Grenze ist eine Kutsche bereitgestellt. Erst jedoch muß die Genesung des schwererkrankten Minnigerode abgewartet werden, und als man sich nach dieser Verzögerung zum Handeln entschließt, mißglückt nach Wilhelm Büchner alles doch noch infolge der körperlichen Schwäche Minnigerodes, während Franzos mitzuteilen weiß: »Einer der bestochenen Wächter verriet den Plan, und die Gefangenen wurden schärfer bewacht als früher!«

Nur eine Aktion gelingt: die Befreiung von Dr. Wilhelm Schulz aus Darmstadt; hieran ist Nievergelter beteiligt. Schulz war nach einem Jurastudium, quasi durch Berufsverbot, der Staatsdienst verwehrt worden. Er hatte sich als freischaffender Mitarbeiter an linksliberalen Publikationsorganen betätigt und als Redner auf Volksfesten gesprochen. Wegen seines mit politischem Sprengstoff geladenen Buches

Das Darmstädter
Arresthaus,
erbaut 1832 bis 1835,
vor dem Abriß 1970

»Deutschlands Einheit durch Nationalrepräsentation« und einiger anonym erschienener Broschüren, in denen er zur Volksbewaffnung und Abschüttelung der feudalen Fesseln aufgerufen hatte, wurde er im Frühjahr 1834 vor ein Kriegsgericht gestellt. Wegen »Beteiligung am Hochverrat und wegen des fortgesetzten Versuchs des Verbrechens einer gewaltsamen Veränderung der Staatsverfassung« erhielt er fünf Jahre Festungsarrest. Büchner kommentierte dieses Urteil sogleich mit dem Bemerken, daß es ihn nicht verwundere: »... es riecht nach Kommisbrot.« (An die Eltern, 2. Juli 1834)

Am 19. August war Schulz auf die unweit Darmstadts gelegene Festung Babenhausen gebracht worden. Seine Frau Caroline schmuggelt ihm im Herbst in einem Koffer mit doppeltem Boden und in den dicken Buchdeckeln des zwölfbändigen »Corpus iuris civilis« Ausbruchswerkzeuge in den Kerker: eine halbmeterlange Handsäge und dünne Feilen. Dazu im hohlen Fuß einer Stehlampe eine kräftige Feile und lange unzerreißbare Gurte; sie waren auf der Unterseite eines Sofas befestigt, das man Schulz zu benutzen gestattet hatte. In der kalten Winternacht von 30. zum 31. Dezember zwängt sich Schulz durch die zersägten Gitter, läßt sich in den vereisten Wallgraben hinab, verbirgt sich bei einem Bauern, den seine Frau zuvor ins Vertrauen gezogen hatte, und flieht am nächsten Tag nach Straßburg.

Die Befreiung glückte; allerdings galt sie einem einzelnen und wurde unter verhältnismäßig günstigen Bedingungen durchgeführt. Minnigerode und seine Gefährten haben keinen Festungs*arrest*. Sie dürfen sich weder auf ein Sofa setzen noch Bücher lesen, noch haben sie eine eigene Stehlampe in Aussicht. Ihre Zellen sind kalt und feucht, auf ihren Pritschen liegen Strohsäcke. Im berüchtigten österreichischen Staatsgefängnis für politische Gefangene in Brünn auf dem Spielberg, wo junge Patrioten dieser Jahre eingekerkert wurden, haben sich die Zellen erhalten. Man wundert sich, daß einige Insassen hier über Jahre hin überleben konnten. Hilfsdienste wie in Babenhausen nehmen sich utopisch aus.

Und die Regierung schläft nicht. Schon seit längerem entspricht das mittelalterliche Gefängnis in der alten Klosterkaserne Friedberg nicht mehr ihren Vorstellungen. Die Haftanforderungen haben sich erhöht; die technische Entwicklung bietet bessere Verwahrungsmöglichkeiten für unliebsame Untertanen. Wenn man auch sonst nicht hochkommt – auf diesem Gebiet läßt man sich's einiges kosten und arbeitet mit dem neuesten Wissensstand.

In der Residenz werden die letzten Handgriffe an einem modernen »Arresthaus« ausgeführt. Anfang 1835 überführt man die politischen Häftlinge des Landes, auch die aus Friedberg, nach und nach dorthin ins Zentralgefängnis.

Die Klappe wird dicht verschlossen. Im Angesicht Büchners stehen die Mauern der nach außen hin geschönten Anlage.

Sie sprechen eine eigene Sprache.

46. Bedrohte Spielräume

Ein »seltsames Doppelleben« hat Karl Emil Franzos das genannt, was Büchner in dem halben Jahr, das er in Darmstadt zubringt, führt. Wahrhaftig, es ist eine eigenartige Existenz, die sich da vor uns auftut.

Um sein politisches Wirken auch unter komplizierter gewordenen Bedingungen weiterführen zu können, muß Büchner seine Rolle noch besser spielen. Tag für Tag, Monat für Monat steht er unter Zwang. Nicht nur, daß er ständig darauf gefaßt sein muß, entdeckt zu werden; jeden Augenblick hat er unauffällig das ihn Umgebende zu fixieren, es zu entschlüsseln, um sich angemessen verhalten zu können. Sein Beobachtungs- und Reaktionsvermögen wird extrem beansprucht.

Der Stunden sind wenige, die Büchner für die aktive politische Betätigung verwenden kann. Unter den wachsamen Augen des Vaters muß er seine Medizinstudien und Präparierübungen intensiv betreiben. Er soll sich auf die Abschlußprüfungen vorbereiten. Der Vater, »stolz auf die Talente seines Sohnes, von dessen Zukunft er sich viel versprach« (Wilhelm Büchner), spürt längst, daß hier über das Normalmaß hinaus Begabung vorhanden ist. Da er Büchners Partner bei Fachgesprächen ist, kann er zugleich auch den Wissensstand des Sohnes kontrollieren. Büchner darf nicht den kleinsten Hinweis auf sein Doppelleben liefern. »Hätte er gewußt, in welcher politischen Situation sich Georg befand, er würde mit äußerster Strenge gegen ihn verfahren sein.« (W. Büchner)

Ernst Büchner hätte wohl, um seiner familiären Schutzfunktion nachzukommen, den Sohn des letzten Restes persönlicher Freiheit beraubt und ihm das Haus zum Karzer gemacht. Also muß Büchner das Bild des braven, fleißig studierenden Kandidaten bieten. Das ist zwar keine ganz neue Rolle, Büchner hat sie seit den Gießener Monaten geübt. Doch kann er sich nicht mehr mit einigen beschwichtigenden Zeilen behelfen, sondern muß mit einem jederzeit stimmigen Spiel der bedrängenden Nähe des Vaters die Stirn bieten. Effizientes Arbeiten hat er beizeiten gelernt. Das vermag ihm zeitlich etwas Freiraum zu schaffen. Die Ansichten von Vater und Sohn differieren aber nicht nur politisch, sondern auch in der Frage der Berufsausübung. Während der Vater noch immer nur den praktischen Mediziner für allein existenzfähig hält, will der Sohn für sich die naturwissenschaftlich-biologische Forschung. Obgleich da zwei eigensinnige Köpfe aufeinandertreffen, bleibt das Verhältnis zum Vater zumindest äußerlich »ein sehr gutes im allgemeinen ...« (W. Büchner). Büchner schafft es offenbar, sich sowohl im schriftlichen wie auch im mündlichen Umgang nach außen hin Zügel anzulegen.

Um so nachhaltiger wird sich der Eindruck der Vormundschaft und Enge in seiner Erinnerung zum Trauma verdichten. Sein Lenz wird eine rasende Aversion gegen die bürgerlichen Lebensmaximen aus seinem geschäftsorientierten Vaterkreis haben, wo er in die Mangel genommen, ihm alle Muße zur Identitätsfindung genommen wird: »Immer steigen, ringen und so in Ewigkeit alles, was der Augenblick gibt, wegwerfen und immer darben, um einmal zu genießen!« Ja, Büchner macht Danton zum Revolutionär gerade aus Abneigung gegen die emotionstötende Stupidität der (bürgerlichen) Zivilisation: »Wir sind alle lebendig begraben und wie Könige in drei oder vierfachen Särgen beigesetzt, unter dem Himmel, in unseren Häusern, in unseren Röcken und Hemden. – Wir kratzen fünfzig Jahre am Sargdeckel.«

Büchner weiß, daß er es nicht auf Zuspitzungen ankommen lassen darf; die Lebenseinstellungen des alten Herrn sind zu festgefahren. Gleichwohl bemüht er sich, sie indirekt zu beeinflussen. So kann er offenbar die Zustimmung des Vaters dafür erwirken, den Winter über im Laboratoriumsraum eine Folge von anatomischen Einführungsvorträgen zu halten. Er hält sie für medizinisch interessierte Gymnasialabgänger. Damit verbindet er wohl mehrere Absichten: Er kann sich mit seiner kleinen Probedozentur selbst einer Eignungsprüfung unterziehen und sich den Vater womöglich etwas geneigter machen; er kann von der Rolle ablenken, die er als Revolutionär spielte und zum Teil noch spielt; er kann, übers Taschengeld hinaus, noch etwas für den illegalen Geldfonds zur Gefangenenbefreiung tun; und er kommt mit jungen Leuten in nähere Berührung, die, wie er aus eigener Erfahrung weiß, zumeist aufgeschlossen für die Lebensprobleme ihrer Gesellschaft sind.

Von den gefährlichen Aktivitäten, die er sonst noch entfaltet, darf selbst Wilhelmine nichts wissen, stellen sie doch die eigene Familiengründung total in Frage. Ohnehin hatte der Vater die Verlobung

236

Das Büchnersche Wohnhaus, Grafenstraße 39, um 1900. 1944 zerstört

seines Sohnes, bevor dieser materiell auf eigenen Beinen stehen kann, heftig, ja mit »äußerster Erbitterung« (E. Reuss) mißbilligt. Als Wilhelmine nun im September nach Darmstadt kommt, um sich den zukünftigen Schwiegereltern vorzustellen, und auch deren Zuneigung gewinnen kann, liest der hingebungsvolle Bräutigam mit ihr Byron, Goethe und Tieck und tauscht sich mit ihr über die Leseeindrücke aus. Idyllisch-zufällig ist freilich auch diese gemeinsame Freizeitgestaltung nicht. Das Bestreben, der Sache Dienliches und Angenehmes miteinander zu verbinden, ist ersichtlich. Klug gewählt die Lektüre: Sie trägt der Problemlage in der revolutionären Bewegung Rechnung und berücksichtigt zugleich den Horizont der Partnerin.

Gemeinsamkeit tut auch not. Wilhelmine war wieder lange, auch

237

wenn Büchner sie zu Pfingsten noch einmal besucht hatte, sich selbst überlassen; der Bräutigam hat ihr nur schreiben können. Die Zeit ist schnellebig, und Entfremdung liegt auf der Lauer. Wie sehr es ihn aber auch drängt, Herz an Herz zu drücken: Büchner darf auf dem Zimmer, darf in der Gartenlaube sich ihr nur halb offenbaren, wie bereits im März, als er ein »stürmisches Leben« voraussagte. Das übrige ist durch die Kunst anzudeuten.

Wiederholte Vorladungen durch die Behörden nötigen Büchner, vor argwöhnischen Beamten weiter den Unschuldigen und Empörten zu mimen. Gewiß stellt er sich dem wagemutig und nicht ohne Lust an Effekten; manchmal gefällt er sich dabei wohl in betont biederer, manchmal in närrisch ausgefallener Maskierung. Gegen Ende Oktober teilt ein ehemaliger Gießener Student, Sohn des Advokaten Rosenstiel, seinem Freund Clemm in einem chiffrierten Schreiben nach Gießen mit, es sei dem großherzoglichen Ministerium bekannt geworden, »daß Büchner, wie ein Hanswurst verkleidet, in geheimen Aufträgen zu Offenbach war«. Büchner scheint indessen den Eindruck zu haben, nicht eben schlecht auf dieser Bühne zu agieren; hofft er doch noch ziemlich lange, »man könnte nicht an ihn heran« (W. Büchner). Danton reagiert später ganz ähnlich, wenn er, trotz der Warnungen der Freunde vor einer Verhaftung, auf einen Rest Selbstvertrauen baut. »Sie werden es nicht wagen«, versucht er sich mehrfach einzureden und sich zu beruhigen.

Die Informanten und Spitzel hocken jedoch überall. Sie an der Nase herumzuführen gelingt nicht auf die Dauer. Trotz aller vorgehaltenen Masken, allen doppelten Spiels, trotz aller Vorabsprachen mit den politischen Freunden hinsichtlich der Aussagen und Beeidigungen vor den Untersuchungsgerichten (allein die Butzbacher leisten etwa ein Dutzend falsche Eide!) gelingt es Büchner letztlich nicht, den Verdacht von sich abzuwälzen, daß er auf die eine oder andere Art doch mit der illegalen Umsturzbewegung in Verbindung stand. Die polizeilichen Untersuchungen werden häufiger. Am 27. Oktober 1834 wird August Becker in Gießen, am 4. November Wiener auf dem Darmstädter Stadtgericht, am 10. November Clemm in Friedberg vernommen. Auch Büchner wird vors Kriminalgericht in Offenbach sowie nach Friedberg geladen. Teils soll er dem unter Vorwänden ausgewichen sein.

Die Situation wird immer undurchsichtiger und bedrohlicher. Di-

238

rekt nach außen gerichtete Aktivitäten sind infolge der Doppelbewachung durch Elternhaus und Sicherheitsorgane beinah unmöglich geworden. Lediglich an der Gefangenenbefreiung wird wohl noch gearbeitet. Das Verwirrspiel mit den Untersuchungsbehörden hat sich erschöpft. Die Zwänge werden immer größer, die Freiräume kleiner.

47. Fertigkeitstraining

Das Darmstädter Doppelleben nötigt Büchner über sechs Monate hin, seine geistigen und seelischen Kräfte aufs äußerste anzuspannen. Mehr als in Gießen ist er mit seiner Gruppe auf sich gestellt. Zu den Problemen der Gießener Zeit gesellten sich neue hinzu. Und doch sind die Aufgaben gewachsen, die er, meist ohne eigene Wahl und unter akutem Zeitdruck, zu bewältigen hat. Nicht nur im theoretischen Disput mit Freunden und Sympathisanten muß er taktisch klug versuchen, sein Anliegen durchzubringen.

Ständig gezwungen, sein Tun und Lassen aus dem Blickwinkel anderer zu sehen und zu überprüfen, glaubhaft in Rollen mit den ihnen gemäßen Denk- und Verhaltensnormen zu schlüpfen, forscht Büchner bei seiner Maskerade Psyche und Verhaltensmuster anderer umfänglicher als vordem aus. Bemüht, Aktionsebenen, Personen und Umstände trotz ihrer Disparatheit zu koordinieren, das heißt, sie *unauffällig auf einen zentralen Punkt hin zu organisieren*, erreicht er ein fast traumwandlerisches *Geschick*. »... an tausenderlei Zeichen, aus seiner Gabe, bald tragisch erschütternde Auftritte, bald die seltsamsten und lustigsten Verwicklungen nur so als beiläufige Zugabe zur Unterhaltung zu improvisieren, leuchtete deutlich genug hervor, daß er mit voller dramatischer Schöpfungskraft ausgerüstet war«, überliefert Wilhelm Schulz von seinen abendlichen Begegnungen mit Büchner einige Monate später. Schulz versichert zugleich, »in dem, was er nur *geschrieben* hätte«, habe sich diese Gabe des produktiven Inszenesetzens kaum »auch nur andeutend offenbart«. Schulz weist damit auf die Rolle des mündlichen Ausdrucks und indirekt auch auf die Bedeutung hin, die der reale Erlebnisraum bei Büchners mimetisch-künstlerischer Talententfaltung spielte.

Man kann lediglich feststellen, daß Büchner schließlich Talent zur dramatischen Dichtung offenbarte, ohne vorher direkte Versuche in dieser Richtung unternommen zu haben. Lediglich eine allgemeine Ausbildung und Neigung zum verdichteten Reden ging dem voraus. »Er schrieb, wie er sprach«, sagt W. Schulz, und er wird zupackend, markant, dabei doch täuschend dem Empirischen ähnlich formulieren. Auf dem Höhepunkt eines dramatischen, auch von Büchner selbst als dramatisch empfundenen Lebensabschnitts drängt alles in ihm zum Drama als der ihm gemäßen Ausdrucksform. In der Folge wird er, durch die Art seines Erlebens, in diese Richtung bewegt.

Die Gesellschaftskomödie muß tiefen Eindruck gemacht haben! Brechungen mancher Art, von Pathetik über lakonisch geführte Rededuelle bis hin zur Selbstparodie, machen nicht zufällig den Ton mehrerer seiner Werke aus. Gerade in »Dantons Tod« läßt der Autor Gestalten so agieren. Er hat nicht nur Gymnasiasten-, Mediziner- und Freudenhauswitze parat, sondern ist auch im Bürger- und Aristokratenjargon und im Jargon revolutionärer Demokraten zu Hause. Er verfügt so über eine Vielfalt von Bildern und stehenden Wendungen.
　»Wir stehen alle auf dem Theater, bis wir im Ernst erstochen werden«, heißt es im »Danton«. Georg Büchner hat offenbar nicht nur das physische Liquidiertwerden als ständige Gefahr auf dem Welttheater empfunden. Nicht minder wird ihm die *eigene seelische Gefährdung zum Problem*. Auch deshalb wählt er wohl den großen Rhetor Danton zum Helden: einen, der die Maskerade satt hat, der sich selbst inmitten seiner Freunde einsam fühlt und nachdenklich wird. Statt zu genießen, muß er reflektieren. – Um seine persönliche Identität mußte offenbar auch Büchner bangen. Schon ein Jahr zuvor hatte er nicht nur anderen bescheinigt, als lebende Marionetten umzugehen, die, von außen bestimmt, ihre Verrenkungen machten. Er hatte sich selbst als Opfer von Entfremdungen bezeichnet, die dem Leben viel von seinem Zauber nahmen und das Ich an den Rand der Auflösung trieben.

48. Anerlebtes: Byron

War die *Mittelbarkeit* das Zentrum, aus dem heraus Büchner in dieser Zeit immer stärker erlebte und agierte, so mußte ein verwandter Bereich naturgemäß um so wichtiger für ihn werden: die *Lektüre.* Diese Art von Lebenserfahrung ist da, wo wir über keinerlei direkt beglaubigende Aussagen oder Zeugnisse verfügen, in ihrer konkreten Wirkung nicht leicht zu fassen. Allein die innere *Gestimmtheit* in Büchners »Danton« und die Art, wie er ihn *organisiert* hat, halten wichtige Hinweise darüber bereit, was ihn am Vorabend seines Dichtens hieran bewegt haben mag.

Da ist vor allem Lord Byron, ein Autor seiner Septemberlektüre mit der Braut. Ein unbequemer Zeitgenosse, der trotz enormer äußerer und innerer Konflikte seinen Weg gesucht, sich in die Kämpfe der Zeit begeben hatte, selbst Mitglied eines revolutionär-demokratischen Geheimbundes in Italien geworden war, praktische Solidarität mit Unterdrückten geübt hatte und im Kampf der Griechen wider die türkische Fremdherrschaft 1824 der Pest erlegen war.

Auch Byron war nicht bereit gewesen, sich überkommenen Normvorstellungen zu beugen. Mit einem Nerv für die Leiden des Volkes hatte er eine bis zur Satire gehende kritische Absage an die aristokratische und bürgerliche Gesellschaft verbunden. Er hatte auch Machtmißbräuche durch die Führer und Erben der Revolution in Frankreich enthüllt. Ähnliches wird Büchner tun. Und auch er wird seine Helden, vorerst, auf der »Königsebene« ansiedeln: dort, wo die Macher sitzen und Einsichten in die Hintergründe der Politik und Moral ermöglichen. Byron hatte darüber hinaus vorgeführt, wie man überkommene dichterische Formen mit neuen Gehalten füllt, ja sie sprengt: eine Anregung, wert für Büchner, dies im dramatischen Genre gleichfalls zu wagen! Byron hatte sich mit seinen Erfahrungen, Gefühlen und Zweifeln in seinen Dramen ernst genommen; er hatte sich als geschichtliches Subjekt begriffen. Und er *ist* ein weltgeschichtliches Ich, an dem sich Büchner aufrüsten konnte! Byron, aus dessen Dichtungen der rigoros aufs Ganze gehende Enthusiasmus der Jugend strömt, muß einen besonderen Widerhall bei Büchner gefunden haben, bei dem der Zwang zur Verstellung im eigenen Leben zur angestauten Sehnsucht nach totaler Offenheit führt. Der »Danton« des Einundzwanzigjährigen wird hierfür die Schleusen öffnen. Die Wahrheit, und sei sie noch so desillusionierend, mußte ohne Rücksicht auf Freund und Feind ausgesprochen werden. Sie ist ja die eigentlich treibende Kraft.

Anders selbst als Heine wird Büchner dann allerdings die Stellung des Schriftstellers in der Gesellschaft keineswegs überschätzen. Er wird das Ich des Autors stärker relativieren.

Byron und teilweise auch Heine waren zwei Büchner verwandte Naturen mit einem Drang nach einem kritischen Aktivismus – zugleich auch mit pessimistischen Unterströmen, krisenhaften Einbrüchen. Doch die *Unmittelbarkeit* ihres Erlebens ließ sie ihre Welt ungeschönt, ließ sie sie authentischer fassen.

Weltschmerzstimmung durchzieht das Werk Byrons. Auch Büchner kennt sie. Streckenweise, vor allem zum Ende seines ersten Werkes, schrumpft die Distanz des Autors gegenüber dem fatalistischen Gemütszustand seines Titelhelden Danton bedenklich. Der Tod scheint bei beiden in der Nähe. Doch was bei Byron zum Symbol hochgeschrieben wird, das Zerfließen im Weltschmerz – Büchner bemüht sich stärker, die Ursachen aufzudecken.

Ein schwieriger Aneignungsvorgang hat hier offenbar stattgefunden: etwas zwischen Anziehung und Abstoßung. Eine Haltung zum Widerspruch immerhin, die produktiv macht.

49. Horizontverengungen

Büchner war um so aufgeschlossener für Problematisches, je mehr er sich in verschiedener Hinsicht in einer Phase des Suchens befand: als Politiker, als Mensch, als künftiger Künstler.

Bereits im September hatten sich problematische Seiten des revolutionären Kampfes abgezeichnet. Noch deutlicher wurde das in den kommenden Monaten, als sich die einzelnen Gruppierungen bzw. Fraktionen weiter von dem Handlungsrahmen entfernten, auf den sie sich auf der Badenburg mit Mühe geeinigt hatten. Weidig zeigte –

zumindest dürfte sich das aus Büchners Blickwinkel so dargestellt haben –, daß er angesichts der internen Machtkonstellationen bereit wäre, das erst wenige Monate zuvor akzeptierte *Prinzip* aufzugeben: gemeinsam zu beraten und im Rahmen des vereinbarten Kompromisses zu verfahren. Aus der Perspektive Büchners schien ein Handeln, das sich nunmehr nur gegen die Aristokratie richtete und die sozialen Forderungen der Massen aussparte, eine verhängnisvolle Verengung nach sich ziehen zu müssen. Die gesamte revolutionäre Bewegung würde zersplittert und geschwächt werden; sie liefe sogar Gefahr, sich selbst zu paralysieren.

Solche Konstellationen zeichnet Büchner im »Danton«. Der Trend zur Alleinherrschaft einer (kleinbürgerlich-radikalen) Fraktion ist dort in eine Zeit *nach* der siegreichen politischen Revolution über die Aristokratie gestellt. Er kann sich dadurch um so deutlicher offenbaren: als Diktatur einer Gruppe, der eine Liquidierung der gesamten ehemaligen Linken alsbald folgen wird. – Büchner war also durch seine Erfahrungen innerhalb der Führungsschicht der revolutionären Demokratie für die Dantonsche Problemlage bereits sensibilisiert. Er maß ihr bedeutenden Wert bei, bevor er über sie zu schreiben begann. Er wählte sich hierfür nicht zufällig einen Stoff aus, der geeignet war, diese Frage als eine von historisch-strategischer Bedeutung zu behandeln.

Das Gewicht einer persönlichen Enttäuschung dürfte mit hineingespielt haben. Schließlich hatte Büchner Weidigs altes autokratisches Regime nur mühsam zu mildern vermocht. Wenn schon andere den Eindruck gewonnen hatten, daß Weidig um die Märtyrerkrone der Freiheit rang, so dürfte dieser Weidigsche Zug auch Büchner nicht entgangen sein. Weidigs Wirken haftete in der Tat ein Sendungsbewußtsein an, das aufgrund seiner Selbstlosigkeit ebenso achtunggebietend und persönlich glaubhaft war, wie es andererseits gerade Leuten wie Büchner problematisch erscheinen mußte. (Robespierre wird sich dann sogar mit Christus vergleichen. Und daß er von seinen Anhängern nicht nur als der »Unbestechliche«, sondern auch als »Messias« gepriesen wird, ist ihm keineswegs unangenehm.) Weidigs Sendungsbewußtsein heiligte alle Mittel – sofern er, ihr Interpret, nur meinte, daß sie seinen Zwecken dienten. Neben dem Meineid als Notwehr vor den Gerichten der Reaktion, den auch Büchner befürwortete, schätzte Weidig den individuellen Terror, von dem Büchner indessen gar nichts hielt. Büchner muß das Verhalten Weidigs – soviel er davon erfuhr – demzufolge als einen Rückfall gedeutet haben. Es konnte ihm Bestätigung sein, daß radikale »neojakobinische« Führerpersönlichkeiten zu einer wirklichen demokratischen oder sozialen Öffnung nicht in der Lage seien.

Dieses Fazit aus dem einjährigen Verhältnis der zwei markantesten hessischen revolutionär-demokratischen Führer zueinander, sofern Büchner es zog, hat offensichtlich ebenfalls poetische Auswirkungen gehabt. Sozialrevolutionäre Ansätze, die er beim historischen Robespierre vorfand, verwendet Büchner in »Dantons Tod« *nicht!* Durch diese Reduktion konnte er den Deutschen die Beschränkung kleinbürgerlicher Revolutionsauffassungen deutlicher als eine praktische Sackgasse charakterisieren, an deren Ende – die Guillotine stand.

Historische Quellen, die Büchner studierte, waren demnach das eine. Motivationen dagegen kamen aus der revolutionären Bewegung, von der Büchner selbst ein Teil war. Da kaum einer in dieser so exponiert gelebt hatte wie er, konnte womöglich auch nur er ein solches Stück über die Problematik der (bürgerlichen) Revolution mit den ihr eigenen Fragestellungen und mit einer ganz neuen Methode des Herangehens an Kunst und Geschichte schreiben. Es kann, wie bereits beim »Landboten«, wiederum kein Zufall sein, daß Praxiserleben und künstlerisches Neuerertum so auffällig konvergieren.

Nach dem Verhalten Weidigs und der Marburger mußte sich Büchner nun um so mehr in der Pflicht fühlen, sich mit seines Erachtens fatalen Tendenzen in der revolutionär-demokratischen Führungsschicht auseinanderzusetzen. Nachdem er ein halbes Jahr zuvor im kleinen Kreis der »Delegierten« überstimmt worden war, wird er nun noch einmal, die wenigen ihm verbliebenen Chancen nutzend, versuchen, *politisch aufklärend zu wirken.* In einer verschlüsselten Form zwar, aber verständlich, will er vor allem die »gebildeten« Revolutionäre und die in Deutschland mit der Revolution Sympathisierenden erreichen.

Zu diesem Zweck wird er statt der Autorität der Bibel die Autorität der Geschichte anrufen.

50. Nichtrevolutionäre Situation und Avantgardismus

Die revolutionär-demokratische Bewegung war nicht über die Arbeit einiger Zirkel hinausgekommen. Ihr fehlte die Massenbasis. Und die Tatkraft der wenigen Gruppen erschlaffte rasch, sobald die führenden Köpfe nicht mehr da waren. Selbst in Gießen dachte man bald kaum mehr an Politik. Es zeichnete sich, nun auch in Hessen, wo man noch am längsten in Deutschland aktiv gewesen war, immer deutlicher eine Krise der revolutionär-demokratischen Bewegung ab.

Selbst in der revolutionären republikanischen einschließlich der Arbeiterbewegung Frankreichs ist zu spüren, daß der Widerstand gegen das sich festigende Juste-milieu allmählich erlahmt und einer Resignation Platz macht. Der sozialökonomische Ansatz der Neobabouvisten wird vorerst verdrängt. Nach der Niederlage vom Frühjahr mystifiziert eine religiöse Bewegung den Kampf gegen die Aristokratie Europas zum Kreuzzug. Die »Worte eines Gläubigen«, des Paters Lamennais, werden begeistert aufgenommen. In kürzester Frist setzt man hunderttausend Exemplare ab, und auch in Deutschland erscheint die Schrift in mindestens sieben Ausgaben. Weidig plant bereits im August/September eine auszugsweise Übersetzung, die er »in revolutionären Blättern ... zur Kenntnis des Volkes« (Prozeß) bringen will.

Wie verhielt es sich dagegen mit der Wirksamkeit des »Landboten«? Auch wenn man nicht annimmt, Büchner habe erwartet, daß eine erfolgreiche Flugschrift auf der Stelle Volksaufstände und die Revolution auslösen könne, so muß das Unternehmen doch wenig ermutigend gewesen sein. Die Wirkung der Schrift ist nicht eindeutig belegt. Becker sagt aus: »Als er (Büchner) später hörte, daß die Bauern die meisten gefundenen Flugschriften auf der Polizei abgeliefert hätten, als er vernahm, daß sich auch die Patrioten gegen seine Flugschrift ausgesprochen, gab er alle seine politischen Hoffnungen in bezug auf ein Anderswerden auf.« Wahrscheinlich war diese Aussage vor Gericht bewußt übertrieben worden, zumal die späteren Prozeßakten nur von einem einzigen Fall einer Ablieferung durch das achtjährige Kind eines Friedberger Polizeidieners berichten und Becker zugleich angibt, Weidig habe »Bauern gesprochen ..., auf welche der

›Landbote‹ einen ungewöhnlichen Eindruck« gemacht habe. Später, in Freiheit, nennt Becker die Flugschrift die einzige, »die zum Verständnis und Herz des Volkes gelangt« sei.

Nichtsdestoweniger bleiben die nachweisbaren positiven Reaktionen in der Masse gering. Es kann auch kaum einen Rücklauf gegeben haben, der eine objektive Auswertung der Aktion zuließ. Man war auf mehr oder weniger zufällige Eindrücke angewiesen. Mit der empirischen Methode die Stimmung des deutschen Volkes, also seine Revolutionsbereitschaft, erforschen zu wollen war unter diesen Bedingungen in der Tat ein »trügliches Mittel«; aber Büchner stand, so urteilt Weidig weiter, »kein anderes zu Gebote«.

Dies muß dazu beigetragen haben, daß sich Büchner mit seiner Dichtung fortan weitgehend dem kleinbürgerlichen Lesepublikum zuwendet. Das Landproletariat und ein ziemlicher Teil der verarmten Kleinbauern, die an Büchners sozialer Argumentation interessiert sein konnten und die Masse des Volkes zahlenmäßig ausmachten, waren ja praktisch Analphabeten! Sie mochten recht und schlecht laut allgemeiner Schulpflicht das Buchstabieren gelernt haben – die Schinderei des Lebens trieb ihnen das Abc wieder aus.

Die in den Quellen erwähnte Tatsache, daß ein Bäckergeselle das Flugblatt – offenbar leseunkundigen – Landarbeitern vorlesen mußte, deutet auf diesen Punkt hin. Das Massenmedium des *Hörens* der Guerilla war noch nicht erfunden, geheime Sender konnten noch nicht aufgestellt werden.

Ist das Flugblattunternehmen für Büchner auch kein totaler Reinfall, so scheint es doch zu offenbaren, daß die Stimmung in der Masse *keineswegs revolutionär* war. Büchner bemühte sich zwar von Anfang an um eine nüchterne Einschätzung der Situation, dennoch hatte auch er auf einen zeitlich *absehbaren* Umschwung gehofft, was ja generell eine Triebkraft unter den jungen Revolutionären geblieben war.

Der geistige Kopf der Menschenrechtler beginnt nun zu zweifeln, ob es angesichts der Gesamtlage wirklich noch sinnvoll sein kann, mit einem Häuflein riskante Waffenübungen zu betreiben oder geheime Flugblattaktionen zu starten. Um die Jahreswende 1834/35 herum – Büchner wird im Juli/August 1835 in einem Brief an Bruder Wilhelm von »einem halben Jahr« sprechen – überzeugt er sich davon, »daß jeder, der im Augenblick sich aufopfert, seine Haut wie ein Narr zu Markte trägt«. Er macht dafür die allgemeinen Verhältnisse und die Zerstückelung der gesamten oppositionellen Linken (er bezeichnet sie als »liberale Partei«) verantwortlich. Beide machten »ein zweckmäßiges übereinstimmendes Handeln unmöglich ...«. Kam es vielleicht doch aus solchen Überlegungen heraus zum Verzicht auf die illegale Druckerpresse, führte es ihn zur legalen Literatur?

Diese Sicht bereitet sich in Darmstadt vor – und keineswegs schmerzfrei. Denn in gewissem Sinne steht Büchner da, wo er bereits vor einem Jahr stand. Die ungelösten Widersprüche, auf die er bei seinen philosophischen und geschichtlichen Studien gestoßen war, drängen aufs neue hervor. Er kann sie nicht mehr wegdrücken. Ein neues Tief zeigt sich an. Es ist Teil eines Ringens, seine Ansichten zu korrigieren. Dabei reift Büchner endgültig zum Dichter. Er will und muß mit sich ins reine kommen, muß Klarheit gewinnen über den inneren Zusammenhang, die Gesetzmäßigkeiten, Prioritäten, Irrwege und Fragezeichen, die Perspektiven einer Revolution. Denn wer soll Subjekt der revolutionären Veränderung sein, wenn die großen Individuen nur Eckensteher der Geschichte, Schaum auf der Welle sind, wenn ein einheitliches soziales Interesse bei den Volksschichten gar nicht existiert – und die plebejischen Massen noch nicht über ein *Bewußtsein ihrer selbst* verfügen?

Wie also soll die menschliche Bildung der Umwelt vollzogen werden, wenn die Umwelt, wie sie ist, nun einmal den Menschen bildet?! Auskünfte hierüber kann nur die Geschichte geben.

Sie *noch* genauer als ehedem zu befragen, leiht sich Büchner Geschichtswerke aus, sieben an der Zahl, schubweise aus der Darmstädter Hofbibliothek: drei im Oktober, vier im Dezember. Es sind historische, kulturgeschichtliche und philosophische Abhandlungen. Darunter noch einmal Thiers. Das Sammelwerk »Unsere Zeit« steht vielbändig in des Vaters Bücherschrank. Büchner liest nicht nur; er fertigt höchstwahrscheinlich auch umfangreiche Exzerpte an, denn er verwendet ganze Seiten fast wörtlich im Drama: Zeichen seines Bemühens um geschichtliche Authentizität.

Die Lektüre eröffnet ihm Phantasieräume von großer philosophischer und sinnlicher Eindringlichkeit. Dazu kommt die vielseitige Begegnung mit unterschiedlichen Menschen, sozialen Milieus und

Örtlichkeiten in Darmstadt. Beides gibt ihm Bilder und Vergleiche an die Hand. Aus geschichtlicher Phantasie und Realität entstehen Aufnahmen, die die Statik des Alltags aufreißen.

Was er unter den Sektionären, die er noch kürzlich zu Pionierleistungen anfeuerte, schwerlich sagen kann, wenn er nicht als kleinmütiger Kapitulant gelten will – es liegt ihm dennoch auf der Seele. Er muß es anderswo artikulieren.

51. Kein Mysterium

»... Unglückliche Verhältnisse ... zwangen mich, es in höchstens fünf Wochen zu schreiben ...«, äußert Büchner am 21. Februar 1835, am Tag, als er ihn abschließt, über die Entstehung seines »Danton«. War schon der »Landbote« in kurzer Frist geschrieben worden, so ist solche Zeitspanne für ein ganzes Drama noch erstaunlicher – selbst dann, wenn man Materialsammlung *und* Konzipierung *vor* den eigentlichen Schreibvorgang setzt. Das schriftstellerische Talent scheint nun förmlich zu explodieren!

Trotz der schlechten äußeren Schreibbedingungen, unter denen das Werk aufs Papier kommt, gibt es doch etliche Faktoren, die dem schöpferischen Akt förderlich sind. Nicht nur, daß Büchners Disputier- und Aktionsbedürfnis nach innen verwiesen ist; es ist auch der günstige Zeitpunkt, wo die Erregung über das Erlebte und Gelesene noch lebendig ist und der Stoff doch schon aus einem überschauenden Blickwinkel verarbeitet werden kann, da die Begegnung mit der Französischen Revolution eine lange Geschichte hat.

Selbst die »Angst« vor den »Darmstädter Polizeidienern« zählte, nach einer von K. Gutzkow mitgeteilten Äußerung Büchners, zu den »Musen« des »Danton«. Auch die ständige Tuchfühlung mit der Familie, die manch anderen frustriert hätte, dürfte in diesem Sinne wirken. Denn während Büchner medizinisch-naturwissenschaftliche Tabellen auf dem Tisch in einem später vom Bruder Ludwig als alten

»Schuppen« bezeichneten Raum des Hinterflügels griffbereit liegen hat, um das bereits Geschriebene zu verdecken, falls Vater oder Mutter überraschend hereinträten (Bruder Wilhelm ist ins Vertrauen gezogen, um Hilfestellung zu leisten), entwirft, montiert er Szene um Szene. Zweiunddreißig größere und kleinere. »Ich schreibe wie im Fieber, aber das schadet dem Werke nicht – im Gegenteil! Übrigens habe ich keine Wahl, ich kann mir keine Ruhe gönnen, bis ich den Danton unter der Guillotine habe«, soll Georg zu Wilhelm gesagt haben. Wieder macht er die Nächte zu Tagen, »... er sprach selten, aß wenig und zeigte immer eine verstörte und stiere Miene« (L. Büchner).

Die Eltern fürchten um seinen Gesundheitszustand. Zeitnot, Ruhelosigkeit und Bedrohung führen dennoch nicht zur Lähmung, sondern zu »unbeschreiblicher geistiger Aufregung«, einer schöpferischen »Hast« (L. Büchner) und Besessenheit: einer hochgradigen Konzentration. Große Werke werden selten mit Überlegenheitsgefühlen geschrieben. Es ist, als ob bei diesem überstürzten Arbeiten eine tiefe Wunde aufgeschnitten würde, deren Blut und Eiter herausläuft, die aber nicht recht genäht werden kann. Die Wundschließung will so nur schwer erfolgen.

Bedrohliches dürfte er in diesen Wochen des Schreibens wieder empfinden; Augenblicke, in denen sich das Prekäre der politischen wie der eigenen Lage ähnlich zu tiefer Niedergeschlagenheit zusammenzuballen und zu verengen scheint wie während seiner Fatalismuskrise. Weniger eruptiv jetzt, eher schleichend.

Eine verführerische Sehnsucht nach Ruhe, weg von den aufreibenden Widersprüchen, womöglich sogar eine Versuchung, auszusteigen aus dem politischen Leben, dürfte ihn in manchen Momenten überkommen haben: einfach irgendwo zu vergessen, in der Natur, zu Füßen einer Frau, deren naive Gefühlsstärke er vielleicht in sich aufnehmen könnte ... Vielleicht kommt ihm sogar der Gedanke an das Auslöschen seiner Existenz, an ein Sichtreibenlassen: mit resignativer Gebärde, der »Hudeleien überdrüssig«, die Gefahr mißachtend und darauf vertrauend, daß er »mit Mut zu sterben wissen« werde (Danton). »Man muß auf diesen Zustand, während dessen der größte Teil von ›Danton‹ geschrieben wurde, aufmerksam gemacht sein, um für manches Subjektive in dem Drama eine Erklärung zu finden.« (L. Büchner) In seinem Zimmer-Gefängnis in der Grafenstraße muß

Maximilien
de Robespierre,
Frontispiz zu Heft 10
von »Unsere Zeit«.

er selbst ein Stück der Not und des Aufschreis einer kreatürlichen
wie intellektuellen Existenz durchleben. Vertieft er doch seinen Dra-
menhelden Danton gerade in *dieser* Beziehung, abweichend von dem
überlieferten historischen Befund.

Sein geübter Verstand weiß zugleich, wohin solche Stimmungen
des »Gestorbenseins« führen. Er weiß aus dem Erlebnis von vor
einem Jahr, daß man sich ihrer, zumindest zeit- und teilweise, erwehren kann: durch Aussprechen und Schreiben; damit war Abstand zu
gewinnen.

Aussprechen, Selbstvergewisserung, Selbsttherapie sind indessen
nicht alles. Das Geschriebene soll, was durch die sofortige Absendung der Blätter belegt ist, nicht in der Schublade verschwinden oder
im Ofen verbrannt werden. Es soll unter die Leute kommen. Wirkung
ist beabsichtigt (und einkalkuliert). Der »Danton« ist demnach auch
als öffentliche Prüfung seines Talents gedacht: Vielleicht ließe sich

Danton auf dem Weg
zur Hinrichtung, 1794.
Rötelzeichnung,
Pierre Alexandre Wille
zugeschrieben.

so, mag er denken, tatsächlich mit dem Schriftstellerhandwerk, politisch wie finanziell, trotz der Zensur etwas anfangen. Schließlich hatten die Freunde und Verbündeten schon dem »Landboten«, seinem ersten Schreibzeugnis, was die Ausdruckskraft betraf, ihren Beifall nicht versagen können. Selbst der Flugschriftenspezialist Weidig hatte ihn insgeheim bewundert.

Ein politisches Pamphlet war allerdings noch kein Kunstwerk. Die mit »Dantons Tod« ins Auge gefaßten Probleme waren mehrschichtiger. Sie auf einen Nenner zu bringen wäre unangemessen. Das dramatische Metier verlangt und erlaubt Differenzierungen und Zwischentöne. Es bietet Gelegenheit, politische, weltanschauliche und seelische Vorgänge und Widersprüche im Licht aktuell bedeutsamer Fragestellungen durchzuspielen.

Vielleicht ließen sich im dramatischen Experiment, im szenisch-dialogischen Spiel auf dem Papier, die Dinge besser durchdringen,

251

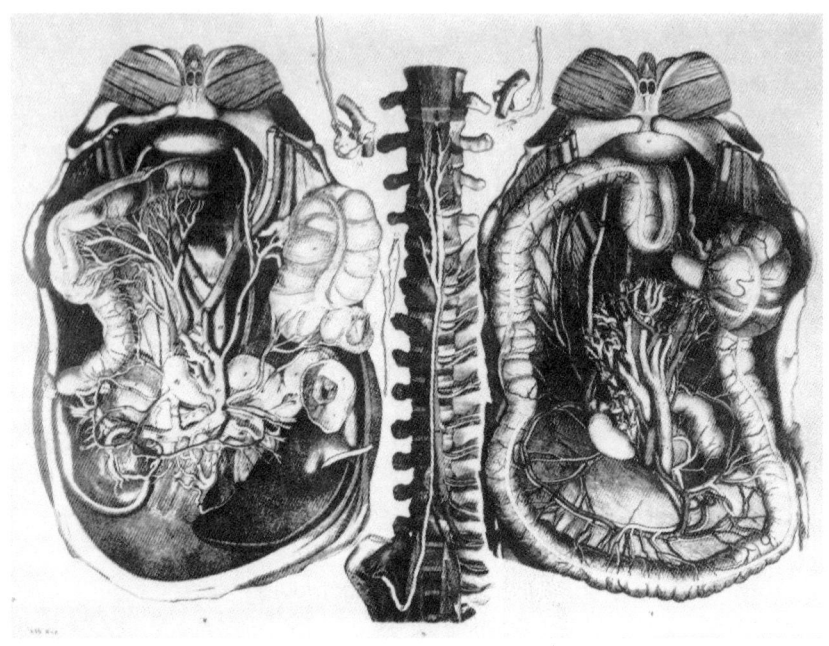

Tafel aus dem »Anatomischen Atlas des menschlichen Körpers ...« von
M.J. Weber, der höchstwahrscheinlich auf Büchners Arbeitstisch gelegen hat.

ließen sich Erkenntnisse aus dem Material gewinnen, über die Be-
grenzungen hinaus, die dem Autor im realen Leben gesetzt waren?

52. Das Debüt

Nicht den geplanten Aufstandsversuch des Gracchus Babeuf
von 1796 mit seinen unausgereiften frühkommunistischen Ideen er-
wählt Büchner sich als Stoff und Thema aus der neueren Geschichte.

Da sich die Gesellschaft offenbar nicht von einem Ideal her umstülpen läßt, zu vieles dem im Wege steht, interessieren ihn vergangene Konstellationen, die durch ihre Verwandtschaft mit dem, was sich im Heute abzeichnet, auf die nächsten Aufgaben verweisen können. Also die Zeit nach dem gemeinsamen politischen Sieg des dritten und vierten Standes über die Aristokratie: konkret der Augenblick, in dem die Widersprüche sowohl in Form von Differenzen der linken Gruppierungen untereinander als auch im Verhältnis zu den Massen am deutlichsten hervortraten. Und dieser war während der Aufrichtung der ersten revolutionär-demokratischen Diktatur der Jakobiner, im Revolutionsgeschehen insbesondere an den Tagen vom 24. März bis zum 5. April 1794.

An einem revolutionären Scheidepunkt, wo alle zu unmittelbaren Stellungnahmen gezwungen sind, will Büchner herausbekommen, ob und welche Gesetze den einzelnen und die Revolution wirklich bestimmen. Gerade dort müßte es besonders offenbar werden.

Keine ideale Musterrevolution wie bei Schiller im »Wilhelm Tell« darf also ablaufen! Das Leben soll sich in seiner Dialektik offenbaren. Büchner geht es um das Zusammen- und Gegenspiel der *Interessen und Triebkräfte.*

Obgleich er das klassische Handlungsschema noch verwendet, dramaturgisch Danton und Robespierre als Gegenspieler auftreten, führt Büchner den *Ideenkampf* innerhalb der Führungskräfte über weite Strecken schon als Scheingefecht. Moralisiert wird nicht mehr, es gibt auch keine idealen Helden.

Statt dessen bringt Büchner einen bestürzenden Realismus auf die Bühne und stellt ihn aus: den wütenden Zugriff der um den Ertrag der Revolution Geprellten, der noch immer Hungernden, deren Frauen und Töchter sich prostituieren müssen; die Kumpanei der zweiten Führungsschicht; die Schläue der Richter und Untersuchungsbeamten; die zotigen Rufe der Massen an die Hinrichtungskandidaten; den gemütvollen Handwerkseifer der Henker nach getaner Arbeit – alles dies wirkt als illusionslos kräftiges, teilweise burleskes, am Ende zynisches Gegenspiel.

Die Direktheit allein tut es wiederum auch nicht. Büchner entwirrt das Dickicht der Widersprüche, versucht zu analysieren. Er wendet sich vom Gut/Böse- und Richtig/Falsch-Schema ab, scheut kein Tabu beim Suchen nach der Wahrheit. Er kann die Dinge halt nicht

Originalmanuskript von »Dantons Tod« I/1. Die 168 Seiten umfassende Handschrift weist zahlreiche Sofortkorrekturen, Einschübe und Streichungen auf.

anders als in einer sehr offenen Art darbieten, will er vor sich selbst bestehen und nicht in Zweckoptimismus verfallen.

Wie schon während der Fatalismuskrise ist Büchner immer aufs neue betroffen von dem, was ein revolutionärer Umbruch den dafür Verantwortlichen aufbürdet und abfordert. Der »schauderhafte« Widerspruch zwischen dem »Muß« (der objektiven Anforderung der Geschichte an · das Subjekt) und dem »Ärgernis« (einem vom ursprünglich humanistischen Impuls des Handelnden sich ablösenden Wirken), dieses tiefempfundene Spannungsverhältnis, von dem er bereits in jenem Brief an die Freundin ein Jahr zuvor gesprochen hatte, ist nun in den »Danton« eingeschrieben.

Danton bleibt alternativlos in der Frage: »Wie lange soll die Menschheit im ewigen Hunger ihre eigenen Glieder fressen?« Mehr und mehr sein Ich als determiniertes, von seinem eigenen Wollen entfremdetes Objekt begreifend und das Schicksal der Revolution als sinnloses Fatum, kann und will er schließlich nicht einmal mehr den Kopf aus der Schlinge ziehen. Der pseudorevolutionäre Automatismus, die Entwertung der Werte, die Unfähigkeit, Robespierres radikalem Moralidealismus zu folgen, haben ihn seiner Kraft und seines revolutionären Elans beraubt.

Die Erkenntnis Dantons, nicht handeln zu können, drückt Büchners eigenes Hamlet-Empfinden aus. Als führender politischer Agitator einerseits genötigt, politisch konstruktiv und rhetorisch kraftvoll in Erscheinung zu treten, ist er andererseits gelähmt. Jetzt, in der Krise der Bewegung, wo die *wahrhaftige* Aufrechnung ansteht, wird ihm dies überdeutlich bewußt. Insbesondere Danton, die Titelfigur, ist keine schillersche Sprachröhre, sondern ein Mensch mit seinem wirklichen Widerspruch – ein moderner Charakter.

Biografisch schließt sich der Kreis: In der Fatalismuskrise hat Büchner eine Verengung seines Gesichtsfeldes erlebt; aus ihr suchte er sich loszumachen, indem er seinen Blick wieder auf übergreifende soziale Interessen richtete. Und dies geschieht nun abermals: durch den Schreibprozeß des Werkes.

Denn Dantons fatalistisches Selbst- und Geschichtsverständnis treibt trotz Verwandtschaft mit Büchners eigener Fatalismuskrise weiter: Die Linie ist gleichsam bis ans Ende verlängert und führt so, verdeutlicht, in die ebenso bittere wie sinnlose Konsequenz. Was der Autor im Gesamtspiel vorführt, ist vor allem die Außenbestimmtheit kleinbürgerlicher Führungskräfte in Variationen. Damit zerstört Büchner endgültig die Legende von den revolutionär-demokratischen Heroen und reflektiert seine eigenen Entfremdungen und Krisen kritisch. Die Teilerkenntnis von der »unabwendbaren« Gewalt in »den menschlichen Verhältnissen, allem und keinem verliehen«, mit der Büchner vor einem Jahr die tradierte idealistische Auffassung von der angeblichen »Herrschaft des Genies«, das die Geschichte mache, durchbrach, wird im Drama, das ein Jahr gründlicher politischer Praxis verarbeitet, um eine Erkenntnisstufe weitergeführt: Jenes »eherne Gesetz« der Determination, von dem er damals schrieb, daß »es zu erkennen das Höchste« sei, ist im Drama als Fatum festgeschrieben: als jene unabwendbare psychische oder moralische Entfremdung, ja als Untergang all derer innerhalb der Führungsschicht der Revolution, die sich nicht bewußt der Beseitigung des materiellen Elends der Volksmassen, also den elementaren Menschenrechten, widmen, sich nicht *diesem Ziel unterordnen*. Dieses Ziel erscheint als dringender Zweck der Revolution. Das Interesse des Volkes holt alles ein; auch Robespierres Sturz wird vorausgesagt.

Büchner läßt diese herbe, mahnende Botschaft schillernd zwar, doch aus seiner Wirkungsstrategie durchaus ablesbar, an jene ergehen, die sich anschicken, künftige Revolutionen vorzubereiten; als Warnung vor »Irrwegen, welche man in ihrem Dienste begehen kann« (K. Gutzkow), nicht als grundsätzliche Infragestellung; der Revolutionsprozeß geht weiter. –

Die Individuen allerdings genießen nicht nur auf verschiedene Weise, sie scheinen auch für den Umgang mit bestimmten Ideologemen vorbestimmt: der sinnliche Danton fürs Epikuräertum, der asketische Robespierre für das Tugendstreben, der Logiker St-Just für das mechanisch-materialistische Kalkül. Diese Unterschiede sind allerdings von nicht unerheblichem Gewicht. Keiner kann aus der zu seiner »Natur« gewordenen Einseitigkeit, die neben sozialen Prägungen sein Interesse bestimmt, so ohne weiteres heraus.

Büchner scheint es letztlich offenzulassen, ob selbst jene, die als Intellektuelle nach oben geraten sind, bei allem ehrlichen Vorsatz und bei aller Ausstrahlungskraft, mit ihren andersgearteten Ambitionen wirklich Führungskräfte im Kampf um die Interessen der Massen sein können. Ihre »Natur« scheint durchzuschlagen. Der Fakt wird vom Autor konstatiert, kritisch besehen und zugleich mit Verständnis inszeniert. »Es wurde ein Fehler gemacht, wie wir geschaffen wurden, es fehlt uns etwas ...«, läßt er Camille sagen. Ein Stück Selbstabrechnung scheint hier auf: Auch Büchner vermochte es, trotz aller Sympathie, die er für die Lebensweise und die einfachen, natürlichen Verrichtungen der Massen empfand, nicht, seine eigenen Lebensansprüche zu verleugnen. Er liebte Kasinos und erleuchtete Säle. Als er am »Danton« schrieb, war in ihm – ähnlich Heine bei anderer Gelegenheit – eine Spannung lebendig: zwischen der Erkenntnis vom berechtigten Anspruch der armen, arbeitenden Klasse und den weitgespannteren Sehnsüchten des Intellektuellen nach totaler Emanzipation der Individualität.

Die nächste Stufe der Erkenntnis zu erklimmen, vermag Büchner noch nicht. Die »Paradegäule« der Geschichte, zeigt das Werk unmißverständlich, waren tatsächlich nicht in der Lage, die Majorität sinnvoll zu leiten.

Und die Volksmassen selbst?

Auch sie sind Büchner keine außerhalb aller Wertung stehende Größe. Büchner zeigt sie elend, bar der elementarsten Menschenrechte auf Brot und Würde, von den Neureichen betrogen und gegen sie erbittert. Durch die wechselnden Führungsgruppen ans Totschlagen gewöhnt und verroht, neigen sie in ihrem anarchischen Aufbegehren zu vulgärer Gleichmacherei, zu kunst- und bildungsfeindlichen Ausfällen, sind sie andererseits rhetorischem und äußerem Schein gegenüber anfällig. Teils manipulierbar, bilden sie eine insgesamt noch kopflose Masse, ohne konkretes Programm, ohne eigene Avantgarde und eben dadurch in ihrem Drängen noch nicht effektiv. Obgleich eine Führung aus eigener Verantwortung noch nicht denkbar ist, zeigt Büchner schon einzelne, wie den Dritten Bürger, die nicht mehr nur den gegenwärtigen Zustand verneinen, sondern bereits eine Aktion ankündigen: »Unser Leben ist der Mord durch Arbeit; wir hängen sechzig Jahre am Strick und zappeln, aber wir werden uns losschneiden!« Doch gleich darauf läßt Büchner ihn einen Guillotinen-»Platzregen« fordern, damit dem Volk »die Backen ... rot« werden – womit er nur den Spuren Robespierres folgt. Wie die materielle Befreiung und die gesamte Emanzipationsaufgabe, vor der

die Menschheit steht, eigentlich konkret in Angriff genommen werden soll, in dieser Frage ist Büchner im »Danton« zurückhaltender
als unter den Menschenrechtlern.

Nur aus Zensurgründen?

Die sozialökonomischen Gesetzmäßigkeiten der Epoche und die
aus ihnen gewinnbaren gesellschaftlichen Einsichten und Alternati-
ven liegen noch weitestgehend im dunkeln. Eine gerechte Verteilung
des Mangels ist, wie schon bemerkt, kein Ausweg. Erst gut ein Jahr-
zehnt später werden die nötigen Erkenntnisse *wissenschaftlich* gewonnen. Büchner, objektiv überfordert, betreibt seine Erkundungen auf
dem Feld, auf dem sie in *diesen* Jahren bereits begrenzte Chancen
hatten: in der *Kunst.* Als Realist zieht er es dabei vor, die programma-
tischen Hauptangebote seiner Gegenwart – vulgäre Gleichmacherei,
Revolution des Schreckens, Aufhebung der Staatsfunktionen überhaupt – vom Interesse der großen Masse her zu *diskutieren.*

Er selbst mochte offenbar die vielen Konzeptionen nicht noch um
eine eigene vermehren. Die ablesbaren Grundaussagen seiner Erkundungen gehen allerdings in die richtige Richtung: individuelle Ungleichheit bei grundlegender sozialer Gleichstellung aller; dazu ein
Staatswesen, das die Interessen und Freiheiten der Volksmehrheit
ohne Manipulationen direkt demokratisch garantiert. Auch dies verschafft dem Diskussionsstück als einem Beitrag zur Kritik der (bürgerlichen) Revolution einen Platz nicht nur im Vorfeld marxistischer
Geschichts- und Gesellschaftserkenntnis.

Büchner hat versucht, sich mit »Dantons Tod« die lastende Revolu-
tionsproblematik von der Seele zu schreiben; in seinem Kopf behält
sie weiter einen Stellenwert. Es bleibt die Überzeugung: »Das Verhältnis zwischen Armen und Reichen ist das einzige revolutionäre
Element in der Welt.« (An Gutzkow, 1837)

Zwangsläufig, meint Büchner, werde das *materielle Elend* irgendwann einen Umsturz der Dinge herbeiführen. Revolutionen lassen
sich seines Erachtens eben »nicht *machen*«. Selbst wenn man als
Avantgardist die »Notzustände noch so treffend *schildert*«. Man
müsse dem letztlich souveränen Volk nicht nur »das Recht ... zu revolutionieren« zugestehen, sondern ebenso »das Recht, ... *nicht* zu
revolutionieren«. Wilhelm Schulz teilt aus Gesprächen weiter mit,
daß Büchner aus der ungenügenden Resonanz der »Landboten«-Un-

ternehmung »nur den *einen* Schluß« zog, »daß die Not *noch nicht* groß genug« sei. Erst mußte nach Büchners Auffassung der »Hunger« wie die »sieben ägyptischen Plagen« (an Gutzkow, 1835) übers Land ziehen, bevor es zum Aufstand mit Durchschlagskraft kommen würde, der sich dann weder im Blut ersticken noch sich durch irreleitende Konzepte Gebildeter von der Forderung nach »Gleichstellung aller« abdrängen ließe. Erst dann, im Stadium solcher Entfesselung, würde ein direkter politischer Einsatz wieder Sinn haben: »... Wir wollten schon eine Boa constrictor zusammen flechten. Mein Danton ist vorläufig ein seidenes Schnürchen und meine Muse ein verkleideter Samson.« (An Gutzkow, 1835)

Die Phase des direkten politischen Avantgardismus ist beendet. Büchner hält nichtsdestoweniger an der großartigen Erkenntnis des Primats des Materiellen gegenüber dem Ideellen fest. Zugleich macht er in gewissem Sinne aus der Not eine Tugend: Da ihm das bewußte avantgardistische Handeln des Subjekts in der Gegenwart kaum möglich zu sein scheint und, wie der »Danton« nahegelegt, wohl auch gar nicht unabdingbar, verkürzt er den dialektischen Ansatz der »Landboten«-Ära nun. Sein politisches Konzept zielt künftig darauf, zu verdeutlichen, daß die Notwendigkeit besteht, die ganze alte Gesellschaft zum Teufel zu schicken, und daß die soziale Regeneration einzig vom Volke ausgehen müsse.

Das Schicksal der »Landboten«-Flugschrift muß sich also aus Büchners Blickwinkel – zumindest in diesen Wochen – wie eine gesetzmäßige Wirkung dargestellt haben: als empirische Antwort auf seine »Selbstüberhebung« als intellektueller Revolutionär.

In der Fatalismuskrise, erinnern wir uns, hatte die Selbstüberschätzung von Führerpersönlichkeiten bereits einen auffälligen Platz in Büchners Reaktion eingenommen.

53. Das »versteckte Genie ...«, Entdeckung und Lektion

»Sie werden ... sich also nicht wundern, wie ich Ihre Türe auf-
reiße, in Ihr Zimmer trete, Ihnen ein Manuskript auf die Brust setze
und ein Almosen abfordere. Ich bitte Sie nämlich, das Manuskript so
schnell wie möglich zu durchlesen, es, im Fall Ihnen Ihr Gewissen
als Kritiker dies erlauben sollte, dem Herrn Sauerländer zu empfehlen, und sogleich zu antworten. ...
Ich wiederhole meine Bitte um schnelle Antwort; im Falle eines
günstigen Erfolges können einige Zeilen von Ihrer Hand, wenn sie
noch vor nächstem Mittwoch hier eintreffen, einen Unglücklichen
vor einer sehr traurigen Lage bewahren.
Sollte Sie vielleicht der Ton dieses Briefes befremden, so bedenken Sie, daß es mir leichter fällt, in Lumpen zu betteln, als im Frack
eine Supplik zu überreichen, und fast leichter, die Pistole in der
Hand: la bourse ou la vie! zu sagen, als mit bebenden Lippen ein:
Gott lohn es! zu flüstern.

G. Büchner«

Diese ebenso selbstbewußten wie verzweifelten Zeilen fügt der Verfasser am 21. Februar 1835 seiner Päckchensendung an Herrn Gutzkow bei, die ins nahe Frankfurt geht. Die Wahl des Adressaten weist
auf eine sichere Kenntnis der modernen deutschen Literaturszene.

Gutzkow ist nicht nur einer der renommiertesten Autoren und Literaturkritiker des Jungen Deutschlands. Er gibt auch mit Beginn des
Jahres 1835 als Redakteur das »Literatur-Blatt« zur Tageszeitung
»Phönix. Frühlings-Zeitung für Deutschland« des Verlages Sauerländer heraus. In der Nummer eins vom 7. Januar hat er gerade den Ruf
nach Mitstreitern ergehen lassen. Und zwar an solche, die die »Literatur der Negation« durch »*positive* Antithesen« überwinden möchten, um das »Chaos« zu lichten, wie er sich ausdrückt. Er hat gerade
den ersten Teil von Heines »Zur Geschichte der Religion und Philosophie in Deutschland«, die auch Büchner für sein Stück verwendet
hat, zur Rezension vorliegen; und so vermag er in diesem literaturpo-
litisch wichtigen Moment aus dem Produkt des unbekannten Einsen-

ders, das anderenorts wohl kaum auf Interesse gestoßen wäre, heraus-
zulesen, wie sehr dieses Werk doch mit den zur Diskussion
stehenden Streitfragen zu tun hat. Er glaubt, ihn als einen Verbündeten des eigenen politischen Strebens zu erkennen. Gutzkow findet
nämlich bei Büchner sowohl »Grazie«, »Stil« und »Witz« als auch –
was er bei Heine vermißt – ein Stück »positiver Natur«.

Karl Gutzkow, der aus Berlin Exilierte, selbst erst dreiundzwanzig
Jahre, liest zwar den »Danton« ein wenig einseitig von der Position
des Titelhelden her; aber Büchner erzielt auf dem für ihn neuen
Kampffeld Literatur auf Anhieb einen Glückstreffer. Bereits vier
Tage nach der Absendung des Manuskripts, am 25. Februar, schreibt
Gutzkow: »In aller Eile einige Worte! Ihr Drama gefällt mir sehr, und
ich werde es Sauerländer empfehlen ...« Am 3. März fügt er mit
Nachdruck hinzu: »... Ihr Danton verrät einen tiefen Fond, in den
viel hineingeht, und viel heraus und das sollten Sie ernstlich bedenken. Solche versteckte Genies wie Sie kommen mir gerade recht;
denn ich möchte, daß meine Prophezeiung für die Zukunft nicht
ohne Belege bliebe, und Sie haben das Zeug dazu, mitzumachen. Ich
hoffe, daß Sie mir hierauf keine Antwort schuldig bleiben.« Wenn es
ihm, Büchner, wirklich in Deutschland derart »an den Sohlen«
brenne, solle er aber auf keinen Fall nach Amerika auswandern: »Sie
müssen sich in der Nähe halten (Schweiz, Frankreich), wo Sie ihre
herrlichen Gaben in die deutsche Literatur hineinflechten können ...«

Gutzkow entdeckt Büchners schriftstellerisches Talent. Er spürt,
daß der »Danton« keine Eintagsfliege ist, daß sich dahinter etwas
verbirgt, was man ermuntern und fördern müsse, ein Schatz, auf den
sein Besitzer bauen kann. Gutzkow spricht sogar bald von der »literarischen Prädestination« (an Büchner, 7. April 1835) seines Schütz-
lings und läßt dessen Zweifel gegenüber seinem Vermögen, sich als
Schriftsteller einzurichten, nicht gelten. Er macht ihm nicht nur mit
Worten Mut. Er bietet ihm eine ständige Autorschaft in seinem Blatt
an, die besser bezahlt wird als Buchpublikationen. Dies zusammen-
genommen ergäbe ein sichereres Sprungbrett in die Selbständigkeit,
als es Büchner fürs erste zu hoffen wagen durfte.

Damit erhalten die Fluchtgedanken, mit denen Büchner umgeht, rea-
lere Dimension.

Ein lohnender Lebenssinn scheint außerhalb der direkten Konspiration möglich, ohne von politischer Aufklärungsarbeit ablassen zu müssen. Vielleicht war das künstlerische, das mittelbare Sagen tatsächlich die ihm gemäße Wirkungsweise, zumal angesichts der gegenwärtigen Großwetterlage? Und was die Sorge ums künftige tägliche Brot anging, das Sichdurchschlagenmüssen ohne Unterstützung durch die Eltern, so mochte sie ihm nicht mehr so drückend zu sein.

Zugleich mit hoffnungsvollen Ermunterungen bekommt Büchner aber auch einen Vorgeschmack auf die bitteren Seiten des neuen Handwerks. Denn Gutzkow, der inzwischen eines Abends einem »gesellig verbundenen Kreis von älteren und jüngeren Kunstgenossen und Wahrheitsfreunden« (in Wirklichkeit waren darunter Metternich-Spitzel!) (Nachruf auf Büchner, Telegraf, Juni 1837) Szenen aus dem »Danton« vorgelesen hat, kann zwar Sauerländer, den Verleger, geneigt machen; doch gibt der, hierin ein echter Kaufmann, keine Zusage für den Druck. Die Forderungen namenloser Debütanten sind am ehesten zu drücken, und da beim herrschenden Geschmack des kleinbürgerlichen Lesepublikums ohnehin »theatralische Sachen für Verleger keine lockenden Artikel« sind, läßt Gutzkow, der die Dinge nüchtern einschätzt, schon mit den ersten Zeilen an Büchner verlauten, daß der Autor hier »bescheidene Honorarforderungen machen« müsse, wenn es etwas mit dem Druck werden solle. Büchner befindet sich in der Zwickmühle zwischen Stolz und Zwang, Ablehnung und leerer Börse. So läßt er seine Forderungen noch immer im vagen. Auf einen Vorschlag der Gegenseite läßt sich wohl leichter reflektieren. Doch da wird Gutzkow deutlicher: Es sei für den Verleger »ein harter Entschluß, das Manuskript zu drucken ... Kaum, daß sich das Papier herausschlägt. Ich weiß das. Das sind keine Redensarten.« (An Büchner, 28. Februar; und der »Danton« wird tatsächlich ein Ladenhüter!)

So verstreichen wertvolle Tage. Als Büchner dann die Summe von 10 Friedrichsdor = 100 Gulden nennt, will Sauerländer das nur unter zwei Bedingungen akzeptieren:
1. daß er Szenen aus dem Drama unentgeltlich für einen Vorabdruck im »Phönix« verwenden kann;
2. Büchner müsse sich bereitwillig finden, die »Quecksilberblumen« seiner Phantasie und alles, was »zu offenbar« an revolutionäre Ak-

tualitäten wie den Frankfurter Wachensturm und Unruhen in Berlin erinnern könnte, »halb und halb zu kassieren«.

Ein Feilschen um Ideologie und Geld. Vom ersteren hatte Büchner ja bereits bei Weidig kosten müssen. Gutzkow, nicht nur Redakteur, sondern selbst Autor und deshalb bei seiner »Dolmetscherei und Vermittlerschaft« keineswegs glücklich, merkt mit einigem Sarkasmus an: »Sauerländer ist ein Familienvater, der 7 rechtmäßige Kinder im Ehebett gezeugt hat und dem ich schon mit meinen Zweideutigkeiten ein Alp bin: wieviel mehr Sie mit Ihren ganz grellen und nur auf eines bezüglichen Eindeutigkeiten!« (An Büchner, 3. März)

Büchner bleibt nichts übrig, als ja zu sagen. Gutzkow bietet sich, anders als seinerzeit Weidig, immerhin an, recht schnell zu ihm nach Darmstadt zu kommen, um mit ihm gemeinsam die anstößigen Stellen, »nicht durch Metall, sondern linde, durch Vegetabilien und etwas sentimentale Tisane«, »herauszutreiben ...«: »Es ist verflucht, aber es geht nicht anders ...« (ebenda).

Zwei Tage darauf läßt er Büchner wissen, daß sein Chef ihm auch davon abrät: »... weil ihm freilich daran gelegen sein muß, daß ich mich so kauscher als möglich verhalte.« Und: »Vor allen Dingen vertilgen Sie meine Briefe!«

Auch Büchner ist nicht daran gelegen, durch den von den Sicherheitsbehörden überwachten Gutzkow noch zusätzlich Häscher auf den Hals gehetzt zu bekommen. Ohnehin hat er die Antworten Gutzkows vorsichtshalber an die Adresse der Regierungsrätin Reuss, seiner halbblinden Großmutter, schicken lassen.

So wird dann sein Werk ohne sein Zutun verstümmelt: »Es tobte Sansculottenduft in der Dichtung: die Erklärung der Menschenrechte wandelte darin, mit Rosen bekränzt, aber nackt. Die Idee, die das Ganze zusammenhielt, war die rote Mütze. ... Um dem Zensor nicht die Lust des Streichens zu gönnen, ergriff ich selbst dies Amt und beschnitt die wuchernde Demokratie der Dichtung mit der Schere der Vorzensur. Da fühlt ich wohl, wie gerade der Abfall des Buches, der unseren Sitten und Verhältnissen geopfert werden mußte, der beste, der individuellste, eigentümlichste Teil des Ganzen war. Lange, zweideutige Dialoge in den Volksszenen, die von Witz und Gedankenfülle sprudelten, mußten zurückbleiben. Die Spitzen der Wortspiele mußten abgestumpft werden oder durch aushelfende dumme Redensarten, die hinzuzusetzen waren, krumm gebogen. Der *echte Dan-*

ton von Büchner ist *nicht* erschienen. Was davon herauskam, ist ein notdürftiger Rest, die Ruine einer Verwüstung, die mich Überwindung genug gekostet hat.« (K. Gutzkow, Nachruf)

Der Vorgang ist für Büchner eine Lektion in Sachen freier Schriftstellerei: er zeigt ihm deren Möglichkeiten, aber auch ihre Grenzen. Büchner hat keine Gelegenheit, sich als junger Autor erst lange in Illusionen zu wiegen. Nicht einmal Korrekturbögen bekommt er. Als im Juni 1835 dann die Buchausgabe mit Verzögerung erscheint, ist der Verstümmelung die Krone aufgesetzt: »Bilder aus Frankreichs Schreckensherrschaft« wird Büchner da als Untertitel seines Werkes lesen. Redakteur Duller fand das für die Zensur geeignet. Nur wenig notiert der enttäuschte Autor in eines seiner Belegexemplare. Änderungen kann es ohnehin nicht mehr geben. Wieder, wie beim »Landboten«, wenn auch nicht in dem konzeptionellen Umfang, war ihm gerade das gestrichen, worauf es ihm eigentlich ankam. Der linken Jakobinerkritik war die Halbmaske der Konterrevolution zugeschneidert worden. Zumindest begann die Wirkungsgeschichte des »Danton« damit, daß er in »rechtslastige Lage und Lesart verzerrt« (Th. M. Mayer) worden war.

Künftig wird Büchner die eigene Zensur der fremden vorziehen. Noch geschickter stellt er seine poetische Wirkungsstrategie auf das unter den gegebenen Verhältnissen Machbare ein.

Er meidet fortan direkt revolutionäre Themen, um sein Anliegen nicht bis zur Unkenntlichkeit verstellen zu müssen. Doch auf seine Weise wird Georg Büchner, wie Freund Gutzkow es am 17. März 1835 formuliert hat, eine »Erbse« sein, »welche die offene Wunde der deutschen Revolution in der Eiterung hält«.

54. Flucht zur rechten Zeit

»Daß er flüchten müsse, sprach er mir gegenüber wiederholt aus, und alle Einreden halfen nicht; zog ihn doch zugleich sein Verhältnis zu seiner Braut mächtig nach Straßburg. Aber verschiedene

Gründe hielten ihn noch immer zurück. Vor allen Dingen das daraus entspringende Zerwürfnis mit dem Vater, die Sorge um die in der Gefangenschaft befindlichen Freunde, denen zur Flucht zu helfen seine stete Sorge war, ... und der Mangel an Geld ...

Die letzten Tage meiner Anwesenheit in Darmstadt vergingen in furchtbarer Aufregung. Ich hatte das Manuskript für ihn zur Post gebracht, und nun kamen die Augenblicke der Abspannung wie der Erwartung. ... Vorladungen nach Offenbach vor den Untersuchungsrichter wich er aus; eine Vorladung in das Arresthaus in Darmstadt zur Vernehmung umging er damit, daß er mich an seiner Statt hinschickte; ich war dahin instruiert, mich nicht früher zu erkennen zu geben, als bis das Protokoll anfangen würde, und möge ich beobachten, ob man die Absicht zeige, mich (für ihn) in Haft zu nehmen. Wir hatten schon tagelang eine Leiter in dem Garten an die Mauer gelehnt, mit deren Hilfe er in andere Gärten flüchten wollte, wenn die Häscher kämen. – Meinen Vorstellungen gegenüber, welchen Kummer er den Eltern bereiten würde, wenn er flüchte, erklärte er, es sei sein Tod, wenn er in Gefangenschaft geriete.« (W. Büchner)

Obgleich entgegen Ludwig Büchners und Franzos' Angaben in diesen Tagen und Wochen keine politischen Verhaftungen in Darmstadt und im übrigen Herzogtum, wie aus den Akten ersichtlich, erfolgt sind, muß sich die begründete Furcht Büchners vor solchen zugespitzt haben. Er hat das Gefühl, sich »wie im Kerker« zu befinden. Die Angst überwiegt den »Zorn gegen den Polizeistaat« (W. Büchner). Er kennt inzwischen zu viele Details der Gefangenenbehandlung und besitzt, gerade nach der Beendigung des Werkes, eine ausreichende Phantasie, um sicher zu sein: »Ich wäre in so einem Loche verrückt geworden.« (An die Familie, Anfang August 1835)

Büchner glaubt zu bemerken, daß ihm »ein Polizist auf Schritt und Tritt folgte« und »zwei andere ... an den beiden Enden der Straße postiert« wären, in der er wohnte. »›Ich bin verloren!‹« sagt er dem Bruder, als er heimkehrt, brütet »einige Stunden stumm und verzweifelt vor sich hin, rafft sich dann jedoch gewaltsam auf«.

Dies dürfte, insofern die Überlieferung durch Franzos zutrifft, eine Einbildung gewesen sein. Sie zeigt aber, daß sich bei Büchner die Zeichen nervöser Überreizung mehren. Die komödiantische Lockerheit ist dahin, mit der er vor den Justizorganen aufgetreten war. Er hat keine Trümpfe mehr in der Hand. Das Netz scheint sich immer

Wilhelm Büchner, 1838

mehr zusammenzuziehen. Büchner besitzt dafür, wie sich im nachhinein zeigen wird, ein erstaunliches Sensorium. Er hat durch lange Übung vor Ort einen sechsten Sinn für das, was in der Luft liegt, ausgebildet. Er versucht auch jetzt noch einmal, Stellung und Absicht des Gegners zu erkunden. Doch das Mittel der Täuschung, das er sich mit dem Bruder einfallen läßt, ist eine Notmaßnahme. Es trägt Zeichen eines in die Enge Getriebenen. Angegriffen, wie sich Büchner fühlt, kann er lediglich versuchen, der Selbstauslieferung zu entgehen und womöglich ein paar Tage Zeit zu gewinnen. Mit dem Bruder ist verabredet, daß, wenn Wilhelm bis zur Mittagsstunde nicht zurück sei, »dies für Georg das Signal zur Flucht sein« solle (Franzos). Als der etwas älter als neunzehn Jahre wirkende und seinem Bruder offenbar ähnlich sehende Wilhelm vor Gericht seinen Namen nennen muß, erklärt er, da er nicht als Lügner dastehen darf, er sei nur gekommen, um seinen Bruder zu entschuldigen. Zum Glück leitet ein Richter die Untersuchung, der die Familie Büchner »genau kannte, indem mein Papa Arzt bei demselben war, seiner Humanität war es wahrscheinlich ohnehin zu danken, daß Georg nicht gleich arretiert und nur sehr vorsichtig gegen ihn vorgegangen wurde, vielleicht in der Absicht, ihm Zeit zur Flucht zu lassen, denn die Verfolgungssucht eines Georgi hatte nicht bei allen Richtern Platz gegriffen ...« (W. Büchner). Eine Frist von zwei Tagen wird Büchner (nach Franzos) gesetzt, sich zur Zeugenaussage zu stellen.

Als der 5. März heran, bei Gutzkow der Groschen aber noch immer nicht recht gefallen ist, bricht Büchner das Warten auf das Selbstverdiente ab. Er hat inzwischen die Zusage des Verlegers, zu drucken, durch ein Voraushonorar bekräftigen lassen können, von dem er zumindest weiß, daß es unterwegs sein muß. Geld ist immerhin ein Unterpfand gegen Verlegerängste.

Würde Sauerländer mit seinen sieben Kindern sonst bei seiner Zusage bleiben, wenn sein, des Autors, Steckbrief in den Zeitungen veröffentlicht wird? Ob Büchner das Honorar bereits jetzt oder erst später, über die Familie, in die Hände bekommt, scheint ihm nun nicht mehr wichtig. Laut Familienüberlieferung soll er sich vom Bruder vergeblich zwei Geldstücke erbettelt, bei der Mutter aber schließlich Verständnis gefunden haben. Von Franzos ausgeschmückt, kann in der Legende dennoch ein wahrer Kern enthalten sein. Denn nicht nur Geld für die Tage der Flucht, sondern eine Start- und Überbrükkungshilfe braucht Büchner für das Exil. Warum soll er da nicht alle Möglichkeiten nutzen? Die ersten Zeilen, die Büchner nach der Flucht schreiben wird, deuten darauf hin, daß zumindest ein Teil der Familie über sein Vorhaben, nach Straßburg zu gehen, informiert ist. Man wird um ihn bangen.

Daß Büchner sich nun, aktenkundig belegt, um finanzielle Hilfe an seine Organisation wendet, steht nicht im Widerspruch dazu. Der Aktionsradius der Darmstädter Menschenrechtsgruppe ist eingeschränkt. Verhaftungen haben diese allerdings noch nicht dezimiert. Über einige Mittel verfügt man noch. Im Dezember waren immerhin einige hundert Gulden beisammen. Von Nievergelter bekommt Büchner zwanzig Gulden Fluchtgeld, das von Carl Braubach aus Butzbach für den Ankauf der Presse aufgehoben worden war. Zwanzig Gulden sind nicht viel. Büchner will sich wohl gerade von seinen Genossen, die hier bleiben und weiter an die Gefangenenbefreiung zu denken haben, nicht mit *mehr* als mit dem unbedingt Notwendigen ausstatten lassen. Lieber mag er das kleine Wagnis eingehen und die Mutter um Zusätzliches bitten.

Die Tatsache, daß Büchner Darmstadt mit Unterstützung seiner politischen Organisation verläßt, weist im übrigen darauf hin: Er beriet sich, wie seinerzeit in Butzbach vor seinem Gang zu Georgi, mit seinen Kameraden und unternahm diesen Schritt mit ihrem Einverständnis. Büchner ging weder als frischgebackener Dichter, der die politische Flinte ins Korn geworfen hat, noch gegen den Willen oder gar im Zerwürfnis mit seiner Gruppe fort. Wohl allen dürfte ersichtlich gewesen sein, daß er als Verfasser des »Landboten« und Gründer zweier sozialrevolutionärer Widerstandsgruppen nach französischem Muster am meisten belastet war; die vielen Vorladungen waren unmißverständliche Signale. Wiederholt hatte Büchner ja bewiesen, von einem Sichdrücken konnte bei ihm keine Rede sein. Er verläßt also Darmstadt in dem Moment, wo er es für unabweisbar nötig hält – und es objektiv *unaufschiebbar* ist. Über Künftiges wird man sich, soweit es anging, gewiß noch besprochen, Kontaktmöglichkeiten verabredet haben. Büchner steht jedenfalls mit hessischen »Freunden«, wie er sich den Eltern gegenüber auszudrücken beliebt, danach in schriftlicher Verbindung und hat wohl auch zu ihren Gunsten Entlastungen durch Absprachen von Gerichtsaussagen in die Wege zu leiten versucht. Es kommt zu keiner förmlichen Auflösung der Sektion. Man verhält sich unauffällig und hofft offenbar auf günstigere Verhältnisse, die eine Rückkehr Büchners erlauben könnten. Adam Koch hält das politische Material bei sich versteckt. (Nach Franzos soll später auch im Hause Büchners von den Eltern solcherart Material gefunden und aus Furcht vor Durchsuchungen verbrannt worden sein.) Auf seinen Fluchtstationen soll Büchner nach Angaben seines Bruders Ludwig von Eingeweihten geholfen worden sein.

Was Büchner bewegt, als er, unauffälliger Spaziergänger ohne Paß und Gepäck, das nackte Leben rettend, am 9. März 1835 über die Rheinbrücke von Weißenburg ins Französische gelangt, hat er selbst beschrieben: »Jetzt habe ich Hände und Kopf frei ... Es liegt jetzt alles in meiner Hand. ... Seit ich über der Grenze bin, habe ich frischen Lebensmut; ich stehe jetzt ganz allein, aber gerade das steigert meine Kräfte. Der beständigen geheimen Angst vor Verhaftung und sonstigen Verfolgungen, die mich in Darmstadt beständig peinigte, enthoben zu sein, ist eine große Wohltat.«

Seinen Danton hatte er auf der Flucht sagen lassen: »Man nimmt das Vaterland nicht an den Schuhsohlen mit.« Danton war umgekehrt. Büchner sieht seine Heimat nicht wieder. Doch er schafft sich Bewegungsraum.

Und Weidig und die anderen?

Von Freunden vor drohender Verhaftung gewarnt, begibt sich auch Weidig am 30. März, unentschlossen, nach Hanau, um von dort in die Schweiz zu flüchten. Doch es erscheint ihm schließlich als Feigheit und Verrat an der Sache, wenn er sich absetzen würde. Nicht dem Verstand, sondern Gott vertrauend, daß er ihm auch diesmal Mittel und Wege weisen werde, um den Feinden zu widerstehen, kehrt er nach einigen Tagen wieder nach Ober-Gleen zurück. Am 23. März reist Clemm nach Darmstadt, wo er beim Staatsrat Knapp vorspricht und seinen Weg zum Denunzianten prüft. Am 6. April wird August Becker, von Clemm in eine Falle gelockt, auf dem Gießener Polizeibüro verhört. Gegen Mitternacht desselben Tages treffen bei der Marburger Polizeidirektion zwei Schreiben des auf Umwegen vermutlich von Clemm informierten Gießener Provinzial-Kommissars ein. Sie lösen eine Verhaftungswelle in Marburg und anschließend im Großherzogtum Hessen aus. Eichelberg wird am

7. April verhaftet. Hausdurchsuchungen und Verhöre bei den Buchdruckern Rühle und Elwert schließen sich an.

Am 22. April, morgens zwischen vier und fünf Uhr, wird Pfarrer Weidig in Ober-Gleen gefangengesetzt. Um die Dorfbewohner nicht aufzuwecken und ihnen keine Gelegenheit zu geben, ihrem verehrten Seelsorger zu helfen – denn sie hätten sich mit Steinen zur Wehr gesetzt –, sind den Gendarmeriepferden die Hufe mit Tüchern umwickelt worden. Auch die Pfarrer Flick und Thudichum werden verhaftet und ins Untersuchungsgefängnis abgeführt.

55. Setzen auf die Zeit

Büchner zieht in Straßburg in das Haus der Jaeglés. Die Wiedersehensfreude der Liebenden kann man sich vorstellen. Wie in seiner ersten Studentenzeit bewohnt er sicher das »überzwerge« Zimmer mit der grünen Tapete. Grün ist die Farbe der Hoffnung. Zwei Jahre haben auf den Wänden Spuren hinterlassen. So farbenfrisch und sorgenfrei wie dereinst ist nichts mehr. Politischer Flüchtling, der er ist, mit einem äußerst unsicheren juristischen Status, müßte er sich eigentlich mindestens zwanzig Meilen von der Grenze entfernt im Innern des Landes aufhalten. Der republikanisch gesinnte Straßburger Kommissar Pfister handhabt die Verordnung liberal und macht es möglich, daß Büchner vorerst bleiben darf. Aber das Blatt kann sich schon morgen wenden. »Wir stehen hier unter keinem gesetzlichen Schutz, halten uns eigentlich gegen das Gesetz hier auf, sind nur geduldet und somit ganz der Willkür des Präfekten überlassen.« (An die Eltern, Mittwoch nach Pfingsten 1835)

Gleich nach seiner Ankunft sieht Büchner die Veröffentlichung seines Steckbriefes durch die hessischen Behörden voraus. Dieser erscheint zwar erst Mitte Juni im »Frankfurter Journal«, dafür gleich dreimal hintereinander. Alle ausländischen Regierungen werden ersucht, die Auslieferung des Medizinstudenten wegen dringenden Verdachts auf Hochverrat zu betreiben.

Straßburg, Rue St. Guillaume Nummer 66, 1906

Das Ganze ist keine nachträgliche *Formalität*, über die sich der Flüchtling ins Fäustchen lachen kann. In Darmstadt hat die Regierung am 5. Mai Georgi wegen dessen erwiesener Unnachgiebigkeit zum federführenden Richter am Untersuchungsgericht avancieren lassen. Ihm ist die Verfolgung aller »hochverräterischen Umtriebe« übertragen worden. Büchner weiß, sollte die hessische Regierung seine Ausweisung *»besonders«* verlangen, würde das Gesetz zu deutlich sprechen, »als daß die Behörde ihm nicht nachkommen müßte« (ebenda). Da Büchner als Verfasser des »Landboten« kein ganz kleines Licht für die hessische Administration ist und Herr Georgi zudem eine persönliche Rechnung mit dem, der ihn so dreist hinters Licht führte, zu begleichen haben dürfte, ist eine solche »Auszeichnung« naheliegend. Und so verhehlt Büchner selbst der Familie gegenüber, die er ansonsten in puncto Wohlergehen wieder zu besänfti-

271

gen sucht, im selben Brief nicht, daß es ihn »sehr … beunruhigt«, was sie ihm noch aus Darmstadt mitteilte: daß nämlich die hessische Administration das Gerücht in Umlauf setzen lasse, in Straßburg hätten die Emigranten eine gefährliche »Verbindung« aufgezogen, die über die Grenze einzufallen drohe. Man will den Straßburger Behörden zusätzliche Gründe für eine Ausweisung auftischen.

Das Schwert des Damokles schwebt also wieder über Büchner, wenngleich der Faden, der es hält, etwas stärker ist als der in Hessen. Es gibt wenigstens keine Doppelbewachung mehr. Im privaten Bereich sind die Bedrückungen gefallen. Und so lastend die Darmstädter Zeit war, so hat sie doch Büchner etwas darin geübt, mit der Gefahr zu leben. Gegenüber den Zwängen in Hessen läßt sich das neue Leben hier anfangs wie eine imposante Vogelfreiheit an. Wenigstens kein verplantes, in seinem Gang unerträglich vorbestimmtes, einzig auf Sicherstellung seiner bürgerlichen Existenz gedrilltes Dasein! Es bietet – wenn auch unsichere – Freiräume für die Gestaltung des Tages. Es scheint etwas Schwebendes, Abenteuerliches an sich zu haben. Und das wird von Belang für ein Wesen, das, aus dem Käfig der Bevormundung entwichen, sein Talent im ersten Fluge bestätigt bekam und Durst nach Entfesselung verspürt.

»Meine Zukunft«, schreibt Büchner an Gutzkow gleich im März, und sein etwas bemühter Witz kreist um die Magenfrage und grenzt ein bißchen an Galgenhumor, »ist so problematisch, daß sie mich selbst zu interessieren anfängt, was viel heißen will. Zu dem subtilen Selbstmord durch Arbeit kann ich mich nicht leicht entschließen; ich hoffe, meine Faulheit wenigstens ein Vierteljahr fristen zu können, und nehme dann Handgeld entweder von den Jesuiten für den Dienst der Maria oder von den St-Simonisten für die femme libre oder sterbe mit meiner Geliebten. Wir werden sehen. Vielleicht bin ich auch dabei, wenn noch einmal das Münster eine Jakobinermütze aufsetzen sollte. Was sagen Sie dazu? Es ist nur mein Spaß. Aber sie sollen noch erleben, zu was ein Deutscher nicht fähig ist, wenn er Hunger hat.«

Am 20. April erhält Büchner durch einen Flüchtling die Nachricht von der großen Verhaftungswelle in Hessen. Noch am selben Tag schreibt er an die Familie: »Jetzt erst bin ich froh, daß ich weg bin, man würde mich auf keinen Fall verschont haben.« Die nachträgliche Bestätigung dessen, was ihn zur Flucht getrieben hatte, enthebt ihn nun aller verbliebenen Zweifel. Er vermag sich nüchterner auf die neue Situation einzustellen. Diese ist prekär genug, um sie *scharf* ins Auge zu fassen.

In diesen Wochen und Monaten überzeugt er sich *endgültig* davon, daß die Zeit schnell erfüllbarer politischer Hoffnungen vorbei ist. Wohl im Juli schickt er an den Bruder Wilhelm einen Brief, worin er ihn, so gut es beider Sicherheit erlaubt, vor unüberlegten, nutzlosen Schritten warnt: »Ich würde Dir das nicht sagen, wenn ich im Entferntesten jetzt an die Möglichkeit einer politischen Umwälzung glauben könnte. ... ich kenne die Verhältnisse; ich weiß, wie schwach, wie unbedeutend, wie zerstückelt die liberale Partei ist; ich weiß, daß ein zweckmäßiges, übereinstimmendes Handeln unmöglich ist und daß jeder Versuch auch nicht zum geringsten Resultat führt ...

Eine genaue Bekanntschaft mit dem Treiben der deutschen Revolutionäre im Auslande hat mich überzeugt, daß auch von dieser Seite nicht das geringste zu hoffen ist. Es herrscht unter ihnen eine babylonische Verwirrung, die nie gelöst werden wird. Hoffen wir auf die Zeit!«

Das bereits im »Danton« für innerhessische Verhältnisse Vorgedeutete ist nun durch genaue Bekanntschaft mit dem Tun und Lassen der geflüchteten Revolutionäre aus vielen Teilen Deutschlands abgerundet worden. Büchner bedauert die Verfassung der (bürgerlichen) revolutionären Kräfte, ähnlich wie im »Danton«; doch hat es den Anschein, als ob er nun auch nicht mehr recht an den Nutzen von Appellen, sich zu einigen, glaubt. Einen solchen Gedanken zur Einigung hatte sein Werk noch indirekt durch die Vorführung der sinnlosen Selbstzerfleischung der Revolutionärdemokraten im Drama enthalten. Der Rest Hoffnung auch nach dieser Seite hin geht verloren. Büchner wird künftig noch stärker auf die Masse setzen. Die der gebildeten Opposition innewohnenden zentrifugalen Kräfte scheinen ihm momentan unüberwindbar, da selbst die Erfahrung gemeinsamer Not sie nicht einsichtig macht.

Heißt dies aber nicht, daß er weiter in die Isolation gedrängt wird bzw. sich sogar selbst in sie begibt?

Zu fragen ist, wie genau denn Büchner die Verhältnisse kannte, daß er sich solch verallgemeinerndes Urteil über die Opposition zutrauen konnte. Beschränkte sie sich auf Gespräche mit den erprobten Kampfgefährten, mit Louis Becker, Wiener, Wilhelm Braubach, Adam Koch, Nievergelter, auch dem Advokaten Rosenstiel, die nach und nach Straßburg auf der Flucht passierten, und auf die Familie Schulz, bei der er des öfteren und freundschaftlich verkehrte? Zumeist also solche, die nach ihm über Straßburg ins Exil kamen? Sind nur sie mit »meine Freunde« gemeint, die wie er »sämtlich der Meinung« sind, daß man »für jetzt alles der Zeit überlassen muß ...« (an die Familie, 17. August)? Oder hatte er noch andere Kontakte, andere Informationsquellen? Büchner spricht zwar in Schreiben nach Hause davon, daß es in Straßburg überhaupt nur acht bis neun Flüchtlinge gäbe, mit denen er überdies fast in keine Berührung komme; daß alle, statt an politische Verbindung zu denken, nur dem einen Zweck lebten, nämlich »durch Arbeiten, Fleiß und gute Sitten das sehr gesunkene Ansehen der deutschen Flüchtlinge wieder zu heben ...« (Mittwoch nach Pfingsten). Doch teilt er immer wieder erstaunliche Nachrichten aus dem Munde von Emigranten mit, um in Darmstadt die Tatsachen zurechtzurücken. Und überdies kennen wir schon zu viele Varianten verschleiernder Halbwahrheiten gegenüber dem Elternhaus, als daß wir über diese nun stolpern müßten. Alles, was nach »gewaltsamen Umtrieben« aussieht, wird von ihm in bewährter Weise als Produkt schurkischer Gerüchteköche hingestellt. Einzig auf dieser Grundlage läßt die Familie überhaupt mit sich reden.

Eine genaue Bekanntschaft mit etwas haben, wie der offenere Brief an den Bruder ausführt, heißt aber im dortigen Kontext: aus eigener Anschauung ein Bild besitzen von den organisatorischen und politischen Gesamtverhältnissen der Emigrierten. Und solches Panorama konnten ihm seine hessischen Gefährten, die sich ja selbst erst orientieren mußten, schwerlich bieten. Büchners außerordentlich gute Informiertheit in allem, was jenseits der Landesgrenzen umging, weist demgegenüber zumindest auf einen größeren Radius der Information. Straßburg als Durchgangslager ist nicht nur eine Schaltstelle für aktuellste Nachrichten des revolutionären Buschfunks aus Deutschland. Von hier aus laufen auch Fäden ins Hinterland. Über lose Kontakte zwischen den Flüchtlingen gibt es direkte Verbindungen zum »Jungen Deutschland«, einer revolutionär-demokratischen Emigrantenorganisation in der Schweiz, die den gleichen Namen wie die bekannte Literaturgruppierung trägt. Am 16. April haben die französischen Republikaner in Lausanne ein Bündnis mit der übernationalen revolutionär-demokratischen Vereinigung »Junges Europa« geschlossen. Die pejorative Färbung des Wortes »Treiben« im Brief an Wilhelm weist aber noch auf eine andere Urteilsebene hin: auf die deutsche Handwerkerbewegung in der Elsaßmetropole und der Schweiz, die unter dem Einfluß des frühkommunistischen »Bundes der Geächteten« allmählich selbständiger und selbstbewußter wird. Sie beginnt sich abzugrenzen von den »Spaltungen«, der »Untätigkeit« bzw. »Bravour« gerade der akademisch-intellektuellen Emigranten, die »in Wein-, Bier-, Kaffee- und anderen Häusern« (Wilhelm Braubach, Herbst 1835, an einen exilierten Freund in der Schweiz) die Positionen Börnes und Heines debattieren.

Wir wissen zwar nicht, ob Büchner direkt an solchen – verbotenen – Zusammenkünften der Handwerker teilnahm und hier womöglich im Sinne neuer Verbindungen wirkte. Doch deutet vieles darauf hin, daß sein kritisches Bilanzieren der Koordinierungs- und Handlungsunfähigkeit der Revolutionärdemokraten auch im Ausland nicht rein theoretisch zustande kam. Seiner Einschätzung müssen eigene Gespräche und Erlebnisse zugrunde gelegen haben. Wieder ist er auf Material, auf Zusammenhänge und, noch stärker als vordem, auf globale Konstellationen aus.

Seine Einschätzung vom politischen Tief geht über den hessischen, ja deutschen Bezugsrahmen hinaus. Nicht nur die deutschen revolutionär-demokratischen Kräfte sind praktisch kampfunfähig. Am 13. April 1835 beginnen in Paris die großen Prozesse gegen die Verhafteten des frühproletarischen Aufstandes vom April 1834. Auch international wird die Lage von dunklen Wolken überschattet. Gerade jetzt erlebt Europa eine zunehmende Reaktivierung der Kräfte des Feudalabsolutismus.

Fünf Jahre nach der Julirevolution sind nicht nur die Aufstandsbewegungen in Polen (1831) durch zaristische Truppen und 1834 der vorerst letzte Versuch zur Schaffung einer einheitlichen italienischen Republik durch österreichisches Militär niedergeworfen und alle fortschrittlichen Bestrebungen in Deutschland liquidiert worden. Die drei großen Mächte der »Heiligen Allianz«, Rußland, Preußen und Österreich, gegen die Büchner schon einmal zum »Schießprügel« greifen wollte, nehmen erneut Anlauf, um die letzte Zufluchtsstätte bürgerlicher Demokratie auf dem Kontinent auszulöschen. Das Juste-milieu, das sich als Herrschaftssystem der Finanzbourgeoisie entpuppt hatte, ist auch weiterhin von Widersprüchen geschwächt, deren es nur mühsam Herr wird; es hat sich immer wieder aufflakkernder linker (republikanischer) und rechter (carlistisch-aristokratischer) Umsturzversuche zu erwehren. Die reaktionären Regimes wollen den Schwächezustand Frankreichs ausnutzen. Im polnischen Kalisch kommen die drei größten Allianz-Monarchen zu einer Heerschau ihrer Truppen zusammen. Und am 28. Juli 1835 geht in Paris, in der Nähe Louis Phillippes, eine »Höllenmaschine« aus hundert miteinander verbundenen Gewehrläufen los, zerfetzt achtzehn Personen aus der Umgebung des Königs; der Monarch selbst kommt aber mit dem Leben davon.

Gerade die Revolutionärdemokraten sehen den globalen Zusammenhang nicht. Manche setzen auf eine Chance, durch Gewaltaktionen eine Handlungsbereitschaft der Massen wie beim Ausbruch der Julirevolution erzeugen zu können. Der Verleger Julius Campe schreibt am 6. August an Heinrich Heine: »Wäre Louis Philippe getötet, wir ständen da, wo wir 1830 um diese Zeit uns befanden. Gottes Finger ist hier sichtbar gewesen! – Aber es beweist, auf welchem Vulkan wir stehen! Nur ein Menschenleben durfte fallen, und die Blutfahne wehete überall!«

Büchner vermag aus dem »niedergedrückten, wenn auch nicht erstickten, sondern allenthalben noch spürbaren Geiste der Unruhe und dem Gefühl vieler Zeitgenossen, auf einem Vulkan zu leben, keine Spekulationen abzuleiten, die Wunschbilder bleiben mußten ...« (H. Poschmann). Für ihn unterscheidet sich die Lage innen- und außenpolitisch durchaus von der vor fünf Jahren. Jede Kräftegleichgewichtsverschiebung würde Frankreich gefährden. Auch künftig wird er den Terrorismus als Instrument isolierter politischer Minderheiten ablehnen. Wem nützt das Ereignis? fragt er und sucht so nach den Hintermännern.

Er läßt sich von der Kampagne der französischen Regierung, den Republikanern das Verbrechen »auf den Hals zu laden und durch den momentanen Eindruck die unleidlichsten Beschränkungen der Presse zu erlangen«, nicht täuschen, zieht vielmehr historische Vergleiche zur »Höllenmaschine unter Bonaparte!«, zum 1799 durch die Österreicher inszenierten »Rastadter Gesandtenmord!« und kommt zu dem Schluß: »Wenn man sieht, wie die absoluten Mächte alles wieder in die alte Unordnung zu bringen suchen, Polen, Italien, Deutschland wieder unter den Füßen – es fehlt nur noch Frankreich; es hängt ihnen immer wie ein Schwert über dem Kopf. So zum Zeitvertreib wirft man doch die Millionen in Kalisch nicht zum Fenster hinaus. Man hätte die auf den Tod des Königs folgende Verwirrung benutzt und hätte nicht sehr viele Schritte gebraucht, um an den Rhein zu kommen.« (An die Familie, Anfang August 1835)

Das Beispiel illustriert, was Büchner damit meint, wenn er auf »die Zeit« baut. Sie ist für ihn kein Fluchtpunkt eines politisch Resignierenden. Die Lage zwar ist schwierig, doch nicht aussichtslos. Er setzt auf den *Faktor Zeit* und harrt der *sich entfaltenden Widersprüche* in der Gesellschaft. Er tut sich um in der Geschichte, sieht genau hin und versucht, parteilich engagiert, stets zum Wesentlichen vorzudringen. Das gibt ihm Orientierungsmittel an die Hand und läßt ihn auf eine Situation hoffen, die bessere Erfolgsaussichten für revolutionäre Aktionen bietet.

Seine Analysebemühungen begleiten konkrete Hinweise. Er sieht in den prekären Ereignissen nicht nur das Negative. Vielmehr lenkt er seine Aufmerksamkeit auf mögliche Rückwirkungen, die dem Fortschritt dienlich sein könnten. Die dem französischen Parlament vorgelegten Pressebeschränkungsgesetze veranlassen ihn zu der Überlegung: »Die Regierung ist sehr unklug, in sechs Wochen hat man die Höllenmaschine vergessen, und dann befindet sie sich mit ihrem Gesetz einem Volke gegenüber, das seit mehreren Jahren gewohnt ist, alles, was ihm durch den Kopf kommt, öffentlich zu sagen.« (An die Familie, August 1835)

Trotz der neuerlichen Rückschläge ist Büchners Herangehen an die politische Lage, so zeigen es die Briefe, nicht von Resignation überschattet. Er vermeidet vielmehr, noch deutlicher als in Hessen, Selbsttäuschung, bemüht sich um eine objektive Einschätzung. So läßt sich bei Büchner eine *dynamische Lebenshaltung* erkennen. Er ist zunehmend in der Lage, die Widersprüche und Probleme der Realität zu analysieren und zugleich daraus in einem Lernprozeß neue Erkenntnisse zu gewinnen.

Georg Büchner stellt sich auf die Möglichkeiten der Realität ein, ohne sich anzupassen.

Dazu gehört, daß er die Gefährdungen seiner Person (und die seiner Nächsten) keineswegs unterschätzt. Er trifft Vorsorge, läßt seine Briefe, zumindest längere Zeit, nicht mehr durch die Post, sondern durch Personen, denen er vertraut, überbringen. Er gibt Decknamen und Deckadressen an. (Mr. Lucius; Kontaktadresse Gastwirt Schroot im »Rebstöckel«; das Zertifikat der Straßburger Polizei vom September 1836 registriert »rue de la douane no 18«, wo Büchner entweder pro forma oder aus sittlichen Bedenken des Schwiegervaters – da er nur verlobt ist – beim Weinhändler Siegfried gemietet hat.)

Da so die Polizei kaum genau wissen kann, wo er sich wirklich befindet, ermuntert er die Familie: »Sprengt übrigens immerhin aus, ich sei nach Zürich gegangen« (an die Familie, Anfang August 1835). Zugleich warnt er vor Leuten, die sich als seine vermeintlichen Freunde ausgeben. Es könnten Spitzel sein. Eine weitere prophylaktische Maßregel: die Sicherheitskarte der französischen Behörde, mit der er sich im Grenzbereich längere Zeit aufhalten kann. Nur wenige bekommen sie. Er hat Aussichten, eine zu erhalten. Doch nur, wenn er »die Verwendung der Professoren Lauth, Duvernoy und des Doktor Boeckels« (an die Familie, Juli 1835) als glaubwürdiger Zeugen seines »unpolitischen« Verhaltens in Anspruch nähme. Diese stehen sämtlich mit dem Präfekten gut.

Auch Protektion kann hilfreich sein – in Zeiten der Not.

56. Ein Beispiel geben

Was aber *selbst tun*, wie etwas bewirken in dieser eingeschränkten Lage, ohne aus der Politik zu treten, verschleiertes Renegatentum oder resignierte Abkehr zu üben? Wie den eigenen Unterhalt und den einer künftigen Familie sichern?

Das Wort von der Faulheit, das er gleich im März zu Gutzkow fallenließ, weist darauf hin, daß er, gerade noch einmal davongekommen, gern eine Weile alle fünfe hätte gerade sein lassen, um endlich unbeschwert die Freuden der Welt genießen zu können. Und wirklich, er hätte es verdient und nötig gehabt aufzutanken. Doch wie so oft im Leben gehen Wunsch und Wirklichkeit auseinander.

Es ist ihm nicht vergönnt, auszuspannen. Er ist weder der Typ, der zur Sentimentalität, noch der, der zur Trägheit neigt, selbst wenn Freund Gutzkow ihn für letzteres hält und meint, er habe viel Ähnlichkeit mit seinem Danton, sei »genial und träge«.

Es gibt einfach zu vieles, was Büchner nicht zur Ruhe kommen läßt. Neben der Politik sind es die Leiden seiner Freunde in den Gefängnissen. Kein Gespräch führt er mit Emigrierten, keinen Brief schreibt er nach Darmstadt, worin diese Sorge nicht umgeht und ihn aufwühlt: »Die Unglücklichen! Minnigerode sitzt jetzt fast ein Jahr; er soll körperlich fast aufgerieben sein; aber zeigt es nicht eine heroische Standhaftigkeit? Es heißt, er sei schon mehrmals geschlagen worden ... A. Becker wird wohl von Gott und der Welt verlassen sein: Seine Mutter starb, während er in Gießen im Gefängnis saß; vierzehn Tage danach eröffnete man es ihm!!!« heißt es im Juli. Und Anfang August: »Daß Minnigerode in Friedberg eine Zeitlang Ketten an den Händen hatte, weiß ich gewiß; ich weiß es von einem, der mit ihm saß. Er soll tödlich krank sein; wollte der Himmel, daß seine Leiden ein Ende hätten! Daß die Gefangenen die Gefangenenkost (Brot, Wasser und einmal am Tag etwas dünne Suppe – R. L.) bekommen und weder Licht noch Bücher erhalten, ist ausgemacht.« Dann am 16. Juli wieder: »Die Unglücklichen! Wie wird es enden? Wohl wie in Frankfurt, wo einer nach dem anderen stirbt und in der Stille begraben wird.«

Auch wenn er jedesmal im Vergleich mit solcher Lage seine eigene Freiheit schätzt: die Leiden der anderen lassen es nicht zu, einfach unbeschwert in den Tag hinein zu leben. Wir wissen zwar nicht, ob Büchner womöglich doch versuchte, die verbliebenen Sektionäre und Helfer zu weiteren Befreiungsversuchen zu ermuntern. Es ist aber offensichtlich, daß er die über Erwarten große Grausamkeit der Machthabenden *nicht untätig* hinzunehmen bereit ist. Macht ihn das schmerzvolle Schicksal der Opfer für das Leid anderer noch empfänglicher, so scheint sich mit seiner Einsicht in die raffinierten Methoden der Unterdrücker auch künftig die eigene künstlerische Methodik, Widerstand zu üben, zu qualifizieren. Die Überzeugung festigt sich, etwas leisten zu müssen, um die herrschenden Zustände wenigstens zu unterminieren. Er hofft, seine künstlerischen Arbeiten könnten dabei Scharfrichterfunktionen ausüben, könnten Zerstörer sein, die an den Säulen der »Ordnung« rütteln.

Zum Widerstand gehört, daß er sich selbst nicht aus der Bahn werfen läßt, nicht depressiv und labil wird. Davor gefeit, weiß er, ist er nicht. Mit fehlenden Erfolgserlebnissen und abhanden gekommenem Selbstvertrauen, mit dem Irrewerden nicht nur an Gott, sondern auch an der Welt träte die soziale Deklassierung vollends ein. Was not tut, ist, sich – gerade auch durch Arbeiten, Fleiß – aufs neue zu beweisen und erneut ein Beispiel zu geben! Minnigerodes Standhaftigkeit ist eine stumme Mahnung.

So nimmt Büchner trotz seiner anfänglichen Abneigung gegen einen »Selbstmord durch Arbeit« bald gerade diesen Faden wieder auf. Er lenkt sein Lebensschiff weiter durch Untiefen und um Klippen herum, sucht dem Versinken in Passivität, in Grübeleien zu entgehen. Von Danton weiß er, daß dies für einen, der einmal mit Leib und Seele Revolutionär war, mit Sicherheit den Untergang bedeuten würde. Andererseits hat er keinerlei Neigung, sich in den Wirren der oppositionellen Flüchtlinge aufzureiben und womöglich ausgeliefert zu werden.

So führt er seine medizinisch-naturwissenschaftlichen Studien weiter, macht sich an Übersetzungen, widmet sich philosophischer und schöngeistiger Lektüre und wirft sich nebenher auch auf eigene künstlerische Vorhaben. In den verbleibenden knapp zwei Jahren vollbringt Büchner eine ungeheure, beinah einmalige Arbeitsleistung – vielgestaltig, reich und bedeutsam.

Mit einem Elan, der eigene fatalistische Ansichten zugleich widerlegt, meistert er die Situation und bleibt doch ehrlich vor sich selbst.

57. Als Hugo-Übersetzer

Ein Schriftsteller, der in das erste Werk seine dringendsten Lebensprobleme eingegeben hat, findet sich nicht selten danach in dem Gefühl wieder, sich ausgeschrieben zu haben. Der Druck ist von ihm genommen. Bei manchen bleibt es dann bei einem Wurf; und was sie künftig schreiben, kann nicht mehr das Niveau der ersten Leistung erreichen.

Nun hat Büchner mehr zu sagen, als das Gefäß des »Danton« fassen konnte, auch wenn es bereits den Großteil seiner künftigen Werkproblematiken enthielt. Doch eine Phase, wo er sich sammeln, umschauen, vergewissern möchte, wohin der Trend geht, brauchte allem Anschein nach auch er.

Da sich für ihn ablesen läßt, daß noch allerhand Zeit bis zum Abschluß seines Studiums draufgehen wird, er die Verbindung zu einem deutschsprachigen Verlag in der Heimat, der noch gewisse Wirkungschancen hat, aber ungern aufgeben möchte, geht Büchner auf ein Angebot Gutzkows ein: für Sauerländer, in der Serie der Sämtlichen Werke Victor Hugos, zwei Dramen zu übersetzen: »Lucretia Borgia« und »Maria Tudor«.

Auf den ersten Blick sieht das nach reiner Brotarbeit aus. Und tatsächlich braucht Büchner Geld. Die Lebenskosten sind hoch, Jaeglés kann er nicht ewig auf der Tasche liegen. Doch noch andere Beweggründe gibt es, solcherart reproduktiv-schöpferische Aufgabe zu übernehmen: Das Übersetzen kann eher neben dem Studium betrieben werden und einen Ausgleich zur nüchternen Wissenschaft bringen. Nicht verkehrt war auch das Anliegen des Verlages, das Urteilsfeld des deutschen Lesepublikums durch das Bekanntmachen mit neuesten Werken des Auslands zu weiten. Damit könnte man dem Nationalismus Wind aus den Segeln nehmen, wonach ein Deutscher sich an den gültigen Formen Schillers und Goethes zu orientieren habe und nicht an den »unsittlichen« Franzosen.

Da Gutzkow ihm überdies anträgt, »Kritiken über die neu erscheinenden französischen Werke« für sein Blatt zu schicken, und nur die eine Bedingung stellt: sich schnell dazu zu entschließen, so hegt Büchner eine Zeitlang sogar die Hoffnung, er könnte von seinen »schriftstellerischen Arbeiten leben ...« (an die Familie, 20. April 1835).

Hugo ist der Lehrmeister der romantischen Dramatik in Frankreich. In der Vorrede zu seinem »Cromwell«-Drama (1827; deutsch 1830) ist er im Namen einer größeren Volkstümlichkeit und Wahrhaftigkeit in der Literatur gegen den klassischen dramatischen Regelkanon

Sturm gelaufen. An seine Stelle hat er das Streben nach Farbe, Fülle und Wildheit, nach shakespeareschem Aktionsradius, nach dem Charakteristischen gesetzt, auch wenn es das Gemeine und das Häßliche, das Groteske ist. Er hat damit die junge Schriftstellergeneration animiert; und die »Ungeniertheit« (Gutzkow an Büchner, 10. Juni 1836), mit der Büchner im »Danton« zu Werke ging, bezeugt, daß er nicht nur von Byrons Desillusioniertheit erbte, sondern auch von Victor Hugos Programmatik. Was Hugo allerdings versprach, das findet sich in seinen Werken nur zum Teil wieder.

In »Lucretia Borgia« hat Büchner die Mutterliebe der berühmt-berüchtigten italienischen Renaissance-Herzogin mit ihrer durch Mord und Inzest entstellten Seele nachzuvollziehen, muß groteske Gegensätze zusammenzwingen, mit manchem Übermaß des Willkürlichen und Verzerrten, ja des Sadistischen arbeiten, Giftmorde sich häufen lassen, die Sargreihen in zirkushafter Theatralik neben die festliche Tafel stellen. Auch »Maria Tudor« handelt von einer Herrscherin, die, hin- und hergerissen zwischen privaten Gefühlen und ihrer öffentlichen Stellung, der Katastrophe entgegengeht. Doch die *Überspannung* des Prinzips der *Gegensätzlichkeit,* das über die *Leidenschaft* ganz in die Hauptfigur verlegt wird, um der modernen Zerrissenheit im Widerspiel der Emotionen und Handlungen Ausdruck zu geben, führt aus dem Leben heraus, statt sich ihm, vertieft, zu nähern. Hugos einfache Sprache, noch an klassischen Normen orientiert, stellt den Übersetzer dagegen kaum vor Probleme. Höchstens vor die Versuchung: der Dichtung, was Stil, Bildwahl betrifft, den eigenen Stempel aufzudrücken, sich der Vorlage zu bemächtigen. Das tun die Übersetzer anderer Verlage, indem sie die Normerwartungen der Leser erfüllen. Büchner wahrt den Originaltext, läßt dessen Besonderheiten unangetastet, weiß sich zurückzunehmen und übersetzt als einziger fehlerlos. Er arbeitet auch hier mit modernem Anspruch. Dichtung ist ihm offenbar historisch Gewordenes wie die Geschichte selbst, und beider Wahrheit gilt es nachzuzeichnen. Nur kleinere Freiheiten nimmt er sich heraus. Aus einem Ziselierhandwerker macht er kurzerhand einen Arbeiter.

Dafür verhehlt er auf einer anderen Ebene seine Kritik nicht. Gegenüber Gutzkow macht er wohl brieflich Äußerungen über die »romantische Konfusion in Paris« (Gutzkow an Büchner, 12. Mai 1835), und er fertigt Rezensionen an, die leider verschollen sind. Von Gutzkow ist überliefert, Büchner habe »mit feinem Auge« Hugos »Schwächen« gemustert. Dies läßt schlußfolgern, daß Büchner auch die Stärken des berühmten französischen Schriftstellerkollegen nicht übersah, etwa die auf Überschaubarkeit und Wirkung zielende straffe Komposition. Büchner dürfte sie als Gestaltungshinweis empfunden haben. Denn in seinen nächsten Werken tendiert er zur *Verknappung*. Er meidet es, über das unbedingt notwendige Maß hinaus auszufächern, konzentriert sich noch stärker auf Thema und Charakter.

Auch Überzeichnungen Hugos haben Büchner offenbar angeregt. Das Gegensätzliche wird von ihm im »Lenz« so weit in einer Figur angereichert, daß diese »doppelt« wird. Doch statt aus bloßer Leidenschaft tritt die bis zur Schizophrenie vorgetriebene Zerrüttung als Folge sozial motivierter Ungleichartigkeit auf: Individuelles Fühlen und die Resonanz der Umwelt klaffen auseinander, was Lenz in tödliche Vereinsamung stößt.

Und theatralische Effekte, nicht ausgewalzt, sondern mit Augenmaß in den Dienst des künstlerischen Anliegens gestellt, werden Büchner zu einem wirkungsvollen Mittel, um über die rein sprachlichen Äußerungen der Figuren hinaus Sinnlich-Atmosphärisches einzubringen, ja, zur symbolischen Verallgemeinerung zu gelangen. Dies betrifft auch das *Groteske*: Denken wir etwa an die Rosettenszene mit Tanz und Illumination, aber auch an die Ankleideszene von König Peter mit dem Staatsrat und die spalierstehenden Bauern an der Landstraße in »Leonce und Lena«, wo ohne viel Worte Wesen und Widerspruch des Systems mit Hilfe von farbigen Statisterien offenbar gemacht werden.

Spitzenleistung wird die Vorlesung im »Woyzeck«: Durch Simultananordnung des Lehrkörpers – Professor oben und Doktor unten – gelingt es Büchner, die spekulative und die empirische Wissenschaftseiferei als zwei Seiten einer über den fühlenden Menschen hinweggehenden Verfahrensweise zu kennzeichnen. Das Sadistische, als künstlerisches Reizmittel verwendet, wird hier zugleich in eine soziale Beleuchtung gerückt.

Schließlich wird Woyzeck mit Hugos Ziselierhandwerker-Figur korrespondieren. Nicht nur darin, daß beider Liebstes von reich ausstaffierten Schönlingen als Lustobjekte mißbraucht werden. Ist Hugos Ziseleur ein in seiner Liebe gütiger, ganz hingebender, charaktervoller Mann aus dem Volke, so ist Franz Woyzeck zwar absolut nicht so idealisch gezeichnet, denn er lebt, weil ihn seine »Natur« drängt und er »sonst nichts – auf der Welt« hat; doch die ganz im geliebten Menschen aufgehende Sorge teilt er anfangs mit diesem: darin abstechend von den Armen im »Danton«, die der Kampf ums Dasein bereits unsensibel und hart gemacht hat.

Mit der Aufnahme und Umfunktionierung poetischer Techniken und Gestalten vermochte Büchner aus der »Brotarbeit« des Übersetzens Brücken zu seinem eigenen Werk zu schlagen. Er hat sich an zwei Beispielen sehr gründlich vergewissert, wie andere Zeitgenossen dichteten, und die dabei gewonnenen Erkenntnisse für die eigene poetische Arbeit genutzt.

Ob er außerdem zu einem historischen Drama über den Renaissance-Satiriker Pietro Aretino angeregt worden ist, läßt sich nur vermuten. Wilhelmine Jaeglé sprach von einem solchen.

Nach Büchners Tod war es nicht mehr aufzufinden, obgleich man sein Zimmer danach durchsuchte.

58. Die Nerven der Barbe

Um zu einer Philosophiedozentur zu gelangen, wie es sein eigentliches Anliegen ist, muß Büchner den Umweg über die Anatomie nehmen. »Ich werde das Studium der medizinisch-philosophischen Wissenschaften mit der größten Anstrengung betreiben, und auf *dem* Felde ist noch Raum genug, um etwas Tüchtiges zu leisten, und unsere Zeit ist gerade dazu gemacht, dergleichen anzuerkennen«, informierte er am 10. März 1835, kaum einen Fuß auf französischem Boden, unmißverständlich die Familie.

Er hatte begriffen, daß sich die Naturforschung im Umbruch befand. Sowohl neue einzelwissenschaftliche Entdeckungen als auch übergreifende Verallgemeinerungen standen an. Insofern kamen sich Philosophie und Anatomie auch entgegen. Die vergleichende Anatomie regte seinerzeit, gerade durch ihren komparierenden Charakter, am ehesten dazu an, nicht beim Einzelfakt stehenzubleiben, sondern auf *Zusammenhänge* zu schauen. Dies kam, zumal es sich um das höherentwickelte organische Leben handelte, Büchners Suche nach verallgemeinerbaren Gesetzmäßigkeiten in Natur und Gesellschaft entgegen. Ohne ein eigenes neues empirisches Untersuchungsergebnis war allerdings keine Diplomzulassung erreichbar.

Büchner suchte sich also seinen Gegenstand und fand ihn. Wie er dabei auf die Barben, eine Karpfenart, gekommen ist, wissen wir nicht genau. Dieser Fisch, beheimatet im Mittellauf der Ströme nördlich der Alpen, also auch in Iller und Rhein, wurde auf dem Straßburger Markt feilgeboten. Sollte er der Braut beim Zubereiten geholfen und mit anatomischer Neugierde die Fischkörper, bevor sie in die Bratpfanne oder in den Kochtopf wanderten, mit dem Skalpell seziert haben?

So »empirisch« dürfte es kaum vor sich gegangen sein. Darauf deutet zumindest seine Argumentationsweise in der Probevorlesung »Über Schädelnerven« hin. Dort geht er nämlich, indem er die neuesten Einzelergebnisse seiner Branche rekapituliert und zugleich feststellt, daß in der vergleichenden Anatomie trotz vieler noch unzusammenhängender Strecken seines Erachtens »alles nach einer gewissen Einheit, nach dem Zurückführen aller Formen auf den einfachsten primitiven Typus« strebe, von dem Gedanken aus, daß bei der Entwicklung auch des Nervensystems der Wirbeltiere alle »Funktionen« mit »Wirkungen« korrespondieren, also ein übergreifendes »Gesetz« vorhanden sein müsse. Daraus leitet er logisch die Schlußfolgerung ab, daß man, wolle man das Problem der höheren Nerventätigkeit enträtseln, nicht auf die »verwickeltsten«, sondern auf die »einfachsten Formen« zurückgehen müsse. Denn diese »leiten immer am sichersten, weil in ihnen sich nur das Ursprüngliche, absolut Notwendige zeigt. Diese einfache Form bietet uns nun die Natur entweder im Fötus (dem alle Entwicklungsstufen andeutungsweise wiederholenden Wachstum des Embryos im Mutterleib, wie es Baer 1826 nachgewiesen hatte – R. L.) oder stehengeblieben, selbständig geworden, in den niederen Wirbeltieren dar.«

Somit ist er bei den Fischen angelangt. Hier könne man, meint er, »Schritt für Schritt verfolgen, wie von dem einfachsten Organismus an, wo alle Nerventätigkeit in einem dumpfen Gemeingefühl besteht, nach und nach besondere Sinnesorgane sich abgliedern und ausbil-

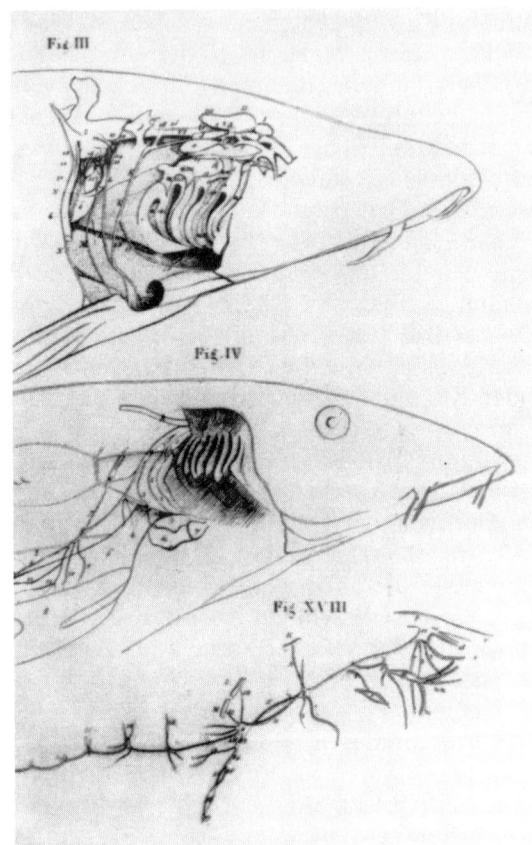

Aus Büchners
Dissertation:
Demonstration
des Nervensystems
der Barbe

den. Ihre Sinne sind nichts neu Hinzugefügtes, sie sind nur Modifikationen einer höheren Potenz.«

Büchners Ausarbeitungen weisen darauf hin, daß er bei seiner anatomischen Forschungsarbeit ähnlich vorgegangen ist wie bei seiner politischen und schriftstellerischen Tätigkeit (die ihrerseits wieder von seiner naturwissenschaftlichen Arbeitsmethode beeinflußt ist): Erst wertet er die verfügbaren empirischen Quellen und die Deutungsversuche aus; dabei gelangt er zu einem eigenen Denk- und Problemansatz; sodann versucht er, durch eigene empirische Untersuchung auf abgestecktem Feld einen neuralgischen Punkt zu fixieren und so das Ganze mit neuen Akzenten verallgemeinerbar zu diskutieren. Schließlich hatten ihm auch die Präparate der Universität und die Sammlungen seiner Professoren für Anregungen zur Verfügung gestanden.

So dürfte auch diesmal, ähnlich wie bei der politisch-ökonomischen Statistik in Weidigs Bibliothek, nicht der pure Zufall in Form von Marktfischen, die ihm unter die Finger gekommen sind, gewaltet haben, als er einen Nerv bei der Barbe entdeckte, der in der damaligen Wissenschaftsdiskussion durchaus mehr als ein isoliertes Atom darstellte, das Anatomieexperten bewegen sollte, ihm den Doktorhut aufzusetzen. In drei Sitzungen der Straßburger Société d'histoire naturelle im April 1836 trägt Büchner seine – französisch geschriebene – Abhandlung über das Nervensystem der Barbe vor und verteidigt sie erfolgreich. Unter seinen Zuhörern befinden sich die Professoren Lauth und Duvernoy. Man empfiehlt die Arbeit einmütig zur Publikation auf Kosten der Gesellschaft. Im Sommer 1836 reicht Büchner mit solcher Empfehlung, etwas umgeschrieben auf den neuen Adressaten, ein handschriftliches Exemplar an der Universität Zürich als Dissertation ein. Dort hält er auch seine Probevorlesung »Über Schädelnerven« und wuchert, über die Fische hinaus, mit dem Pfunde. Der Einzelfakt wird eingebettet in den Gedanken eines »Urgesetzes« der organischen Materie, dem »das körperliche Dasein« zugrunde liegen könne. Noch ist dieses Bestreben mit naturphilosophischen Implikationen Goethescher und Schellingscher Prägung befrachtet. Doch bietet Büchner im Kern bereits etwas an, was nach neuesten Fachurteilen dem späteren Darwinschen Entwicklungsgesetz der Entstehung der Arten entspricht. Leben und Bewußtsein erscheinen bei Büchner als »Produkte« der immanent bewegten Materie, die selber aktiv die Formen »aus sich selbst herauszeugt« (G. Görlich/A. Lehr). Es wird nicht als übertrieben eingeschätzt, was Bruder Ludwig 1850 schreibt: »Büchner würde vielleicht, wenn er am Leben geblieben wäre, derselbe große Reformator der organischen Naturwissenschaften geworden sein, welchen wir jetzt in Darwin verehren.«

Für Büchner persönlich mußte jenes Vortasten zu Entwicklungsgesetzen der Natur, über die kleinen Schritte der empirischen Belege hin, auch für seine politischen Begriffe nicht ohne Folgen bleiben.

Wenn die organische Veränderung des Lebens und seine Entschlüsselung ein komplizierter und lang andauernder, ein evolutionärer Vorgang war, mußte man im Gesellschaftlichen wohl ebenfalls weniger mit spontanen Umbrüchen als mit gesetzmäßigen Entwicklungen, mit *Prozessen* rechnen. Solange das Dasein der unterdrückten »großen Klasse selbst« (an Gutzkow, 1836) noch ertragbar war, würde das Gesetz des materiellen Interesses noch nicht in Kraft treten.

59. Symptom Wahnsinn: Lenz im »Gebirg«

»Die Übersetzung lassen Sie unterwegs, an Originale machen Sie sich«, schrieb Gutzkow am 7. April 1835 an Büchner. Der Erfahrenere möchte verhindern, daß sich der Neuling mit seinem Talent verplempert. Er weiß, daß ein Treffer noch keinen bezahlten Namen in der Literaturlandschaft macht. Der nächste Schritt müsse sein, weitere »geniale Beweise«, »Gedankenblitze aus erster Hand« zu liefern! Auf Außergewöhnliches spekuliere das Publikum (und darauf spekuliert auch der *Herausgeber* noch am 28. September). Zuvor, am 17. März, hatte Gutzkow bereits den ermunternden Tip gegeben: »Wein verhüllt in Novellenstroh, nichts in seinem natürlichen Gewande« zu produzieren, statt mit Revolutionsstücken »blind in Gewehre« zu laufen, »die keineswegs blindgeladen sind«. Damit käme man bei der Zensur womöglich durch und könne »bei den Philistern, welche das Geld haben« und Geschichtchen lieben, noch am ehesten auf seine Kosten kommen und etwas ausrichten.

Die Hinweise auf mehr Unverfänglichkeit sind deutlich. Büchner, anfangs offenbar ohne Stoff für ein eigenes neues Werk, verkehrt wieder bei den befreundeten Stoebers. Die Brüder befassen sich noch damit, deutschsprachige Sagen und Märchen aus dem Elsaß zu sammeln. Bei ihnen liegt auch, neben manchem Gedruckten und Ungedruckten, ein Tagebuch des ehemaligen Vogesenpfarrers Oberlin aus dem Jahre 1778, worin dieser eine entscheidende Phase des Verfalls des jungen Sturm-und-Drang-Dichters Jakob Michael Reinhold Lenz aus eigenem Erleben aufgezeichnet hat. Büchner ist nach der Lektüre des Dokuments so davon angesprochen, daß er sich dazu entschließt, ein Stück Kunstprosa daraus zu formen, und er teilt diese Absicht Gutzkow mit.

Was ihn daran vor allem interessiert, ist der Prozeß des Wahnsinnigwerdens. Wie die Abneigung gegen feudalbürokratische Verhältnisse und bürgerliche Berufsbestimmung einen isolierten Intellektuellen zu fast schizophrener Verfassung führen konnte und aus existentieller Not irrationale Fluchtbestrebungen geboren werden, das hatte Büchner selbst in seiner Fatalismuskrise durchlebt.

Auch Lenz ist ein Angeschlagener, der sich von solcher Lebensmühle nicht rädern lassen will und der in überkommenen Normen keinen Sinn mehr findet. Auch er zweifelt an der Göttlichkeit der Weltordnung. Lenz hatte sein Theologiestudium abgebrochen und mit siebenundzwanzig Jahren noch immer keinen Beruf, versuchte sich mit Stundengeben und dem Besuch bei Bekannten durchzubringen, war vom Elternhaus abhängig, irrte durch die Welt und war dazu noch von unglücklicher Liebe gedrückt: ein Flüchtling vor dem Establishment, ein von Widersprüchen Gepeinigter, ein Entwurzelter in den Grenzzonen zur Asozialität – und bei alledem ein hochbegabter Mensch.

Auch als Übriggebliebener einer in die Krise gekommenen, einst rebellischen, jetzt aufgelösten Gruppe von Freunden steht der Wahlverwandte des Sturm und Drang, der sich hier in Straßburg einst mit dem jungen Goethe, mit Klinger und Herder vereinigt hatte, zur psychischen Situation Büchners in Korrespondenz. Denn Büchner, der sich in seinen halboffiziellen Briefen bemüht, konstruktiv auf die Niederlagen und auf die Unterdrückungswelle zu reagieren, ist zwar ein Intellektueller, der auf dem Wege ist, »sich aus der bürgerlichen Emanzipationsbewegung auszugliedern«; doch zieht dies einen »extremen« und auch noch »höchst unsicheren Standpunkt« (H.-G. Werner) nach sich. Im Gegensatz zu den Briefen, in denen er vor allem seinen scharfen politischen Verstand mobilisiert, drückt er in seinen Werken die extreme Gefährdung weniger beiseite. Im Medium der Kunst kann er sein Ich verschlüsselt, aber dennoch ungebrochener einbringen als in Schreiben, die in allererster Linie auf Elternberuhigung ausgehen müssen. Zudem muß er sich stärker auf die seeli-

schen Reaktionen und Beschädigungen der einmal gewählten Figuren einlassen. Nicht von ungefähr sind alle zentralen Gestalten
seiner Werke von tragischer Einsamkeit bedroht; ihre Entfremdung
von der sie umgebenden Umwelt führt zur Selbstentfremdung, diese
kann bis zum Verlust der Ich-Identität, bis zur Zerstörung der Persönlichkeit führen. Offenbar sieht sich Büchner immer wieder mit
dieser Problematik, die auch seine Existenz berührt, konfrontiert,
muß sich mit ihr auseinandersetzen.

Und in den Verliesen der Staatsmacht siechen Kampfgefährten dahin, werden, mit Ausnahme von Minnigerode und Weidig, geständig,
indem sie nicht nur vor dem Untersuchungsrichter bisheriges Denken und Tun verleugnen, sondern auch über sich selbst in Zweifel geraten: ob vielleicht, wie August Becker aussagt, die weitgehenden Re-
volutionsvorstellungen, angesichts des übermächtigen Beharrens der

Welt im Althergebrachten, nicht doch eine gewisse »Sophisterei« gewesen seien. Da wird ausgerechnet Clemm, Büchners »Stellvertreter« in Gießen, in gewissem Sinne der Linksradikale der Bewegung, ein Abtrünniger; er, der »grenzenlos leidenschaftlich, aber offen, mutig und aufgeweckt« die sozialrevolutionären Ziele verfolgt hatte, wie ihm Büchner noch am 16. Juli 1835 (!) mit Wissen von dessen Verräterschaft bescheinigt. Dieser Clemm verliert offenbar nicht nur, wie vermutet wird, aus Leidenschaft für die Tochter seiner neuen Vermieterin, Fräulein Grolmann, und mit Blick auf eine beruflich-gesellschaftliche Karriere sein »Ehrgefühl«. Clemm muß zuvor der Glauben an die Sache abhanden gekommen sein. Er scheint die Diskrepanz zwischen weit vorgreifenden Ideen einer kleinen, immer inaktiver werdenden Gruppe mit dem ihn umlagernden Alltagsbewußtsein nicht verkraftet zu haben. Alles mochte ihm immer unwirklicher erscheinen. Um sich der aus dem Zwiespalt geborenen Nervosität zu entreißen, einen Schlußstrich unter die Vergangenheit zu ziehen und Frieden mit sich zu finden – trat er die Flucht nach hinten, ins »Reale« an. »... aber es ist mir doch immer, als ob ich träumte, wenn ich daran denke«, kommentiert Büchner weiter den großen Widerspruch zwischen Clemms bewährten Eigenschaften und dessen schließlicher Reaktion. Und das beschäftigt ihn.

Auch solche Reaktionen dürften dazu geführt haben, daß sich bei Büchner, als er das Schicksal des einst rebellischen Lenz zu analysieren begann, die Belastung des einzelnen in einer ihm fremdartigen Umwelt weiter zum Problem verdichtet hat. Die Geisteskrankheit, die mit dem Empfinden der *Unwirklichkeit*, der Traumhaftigkeit von Ich und Welt einherkommt, war offenbar ein verbreitetes Symptom in »dieser halben irrgewordenen Zeit« (G. Herwegh, Ode auf Büchner, 1841) – und das Bedrohtsein vom Wahnsinn, der ihn begleitende Verlust der Persönlichkeit waren es wert, als zentrales Motiv einer Dichtung behandelt zu werden.

Lenz, wie ihn Büchner auf seiner winterlichen Gebirgswanderung ins Vogesen-Steintal einführt, krankt bereits an dieser Ungegenwärtigkeit seines Seinsgefühls. Weder der pietistisch-philanthrope Seelsorger Oberlin noch die nach außen hin ruhige Kleinwelt, wo auf den ersten Blick das menschliche Beieinander noch intakt erscheint, noch die Natur selbst können ihn trotz hoffnungsvoller »Zwischenergebnisse« hieraus erretten.

Zu Oberlin kann sich keine echte Beziehung herstellen. Denn für diesen ist das allgegenwärtige Leid der Bergbewohner, sind Schmerz und Tod gottgewollte Fügungen; Jesus hat bereits für alle gelitten. Lenz dagegen erspürt übersensibel die Widersprüche, die Misere, möchte in weltverbesserischer Übersteigerung verändern, »retten, retten, retten«, versteht nicht, warum Gott, wo dieser doch allmächtig sein soll, es nicht tut: ja, er möchte die menschliche Begrenzung überhaupt aufheben. Für ihn gibt es nur die Extreme: »Toll werden ...?« in der Enge des Nützlichkeitsdenkens – oder: »Ruhe!« in der Abgeschiedenheit, wo es ihm gerade »ein wenig wohl« geworden ist. Immer mehr rutscht er in den unkontrollierten Wechsel von Exaltation und Depression, in eine hoffnungslose Labilität: er wird »doppelt«. Der Rest seines Ichs löst sich auf, es wird immer leerer, kälter, sterbender in ihm. Pendelnd zwischen Gläubigkeit und Atheismus, wird er zusätzlich von religiösen Quälereien gemartert und ausgeglüht.

Oberlin versagt ihm schließlich, als Lenz dessen Gebetstherapeutik mit sarkastischem Kommentar quittiert, das Asyl und läßt ihn bewachen. »Alles, was er an Ruhe aus der Nähe Oberlins und aus der Stille des Tals geschöpft hatte, war weg; die Welt, die er hatte nutzen wollen, hatte einen ungeheuren Riß; er hatte keinen Haß, keine Liebe, keine Hoffnung – eine schreckliche Leere, und doch eine folternde Unruhe, sie auszufüllen. Er hatte *nichts*.« Die Grenze seiner Belastbarkeit wird durch permanente Schlaflosigkeit vollends überschritten. Lenz versucht, Hand an sich zu legen.

Der Riß, der hier durch das Individuum geht und es vernichtet, ist im wesentlichen die Folge nicht verkraftbarer, auf jeden Fall nicht verkrafteter Widersprüche. Die »Welt«, die Gesellschaft, hält sie im Alltag verborgen.

Büchner zeichnet den Krankheitsverlauf seines »Patienten«, indem er sowohl die Befindlichkeiten als auch die Reflexe des Subjekts dynamisch zu erfassen sucht. Dabei stellt sich heraus, daß es neben den objektiven Determinanten auch subjektive Faktoren gibt, die den Prozeß der Persönlichkeitsauflösung befördern: neben dem Hang, alles unterm Blickwinkel des Leids zu fixieren und die Wirklichkeit nicht entgegennehmen zu können, wie sie ist, ist es das sehr gefühlsbetonte Reagieren. – Noch tiefer als bei Danton fühlt sich Büchner

Oberlins Haus im Steintal, um 1840

in die Psyche seines Helden ein und konzentriert sich auf sie, ohne Lenz' problematische Geistesverfassung zu denunzieren. Er versucht Unmittelbarkeit und Sachlichkeit noch enger zu verknüpfen. Doch zugleich gibt er als Erzähler nicht die Haltung des analysierend sich abgrenzenden Beobachters auf. So gelingen Büchner, gekleidet in eine unverfängliche, scheinbar ganz historisch-authentische Seelenstudie, ein weiteres Mal bedeutsame Enthüllungen. Er hat den Hinweis Gutzkows befolgt. Doch statt seinen Wein in Stroh zu packen, hat er ihn in ein neuartiges Behältnis gefüllt.

Auch im »Lenz« gibt es mancherlei Realitätsbezüge. Der Versuch, wie ihn Vertreter der Romantik unternehmen, durch religiöse Einkehr, Leidensinbrunst und den Gang in die Natur die allgemeine Entfremdung, deren sie sich bewußt wurden, aufzuheben, sich seelisch neu zu behausen und uneingeschränkt *zu sich* zu kommen, wird von Büchner als untauglich gekennzeichnet.

Die Flucht »ins Gebirg« steigert die Widersprüche zur Ausweglosigkeit. Lenz versteigt sich erst recht, überall tun sich Wände und Abgründe auf; das Tal Eden ist nicht zu finden. Der Intellektuelle braucht gesellschaftliche Betätigungsfelder, sonst ist er in seiner Wesensäußerung beschnitten, seine Agilität wendet sich nach innen, gegen ihn. Es kennzeichnet die neue Situation des humanistisch Geprägten, daß er nicht nur irgendwelche Betätigungen braucht, sondern daß er, wie der Autor selbst, Möglichkeiten benötigt, die seiner eigenen Natur entsprechen. Sonst kann es zu Syndromen kommen, über die er in depressiven Wahnsinn verfällt. Da helfen weder Appelle noch philanthropische Hilfeleistungen.

Auch Büchner, der Autor, spürt in so manchen Straßburger Stunden ein Verlangen, alle gesellschaftlichen Fesseln abzuwerfen und, einzig im Kontakt mit der Natur, durch die Welt zu streifen. Wilhelm Schulz berichtet aus abendlichen Unterhaltungen, die im Frühjahr 1835 stattgefunden haben müssen: »Oft sehnte er sich aus der flachen Menschenwüste hinaus und hielt es für ein besseres Los als das ihm zugefallene, wenn er, als Beduine geboren, auf flinkem Rosse die sandige Wüste durchfliegen, wenn er die Natur in allen Adern fühlen durfte.«

Doch anders als Fürst Pückler-Muskau, der, als Beduine verkleidet, mit Dolch, Säbel und Flinte bewaffnet, über die höchsten Gipfel des algerischen Atlas reitet, hat Büchner weder die Mittel für solche Unternehmungen, noch läßt er die Illusion in sich wuchern, er könne sich in der Einsamkeit erneuern. Er arbeitete das auf – mit einer Reiseliteratur ganz eigener Art. Was blieb, war das Wissen um den unersetzbaren Wert des Naturerlebens und des Gefühls für Heimat, gerade als Verbannter. Er erwanderte sich in den wenigen arbeitsfreien Stunden die Landschaft. »... die Vogesen sind ein Gebirg, das ich liebe wie eine Mutter, ich kenne jede Bergspitze und jedes Tal«, schreibt er 1835 an Gutzkow.

Mögen ihn bei seinen Streifereien an trüben Tagen Stimmungen, ja Zustände angekommen sein, bei denen ihm wie Lenz »alles so klein, so nahe, so naß« war, daß er »die Erde hinter den Ofen setzen«

Lenz,
Kupferstich von
Baldwin Zettl. 1972

und »auf dem Kopf gehen« mochte. An anderen Tagen, »wenn der Sturm das Gewölk in die Täler warf und es den Wald herauf dampfte, und die Stimmen an den Felsen wach wurden, bald wie fern verhallende Donner und dann gewaltig heranbrausten, in Tönen, als wollten sie in ihrem wilden Jubel die Erde besingen, und die Wolken wie wilde, wiehernde Rosse heransprengten, und der Sonnenschein dazwischen durchging und kam und sein blitzendes Schwert an den Schneeflächen zog, so daß ein helles, blendendes Licht über die Gipfel in die Täler schnitt ...« – da brachte er in die Stube des Stadtexils andere Eindrücke mit. Das nachempfindende »Durchspielen« des Charaktertypus Lenz, der Büchners Wesen berührte, half ihm, sich auszusprechen – und einen Schutzwall um sich aufzurichten, um in seiner extremen Lage nicht zu Fall zu kommen.

60. Doppelte Polemik und Freundessuche

Erneut macht Büchner trübe Erfahrungen, als es darum geht, dem mit Herzblut Geschriebenen öffentliche Wirkung zu verschaffen. Einen Augenblick lang hatte es so ausgesehen, als ob sich die Chancen für eine oppositionelle künstlerische Artikulation in Deutschland etwas aussichtsreicher gestalten könnten. Gutzkow hatte sich nämlich von Sauerländer getrennt und im September 1835 die »Deutsche Revue«, eine literarische Wochenschrift, für den 1. Januar 1836, zusammen mit Ludolf Wienbarg, angekündigt. Er wollte die vereinzelt streitende literarische Avantgarde um eine Zeitschrift versammeln. Als Mitarbeiter hatte er Theodor Mundt, Heinrich Laube, Heine und Wilhelm Schulz eingeladen, und auch der Anfänger Georg Büchner war von ihm ohne Hemmung öffentlich neben die bekannten Größen gestellt und zur Mitwirkung aufgerufen worden. Büchner, obgleich er nach Gutzkows glänzender »Danton«-Kritik mit Freude bemerkt hatte, daß er »keine Anlagen zur Eitelkeit« (an die Familie, 28. Juli 1835) besaß, verkniff sich daraufhin nicht, das Bild der Eltern von der verpfuschten Existenz ihres Ältesten wieder einmal etwas zu korrigieren. Er nutzte die Gelegenheit, sich als durchaus nicht Erfolgloser hinzustellen; schließlich wurde er um Teilnahme an diesem »großen Literaturblatt« (20. Sept.) gebeten.

Doch der Versuch zur Formierung der jungdeutschen Schriftstellerbewegung, die auf eine kritische, realitätsnähere und politisch engagierte Literatur aus war, wurde abgewürgt, noch ehe er zur Ausführung kam und bevor der »Lenz«, wie vorgesehen, in Gutzkows Zeitschrift erscheinen konnte. Die oppositionelle Richtung, die im Rahmen der verbliebenen Möglichkeiten gegen die vorherrschende konventionelle Schreiberei und deren »Schimmer poetischer Lügen« (L. Wienbarg) Front machte, war den feudalbürokratischen Regimes seit längerem ein Dorn im Auge, den sie zu entfernen wünschten. So war es für sie ein gefundenes Fressen, als Gutzkow im August 1835 den Roman »Wally, die Zweiflerin« erscheinen ließ. Darin kam eine – für heutige Begriffe harmlose – Entkleidungsszene vor, und Wally beging nach der Lektüre der atheistisch gefärbten Aufzeichnungen ihres Geliebten »über Religion und Christentum« Selbstmord. Gutzkows einstiger journalistischer Mentor, der angesehene

Literaturkritiker Wolfgang Menzel, gab sich dazu her, im Stuttgarter »Morgenblatt für gebildete Stände« das Werk und die ganze »Frankfurter Läster- und Lasterschule« als unsittlich, unchristlich und unnational zu denunzieren. Worin ihm ein ganzer Troß von Schreiberlingen auf dem Fuße folgte und meinte, »jede gute Staatspolizei« sollte solche Werke, wie auch den »Danton« mit seiner »Zerrissenheit« und »Überspannung«, »möglichst verhindern« (F. Frei, Dresdner Abendzeitung, 28. Oktober).

Die Anschuldigungen und Pfiffe aus dem Lager der Reaktion dienten deutschen Regierungen und am 16. Dezember auch der deutschen Bundesversammlung zum Anlaß, unter dem Deckmantel vorgeblicher Unsittlichkeit gegen die Autoren, Schriften und Verleger des Jungen Deutschlands eine Unterdrückungskampagne einzuleiten, die bis dahin ohne Beispiel war. Die »Deutsche Revue« und andere Blätter wurden kurzerhand verboten, Laube wurde in Preußen, Gutzkow in Baden gefangengesetzt.

Büchner, der schon beim Erscheinen des »Danton« ein abgekartetes Spiel der Regierungen und ihrer »bezahlten Schreiber« erwartet hatte, reagierte auf diese Diffamie mit ironischen Repliken. »Ich muß lachen«, schrieb er am 1. Januar 1836 nach Hause, »wie fromm und moralisch plötzlich unsere Regierungen werden. ... Der König von Bayern läßt unsittliche Bücher verbieten! Da darf er seine Biografie nicht erscheinen lassen, denn die wäre das Schmutzigste, was je geschrieben worden! Der Großherzog von Baden, erster Ritter vom doppelten Mopsorden, macht sich zum Ritter vom Heiligen Geist und läßt Gutzkow arretieren, und der liebe deutsche Michel glaubt, es geschähe alles aus Religion und Christentum, und klatscht in die Hände. ... Es kommt mir vor, als stritte man sich sehr um das Reich von dieser Welt, während man sich stellt, als müsse man der Heiligen Dreifaltigkeit das Leben retten ... man muß doch die wenigen, welche noch aufrecht stehn und zu sprechen wagen, verstummen machen!«

Genau das war es.

Sosehr Büchner einerseits Gutzkows Engagement zu würdigen weiß, da dieser »in seiner Sphäre mutig für die Freiheit gekämpft« hat, so teilt er doch andererseits nicht die Auffassungen der jungdeutschen Autorengruppe, über die Literatur eine durchgreifende Gesellschaftsveränderung bewirken zu können. Seine politische Praxis hat ihn die Bedeutung des geschriebenen Wortes ohnehin relativieren lassen. Die neuesten Ereignisse tun ein übriges, auch den Künstler selbst gesellschaftspolitisch nicht zu hoch anzusetzen. Obgleich er Heinrich Heine von der jüngeren Schriftstellergeneration am nächsten steht, folgt er doch dessen Prinzip der Autonomie des Schriftstellers nicht. Büchner begreift sich weder als Apostel von saint-simonistischen Ideen über die Emanzipation der Frau und des Fleisches noch als direkter Kritiker an Ehe und Christentum, noch als Tribun, der, niemandes »Magd« (Heine), nur den eigenen inneren Instanzen und den Gesetzen des Ästhetischen unterworfen ist.

Er bleibt zwar weiter offen gegenüber ethisch-moralischen Auffassungen der utopischen Sozialisten, doch weiß er immer sicherer deren Stellenwert und Funktion innerhalb der sozialen Emanzipationsbewegung einzuschätzen: als Ansichten von Intellektuellen, die das arme Volk und seinen Alltag noch wenig betreffen. Denn was wird die arme Marie im »Woyzeck«, anders als das Freudenmädchen aus Passion und gebildetem Hause, Marion, von ihrer »freien Liebe« haben? Sie wird zum Lustobjekt eines strammen Tambourmajors, gerät in Gewissenskonflikte und beschwört ihren Tod und den des Vaters ihres unehelichen Kindes mit herauf.

So setzt sich Büchner von den sozial abstrakten Auffassungen der Jungdeutschen über Ehe und Christentum gegenüber den Eltern wohl nicht nur zum Schein ab.

Er findet es auch am 1. Juni 1836 gegenüber Boeckel keineswegs überragend, daß man bei Stöbers »über die poetische Bedeutung des Ehebruchs philosophiert« und zu gleicher Zeit das »arme Mädel« aus Straßburg zugunsten einer Pfarrersfrau sitzenläßt. Büchner bedauert das Opfer. Er für seinen Teil versteht das vierjährige Verlöbnis mit seiner Wilhelmine nicht als Hinhalterei, sondern als ein partnerschaftlich verantwortetes Verhältnis. Büchner ficht ebenfalls für eine Operationsfreiheit des Schriftstellers. Doch die übergeordnete Instanz ist ihm allein die Wirklichkeit, wie sie ist. Diese versucht er illusionslos vom Standpunkt der großen Masse aus zu analysieren. Mit solcher Verfahrensweise, die im Spiel der Gegensätze Gedankenanstöße bieten konnte, hofft er, da er keinen vordergründigen »Ideenschmuggel« (Heine, Gutzkow) betreibt, auch nach der Katastrophe von 1835 die Klippen zu umschiffen, die der jungdeutschen Literatur trotz aller ihrer Kompromisse und Anpassungsübungen zum Verhängnis geworden waren.

Als Nicht-Berufsschriftsteller setzt er zudem darauf, künftig aus materiellen Motiven weniger Rücksicht nehmen zu müssen. Schriftstellerei soll vorerst aus ebendiesem Grunde nebenberufliche Tätigkeit bleiben. Mit solcher Wirkungsstrategie bewaffnet, glaubt sich Büchner von den Bundesgenossen abgrenzen und einen Weg für sich gehen zu können. »... ich zeichne meine Charaktere, wie ich sie der Natur und der Geschichte angemessen halte, und lache über die Leute, welche mich für die Moralität oder Immoralität derselben verantwortlich machen wollen. Ich habe darüber meine eigenen Gedanken«, schließt er den Brief vom 1. Januar an die Eltern. Das Drama scheint ihm noch die meisten Chancen zu bieten, subjektive Vorgänge zu objektivieren und als scheinbar ideologieneutral verkaufen zu können. Es kommt seinen Absichten und seiner Weltauffassung näher als die Prosa, auf die die jungdeutschen Autoren schwören. Schließlich war der »Wein« der »Lenz«-Novelle Büchner durch den Gattungszwang, mit der starken Konzentration auf *einen* Charakter und dessen Innenwelt, ohnehin etwas schwerblütig geraten. Dies dürfte zur Rückorientierung aufs Dramatische beitragen. Die Novelle bleibt als Fragment liegen – nicht nur weil Gutzkow sie nicht mehr drucken kann.

Büchner betreibt die Auseinandersetzung nicht nur familienintern. »Lieber Freund«, beginnt er Anfang 1836 einen Brief an Gutzkow und empört sich über die Niedertracht, mit der man diesen behandelt. Er bietet seinem Förderer, der zumindest Mut bewiesen hat, nun, da selbst die meisten jungdeutschen Schriftstellerkollegen kleinmütig von ihm abrückten, seinerseits den Arm, um aus dem Dilemma herauszukommen. Vielleicht gelingt es ihm sogar, eine echte poetische Kampfgemeinschaft zu zimmern? Gutzkow besitzt Talent und offenbar auch Charakter; über anderes kann man kameradschaftlich streiten. Nicht umsonst hat Büchner wiederholt mit »List über List« (Gutzkow, Nachruf 1837) an Gutzkow Zeilen ins Mannheimer Gefängnis geschmuggelt, worin er ihm zur Flucht aus Deutschland und zum Treff im Straßburger »Rebstöckel« rät. Also setzt Büchner vertrauensvoll zur Kritik an: »Übrigens, um aufrichtig zu sein, Sie und Ihre Freunde scheinen mir nicht gerade den klügsten Weg gegangen zu sein.« Und weiter im Klartext, auf die Ursachen des Scheiterns zielend: »Die Gesellschaft mittels der Idee, von der gebildeten Klasse aus reformieren? Unmöglich! Unsere Zeit ist rein materiell; wären Sie je direkter politisch zu Werke gegangen, so wären Sie bald auf den Punkt gekommen, wo die Reform von selbst aufgehört hätte. Sie werden nie über den Riß zwischen der gebildeten und ungebildeten Gesellschaft hinauskommen.« Über die soziale Begrenztheit und Inkonsequenz der jungdeutschen Literaturbewegung weist Büchner auf den springenden Punkt: die Illusion über Reformen. Sie geht jetzt wieder, nachdem sich die feudalbürokratische Staatsmaschinerie als unerwartet stabil gegen revolutionäre Bestrebungen erwiesen hat, in vielerlei Gestalt um. Nach Büchners Auffassung ist dies ein Zeichen dafür, daß sich die »ganze (bürgerliche) Revolution« in einem voranschreitenden Differenzierungs- und Auflösungsprozeß befinde und »von der ungebildeten und armen Klasse aufgefressen werden« müsse, wie er gegenüber Gutzkow schon 1835 geäußert hatte.

Aus der Polemik heraus definiert und überprüft Büchner seinen Standort. Dies stellt sich im Brief an Gutzkow zugleich als ein Stück Selbstkritik dar: Insofern nämlich, als zu fragen war, *ob denn den Problemen der intellektuellen Opposition*, in die er sich von »Danton« bis »Lenz« nicht ohne weltschmerzliches Empfinden hineinbegeben hatte, *weiter solche Aufmerksamkeit zustand.* War es angesichts der Gesamtsituation noch angemessen, sie weiter ins Zentrum von Dichtungen zu rücken? Standen nicht wichtigere Dinge auf der Tagesordnung?

Und so zieht Büchner für die sozial verantwortlich Schreibenden, für Gutzkow wie für sich gleichermaßen, eine Schwerpunktverlagerung in Betracht: die *stärkere Hinneigung zu den Massen.* »Ich glaube, man muß in sozialen Dingen von einem absoluten Rechtsgrundsatz ausgehen, die Bildung eines neuen geistigen Lebens im *Volke* suchen und die abgelebte moderne Gesellschaft zum Teufel gehen lassen. Zu was soll ein Ding wie diese zwischen Himmel und Erde herumlaufen? Das ganze Leben derselben besteht nur in Versuchen, sich die entsetzlichste Langeweile zu vertreiben. Sie mag aussterben, das ist das einzig Neue, was sie noch erleben kann.«

Karl Gutzkow vermag jedoch solche aufs Ganze gehenden »Ratschläge« einschließlich Flucht noch nicht und nach zweieinhalb Mo-

Karl Gutzkow

naten hinter Gittern gleich gar nicht zu akzeptieren. Meint er doch zu erkennen, daß man sich »sogar in Preußen« bemühe, »ein anderes und milderes Benehmen« gegen ihn einzuleiten. Die Schimäre vom vernünftigen Übereinkommen mit den absolutistischen Machthabern wird von einem bislang so kritischen Mann als wahr genommen! Da Gutzkow eine Frankfurter Generalkonsulstochter zur Braut hat, laviert er in der Tat: Er begibt sich nach seiner Freilassung nicht nach Süden, an die Seite eines aufrechten Genossen, ins harte Exil – sondern nach Norden, zurück ans Bett der »elenden Krämer ...« (6. Februar 1836, Gutzkow an Büchner).

Auch Büchners auf Neuorientierung bedachten Vorschlägen weicht er aus. Er meint, daß »unter Umständen, wie den heutigen, wo die Massen schwach sind«, »das Tüchtige nur aus runden und vollkommenen Individualitäten geboren werden kann« (10. Juni 1836 an Büchner).

Seine Identität aber hat er bereits verloren.

Georg Büchner bleibt in Straßburg mit seiner Entschiedenheit allein. Er muß auf dem Pfad des sozialkritischen Realismus ohne einen gleichwertigen Gefährten weiterschreiten.

61. Stagnation und Ödnis

Noch ehe dieser Marsch ohne das Gepäck der Vergangenheit von Büchner angetreten werden kann, schreibt der angesehene Stuttgarter Cotta-Verlag am 2. Februar 1836 einen Wettbewerb um das »beste deutsche ein- oder zweiaktige Lustspiel in Prosa oder Versen« aus. Zweihundert Gulden wären zu gewinnen; für Büchner ein verführerisches Angebot, da er Geld dringend benötigt und so blank ist, daß er im Juni bereits »vom lieben Kredit leben« muß.

Indessen ist er in der ersten Jahreshälfte mit naturwissenschaftlichen Studien beschäftigt und kann an Dichtung in dieser Zeit nichts produzieren. Außerdem müßte er sich einer Jury stellen, wovor er zurückschreckt. Schließlich könnte in ihr der »literarische Eulenkönig« (W. Schulz, 1846) Menzel sitzen, zumal sich dieser öffentlich – im Literaturblatt vom 29. Juni 1836 – damit brüstet, seine erste »Lektion« habe bei den »jungen Leuten« nachhaltig gewirkt. Beides macht eine Beteiligung Büchners schwierig, ja, es muß demotivierend wirken. Und hätte sich nicht Eugen Boeckel zu ebendieser Zeit als frischgebackener Doktor der Medizin auf einer mehrmonatigen Studienreise (er hat eine Erbschaft gemacht) durch deutsche Länder und Ländchen befunden und seinen »lieben Freund« Büchner mit ebenso geschwätzigen wie gesinnungsprovokanten Briefen traktiert – so würde sich dieser unter Umständen gar nicht mehr an die Lösung der Preisaufgabe gemacht haben.

Boeckels Briefe indessen durchbrechen Büchners poetische Abstinenz; denn Boeckel munden nicht nur die deutschen »Weine ..., Cotelette, Schnitzel etc. etc. ...«, er findet auch, anders als sein kopfschüttelnder Freund, der meint, solche »Tour durch unsere deutschen Staaten müßte einen ganz wütend machen« (Büchner an Boeckel, 1. Juni 1836), zunehmend Gefallen an der bestehenden absolutistischen Ordnung! Die österreichische Regierung, bekommt Büchner da zum Beispiel am 18. Juni zu lesen, sei »unter ihrer jetzigen Form notwendig und wohltätig für das Land ..., gänzlich den Bedürfnissen und Begriffen der Untertanen angemessen ...« Von Despotismus kann Boeckel aus der Hotel- und Caféhausperspektive und auf »superben Promenaden« nichts bemerken, es gelte vielmehr, schreibt er, »Vorurteile« abzulegen. Gelänge es, könne man sich »hier ... behaglich« fühlen, und »selbst Dir«, wagt er Büchner zu unterstellen, würde es »gefallen«. Für Boeckel ist das absolutistische System modern, aufgeklärt, Reformen zugeneigt; Volk und Obrigkeit harmonieren, und für das persönliche Wohlbefinden aller Gesellschaftsmitglieder sei Sorge getragen.

Boeckel wegen dieser geschmacklosen Urteile und politischen Blindheit direkt und gehörig die Meinung zu sagen, das ging nicht. Es hätte den Aufenthalt Büchners in Straßburg gefährden können, denn Boeckels Bruder war ihm beim Beschaffen der Sicherheitskarte behilflich gewesen.

So sucht Büchner andere Artikulationsmöglichkeiten. Näher besehen waren Boeckel ebenso wie die Stöbers, die ins Menzelsche Lager überwechselten und deren Beziehung zu Büchner erkaltete, nur ein

Eugen Boeckel,
um 1850

weiteres Beispiel dafür, wie die vordem opponierenden jungen Leute aus gutem Hause mit dem Bestehenden sich zu arrangieren suchten, sobald sie sich zur Übernahme bürgerlicher Geschäfte anschickten. Das hohe Pathos der Demokratiebegeisterung wich dem Konservatismus. Ordnungs- und Ruhebedürfnis setzten sich am Ende durch.

So mochte Büchner angesichts dessen erwogen haben, der politischen Naivität, ja Unbedarftheit poetisch zu begegnen. Es mochte ihm dabei vor allem darum gegangen sein, den noch Unentschlossenen ein Warnbild vor Augen zu führen, um sie in ihrer kritischen Einstellung gegenüber den herrschenden Systemen zu bestärken, indem er an die Stelle des schönen Scheins die Realität setzte, wie sie wirklich war und wie sie in der Satire noch angemessen geschildert werden konnte. Dabei sollte es an Deutlichkeit nicht fehlen. Zugleich mußten die stets wachsamen Ordnungshüter getäuscht werden; sie sollten in der Dichtung nichts als ein harmlos-unverfängliches Spiel erkennen dürfen.

So sieht sich Büchner abermals zu einer Stellungnahme herausgefordert. Diese sollte ästhetischen Ansprüchen genügen, zugleich jedoch einen praktisch-pragmatischen Zweck erfüllen. Als nicht ungeeignete Form bot sich die Märchenkomödie an, ein Spiel scheinbar um der reinen Kunst willen – doch eben auch das Gegenteil davon: »Leonce und Lena«.

Bekanntere romantische Bilder und Wendungen wie die von der Langeweile und vom Müßiggang, wie sie etwa in Clemens Brentanos verwirrendem Lustspiel »Ponce de Leon« (1805) anzutreffen waren, projiziert er in eine überschaubare Fabel. Mit ihrer Hilfe enthüllt er die Inhumanität des monarchischen Regierungsprinzips, das er bereits im »Landboten« zum Gegenstand dokumentarischer Kritik gemacht hatte. In der von Büchner gestalteten Welt tendiert alles zur Erstarrung. Die Menschen sind zu Marionetten geworden, von außen geleitet, willenlos, Werkzeuge. Im rationalistischen Ordnungsreich Popo haben sich alle das Denken abgewöhnt. Selbst die allergeringsten Veränderungen verursachen die allergrößten Beunruhigungen. König Peter wird bereits bei kleinsten Unregelmäßigkeiten konfus, so wenn beim Anziehen der Hose vergessen wurde, auch die vorderen Knöpfe zuzumachen, so daß »der freie Wille … ganz offen« steht.

Allein der Erbprinz Leonce erscheint von der monotonen Symmetrie der Welt seines Vaters angeödet. Vergebens versucht er in zynischen Wortgefechten mit seinem eß- und trinkfesten Narren Valerio aus dem Teufelskreis von Erlebnisunfähigkeit, Selbstbeobachtung, nutzloser Reflexion und Schauspielerei, in den er sich gestellt sieht, auszubrechen oder sich durch künstliche Steigerung der Erotik in eine angenehmere Lebensstimmung zu versetzen. Auch für Hobbys wie Wissenschaft, Militär oder Poesie kann sich dieser popoische Dandy nicht erwärmen. Er ist müde vor seiner Zeit und vorzeitig gealtert. Statt sich in boeckelsch-preußischer Manier kraftvoll und energisch aufs hohe Amt, für das er geboren, vorzubereiten, entschließt er sich, hierin ein romantischer Prinzrebell, zur Flucht ins Ausland, unter italischen Himmel, als ihm die Heirat mit einer Prinzessin aus dem Reich Pipi mitgeteilt wird. Er verliebt sich als Vagabund in die ihm noch unbekannte Schöne, die aus einem ähnlichen Grunde wie er der ihr angestammten Welt entflohen ist, und beide kehren sie in einem Maskenzug lebender Automaten an den Ort ihrer Bestimmung zurück …

»Leonce und Lena«, der dritte dichterische Entwurf Büchners, erscheint weniger als die vorausgegangenen Versuche mit Selbstverständigungsabsichten geschrieben. Parodiert wird die längst überfällige, aber noch real existierende und exakt funktionierende Gesellschaft der Stagnation. Die Parodie gibt Büchner Gelegenheit, eigene alte Leiden »heiter« zu mildern. Es überwiegt nicht die Niedergeschlagenheit eines Bedrängten, sondern die Komik, auch wenn einem das Lachen, sah man durch das Spiel hindurch auf die Wirklichkeit, schon im Halse steckenbleiben konnte. Den in dem Stück gleichwohl fühlbaren Abstand gewann Büchner durch die Flucht aus dem Ordnungsstaat, durch eigene Erfolgserlebnisse und das Gefühl der Solidarität, das er im Exil erleben durfte. Am 15. März 1836, nach einjährigem Aufenthalt in Straßburg und kurz bevor Büchner mit seiner Doktorarbeit fertig ist, schreibt er an die Familie nach Hause: »Übrigens sind wir Flüchtigen und Verhafteten gerade nicht die Unwissendsten, Einfältigsten oder Liederlichsten! Ich sage nicht zuviel, daß bis jetzt die besten Schüler des Gymnasiums und die fleißigsten und unterrichtetsten Studenten dies Schicksal getroffen hat, die mitgerechnet, welche von Examen und Staatsdienst zurückgewiesen sind. Es ist doch im ganzen ein armseliges junges Geschlecht, was eben in Darmstadt herumläuft und sich ein Ämtchen zu erkriechen sucht!«

Leonce, dem intellektuellen Antihelden der Komödie, und seiner scheinbar rein aristokratischen Rebellion gegen das mechanisierte Leben sind deshalb, wie nicht anders zu erwarten, sympathisch wirkende Züge mitgegeben. Die eigene Problematik des Autors wird spürbar, so der überhandnehmende Zwang zum Reflektieren, der Leonce die Frische des Empfindens tötet, die geheime Sehnsucht nach Leben – auch wenn Büchner natürlich nicht in Leonce aufgeht, der am Ende ohnehin infolge der Regierungsübernahme als popoischer Souverän zur traurigen Figur wird.

Anklänge und Erinnerungen an Büchners Fatalismuskrise sind unübersehbar. Büchner suchte sich dem bürokratischen System zu verweigern, empfand jedoch deutlicher als zuvor den fatalen Zwang zur Integration. Leonces tiefes Empfinden der Sinnlosigkeit seines Daseins, die Bereitschaft gar, Hand an sich zu legen – waren sie nicht auch poetische Objektivationen *gegenwärtiger* Büchnerscher Ängste, Erlebnisse und Erfahrungen? Am 2. September, also etwa zu der Zeit, als Büchner sein Werk abschließt, schreibt er – wohl an seinen Bruder Wilhelm – frei, aber bekümmert:»Ich bin ganz vergnügt in mir selbst, ausgenommen, wenn wir Landregen oder Nordwestwind haben, wo ich freilich einer von denjenigen werde, die abends vor dem Bettgehen, wenn sie den einen Strumpf vom Fuß haben, imstande sind, sich an ihre Stubentür zu hängen, weil es ihnen der Mühe zuviel ist, den anderen ebenfalls auszuziehen …«

Ist diese spöttisch-resignative Selbstzeichnung die Beschreibung bloßer Wetterfühligkeit, wie man sie, wenn der Föhn weht, noch heute im Straßburger Raum bei empfindsamen Menschen antrifft? Oder muß man das ernster nehmen? Büchner spricht schließlich nicht vom warmen Fallwind, sondern vom Nordwest; dieser konnte als Verstärker bei Depressionen wohl in Betracht kommen, als Ursache für die von Büchner beschriebene Seelennot wird man ihn schwerlich ansehen dürfen; es sei denn, man mißt dieser Bemerkung Büchners überhaupt nur beiläufige Bedeutung bei. Der Biograf ist allerdings gut beraten, solche »Anwandlungen« des Autors ernst zu nehmen und nach Hinweisen zu suchen, die derartige Stimmungs- und Reaktionslagen erklären könnten.

Einiges dafür liefert uns Büchner selbst. So spricht er im obigen Zusammenhang von seiner »Eigenschaft als überflüssiges Mitglied der Gesellschaft« und davon, daß auch er »etwas … höchst Überflüssiges« gerade wieder in Aussicht habe. Letzteres sah er darin, nach schier endlosen philosophischen Studien nun auch noch Vorträge über Philosophie halten zu sollen. »Dabei bin ich gerade daran«, schreibt er, »sich einige Menschen auf dem Papier totschlagen oder verheiraten zu lassen, und bitte den lieben Gott um einen einfältigen Buchhändler und ein groß Publikum mit sowenig Geschmack als möglich.« Büchner fühlt sich damit zu einer »Mühlrad«-Existenz verdammt; er sieht sich als Rädchen, das sich »ohne Rast und Ruh im alten Trab« (an die Braut, 20. Januar 1837) um die Achse des bürgerlichen Erwerbszweiges Wissenschaft zu drehen hätte, ohne daß dabei zugleich die ureigensten Sehnsüchte und Wünsche mitbewegt würden. Das Gefühl, in einer als kunstfeindlich empfundenen Welt überflüssig zu sein und die ihm notwendige Einheit von Denken und Fühlen ständig gefährdet zu sehen, verleidete ihm, zumindest streckenweise – und wir wissen nicht, bis zu welchem Grade – das »bürgerliche Heldenleben«, wie es der bittere Sternheim später nennen

Wilhelm Baum

wird. Es mag ihn zu Sarkasmen und Suizidwünschen gedrängt haben, die jenen nicht unähnlich gewesen sein mochten, wie sie in seiner Komödie Prinz Leonce hat.

Unaufgelöst blieb in Büchner auch die Spannung zwischen dem von ihm als notwendig angesehenen revolutionären Wandel und der tatsächlichen Unverrückbarkeit der Verhältnisse. Hinzu kommt die zunehmende Isolation.

Selbst im vertrauten engeren Freundeskreis kann sich Büchner kaum mehr in freudige Stimmung bringen. »O wer einmal jemand anders sein könnte! Nur 'ne Minute lang«, läßt er Leonce wünschen. Und Büchner selbst klagt: »Man vergißt sich nicht mehr« in der Welt der Gebildeten (an die Braut, 13. Januar 1837). Die Gegenwart der »kultivierten« Freunde fesselt ihn immer weniger. Banalität, Gleichmaß, Leere, ein Automatismus im Seelischen beherrschen Gespräche und Umgang; ja, sie färben ab ins eigene Innere. Dies wird Büchner um so spürbarer, als der Kameradschaftsgeist gleichgesinnter Revolutionäre ihm insgeheim eine unverzichtbare Regel für Geselligkeit und Begegnung sein muß.

Äußere Faktoren, von Büchner wenig beeinflußbar, verstärken seine Isolation. Mit Eduard Reuss kommt Büchner »weniger zusammen als früher«; denn »meine politischen Ansichten waren nicht die seinigen«, weiß der Großcousin in seinen »Erinnerungen« zu berichten. Und während der eine Eugenide reist, wird ein zweiter Gymnasialdirektor; ein dritter, Lambossy, geht nach Paris; ein vierter, Baum, der vor kurzem noch in einem Preisausschreiben für eine Arbeit über die Methodisten zweitausend Franc erhalten hat, ist davon »entsetzlich faul« geworden, gibt die gemeinsamen Fechtstunden mit Büchner auf und bekommt dabei schon als Mittzwanziger »einen ungeheuren Bauch. Er muß Pfarrer werden, er zeigt die schönsten Dispositionen!« (Büchner an Boeckel, 1. Juni 1836)

Der ironische Ton dieser Äußerungen kann indessen nicht darüber hinwegtäuschen, daß Büchner das Zerbröckeln der alten Bindungen zutiefst bedauert. Sie lockerten sich, und übrig blieben Freßlust, Langeweile und Müßiggang. Die großen Gefühle erstarben. Man lebte auch hinter dem Schlagbaum entfremdet. Büchner kennt den Mechanismus dieser Seelenvorgänge sehr genau. Er mag auch geahnt haben, wo das enden konnte. Nicht mehr hochgradige Unruhe wie noch in der Fatalismuskrise bemächtigt sich seiner, sondern die Qual der Melancholie. Konnte ihn Distanz hieraus erlösen?

Leonce, der Märchenprinz, wird durch die Liebe zu der reinen Lena von seinem drückenden Panzer aus Witz und Ironie befreit. Er darf für einen Moment der Überzeugung sein, »daß selbst der Geringste unter den Menschen so groß ist, daß das Leben noch viel zu kurz ist, um ihn lieben zu können«. Wenn auch Valerio, der Freundnarr, dies mit dem ironischen Bemerken abtut »sehr human und philobestialisch«; nichtsdestoweniger, scheint es, hat Büchner die Sehnsucht nach innerer Wiedergeburt aus der Wertschätzung anderer heraus und für andere in die Komödie eingeschrieben. Daß dahinter das eigene, des Dichters zunehmend sich brechende Verhältnis zu seinem bürgerlichen Alltag und dessen ernüchternden Aussichten stehen könnte, wurde bereits vermutet.

Büchner muß empfunden haben, es sei hohe Zeit, sich in anderer Richtung zu orientieren, und zwar ehe er selbst einer intellektuellen Haltung verfällt, die sich einzig in Zynismus und Weltverachtung ergeht – wie etwa die Komödienhelden Alfred de Mussets, eines großen französischen Zeitgenossen, den er sehr verehrt. Und wieder erscheint die *eigene Lebensbefindlichkeit* als ein wichtiger Drehpunkt bei der Entscheidung, sich konsequent dem Volk zuzuwenden.

War es die ständige Verletzung des Postgeheimnisses durch die Behörden, oder war es die sich zur Gleichgültigkeit auswachsende Unachtsamkeit gewissen »kleinen« Pflichten und Verhältnissen gegenüber – sei es, wie es sei, Büchners »Trägheit im Abschreiben des Konzepts«, so wissen wir von Wilhelmine Jaeglé und Ludwig Büchner, ließ ihn das Manuskript von »Leonce und Lena« zu spät abschikken. Es traf zwei Tage nach dem vom Cotta-Verlag vorgegebenen Einsendeschluß, in der zweiten Julihälfte, in Stuttgart ein und konnte nicht mehr berücksichtigt werden.
Man schickte es ungelesen an den Verfasser zurück.

62. »Woyzeck«.
Form und Held der letzten Wahl

Überschaut man die Schreibleistungen, die Büchner in nur zweieinhalb Jahren zuwege bringt, so fällt auf, daß sich zwischen dem »Landboten« und Büchners letztem Stück, dem »Woyzeck«, ein Bogen spannt. Zunächst dokumentiert der Verfasser den Gegensatz der Interessen von Besitzenden und Nichtbesitzenden aus der Sicht der Masse der Bauern. Sodann weitet er das Dokumentarische im »Danton« auf die Historie aus, die er künstlerisch bearbeitet, setzt jedoch den Verlust des bürgerlichen Revolutionsideals noch ins Zentrum der Aussage. In »Lenz« und »Leonce und Lena« werden einerseits Probleme des Intellektuellen, der die geltenden Wert- und Ordnungsvorstellungen nicht mehr akzeptieren kann, *psychologisch* vertieft – ebenfalls an einem historischen Stoff und unter Verwendung von Dokumenten; andererseits werden solche Haltungen, komödisch-märchenhaft überhöht, *kritisiert.*

Im »Woyzeck«, der ersten Tragödie, die einen Plebejer zum Helden hat, besinnt sich Büchner auf seinen sozialkritischen Ausgangspunkt. Er verwendet Elemente früherer Gestaltung, die sich als besonders produktiv erwiesen haben, in neuer Weise, unter anderem auch das Dokumentarische, das sich bei der Darstellung unverfälschter Lebenswirklichkeiten bewährt hatte; ferner die psychologische Vertiefung, wodurch die Befindlichkeit poetischer Gestalten eigentlich erst offenbar wird; und die Satire – so bei der Gestaltung überlebter Typen und Ideologien. Büchner reizt es, mit jedem Entwurf neue Stoffe, Milieus und Genres auszuprobieren. Flugschrift, historische Tragödie, Novelle und Komödie mußten, angesichts der Gesellschaftserfahrungen nach 1830, wirkungsästhetisch überprüft werden: Konnte er diese überlieferten Formen noch nutzen? Konnte er ihre Möglichkeiten, indem er Neues in sie einfließen ließ, erweitern, und welche Erkenntnisse waren vonnöten, um vielleicht gänzlich poetisches Neuland zu gewinnen?

Büchner war stets um Weit- und Voraussicht bemüht; er war es von seiner naturwissenschaftlichen Arbeitsweise her gewohnt und hatte es in seiner politischen Praxis unter Beweis gestellt, in »experimentellen Schritten« vorzugehen, um sich einem gestellten Ziel zu nähern. Es liegt deshalb die Frage nahe, ob er sich nicht auch hinsichtlich seiner Werkschöpfungen mehr oder weniger bewußt von dem *Vorsatz* leiten ließ, sich in Einzelschritten über Versuchsanordnungen vorzuarbeiten.

Manches deutet darauf hin, daß dies so war – auch mit manchen Unsicherheiten verbunden. Schrieb er bereits nach dem Erscheinen des »Danton«, er halte übrigens sein Werk »keineswegs für vollkommen« und werde »jede wahrhaft ästhetische Kritik mit Dank annehmen« (an die Familie, 28. Juli 1835), so fügt er im September 1836 hinzu, daß er seine Dramen noch nicht aus den Händen gegeben habe, weil er »noch mit manchem unzufrieden« sei und nicht wolle, daß es ihm »geht wie das erste Mal«. Beim »Danton« war er, unter Zeitdruck und auch Geldnot, bestrebt, sich rasch seines Talents zu vergewissern, und hatte nichts durchgefeilt; vor allem hatte er, gegen Ende der Dichtung, sein augenblickliches Befinden in das der gefan-

genen Dantonisten hineinprojiziert. Dies schlug insofern zuungunsten des Gesamtanliegens aus, als es die eingangs gesetzten sozialkritischen Schwerpunkte verschob. Nun schreibt er: »Das sind Arbeiten, mit denen man nicht zu einer bestimmten Zeit fertig werden kann, wie der Schneider mit seinem Kleid.«

Daß Büchner seine Werke nur zögernd der Öffentlichkeit vorlegt, ist demnach nicht nur durch ungünstige Publikationsbedingungen begründet. Er strebt nach ausgewogeneren Arbeitsergebnissen, und es geht um die größtmögliche Wirksamkeit seines Anliegens. Kann er vor sich selbst bestehen, wird er es auch vor der Öffentlichkeit kön-

Joachim John, zu »Woyzeck«, 1970

nen. Dies Bewußtsein allein kann ihm seine beunruhigenden Zweifel beseitigen.

Die Arbeitsstadien des »Woyzeck« – für kein anderes Werk Büchners steht uns derartiges Einblick gewährendes Material zur Verfügung – belegen, daß Büchner wie einst Heinrich von Kleist, der Dramatiker, nach einem Verfahren vorgeht, das einzelne Szenen nach einem Gesamtplan unchronologisch entwirft. An den versatzartigen kurzen Stückabschnitten, die sich mit ihrer Tendenz zum Epischen den Gesetzen des klassischen geschlossenen Dramenbaus nicht mehr verpflichtet fühlen, ja als lebensnähere Gegenentwürfe zu verstehen sind, streicht und verändert er. Auch fügt er neue Szenen ein, in die die älteren teils aufgehen. Er bringt ganze Handlungszweige hinzu. z. B. jene mit dem Doktor, dem Professor oder dem Hauptmann. Diese beziehen Woyzecks Weg zum Verbrechen deutlicher auf dessen materielle und geistige Lebensverhältnisse, »die übliche Dreieckslage einer bloßen Eifersuchtstragödie wird zugunsten einer historisch wesentlichen Struktur durchbrochen«, ein »komplexes Gesellschaftsstück« (H. Poschmann) entsteht. Dies scheint, in der fragmentarischen Form, in der es uns vorliegt, ein für Büchner vertretbares Ergebnis gewesen zu sein.

Auch Büchner gestaltet mit Mühe. Das ständige Überprüfen, Vertiefen und Revidieren ist also ein Prinzip, das er nicht nur gegen andere, sondern auch gegen sich selbst anwendet. Die Revision bezieht sich auch auf die Sprache seines Helden. In der ersten Fassung des Dramas schwätzt dieser nach, was die Gebildeten von sich geben. Er zeigt sich als fremdbeherrschtes Objekt. Im fortgeschrittenen Arbeitsstadium der Dichtung läßt Büchner ihn sich gegen seine totale geistige Vereinnahmung wehren. Er wagt es, dem Appell, moralische Schlagworte zu verinnerlichen, Einwände entgegenzubringen. Er ringt – noch sprachohnmächtig, für den Zuschauer gleichwohl ausdrucksstark – mit Worten, Gesten und Blicken, setzt den ganzen Körper ein, um Eigenes zu entäußern. Woyzeck steht am Beginn eines Prozesses, in dem sich seine Klasse ihrer selbst bewußt werden muß. Die Volkssprache, die bei Franz Woyzeck aus dem Augenblick herausdrängt, wird so zu einem Hauptpunkt im Büchnerschen Programm, ein neues geistiges Leben im Volke zu *suchen* und dieses Suchen zu gestalten. Woyzeck, dieser unheldische, klischeefreie Held, hat ein »eigentümliches Wesen«, dessen intensive Reaktionen den

Autor sichtlich interessieren. Gegen Woyzeck sind die wortreichen Intellektuellen Büchners Abgestorbene: karikierende Darstellungen einer erstarrten sozialen Rang- und Hackordnung.

Auch bei dieser neuerlichen Zerstörung einer Persönlichkeit durch miserable Verhältnisse gibt es lebensgeschichtliche Berührungspunkte zwischen der Hauptgestalt des Stückes und ihrem Schöpfer. Dieser hat seine eigenen Verletzungen, die die Bürokratie ihm zufügte, nicht vergessen. Aus dem sächsischen Perückenmacher, der 1822 in Leipzig hingerichtet wurde, macht Büchner wohl nicht zufällig einen Stadtsoldaten seiner hessischen Heimat, der deren Mundart spricht.

Und abermals schreibt auch nicht nur die Erinnerung mit. Im Schicksal des Besitzlosen, der sich in drei nebenberuflichen Jobs verkaufen muß, um sein Dasein fristen zu können und um das Fleckchen Geborgenheit, das Beisammensein mit seiner Geliebten, zu erhalten (mit der er ein Verhältnis hat, ohne sie heiraten zu können, weil er keine materielle Sicherstellung bieten kann!), in solcher Konstellation erscheint zugleich Verwandtes mit der gegenwärtigen Seinslage des Autors. Ist Büchner doch selbst dabei, sich als Übersetzer, Stückeschreiber und Doktorand in Straßburg, mittellos und abhängig in mehrfacher Richtung – ja womöglich auch mit Verbiegungen gegenüber Gebildeten, etwa Akademikern, von denen wir viel zu wenig wissen –, durchzuschlagen. Auch er: alles darangebend, um ein Familiendomizil zu errichten, für sich und die lebenslustige Geliebte, die hoffentlich nicht vor der Zeit an ihm müde wird. Darüber hinaus dürfte Büchner den Stadtarmen innerlich noch näher gekommen sein, seit er selbst arm war und als stiller Gast Tag für Tag vor allem in ihren Vierteln arbeitete.

In der Rue de la Douane, beim Weinhändler Siegfried, sah er auf einen Kanal. Kähne lagen am Ufer, Arbeiter karrten Weinfässer und andere Waren in die Lagerschuppen. Sobald er den Blick aus dem Fenster des kleinen Zimmers in der Rue St. Guillaume erhob, schaute er auf Mietshäuserzeilen. Kein Baum, kein Strauch; über den Dächern sind die Spitzen von Kirchtürmen zu sehen. Und auch dies dürfte er gewahren: Die Männer hasten früh aus den Häusern, kommen spät zurück. Am »Warmwässerli«, einem Quellbrunnen bei der Kreuzung, rubbeln und spülen die Frauen Wäsche – meist die der Madames. Man klagt, singt, streitet sich. Am Sonntagvormittag geht es in die Kirchen, dann nachmittags hin und wieder zu den Schaubuden. Manche Hübsche flirtet, voll Sehnsucht nach Leben, mit einem Herrn, hofft, dem Kreislauf der Armut zu entrinnen. Männer betrinken sich in Kneipen.

Sommers wie winters. Tagaus, tagein.

Büchner denkt an Hessen.

Er will versuchen, ihnen den Spiegel ihrer Verelendung vorzuhalten: in einem der ihren, einem der Gutmeinendsten unter den Geringen. Er will die Dinge zeigen, wie sie sind. Er will untersuchen, warum aus der größten Erniedrigung nicht zwangsläufig ein revolutionärer Umsturz folgt. Es geht ihm um den *wirklichen* und wirklich desolaten *Bewußtseinsstand* breiter Teile des Volkes. Er möchte diesen eingehender bekunden, als er es in der Flugschrift, in den Massenszenen des »Danton« und in der Bauern-Statisterie von »Leonce und Lena« bereits getan hatte. Er will die Illusion analysieren, durch Redlichkeit gegenüber den Oberen sei ein Inselglück zu gründen und zu bewahren. Vor allem aber: Was ist dran an der Behauptung, der Mensch sei frei?

Neue Sensibilität – genutzt für *poetische Erkundung*. Denn dem ungebildeten Mann aus dem Volke, den Büchner zeichnet, stehen, anders als seinem Autor, in zugespitzten Situationen kaum Einsicht und Erkenntnis zur Verfügung. Entsprechend kann der Plebejer Woyzeck seine Lebenslage auch nicht geistig durchdringen, er vermag vorerst nur zu grübeln. An ironische Distanz ist nicht zu denken. Die Verletzungen seiner Psyche sind wie ein Berg, den er nicht abtragen kann. Er ist irritiert, ja entwürdigt und ins Pathologische geraten durch die Gebildeten. So kann die religiöse Vorstellung von einer Welt, die sündenbeladen sei, bei ihm zur fixen Idee werden. Mit Messerstichen nimmt er Rache an der ihm zur »Hure der Welt« gewordenen Liebsten, der Mutter seines Kindes.

Der Prolet wird nicht zum Intellektuellen Büchner. Trotz verwandter Konfliktlagen, trotz des Verständnisses für die Leiden des Opfers geht es dem Autor weniger noch als vordem um Selbstdarstellung! Er schreibt eine *sozial*psychologische *Fall-Studie*, die er dem *völlig* besitzlosen Teil des Volkes widmet. Er schreibt in der Absicht, als Aufklärer zu wirken, und vervollkommnet dabei seine künstlerisch-aufklärerische Strategie. Sie zielt auf *Objektivierung.*

Büchner führt unterschiedliche Blickwinkel ein, die dem Zuschauer die Freiheit geben, sich sein eigenes Urteil zu bilden – und ihn dadurch zum Nachdenken zu zwingen. Büchner vertraut ganz der *Sprengkraft der Sache*. Er beläßt allem seinen Eigenwert. Durch diese große Unmittelbarkeit wird er glaubwürdig. Verstand und Gefühl werden von ihm gleichermaßen angesprochen. Büchner entläßt den Zuschauer nicht sittlich *versöhnt* aus der Schaubude oder dem Theater auf die Straße des Alltags. *Betroffen und unruhig schickt er ihn ins Leben*, dort soll er Hand anlegen, Leben menschlich verändern. Das Drama, das offenbart, wie Verhältnisse den einzelnen bestimmen, wird zur Rebellion gegen diese: Das, was ist, ist menschlich nicht zu akzeptieren! Niemand wird den Unterdrückten, den Entwürdigten helfen – weder Herren noch Götter –, *wenn sie es nicht selber tun.*

Büchners angestrengte organisatorische Arbeit, sein künstlerisches Training über Jahre hin, sein Ringen mit der Zensur, sie haben sich in der Tat ausgezahlt. Obgleich der Reifeprozeß dieses Frühvollendeten, der poetisch, gesellschaftlich, politisch über seine Zeit hinausgriff, längst nicht abgeschlossen werden konnte: Büchner erscheint mit dreiundzwanzig Jahren als der geborene, vor allem aber als der *gewordene* Dramatiker: eines der originellsten Talente, die die Weltdramatik je hatte.

63. Philosophisch-Weltanschauliches

Mit der Flucht aus Darmstadt hat sich Büchner der Vormundschaft des Vaters entzogen. Da er keine ausreichende Unterstützung mehr von zu Hause erhält, lebt er in Sorge um seinen materiellen Lebensunterhalt. Er muß beweisen, daß er mit Beginn des zweiundzwanzigsten Lebensjahres nicht nur formell, sondern auch praktisch mündig geworden ist, daß er auf eigenen Beinen stehen und ein eigenes Ziel verfolgen kann.

Er probiert sich auf mehreren Gebieten aus, erkundet seine Neigungen, sucht nach Leistungs- und Wirkungsmöglichkeiten sowie nach Verdienstchancen. Dabei interessiert ihn die Philosophie vorerst mehr als die Anatomie; auf diesem Felde hofft er, als Dozent wirken zu können.

1835 und, nach Unterbrechungen durch andere Arbeiten, 1836 vertieft er sich monatelang in Studien zur Geschichte der griechischen Philosophie, über Descartes und Spinoza. Er konspektiert auf sechshundert Seiten Originalwerke sowie greifbare geschichtsphilosophische Abhandlungen und wertet sie aus. Obgleich er bereits 1835 gegenüber Gutzkow äußert: »Ich werde ganz dumm in dem Studium der Philosophie, ich lerne die Armseligkeit des menschlichen Geistes wieder von einer neuen Seite kennen«, läßt er nicht davon ab. Je mehr er sich ins Subjektive, zumal in Grenzfälle des Pathologischen, vertieft und die Psyche »tanzen« läßt, um so mehr bedarf er der klärenden Reflexion, um nicht an den ihn bedrängenden Widersprüchen zu verzweifeln. Anders als in den Krisen des Winters 1833/34 und vor Entstehung des »Danton« beschäftigt ihn jetzt nicht mehr nur *eine* bestimmte Phase der Philosophiegeschichte. Vielmehr will er die wichtigsten philosophischen Leistungen bis in die Gegenwart *systematisch* sichten. Indem er die Gesamtentwicklung des philosophischen Denkens verfolgt, hofft er, Erkenntnisse zu gewinnen. Deshalb beginnt er bei den Philosophenschulen der alten Griechen, studiert deren materialistische und idealistische Positionen, bevor er sich Descartes und Spinoza, die an der Schwelle der Philosophie der Neuzeit stehen, zuwendet. Darauf aufbauend, will er zur deutschen Philosophie seit dem 17. Jahrhundert voranschreiten.

Zugleich kann er es nicht lassen, weiter über revolutionäres Bewußtsein und nachrevolutionäre Erfordernisse nachzudenken. »Ist die Volksbewegung einmal da, so muß sie mit denselben Triebfedern der materiellen Interessen, die sie erzeugt haben, auch im Gange erhalten werden. Die irgendwo zur *Macht* gelangte Demokratie muß es also nicht für *gemein*, sondern nur für *billig* und *gerecht* halten, ihre Kämpfer für die demokratische Sache *gut zu bezahlen*«, lautet nach Wilhelm Schulz Büchners »Ergänzung« in bezug auf das materielle Wirkungsprinzip. Im übrigen brechen die inneren Widersprüche seines Revolutionskonzepts nun stärker auf, seit die Obrigkeiten zu

318

Büchners Leidwesen, klug genug, darangehen, den Lebensstandard der Bauern durch Abgabenerleichterungen etwas anzuheben. Für ihn ist aber allein der Widerspruch zwischen arm und reich entscheidend. Infolgedessen gerät sein ethisch begründetes revolutionäres Denken, das das Recht jedes einzelnen Menschen auf ein lebenswertes Dasein fordert, in Widerspruch zu den politischen Bedingungen erfolgreichen revolutionären Handelns. Erst unerträgliches Elend, um dessen Beseitigung es ihm gerade geht, dränge die Massen zum Aufstand; dagegen ließe ein Existenzminimum die revolutionären Impulse gleichsam im Fett ersticken. Das ist, als gewichtiger subjektiver Faktor, nicht von der Hand zu weisen; doch da die soziale Not als die Voraussetzung für erfolgreiches revolutionäres Handeln eine sehr labile Kampfbedingung ist, muß Büchner auf eine Mißernte, ja sogar stärker als vordem auch auf die mobilisierende Kraft des »religiösen Fanatismus« setzen, auf »... ein Kreuz oder sonst so was« (an Gutzkow, 1836). Das Aufsehen, das Lamennais' »Worte eines Gläubigen« erregt hatte, läßt Büchner das Religiöse zeitweise mit mehr Gewicht als in der »Landboten«-Zeit für die Sache in Erwägung ziehen. Zugleich aber geht er im »Woyzeck«, in der Sphäre der Stadtarmen, der Frage nach, wie sich dies wohl *konkret* auswirken könnte.

Sein Ergebnis lautet: Woyzeck wird durch sein Bewußtsein von der in Sünde verfallenen Welt zum Töten angestachelt, die freigesetzten Energien kehren sich jedoch *gegen* die Seinigen und richten sich gegen ihn selbst. Man darf also annehmen, daß der Autor Ende 1836 den Wert eines religiösen Ersatzbewußtseins als Mittel zur Emanzipation stark bezweifelt, wenn nicht gar verworfen hat. Was blieb, war das Tastende: »... oder sonst so was«. Büchners Plan, die Philosophiegeschichte aufzuarbeiten, dürfte mit seinem Bemühen um eine *wissenschaftliche* Weltanschauung im Zusammenhang stehen.

In seinen philosophiegeschichtlichen Abhandlungen, über deren Exposition er nicht hinausgekommen ist, überwiegt die *Kritik* an falschem Bewußtsein. So setzt sich Büchner mit der *rationalistischen Vereinseitigung* bei Descartes und Spinoza auseinander. Er kennzeichnet deren Philosophiesysteme als »*Enthusiasmus der Mathematik*«.
Die Verabsolutierung der Ratio führt aus der Sicht Büchners »zur Behinderung des sinnlich-leiblichen Aspektes aller Lebendigen ...« (B. Görlich/A. Lehr). Im Endeffekt wird, wie die Vision vom wissen-

schaftseifernden Doktor im »Woyzeck« zeigt, der Mensch nur noch als Rohstoff für einen Verwertungsmechanismus betrachtet.

Büchner stellt gegen den Zweckgedanken den Entwicklungsgedanken. Er versucht, von der Einheitlichkeit und der Materialität der Welt auszugehen: »Die Natur handelt nicht nach Zwecken, sie reibt sich nicht in einer unendlichen Reihe von Zwecken auf, von denen der eine den anderen bedingt; sondern sie ist in allen ihren Äußerungen sich unmittelbar selbst genug. Alles, was ist, ist um seiner selbst willen da. ... Alle Funktionen sind Wirkungen desselben.«

Büchner arbeitet so mit an der Zerstörung des alten Zweckdenkens. Zugleich wendet er sich gegen einen neuen einseitigen Objektivismus, der alles Subjektive nur wieder übersähe. Der *Mensch sei vielmehr in seiner Einheit mit der Natur und mit seiner eigenen Natur* zu sehen – und zugleich als etwas *Besonderes*. Büchners verstreute philosophische Äußerungen wie auch die Gesamtstruktur seines Denkens zielen auf die *Totalität* des Lebens. Er weiß zu differenzieren. Er würdigt die rationalistische Methode der Beweisführung wegen ihrer historischen Verdienste; sie ermöglichte es der Philosophie, sich von der Religion zu befreien und sich als selbständige Wissenschaft zu etablieren. Darüber hinaus macht Büchner die rationale Denkmethode für sich produktiv, indem er sich ihrer bei der Kunstproduktion bedient.

Doch indem er in Danton, Lenz oder Woyzeck *Individuen* gestaltet, die eben *nicht* völlig im rationalen Kalkül aufgehen, weist er für seine Zeit auf die Grenzen des verallgemeinernden Denkens hin. Vielmehr gelte es, nicht nur die Verletzlichkeit des sozial konkreten Menschen wahrzunehmen, sondern ihn *praktisch*, durch sinnvolle Gestaltung seiner Verhältnisse, von allem Beengenden und Knechtenden zu befreien. Erst dann kann Eigenart auch als Beglückung empfunden werden, darf der Mensch endlich ein zu sich aufschauendes *Selbst* sein.

Büchner verleiht damit den Künsten den Stellenwert eines »Sachwalters« der Individualität, zugleich läßt er sie teilhaben am Erkenntnisprozeß der Menschheit. Gerade in der Verbindung von sozialpsychologischer Durchdringung und wissenschaftlicher Objektivierung weist er deren außerordentliche Produktivität nach. Büchner darf als Künstler *und* Philosoph neuen Typs gelten. Die Entwicklung hat ihn bestätigt, auch wenn er es zu keiner Philosophiedozentur brachte.

64. Sicherheitspolitische Hürden und Mutters Besuch

Ursprünglich hatte Büchner geplant, bereits im Frühjahr 1836 an die drei Jahre zuvor gegründete Universität Zürich zu gehen. Da er aber erst im Juni mit der Arbeit über das Nervensystem der Barbe endgültig fertig war und politisch brisante Vorfälle gerade in Zürich die Lage der Emigranten in der Schweiz wie auch in Frankreich verschlechterten, so zog er es vor, bis zum Herbst abzuwarten. War es doch unter dem Vorwand, die deutschen Flüchtlinge beabsichtigen einen Einfall in Deutschland, insbesondere in Zürich zu Verhaftungen unter den Mitgliedern revolutionär-demokratischer Klubs gekommen. Ein Spitzel, der sich als Baron von Eyb ausgab, hatte versucht, Anhänger für eine bewaffnete Aktion aufzubringen. »Er scheint wirklich einige Esel unter den Flüchtlingen übertölpelt zu haben«, kommentierte Büchner im Mai in einem Brief nach Hause und zeigte sich, über das hinaus, was in der Presse geboten wurde, informiert über politische Interna des Jungen Deutschlands in der Schweiz. Was den Hintergrund der ganzen Geschichte betraf, so urteilte er mit realistischem Augenmaß: Sie habe »keinen anderen Zweck« gehabt, »als, im Falle die Flüchtlinge sich zu einem öffentlichen Schritt hätten verleiten lassen, dem Bundestag einen gegründeten Vorwand zu geben, um auf die Ausweisung aller Refugiés aus der Schweiz zu dringen«. Das moderne Agent-provocateur-Verfahren wurde bereits seinerzeit von Reaktionären wie Metternich als besonders wirkungsvoll genutzt. Ganz so folgenlos für die Mehrzahl der Flüchtlinge, wie es Büchner weissagte, bleiben die Vorfälle allerdings nicht. Alle müssen nun auf Verlangen des französischen Präfekten »genaue Auskunft« erteilen, »wie« sie sich beschäftigen. Büchner kann sein Mitgliedsdiplom der Straßburger Naturhistorischen Gesellschaft und eine ihm von den Professoren ausgestellte Beglaubigung vorweisen.

So wendet er sich mit einem Führungszeugnis des Straßburger Polizeikommissars Pfister am 22. September 1836 an den Züricher Bürgermeister Hirzel. Dieser hatte, und das war bekannt, als überzeugter Republikaner seinen Anteil daran, daß die Lehrstühle und Dozentenstellen der gerade drei Jahre alten Universität vorwiegend mit deutschen Demokraten besetzt worden waren. Um sich an der Universität zu habilitieren, muß Büchner auch um die Genehmigung des Erziehungsrats des Kantons Zürich einkommen. Eine vorläufige Aufenthaltsfrist von sechs Monaten wird ihm als Asylbewerber der »Sonderklasse« gewährt, mit der Bedingung, innerhalb einer bestimmten Frist »ordentliche Ausweisschriften« aus der Heimat beizubringen oder eine Kaution in Höhe von achthundert Schweizer Franken zu hinterlegen. Auch hierfür braucht Büchner seine Eltern. Er bewältigt diesen zusätzlichen bürokratischen Aufwand scheinbar gelassen. Schließlich schickt man ihm die Nachricht, er solle am 2. Februar seine unbetitelt ausgeschriebene Probevorlesung halten. Er arbeitet auch jetzt vom frühen Morgen bis Mitternacht, beinahe rund um die Uhr.

Er präpariert sich noch intensiver auf zwei Fächer und Lehrkurse, auf Philosophie und Anatomie, um auf gar keinen Fall den Einstieg in Zürich zu verpassen. Schriftstellerisches wird von ihm nur dazwischengeschoben. Auch Englisch soll er noch, wie Ludwig Büchner berichtet, in dieser Zeit gelernt haben. Um zwei, drei wissenschaftliche Abhandlungen im Original lesen zu können, wäre dies zu uneffektiv gewesen. Wollte er also, wie später mehrere ehemalige Sektionäre, nach England oder Amerika auswandern, falls es in der Schweiz nicht klappen sollte? Immerhin war der Züricher Aufenthalt nur probeweise gestattet worden.

Im Sommer 1836, bevor er umzieht, kommt die Mutter mit der älteren Schwester Mathilde zu Besuch. Sie hat eine schlimme Zeit hinter sich. Sie mußte für das herhalten, was ihr Ehemann dem Ältesten zugedacht hatte. Für den Ernährer der Familie, der als Beamter und praktischer Arzt in der kleinen Residenz ohnehin zu kämpfen hatte, war zum politischen Skandal um seinen Sohn, der sich trotz anders lautender Versicherungen am Ende doch als Radikaler erwiesen hatte, noch eine weitere poetisch-sittliche Verfehlung (in Verbindung mit dem »Skandalmacher« Gutzkow!) hinzugekommen. Überdies fühlte sich der Vater persönlich hintergangen. Denn statt ordnungsgemäß ins Friedberger Untersuchungsgefängnis zur Vernehmung zu marschieren, war Georg ohne nähere Angaben und ohne Abschied in die entgegengesetzte Richtung davongeeilt. Selbst das Geld für den »Danton« war vom Sohn vorsorglich nicht an den Chef der Familie,

Rue de la Douane, um 1840

sondern an die blinde Großmutter im selben Hause überwiesen worden! »Wie oft saß der Vater zürnend und scheltend am Tische, während die Mutter weinend neben ihm stand oder saß«, erinnert sich Ludwig Büchner.

Und Franzos schreibt, etwas überzeichnend: »Solange Georg lebte, galt er ihm (dem Vater – R. L.) als tot, er gewährte ihm keine Unterstützung, erkundigte sich nicht nach seinen Schicksalen, ja, sogar sein Name durfte nie vor ihm genannt werden.« Einzig die Mutter und die Großmutter versuchten wohl im ersten Jahr etwas vom Haushaltsgeld abzuzweigen und es Georg zukommen zu lassen. Büchners Erfolgsmeldungen über seine Promotionsschrift begannen den Verdruß des Vaters zu mildern. Sie bestärkten die Mutter im Glauben an Charakter und Talent des Ältesten und gaben ihr neue Kraft. Sie begann sich auf ihre Weise gegen den Fluch des Patriarchen zu wehren, den er da über den angeblich mißratenen Sohn verhängt hatte. Sie faßte sich ein Herz und reise los, zumal sie vorgeben konnte, Verwandte zu besuchen. Sie wollte Georg *wiedersehen* und sich mit eigenen Augen von seiner Lage überzeugen. Sie fand ihn »zwar gesund, aber doch in einer großen nervösen Aufgeregtheit und ermattet von den anhaltenden geistigen Anstrengungen. Er äußerte damals oft: Ich werde nicht alt werden! Sein angeborener Lebensmut und die sich abzeichnenden Berufsaussichten ließen ihn in anderen Augenblikken wieder sehr heiter sein.« (Ludwig Büchner)

Nach der Rückkehr der Mutter scheint der Vater wenigstens insoweit umgestimmt zu sein, als er seinem Sohn, der erfolgreich verteidigte, die nötigen »Geldmittel, bis zu der Dir bekannten Summe, zufließen« (E. Büchner an G. Büchner, 18. Dezember 1836) läßt, die dieser für die vorgesehene Reise und wohl den Aufenthalt dort benötigt. Noch aber ist er bestrebt, zumindest offiziell, seine Distanz zu wahren.

65. Anatomiedozent in Zürich

Am 18. Oktober 1836, einen Tag nachdem er mit der Braut seinen vierundzwanzigsten Geburtstag verlebt hat, reist Büchner nach Zürich. Dort mietet er sich im Haus des Bürgermeisters Zehnder, heute Spiegelgasse 12, ein. Die verbleibenden knapp vierzehn Tage nutzt er, um das für ihn noch undurchsichtige Terrain zu erkunden. Da durch Professor Bobrik für das beginnende Wintersemester bereits philosophische Vorlesungen angekündigt sind, sieht Büchner sich genötigt, auf eine Philosophievorlesung, die seiner Neigung mehr entsprochen hätte, zu verzichten. Die doppelte Vorsorge erweist sich als richtig.

Am Sonnabend, dem 2. November, um elf Uhr hält Büchner seine öffentliche Probevorlesung »Über Schädelnerven«. Gegen zwanzig Personen sind anwesend. Das Belegmaterial entnimmt er im wesentlichen dem diesbezüglichen Teil seiner »Memoires«. Ausführlicher

Lorenz Oken,
um 1825

als dort fixiert Büchner hier seinen Standort in der facettenreichen
Übergangssituation auf dem Gebiete der physiologischen und anatomischen Wissenschaften mit Bezug auf Methodenfragen. Das
dürfte – an diesem Orte – weniger seinen eigenen Ambitionen entsprechen als vielmehr den Erwartungen der leitenden Männer dieser
Bildungseinrichtung: Der Neue aus Straßburg soll Farbe bekennen,
wohin er gehört. Man will wissen, ob er mit der hier herrschenden naturphilosophisch-morphologischen Schule praktisch kooperieren
kann und will. Büchner verhält sich nicht ungeschickt: Es gelte, die
empirischen Resultate in den einzelnen Wissenschaften in Richtung
auf ein »Grundgesetz für die gesamte Organisation« des organischen
Lebens auszubauen. Er verwertet also durchaus übergreifende natur-
philosophische Fragestellungen, wie sie die Schule Okens kennzeichnen; doch deren Übertreibungen macht er nicht mit. Er bleibt in der

Theorie hypothetisch, zwängt seine Befunde aber nicht in ein System hinein. Und tatsächlich gibt es in dieser Phase der Wissenschaftsentwicklung, wo man sich der Evolutions- und Abstammungslehre nähert, vorbereitende Erkenntnisschritte von sich allzu oft befehdenden Seiten: durch die empirisch-funktionale Richtung sowohl als auch durch die spekulative Morphologie.

Friedrich Engels hat in seiner »Dialektik der Natur« bescheinigt, daß Büchner in die richtige Richtung ging, indem er auf die produktiven Seiten beider sah. Engels rechnet es dort den vormaligen philosophisch bemühten Naturforschern »zur höchsten Ehre« an, »daß sie sich durch den beschränkten Stand der gleichzeitigen Naturkenntnisse nicht beirren ...« ließen.

Dabei verfuhr Büchner in Zürich noch sehr diplomatisch, um jede Konfrontation zu meiden. In dieser verzwickten Lage, mit dem ebenso berühmten wie kritikempfindlichen Ersten Rektor Oken und dessen Kollegen Arnold im Publikum, gelingt ihm eine Gratwanderung: Er bleibt gänzlich unpolemisch gegen die Anwesenden, doch so selbstbewußt, daß er nicht einmal seine eigenen Ansichten zu verleugnen braucht. Er schafft dies zum einen, indem er vom Idealismus der Okenschen Morphologie abrückt: Er verändert, auf den ersten Blick unauffällig, die »Funktion des alten Vokabulars« (O. Döhner). Begriffe wie Form und Stoff, Typus, Ordnung, Naturgesetz deutet er in einem empirisch-vordialektischen Sinne, während er zum anderen (obgleich er sonst zugunsten der allgemeinen Verständlichkeit in seinem Vortrag spezifische fachliterarische Bezüge ausspart), sehr bildhaft und sehr höflich, den Erkenntniswert der naturphilosophisch-morphologischen Schule Okens, Arnolds (und von Okens Freund Carus) würdigt, doch ohne sich mit ihr im Sachlichen zu identifizieren. Dabei setzt er nicht auf Suggestion. Als gelernter Rhetor hat er sich vorher zweifellos Gedanken über den hier angemessensten Vortragsstil gemacht und ist zu der Auffassung gelangt, daß der einfache, sachliche, schmucklose hier der zweckmäßigste wäre. Dies um so mehr, als er Studenten *und* Professoren zu bedienen hat. Und letztere, die Entscheidenden, sind kaum durch ein um Effekte bemühtes Sprechen zu beeindrucken. Im Gegenteil, solches könnte als unwissenschaftlich aufgefaßt werden. »Der Vortrag Büchners war nicht geradezu glänzend, aber fließend, klar und bündig,

Universität Zürich, sogenanntes »Hinteramt«, in dessen zweitem Stock sich das Zoologische Kabinett befand, in dem Büchner höchstwahrscheinlich seine Vorlesung hielt.

rhetorischen Schmuck schien er fast ängstlich, als zur Sache nicht gehörig, zu vermeiden ...« Dafür setzt Büchner aufs Vergleicheziehen und auf die »ungemein sachlichen, anschaulichen Demonstrationen an frischen Präparaten«, die er »sich größtenteils selbst« (A. Lüning) anfertigte.

Die Probevorlesung erntet allgemeinen Beifall; Lorenz Oken ist nach Ludwig Büchner entzückt davon, Arnold sehr für Büchner eingenommen; man lobt den neuen Kollegen, der scheinbar ganz in die hiesige Landschaft zu passen scheint, und der Medizinprofessor Eichwaldt weiß bereits, daß Oken sich »viel von ihm verspricht«.

Oken lädt ihn denn auch in sein Haus ein, empfiehlt Büchners Privatkolleg und schickt seinen eigenen Sohn dorthin. Büchner, der vordem zurückgezogen gelebt und nur mit dem Ehepaar Schulz und einigen hessischen Demokraten Umgang gepflegt hatte, erschließen sich weiterführende Kontakte. Der Züricher Erziehungsrat erteilt ihm im Schnellverfahren die Bewilligung, als Privatdozent an der Hochschule aufzutreten, und wie Ludwig Büchner zu berichten weiß, äußert dieser sogar die Absicht, sehr bald für ihn eine Professur der vergleichenden Anatomie einzurichten.

Büchner scheint sich eine Karriere im bürgerlichen Lehrbetrieb zu eröffnen. Tatsächlich dürfte er in Briefen nach Hause, die Ludwig Büchner 1850 noch vorlagen, die beruflichen Erfolge dieser ersten Zeit auch keineswegs untertrieben haben. Waren sie doch als unabweisliche Tatsachen so recht dazu angetan, ihm gute Dienste zu leisten: die Eltern in ihrer Sorge zu beruhigen und den pekuniären Zusatzquell von dort nicht zum Versiegen kommen zu lassen. Ein eigener Hausstand und Familie würden mehr kosten, als er vorerst verdiente. Der Vater ist denn auch aufgrund derart praktischer Beweise davon überzeugt, daß nun die Vernunft beim Sohn gesiegt habe; zumal es so aussieht, als ob dieser, statt der fragwürdigen Philosophie den Vorrang zu geben, seinen übermittelten väterlichen Ratschlag beherzigt hat: ja über »vergleichende Anatomie Vorlesungen zu halten«, denn dort ließ sich noch »am ehesten ein fester Fuß fassen ...«.

Ernst Büchner lenkt also ein und schreibt am 18. Dezember selbst einen Brief. Das Weihnachtsfest ist der gegebene Anlaß dazu.

Die Prosa des Universitätsalltags sieht allerdings so aus: Von den achtundvierzig angekündigten Vorlesungen werden von den zweihundertvierzig Hörern der philosophischen Fakultät nur achtundzwanzig überhaupt besucht. Büchners Privatkolleg ist aus Zeitknappheit nicht einmal im Druck angekündigt worden. Vor drei bis fünf Hörern spricht und demonstriert er dreimal wöchentlich von vierzehn bis fünfzehn Uhr auf seinem kleinen Zimmer, in dem nicht viel mehr als ein Tisch und ein Bett stehen, über die Anatomie der Fische, wobei er mit frischen selbstpräparierten Exemplaren arbeitet und auch die in- und ausländische Literatur eingehend berücksichtigt. »Meine Kommilitonen«, berichtet der spätere Südamerikaforscher J. J. v. Tschudi 1877, »waren aber im Besuche desselben sehr lässig, so daß ich meistens einziger (!) Zuhörer war.« Tschudi bemerkt zwar, daß Büchner sich nicht im geringsten entmutigt zeigt, ihm seine Hefte zur Einsicht gibt und wiederholt äußert, »künftiges Semester werde ich schon mehr Zuhörer haben; ich bin der erste, der an der Universität Zürich vergleichende Anatomie liest, der Gegenstand ist für die Studenten noch neu, aber sie werden bald erkennen, wie wichtig er ist«. Doch von den rund sechzig Franken Hörergebühr je Semester kann kein menschliches Wesen leben. An der staatswissenschaftlichen Fakultät hat Wilhelm Schulz ähnlich zu kämpfen. 1839 gibt dieser seinen Universitätsdienst auf.

»Wie es Büchner als Dozent ergangen wäre, muß offen bleiben.«
(J. Ch. Hauschild)

66. »Herbstabend«. Letzte Widersprüche

Nach dem Zeugnis von Wilhelm Schulz hat Büchner in einer hinterlassenen, aber nicht auf uns gekommenen Tagebucheintragung »den Zustand seiner Seele mit einem Herbstabende« verglichen und mit den Worten geschlossen: »Ich fühle keinen Ekel, keinen Überdruß; aber ich bin müde, sehr müde. Der Herr schenke mir Ruhe!«

Es ist die Überlieferung eines Mannes, der in seinem Nachruf vom 23. Februar 1837 ansonsten die sozialrevolutionäre Aktivität Büchners betont; er hatte keinen Anlaß, etwas zu unterstellen. Es sei denn, er wollte den Freund vor dem Anwurf des Atheismus schützen. Nehmen wir die etwas überraschende Aussage wörtlich, so hieße das zum einen, daß der Autor, der mit einer Pfarrerstochter verlobt war, aber Dichtungen mit deutlich atheistischer Tendenz verfaßte und sich hier in seinen intimsten Aufzeichnungen an einen Gott wendet, doch kein reiner Atheist war. Ebensowenig handelt es sich aber um Indizien einer theologischen Konversion. Wilhelm Schulz, Nachbar und Gesprächspartner der letzten Monate, schreibt dann 1851 weiter: »Jede Zeile seiner Schriften gibt davon Zeugnis, daß er in seinen religiösen Ansichten und in denen *über* Religion freier war als irgendeiner. Aber seine durch und durch skeptische Natur ließ ihn auch seinen Zweifel bezweifeln und bewahrte ihn vor jenem Hochmute, der sich mit dem Dünkel der Untrüglichkeit als Dogmatiker der Verneinung dem der Bejahung entgegenstellt. Sein poetischer Sinn, sein genialer Tiefblick ließen ihn unter der Hülle der religiösen Vorstellungen, die ja auch eine Art Volkspoesie sind, die ewigen Wahrheiten erkennen, welche die Menschheit bewegen; und mußte er zuweilen lachen über die schlecht geflickten Löcher im alten Priestergewande, über die mit vergeblicher Sorgfalt zugebürsteten fadenscheinigen und abgeschossenen Stellen, so wurde sein Spott doch nie zum hochmütig verletzenden Hohne.«

Die weltanschauliche Ablösung mag also in diesen Jahren des Übergangs von Büchner nicht *vollendet* worden sein – ähnlich wie die sozialrevolutionäre von der revolutionär-demokratischen Bewegung. Wie die Skepsis in der Kunst die Gestaltung nach alten Mustern ablöst, so herrscht im Religiösen der *Zweifel*. Die Leibnizsche Behauptung einer doch alles in allem göttlich-humanen Weltordnung wird theoretisch und künstlerisch ad absurdum geführt, Gott kann nicht bewiesen werden: Der Kosmos ist im Märchen der Großmutter im »Woyzeck« nichts anderes als die wertfreie Natur der Erde, kein Wunder geschieht mehr und läßt wenigstens Sterntaler auf ein armes irrendes Waisenkind herniederfallen. Doch im Augenblick großer seelischer Not greift die auf sich zurückgewiesene Marie, bevor sie selbst eine Waise hinterlassen wird, hinter sich. »Alles tot! Heiland! Heiland! ich möchte dir die Füße salben!« ruft sie aus, ohne sich in der Lage zu fühlen, der biblischen Mahnung »Geh hin und sündige hinfort nicht mehr!« Folge leisten zu können. Ihre Natur spricht gegen solche Aufgabenerteilung. Doch der Drang, sich an ein Sinnbild von Wahrhaftigkeit und Güte zu lehnen, ist da. Zwar ist Büchner nicht Marie, doch lebt auch er in Nöten. Und nicht erst seit Tagen. Auch er braucht das Prinzip Hoffnung und Wärme, ist auf eine *lebbare* Form des Daseins verwiesen. Und diese stellt sich in dieser kalten Welt nicht nur bewußt her. Im Unterbewußten dauern die Verankerungen ...

Gerade im letzten Halbjahr seines Lebens wendet sich Büchner immer stärker dem *Volksleben* und der oft religiös getönten Volkspoesie als einer seelischen Heimstatt zu. »Ich komme dem Volk und

dem Mittelalter immer näher, jeden Tag wird mir's heller«, schreibt
er noch am 20. Januar 1837 an die Braut. Er wiederholt ihr seine bereits in Straßburg vorgetragene Bitte, die Volkslieder für ihn zu lernen und zu singen; er selbst summe sich Melodien vor und »bekomme halb das Heimweh …«; ihr Naturell passe dazu, nicht die
aufgemutzte Künstlichkeit, mit der gebildete Dämchen »in einer Soi-
ree oder einem Konzerte einige Töne totschreien oder winseln«. Und
dennoch: »Er wußte es, daß wir uns die glatte, gestriegelte Haut an
der harten Rinde des Volkslebens eher abschinden, als aus dieser
Haut herausspringen und mit dem Volke Volk sein können. Er wußte
es auch, wie schwer es dem Volke wird, hinter der eingebeizten Kultur hindurch die wenigen Herzen zu erkennen, die noch für seine
Leiden schlagen. Er fühlte es, daß wir ganz verschiedene Sprachen

reden; daß unsere geträumte propagandistische Wirksamkeit auf die Massen meist blutwenig zu bedeuten hat ...« (W. Schulz, 1851)

Vor allem aber weist die von Schulz überlieferte Tagebucheintragung, die mit ihrer Herbstabend-Metapher nicht aus der zweiten Hälfte des Januar, also aus der dreiwöchigen Anfangsphase des Typhus, stammen muß, auf den Widerspruch zwischen der heiteren »vollen Zufriedenheit«, von der Büchner nach Ludwig Büchner aufgrund der Züricher Briefe an die Familie gesprochen haben soll, und einer tiefsitzenden Müdigkeit; zwischen jenem Büchner, der sich vor seinem Hörer Tschudi offiziell mit wahrem Feuereifer der Anatomie zu widmen scheint, um seinen wissenschaftlichen Ruf aufzubauen, und jenem, der inoffiziell seine »Memoire«-Belegarbeit verfertigt hat »wie ein Kranker, der eine ekelhafte Arznei so schnell als möglich mit einem Schluck nimmt« (an Boeckel, 1. Juni 1836).

Offensichtlich fühlt sich Büchner durch die Brotarbeit in einer Weise bestimmt, die seinem innersten Interesse zuwiderläuft. Obgleich er gute Miene zum notwendigen Spiel macht, seine äußere Selbständigkeit und Unabhängigkeit mit einem wissenschaftlichen Durchbruch begründen zu müssen. Er hat nicht nur wie Lenz den Ermahnungen des Elternhauses zu genügen, von dem er nach wie vor finanziell abhängig ist, sondern er möchte auch dem Wunsch seiner mittlerweile siebenundzwanzigjährigen Braut nach Familiengründung nachkommen, der wohl auch sein eigener ist. Er weiß besser als Lenz um die materiellen Bedingungen dieses Lebens; er kennt durch ihn die tödlichen Gefahren, die einem Ausscheren aus der Gesellschaft auf dem Fuße folgen. Er braucht ein geliebtes Wesen an seiner Seite, um der menschlichen Öde zu widerstehen. Doch er *hat den Kompromiß schließen müssen*, den Lenz unter gar keinen Umständen wollte.

Und dieser fordert ihm über Gebühr Zeit und Kraft ab, zwingt ihn in einen allzu regelmäßigen und ordentlichen »Mechanismus, am Tage mit dem Skalpell und die Nacht mit den Büchern« (an W. Büchner, November 1836). »Ich gehe fast so richtig wie eine Schwarzwälder Uhr«, kann er sich am 20. Januar 1837 nicht verkneifen, der Braut zu gestehen, obgleich er ansonsten sichtlich bemüht ist, keinen Unmut über sein Schicksal zu äußern. Denn immerhin, schränkt er sogleich ein, habe er es noch besser als Shakespeare, der tags arbeiten und nachts habe dichten müssen. Er versuche, am Tage, bei der »mechanischen Beschäftigung des Präparierens ... Raum« für die Phantasie zu finden. Und mit einem liebenswerten, wenn auch ironischen Anflug fügt er hinzu:»Ich sehe Dich immer so halbdurch zwischen Fischschwänzen, Froschzehen etc. Ist das nicht rührender als die Geschichte von Abälard, wie sich ihm Héloise immer zwischen die Lippen und das Gebet drängt? O, ich werde jeden Tag poetischer, alle meine Gedanken schwimmen in Spiritus.«

Selbst hier also das Hin und Her zwischen Offenheit und Beruhigenwollen. Ganz zeigt sich Büchner nur, verschlüsselt, in den Werken – und vielleicht im Tagebuch, das seine Braut an sich genommen und nie zur Veröffentlichung freigegeben hat.

Für sein Talent, über das er sich menschlich und politisch aussprechen kann, für die individuelle Eigenart, auf die er so nachdrücklich in seinen Dichtungen aufmerksam gemacht hat, bleibt trotz einiger »Freude am Schaffen meiner poetischen Produkte« (an die Braut, 20. Januar 1837) indessen weiter wenig Raum. Muß er bei dieser bewußtseinsspaltenden Kombination zwischen Brotarbeit und Schriftstellerei, die sich als Aussicht auf lange Jahre vor ihm aufbaut, nicht befürchten, daß seine Gedanken dereinst nicht nur in Spiritus schwimmen, sondern dabei auch, wie die abgestorbenen Untersuchungsobjekte darin, steril würden? In einer Phase seiner Persönlichkeitsentwicklung, da er bereits meisterlich gestalten kann, da alles nach Konzentration auf die Dichtung drängt, muß er diese noch immer als Nebensache betreiben. So dürfte ihn nicht nur die Überlastung, sondern auch der überwiegend *entfremdende Charakter* seiner Arbeit und die daraus resultierende Spaltung seines Ichs ermüdet haben. »Mit einer flüchtigen Bemerkung auf seinem Todesbette: ›Hätte ich in der Unabhängigkeit leben können, die der Reichtum gibt, so konnte etwas Rechtes aus mir werden‹ – wies er selbst auf den tieferen, den sozialen Grund seines frühzeitigen Todes. Aber selbst seine nächste Umgebung konnte sein baldiges Ende nicht ahnen; denn Büchner, der Proletarier der geistigen Arbeit und das Opfer derselben, hatte sich lächelnd zu Tode gearbeitet.« (W. Schulz, 1851)

Es ist ein ganzes Geflecht von Ursachen, das die Verausgabung auf einen neuen kritischen Punkt führt. Freiräume der Erneuerung, ja auch Zerstreuungen, die jeder Mensch und gerade der schöpferisch Tätige braucht, gibt es für Büchner recht wenige. Um so eher können auch die Ängste und Belastungen von eineinhalb Jahren Krise und politischer Konspiration und zwei Jahren Exil seine psychische und physische Widerstandskraft schwächen. Denn das Schicksal der in Darmstadt im Kerker schmachtenden Kameraden lastet weiter wie ein Alp auf ihm. Im Brief vom 20. November 1836 nach Hause steht: »Minnigerode ist tot, wie man mir schreibt (lebte aber noch – R.L.), das heißt, er ist drei Jahre lang totgequält worden. Drei Jahre! Wir haben eine gar menschliche Regierung, sie kann kein Blut sehen. Und so sitzen noch an vierzig Menschen, und das ist keine Anarchie, das ist Ordnung und Recht, und die Herren fühlen sich empört, wenn sie an die anarchische Schweiz denken! Bei Gott, die Leute nehmen ein großes Kapital auf, das ihnen mit schweren Zinsen kann abgetragen werden, mit sehr schweren.«

Auch der – historisch zu nennende – geistige Abstand Büchners, der nicht nur an der deutschen Misere gemessen, sondern im Verhältnis zum Bewußtseinsstand der meisten anderen Flüchtlinge bestand, dürfte seinen Teil zur Ermüdung im Herbst 1836 beigetragen haben. Für das Gemeinschaftsempfinden von »Wühlhubern gemeinen Schlages« fehlte ihm nach wie vor nicht nur der begrenzte Horizont. »Äußerst mäßig in all seinen Genüssen, hatte er doch mehr Sinne für die feineren; und bei aller Freundschaft für das Volk würde er es«, bemerkt Schulz 1851, nicht darauf angelegt haben, »mit jedem Kesselflicker in seiner eigenen Sprache zu trinken. Der eine und andere deutsche Flüchtling seiner Zeit mochte ihn darum kaum für demokratisch vollwichtig gelten lassen, da er nicht ebensoviel Bier und Tabakdampf als andere vertrug; ja, sogar des entfernten volksverräterischen Versuchs, Glacéhandschuhe tragen zu *wollen*, konnte er wohl verdächtig gehalten werden.«

Statt sich in die Kneipen zu setzen, patriotisch oder vulgärphilosophisch zu bramarbasieren, begibt er sich jetzt abends zuweilen eine oder zwei Stunden ins Kasino: »Du kennst meine Vorliebe für schöne Säle, Lichter und Menschen um mich.« (An die Braut, 20. Januar 1837) Diesen persönlichen, zivilisatorischen Gestus hat Büchner mit Heine gemeinsam; und beiden sehen es manche Leute nicht nach.

Laut Flüchtlingskonklusum vom 23. August 1836 war den Deutschen in der Schweiz jede politische Tätigkeit strengstens untersagt.

Wenn Büchner in der kurzen Zeit, etwa über einige hessische Familien oder über den aus Augsburg geflüchteten Schmid oder Wilhelm Braubach, Kontakte zu politisch bewußteren Kreisen geknüpft haben sollte, mußten sie auf jeden Fall geheim bleiben. Sie sind nicht dokumentiert. Mit dem Mechanikerlehrling Braubach aus Hanau, dem älteren Bruder Carls aus Butzbach, der ebenfalls in Pläne mit dem »Hessischen Landboten« eingeweiht war, hatte Büchner bereits in Straßburg verkehrt, und er mochte ihn sehr gern. Braubach, Deckname »Kater«, hatte dort schon mit dem Wachenstürmer Scriba in der Schweiz in Verbindung gestanden und war von diesem am 4. November 1835 darin bestärkt worden, daß unter den zerstrittenen Flüchtlingen die »Handwerker«, die Arbeiter es wären, die im revolutionären Kampf den Ausschlag geben würden. Man müsse mit ihnen einzeln auf ihren Stuben sprechen.

Sollte Büchner, der in seiner Darmstädter Sektion insbesondere mit Handwerkern zusammen war, davon wirklich nichts erfahren und gehalten haben? (Trotz jener betrunkenen Handwerksburschen, die er gerade im »Woyzeck« »übers Kreuz« urinieren läßt, »damit ein Jud stirbt!«?)

Doch eigentlich gab es niemanden, dem er sein Herz *ganz* ausschütten konnte, und selbst das Ehepaar Schulz erfuhr nicht allzuviel von den frühkommunistischen Ansichten ihres Mietnachbarn. So mitteilsam er sich in manchen Augenblicken zeigte, alles hatte seine Grenzen, über die er sich keinen Illusionen mehr hinzugeben bereit war.

Hierzu gehört auch, daß er »keinen in die stille Werkstätte seines Geistes« blicken ließ, wie Schulz zu berichten weiß. Büchner las, soviel wir wissen, weder in Straßburg noch jetzt in der Schweiz jemals aus seinen im Entstehen begriffenen Werken etwas vor oder zeigte das Bedürfnis, sich darüber auszutauschen, obgleich er mit Schulzens, manchmal abends beim Tee auf dem Sofa sitzend, allgemeine Vorlesestunde hielt. Mochte er in Straßburg noch befürchtet haben, zutiefst persönliche Probleme, die er ins Werk einschrieb, vorzeitig, in zu wenig objektivierter Form, preisgeben zu müssen und womöglich seine Braut durch den Tiefgang seiner Entfremdungsgefühle zu verletzen – hier, am »Woyzeck«, konnte dies ja nicht der Fall sein. Schulz erwies sich zwar nicht als »unruhige Kanzleibürste« (an die Familie, 5. Mai 1835), doch muß Büchner ihn jenen Gebildeten zugeschlagen haben, die die einfache Sprache des Volkes nicht durch eigene Erfahrungen stützen konnten. So mochte die Furcht vor dem Zerreden der poetischen Welt ihn besser auf sich selbst verwiesen haben. Er war sich auch sicher, in der Wahl von Stoff und Problematik das Richtige zu treffen (obgleich er sich über Vorstadien herankämpfen mußte), so daß sich intellektuelle Gespräche auch hierüber erübrigten. Diese konnten höchstens zum Nachlassen der seelischen Spannkraft führen. Mit Intellektualismen hatte er sich ohnehin schon genug auf philosophischem Gebiet herumgeschlagen.

Ihm, der auf grundsätzliche, auf menschheitlich-soziale Veränderungen aus war, fehlte auch der kraftspendende bürgerliche Unternehmungsgeist, der der Eröffnung der ersten deutschen Eisenbahnlinie zwischen Nürnberg und Fürth im Dezember 1835 oder den Dampfbooten auf dem Rhein in vollen Tönen beipflichten konnte. Für ihn mochten solche Neuerungen der industriellen Revolution, auch wenn sie nicht nur vornehmen Einsitzern zugute kamen, vor allem dazu beitragen, den Mammon der Aktionäre flüssig zu machen.

Die *akademischen* Kontakte in Zürich blieben zumeist *Fachbekanntschaften*. Büchner scheute es offenbar nach seinen Erfahrungen, neue Freundschaftsverhältnisse (vor allem zu bürgerlichen Kreisen) aufzubauen. Was bei anderen in den Dreißigern und Vierzigern zum Problem wird, nach Verlust oder Enttäuschung wieder Grund zu fassen – es macht sich bei ihm bereits Anfang der Zwanzig bemerkbar. Das ist eine Kehrseite des enormen inneren Sprungs, den er in wenigen Jahren vollzogen hatte.

Schließlich mochten auch die bürgerlichen Lebensverhältnisse in der Schweiz Büchner zu denken gegeben haben. Seine Schilderung an die Familie vom 20. Nov. 36 ist darauf aus, die Republik gegen aristokratische Ammenmärchen zu verteidigen: »Schon unterwegs überall freundliche Dörfer mit schönen Häusern, und dann, je mehr Ihr Euch Zürich nähert und gar am See hin, ein durchgreifender Wohlstand; Dörfer und Städtchen haben ein Aussehen, wovon man bei uns keinen Begriff hat. Die Straßen laufen hier nicht voll Soldaten, Akzessisten und faulen Staatsdienern, man riskiert nicht, von einer adligen Kutsche überfahren zu werden; dafür überall ein gesundes, kräftiges Volk und um wenig Geld eine einfache, gute, republikanische Regierung, die sich durch eine Vermögenssteuer erhält, eine Art

Georg Büchner, Detail aus A. Mustons Zeichnung, 1833

Steuer, die man bei uns überall als den Gipfel der Anarchie aus-
schreien würde ...« – Hat Büchner die bürgerliche Demokratie doch
noch als eine – zumindest vorerst – akzeptable Stufe auf dem Weg
zur Befreiung der Menschheit gefaßt? Über die Praktiken der eidge-
nössischen Finanzaristokratie äußert er in dieser ersten Eindrucks-
schilderung nichts; er dürfte ihnen, bei seinem Scharfsinn, bald auf
die Schliche gekommen sein. Vorerst war dies Bild der Schweiz geeignet, zu belegen, daß ein Trend zu einer gewissen materiellen
Wohlfahrt tatsächlich die Revolution noch weiter zu verschieben
schien – und dies nicht einmal unbedingt in *verhängnisvoller* Weise.

Noch aber waren die Schweiz und Amerika die Ausnahmen. In der
dritten Erarbeitungsstufe des »Woyzeck«, die höchstwahrscheinlich
hier anzusetzen ist, hält Büchner nichtsdestoweniger am Widerspruch zwischen der gebildeten Minderheit und der ungebildeten
Mehrheit fest. Er vertieft ihn sogar, indem er ihn komplizierter, dadurch aber auch umfassender vorstellt.

»Mein lieb Kind, Du bist voll zärtlicher Besorgnis und willst krank
werden vor Angst; ich glaube gar, Du stirbst – aber *ich* habe keine
Lust zum Sterben und bin gesund wie je.«

Am 26. Januar 1837, den Typhus als eine vermeintlich schwere Er-
kältung bereits in sich, geht Büchner ins Freie. Die Sonne scheint
»groß und warm im reinsten Himmel«. Er richtet seine Schritte vor
die Stadt, zu einem Haus nicht weit vom See. Dort mietet er sich ein
elegantes Zimmer. Eins, wie es seinen Träumen entspricht: »Vor
meinen Fenstern die Wasserfläche und von allen Seiten die Alpen,
wie sonnenglänzendes Gewölk.« Es sind die Worte der Vogesentour.

Der Dichter dumpfer Gassen liebt die lichte, kosmische Weite. Wo
»die Aussicht frei ...« (an die Braut, März 1834).

Ausgebrannt ist er, tiefinnerlich müde.

Leonces Lebensekel aber hat er hinter sich gelassen. Ein zweites,
ein drittes Mal hat er sich selbst aus Untiefen gezogen.

Vieles wird noch zu überwinden sein.

Er braucht *Ruhe.*

Er braucht neue Kraft.

»Du kommst bald? Mit dem Jugendmut ist's fort, ich bekomme
sonst graue Haare; ich muß mich bald wieder an Deiner inneren
Glückseligkeit stärken und Deiner göttlichen Unbefangenheit und

Deinem lieben Leichtsinn und all Deinen bösen Eigenschaften, böses Mädchen.

Addio, piccola mia!«

Das Zimmer wird nicht mehr bezogen. Die Absendung von »Leonce und Lena«»mit noch zwei anderen Dramen« an einen unbekannten Verlag unterbleibt.

67. Todeskampf

Am 2. Februar 1837 schlägt Büchner einen größeren Spaziergang mit dem Ehepaar Schulz ab. Er fühlt sich nicht wohl und macht mit dem Studenten Schmid nur eine kleine Runde. »Als wir gegen Abend nach Hause kamen, klagte er, daß es ihm fieberisch zumute sei. Da er sich aber nicht zu Bette legen wollte, aus Furcht, nicht einschlafen zu können, setzte er sich zu uns aufs Sofa. Ich bot ihm Tee an, den er ausschlug; bald bemerkte ich, daß er einschlief, und als er erwachte, bat ich ihn dringend, sich zu Bett zu legen, was er auch endlich tat, nachdem er ein Senffußbad genommen hatte. Wir sagten ihm, daß er an die Wand klopfen solle, die an unsere Schlafstube stieß, wenn er des Nachts etwas bedürfe, und ließen seine Lampe brennen.«

So beginnen die Tagebuchaufzeichnungen von Caroline Schulz über die siebzehntägige akute Phase der Typhuserkrankung. Die ebenso einfühlsame wie tapfere Frau, die selbst gerade erst von einer Krankheit genesen ist, pflegt mit ihrem Mann den politischen Leidensgenossen und sympathischen Freund fürsorglich. Studenten wechseln sich in der Nachtwache ab. Dreizehn Tage vergehen, ehe der Arzt Professor Schönlein »Faulfieber«, damals auch Fleck- oder Nervenfieber genannt, diagnostiziert: nach Tuberkulose und Cholera die verbreitetste Epidemie. Fünfundzwanzig Prozent der Befallenen überleben nicht. Wie diese Krankheit entsteht, ist zu dieser Zeit unbekannt. Durch Direktkontakt, durch Wasser, Speisen und Luft findet die Übertragung statt. Medikamente, die die Heilung befördern, gibt es noch nicht. Man kann nur die Symptome etwas zu dämpfen versuchen: durch leichte Diät, um den arg in Mitleidenschaft gezogenen Magen und die aufgedunsenen Därme zu entlasten, den Kranken etwas bei Kräften zu halten; mit Wadenwickeln, um das auf vierzig bis einundvierzig Grad ansteigende Fieber etwas herunterzubekommen; durch die Reinigung der mit einer schwärzlichen Masse bedeckten Mundhöhle; durch rasche Beseitigung der unkontrollierten Durchfälle. Erst vierzig Jahre später wird Robert Koch den Erreger entdecken. Thomas Mann gibt am Schluß der »Buddenbrooks« eine geschlossene Version nicht nur des äußeren, sondern auch des inneren Verlaufs.

Wir haben uns bei Büchner an das zu halten, was in Carolines Tagebuch steht:

3. Februar: Nach schlechtem Schlaf tagsüber Lichtempfindlichkeit; Caroline verhängt die Fenster mit ihren Vorhängen.

4. Februar: Das Fieber steigt etwas an.

5. Februar: Schlaflosigkeit, Geräuschempfindlichkeit.

6. Februar: Empfindlichkeit gegen alles, auch seine Freunde und die Pflegende.

8. Februar: Büchner muß die Briefe seiner Braut ungelesen beiseite legen; er will, aber kann nicht mehr an sie schreiben.

9. Februar: Der Kranke klagt fortwährend über Schlaflosigkeit, hat eine Mutkrise.

10. Februar: Er steht nachmittags auf und will schreiben, kann aber wiederum nicht. Caroline schreibt für ihn einen »Brief nach meiner Idee«; er nimmt ihn ihr »hastig weg« und setzt »die Worte: ›Adieu, mein Kind‹ darunter«.

11. Februar: Büchner hat »viel Schleim im Halse« und muß »oft auswerfen«; Caroline bemerkt »eine Art Unempfindlichkeit« (Apathie) an ihm, und aus einigen Äußerungen schließt sie, daß »sein Geist nicht ganz helle« ist, was sicher auf das Einsetzen der toxischen Hirnschädigung zurückgeführt werden kann, nach der der Typhus (griech. typos = Nebel, Dunst, Umnebelung der Sinne) benannt ist. Büchner

möchte »nichts davon hören«, daß ein Arzt gerufen wird.

14. Februar: Sinnestäuschungen und Halluzinationen. Professor Schönlein kommt. Gegen Abend »heftiger Anfall von Zittern ..., wobei er ganz irre sprach«. Erste Phase der Delirien. Phantasien über seine Auslieferung an die Feinde. »Wie vor seiner Krankheit, so sprach er auch jetzt in bitteren, aber wahren Worten, die im Munde eines Sterbenden ein doppeltes Gewicht haben, über jene Schmach unserer Tage sich aus, über die verwerfliche Behandlung der politischen Schlachtopfer, die nach gesetzlichen Formen und mit dem Anschein der Milde in jahrelanger Untersuchungshaft gehalten werden, bis ihr Geist zum Wahnsinn getrieben und ihr Körper zu Tode gequält ist.« (W. Schulz, Nachruf)

15. Februar: Caroline findet ihn »morgens früh sehr verändert«. Wiederholte Phantasien, auch über seine Ausweisung. Büchner spricht, sobald er wieder einigermaßen bei sich ist, »etwas schwer, sobald er aber deliriert, sprach er ganz geläufig. Er erzählte mir eine lange Geschichte, wie man ihn gestern schon vor die Stadt gebracht habe, wie er zuvor eine Rede auf dem Marktplatz gehalten usw. ... Es hatte sich nämlich die Idee bei ihm gebildet, er habe Schulden ...« Möglicherweise fühlt er sich in die Figur des Flamin in Jean Pauls »Hesperus« versetzt; Flamin will sich zum Tode verurteilen lassen, um auf dem Richtplatz eine Rede halten zu können, die das Volk zur Rebellion bewegt.
Büchners Stuhlgang ist »ganz schwarz« und besteht »aus dickem Blut ...«; Teerstuhl: eine der zwischen der dritten und fünften Krankheitswoche gefährlichsten Komplikationen, Blutungen aus Darmgeschwüren.

16. Februar: »Die Nacht war unruhig; der Kranke wollte mehrere Male fort, weil er wähnte, in Gefangenschaft zu geraten, oder schon darin zu sein glaubte und sich ihr

entziehen wollte. Den Nachmittag vibriert der Puls nur, und das Herz schlug 160mal (!!) in der Minute; die Ärzte gaben die Hoffnung auf.«

Erst jetzt, höchstwahrscheinlich bei einundvierzig Grad Fieber, religiöse Phantasien. Büchner spricht – womöglich wieder in einer »Rolle«? – »mit ruhiger, erhobener, feierlicher Stimme die Worte: ›Wir haben der Schmerzen nicht zu viel, wir haben ihrer zu wenig, denn durch den Schmerz gehen wir zu Gott ein! – Wir sind Tod, Staub, Asche, wie dürften wir klagen?‹«

17. Februar: Der Kranke phantasiert von seinen Eltern und Geschwistern »in den rührendsten Ausdrücken«. Er spricht »fast immerwährend«. Der Arzt wundert sich, »ihn am Morgen noch lebend zu finden ...« Die Büchner auch nur entfernt kennen, nehmen »den größten Anteil« und erkundigen sich wiederholt nach seinem Befinden. Gegen zehn Uhr kommt Wilhelmine aus Straßburg an. »Ich eilte zu ihr ins Wirtshaus und bereitete sie nach und nach auf die große Gefahr vor, in der ihr Teuerstes schwebte. Ich machte mich recht stark bei ihr. ... Er erkannte sie, was eine schmerzliche Freude für sie war ...«

18. Februar: Noch immer hält Büchner durch. Am Morgen erkennt er die Geliebte »deutlicher wie am vorigen Tage; er sprach zu ihr, auch von ihrem Vater, doch konnte man nicht alles verstehen, denn seine Stimme war jetzt schwächer«. Er läßt sich den Mund reinigen und trinkt einen Schluck Wein aus Wilhelmines Händen. Die Ärzte geben auf diesen »Hoffnungsstrahl ... nichts ...«.

19. Februar: Büchners Atem wird immer schwerer, die Schwäche größer. »Es war Sonntag; der Himmel war blau, und die Sonne schien. Die Kinder hatte man weggeschickt, es war stille im Hause und stille auf der Straße. Die Glöckchen läuteten.«

Nachmittags gegen halb vier steht sein Herz still.

Wilhelmine erzeigt ihm den letzten Liebesdienst und schließt ihm die Augen. »Sie tat es mit starker Ruhe, aber dann brach ihr Schmerz laut aus. Ich nahm sie in meine Arme und weinte mit ihr.« Am 21. Februar flechten Wilhelmine und Caroline »am Morgen einen großen Kranz von lebendigem Grün, Lorbeer und Myrten und weißen Blüten ...«. Um sechzehn Uhr wird Büchner auf dem Krautberg begraben; mehrere hundert Personen, die beiden Bürgermeister und andere angesehene Einwohner der Stadt an der Spitze, folgen seinem Sarg.

Ein unvollendet Lied sinkt er ins Grab,
Der Verse schönsten nimmt er mit hinab.
(G. Herwegh, 1841)

Wilhelmine und Caroline gehen währenddessen zu einem »kleinen Platz am See«, wo der Dreiundzwanzigjährige gern verweilt hatte.
Wilhelmine wird ledig bleiben.

68. Die Kameraden

Wenige Tage darauf nahte auch Weidigs Ende. Zwei Jahre hindurch hatte er, schwer beschuldigt, standhaft geleugnet, sich der Selbstbeschuldigung widersetzt und auch keinen der Mitgefangenen belastet. Er hatte mehrfach Anträge wegen Befangenheit des Untersuchungsrichters gestellt. Georgi, nach dem Urteil Darmstädter Ärzte bereits im Stadium des Delirium tremens, mit Anfällen von Säuferwahnsinn, übte auch persönlich Vergeltung und ließ sich an dem Wehrlosen aus, dessen Willen er nicht brechen konnte. Hatte Weidig doch nach seiner Freilassung 1833 Georgis Vorgehen als »gesetzwidrig und verbrecherisch« bezeichnet.
Die Obrigkeit ließ ihr brutales Werkzeug gewähren.
Georgi steckte den Gefangenen in eine feuchte, dunkle und un-

heizbare Kellerzelle. Seine Frau durch ein kleines Fenster sehen zu dürfen wurde Weidig nicht erlaubt. Schließlich stellten sich bei ihm Sinnesstörungen ein. Er soll aus der Zelle auf die Straße gerufen haben, seine »Hinrichtung stehe bevor ...« Für Georgi war dies willkommener Anlaß, um ihn endgültig mundtot zu machen. »Die im gesteigerten Maße ... angewandten Disziplinierungsstrafen: Entziehung der warmen Kost – Entziehung der Lektüre – Anlegung der Kette – Anfesselung an die Wand – und zum Schlusse Stellung unter den Farrenschwanz (Ochsenziemer), haben endlich indessen auf das äußere Verhalten günstig eingewirkt, so daß Exzesse gröberer Art neuerer Zeit nicht vorfielen«, lautet der Aktenbericht des Landgerichtsassessors Walther. Dieser gibt damit lediglich die legalen Methoden zu; was sonst noch praktiziert wurde, entzieht sich unserer genauen Kenntnis. Die Obduktion von Weidigs Körper wird Narben ergeben, die von Schlägen mit schweren Gegenständen herrühren müssen.

Weidig antwortet auf die »Eröffnung der Verfügung über Entziehung der warmen Kost« mit der Bitte: Man solle das Essen »zur Verabreichung an die Armen« benutzen. Das Tragen der Kette quittiert er mit den Worten, »es freue ihn, denn die ersten Lehrer des Christentums – Paulus und Petrus – haben ja auch Fesseln getragen« (Walther).

Schließlich begeht Weidig Selbstmord – wahrscheinlich hat man ihn dazu getrieben. In der Nacht zum 23. Februar 1837 gelingt es ihm, eine Flasche zu fassen und zu zerschlagen. (Hat man sie eigens dazu in seine Nähe gebracht?) Er reißt sich mit einer Scherbe mehrere Adern, so auch am Hals, auf und schreibt mit seinem Blut an die Wand:

Da mir der Feind
jede Verteidigung versagt,
so wähle ich einen schimpflichen Tod
von freien Stücken.

F. L. W.

Als am Morgen Georgi von einem Gefängniswärter benachrichtigt wird, läßt er Weidig zwei Stunden lang keine ärztliche Hilfe zukom-

Büchners Grab- und Gedenkstein auf dem Zürichberg, mit den beiden Versen aus Georg Herweghs Ode. Nach der Umbettung 1875

men, die den Bewußtlosen noch hätte retten können. Wahrscheinlich wurde in dieser Zeit Weidigs Halswunde sogar vergrößert.

Karl Minnigerode wird 1837, nach drei Jahren strengster Untersuchungshaft, halb wahnsinnig, physisch und seelisch gebrochen, mit Wasser bis unter den Brustkorb und schweren Hautödemen, die in Brand überzugehen drohen, gegen Kaution, aber weiter unter Bewachung, aus dem Gefängnis entlassen. 1839 darf er nach Amerika gehen, wird Sprachlehrer und Missionar.

Karl Zeuner wird zu zehnjähriger Kerkerstrafe verurteilt. Nach fünf Jahren Isolationshaft, während derer er mit keinem Menschen ein

Wort wechselte, läßt man ihn unter der Bedingung frei, nach Amerika auszuwandern. Kameraden vom Darmstädter Zelt des Bundes der Geächteten, der Nachfolgeorganisation der Gesellschaft der Menschenrechte, geben ihm zwanzig Gulden für die Überfahrt. Dort verfaßt er einen Anklagebericht über seinen Prozeß.

Dr. Leopold Eichelberg sitzt elf Jahre in Einzel- und Dunkelhaft.

August Becker wird nach langer Untersuchungshaft zu neun Jahren Gefängnis verurteilt. 1839 amnestiert, begibt er sich in die Schweiz, wird Kommunist und Mitkämpfer Wilhelm Weitlings. 1848 steht er, wie auch andere Kameraden Büchners, in den vordersten Reihen der Revolutionäre. Nach der Niederlage begibt er sich nach Amerika, wo er sich als Zirkusakrobat, Redakteur und Feldgeistlicher durchschlägt.

Die Auflistung der Schicksale jener Männer, die Widerstand leisteten, könnte erweitert werden.

Zeittafel

1813   Am 17. Oktober wird Karl Georg Büchner in Goddelau als erstes Kind des Distriktsarztes Ernst Karl Büchner (1786–1861) und seiner Ehefrau Caroline Louise Büchner (1791–1858) geboren.

1817   Die Familie zieht in die Residenz Darmstadt. Fortwährende und fortwirkende Berührungen des Kindes und Jugendlichen mit Erscheinungen und Problemen sozial Deklassierter.

1819/20   Erster elementarer Unterricht Büchners in Lesen und Schreiben bei der Mutter; Lateinunterricht beim Vater.

1822/24   Besuch einer liberal ausgerichteten, auf viel Wissensvermittlung bedachten Privatschule in Darmstadt.

1825   Zu Ostern Aufnahme in die zweite Klasse des Großherzoglichen Gymnasiums, »Pädagog« genannt.

1829   Herbst/Winter: »Helden-Tod der vierhundert Pforzheimer«. Vermittlung und beginnende Auseinandersetzung mit der neueren Geschichte (»Unsere Zeit«) und den Themen Freiheit und Revolution.

1830   Sommer: Rezension »Über den Selbstmord«.
29. September: Büchner hält während des bäuerlich-plebejischen Aufstandes in Oberhessen seine Cato-Rede.

1831   30. März: Büchner erhält das Reifezeugnis.
1. November: Reise über Heidelberg, Karlsruhe, Kehl nach Straßburg in die nachrevolutionäre Julimonarchie. Büchner logiert bei dem protestantischen Pfarrer J. J. Jaeglé. Liebesbeziehung zu dessen einundzwanzigjähriger Tochter Wilhelmine, vermutlich Anfang 1832 Verlöbnis.
9. November: Immatrikulation als Medizinstudent.
17. November: Einführung in die ursprünglich theologische Studentenverbindung »Eugenia«.
2. Dezember: Büchner beteiligt sich am Empfang exilierter Generale des polnischen Aufstandes gegen die russische Fremdherrschaft.

1832	3. August bis 27. Oktober: Semesterferien in Darmstadt.
1833	3. April: Frankfurter Wachensturm.

25. Juni bis etwa 6. Juli: Vogesentour mit E. Reuss und mehreren Theologen aus dessen Bekanntenkreis.

Ende Juli: Rückkehr nach Darmstadt.

Oktober: Achttägiger Besuch des »Eugenia«-Freundes A. Muston. Zum Abschied gemeinsame Wanderung durch den Odenwald, Muston skizziert Büchner.

31. Oktober: Immatrikulation an der medizinischen Fakultät der Universität Gießen.

November: Erkundung der oberhessischen politisch-oppositionellen Szenerie.

Ende November: Büchner erkrankt in Gießen an einer Hirnhautentzündung und kehrt nach Darmstadt bis zum Jahreswechsel zur Behandlung und Erholung zurück. Philosophische Umschau vor allem bei den materialistischen französischen Aufklärern.

1834 Februar: Geistige und nervliche Krise aufgrund der gesellschaftlichen wie persönlichen Misere. Geschichtsphilosophische Studien über die Französische Revolution.

März: A. Becker bringt Büchner in Verbindung mit dem organisatorischen Haupt der revolutionär-demokratischen Untergrundbewegung Oberhessens, dem Rektor der Lateinschule in Butzbach, Dr. F. L. Weidig.

Etwa 9.–12. März: Büchner legt den Entwurf für eine Flugschrift zur Bauernagitation vor.

Etwa 27. März bis Anfang April: Büchner reist in den Osterferien nach Straßburg und verlobt sich offiziell mit Wilhelmine Jaeglé.

9.–14. April: Generalstreik und Aufstand in Lyon und Paris. Die republikanische Opposition wird zerschlagen.

Um Mitte April: Büchner gründet in Darmstadt die erste Sektion der Gesellschaft der Menschenrechte auf deutschem Boden.

28. April: Beginn des Sommersemesters in Gießen.

Ende April/Mai: Becker und Clemm bringen das Flugschriftenmanuskript Büchners zu Weidig nach Butzbach. Bemühungen Büchners um Reorganisation der Gruppe zu einer weiteren Sektion der Gesellschaft der Menschenrechte durch ideologische Klärung, das heißt frühkommunistische Orientierung.

Mai/Juni: Dispute mit Weidig und seinen Anhängern in Butzbach.

3. Juli: Zusammenkunft von Vertretern der drei revolutionär-demokratischen Strömungen des Großherzogtums Hessen und Kurhessens auf der Badenburg, um über Fragen der regionalen Flugschrif-

tenagitation zu beraten. Büchners sozialrevolutionäre Ansichten dringen nicht durch. Es kommt zu Auseinandersetzungen.

Zwischen dem 5. und 9. Juli: Büchner bringt das Manuskript des »Hessischen Landboten« von Butzbach nach Offenbach in die Druckerei Preller.

1. August: Minnigerode wird verhaftet. Büchner geht nach Butzbach. Er bespricht sich mit Weidig, Becker, Zeuner; nachts weiter nach Offenbach.

2. August: Büchner kann rechtzeitig Schütz, Preller und Hausmann warnen. Weiter nach Frankfurt (Main). Übernachtung beim Pfarrerehepaar Becker, um sein Alibi zu stützen.

3. August: Treff mit dem Eugeniden Boeckel im Gasthaus »Zum Schwanen«. Übernachtung in Vilbel.

4. August: Zur erneuten Lagebesprechung und Abstimmung der Defensivmaßnahmen (Weidig, Schütz, Becker) in Butzbach.

5. August: Büchner protestiert bei dem ermittelnden Universitätsrichter Georgi gegen die ungesetzliche Durchsuchung seines Zimmers. Georgi unterläßt die befohlene Verhaftung.

August/September: Der nicht beschlagnahmte größere Teil der »Landboten«-Exemplare wird verbreitet. Büchner provoziert in Briefen an die Eltern seine Rückkehr nach Darmstadt.

Anfang September: Büchner kehrt nach Darmstadt zurück und führt sechs Monate lang ein psychisch strapaziöses Doppelleben. Er bereitet sich unter den Augen des Vaters auf das Examen vor, hält Einführungsvorträge für Studienbewerber in Anatomie und reorganisiert und verstärkt die Darmstädter Sektion der Gesellschaft der Menschenrechte bis Ende Oktober.

Dezember: Gewisse Spannungen zwischen den Menschenrechtssektionen in Darmstadt und Gießen (wo nur noch Clemm und Bekker aktiv sind). Ein gemeinsamer Versuch, Minnigerode zu befreien, scheitert.

Der Ankauf des modernen Druckapparates unterbleibt aus ungeklärten Gründen.

17.–19. Dezember: Büchner entleiht aus der Darmstädter Hofbibliothek literarische und philosophische Quellen über die Französische Revolution. Wahrscheinlich Beginn der Arbeit an der Tragödie »Dantons Tod«.

1835   Januar: Gerichtliche Vorladungen und Verhöre Büchners und anderer Belasteter. Zeugenabsprachen.

Februar: Büchner arbeitet »wie im Fieber« an seinem Werk. Stimmungen der Niedergeschlagenheit. Ende der propagandistisch-avantgardistischen Phase.

21. Februar: Büchner sendet das Manuskript von »Dantons Tod« nach Frankfurt an den oppositionellen Literaten K. Gutzkow.
Ende Februar/Anfang März: Büchner entzieht sich einer Vernehmung im Darmstädter Arresthaus.
25. Februar: Gutzkow ist von Büchners Tragödie sehr angetan.
5. oder 6. März: Eine neue Vorladung nach Friedberg bzw. ins Darmstädter Arresthaus, Büchner entscheidet sich zur Flucht.
9. März: Büchner überschreitet als »Spaziergänger« bei Weißenburg die französische Grenze.
26. März bis 7. April: Im »Phönix« erscheint ein unvollständiger Abdruck von »Dantons Tod«.
6. April: Beginn der großen Verhaftungs- und zugleich Ende der zweiten Oppositionswelle nach der Julirevolution in Hessen. Auch Büchners Aufenthalt ist vom Verzicht auf politische Betätigung abhängig. Büchner hält Kontakte zu mehreren hessischen Revolutionären und nimmt freundschaftliche Beziehungen zu dem exilierten Ehepaar Wilhelm und Caroline Schulz auf. Schulz wird im Frühsommer aus Frankreich ausgewiesen.
Frühjahr/Sommer: Büchner übersetzt durch Vermittlung Gutzkows die beiden Dramen »Lucretia Borgia« und »Maria Tudor« Victor Hugos für eine Ausgabe von dessen Sämtlichen Werken bei Sauerländer. Er ist zumindest mit Materialsammlungen und dem Plan zu einer »Novelle Lenz« beschäftigt. Büchner beginnt zugleich mit Studien über die Geschichte der griechischen Philosophie und führt seine naturwissenschaftlichen Studien weiter.
18. Juni: Der von Georgi unterzeichnete Steckbrief Büchners erscheint.
August: Büchner verfolgt die außen- und innenpolitischen Vorgänge mit besonderer Aufmerksamkeit. Weitere Einschränkung der bürgerlichen politischen Freiheitsrechte in Frankreich. Büchner bewirbt sich um eine Sicherheitskarte der französischen Behörden.
September/Oktober: Der Unterdrückungsfeldzug gegen die fortschrittliche Literatur des Jungen Deutschlands wird eingeleitet.
Oktober: Büchner treibt sein Projekt »Lenz«, das in Gutzkows »Deutscher Revue« erscheinen soll, voran. Wahrscheinlich im einbrechenden Winter exkursionsartige Wanderungen in die Vogesen.
Spätestens Dezember: Büchner beginnt seine gezielten Untersuchungen über das Nervensystem von Fischen mit minutiösen Barbenpräparationen. Ziel: akademischer Grad eines Doktors der philosophischen Fakultät, um über Philosophie dozieren zu können.

1836   13., 20. April und 4. Mai: Büchner referiert vor der Société d'hi-

stoire naturelle de Strasbourg »Sur le système nerveux du bar-
beau«. Die Société ernennt ihn zu ihrem korrespondierenden Mitglied.

31. Mai: Abschluß der Nachfolgearbeiten für den Druck seiner Promotionsschrift. Geldsorgen (Kreditaufnahme).

Juni: Büchner nimmt seine philosophischen Studien, jetzt systematisch auf die Entwicklung der deutschen Philosophie seit Cartesius
und Spinoza konzentriert, wieder auf. Poetische Pläne.

Bis September: Arbeit an der politischen Komödie »Leonce und
Lena«.

Erste Szenenentwürfe für »Woyzeck«, möglicherweise Vorarbeiten
zu einem Drama über den Renaissance-Dichter Pietro Aretino.

3. September: Die Universität Zürich verleiht Büchner für sein gedruckt eingereichtes »Memoire ...« die philosophische Doktor-
würde.

Spätsommer (vermutlich September): Besuch der Mutter und der
Schwester Mathilde in Straßburg. Büchner ist gesund, aber nervlich
mitgenommen.

18. Oktober: Büchner reist nach Zürich.

5. November: Probevorlesung »Über Schädelnerven«. Büchner wird
als Privatdozent zugelassen.

November: Beginn seiner Kollegs mit fünf (teilweise nur einem)
Zuhörern über vergleichende Anatomie der Fische und Amphi-
bien. Für das Sommersemester kündigt er Vorlesungen über die
vergleichende Anatomie der Wirbeltiere an. Daneben Arbeit am
»Woyzeck«. »Herbstabend«-Stimmung.

1837   20. Januar: Vorboten des Typhus.

Büchner hat sich ein Zimmer mit Aussicht auf den Züricher See
und die Alpen gemietet, das nicht mehr bezogen wird.

2.–3. Februar: Verschlechterung seines Gesundheitszustandes bis
zu einem »heftigen Nervenfieber«.

11. Februar: Erste Bewußtseinstrübungen, ausgeprägte Fieberphantasien.

14. Februar: Erst jetzt diagnostiziert der zweite behandelnde Arzt
Typhus (»Faulfieber«). Starke Anteilnahme und Nachtwachen von
Studenten und Freunden.

17. Februar: Wilhelmine Jaeglé kommt aus Straßburg.

19. Februar: Nachmittags gegen halb vier Tod Büchners.

21. Februar: Trauerzug und Beerdigung auf dem Krautberg.

Literaturhinweise

Die Texte Büchners und die sonstigen historischen Texte werden in modernisierter Orthographie geboten, die originale Interpunktion wird vielfach beibehalten. Die Texte Büchners folgen der erstmalig 1922 im Insel Verlag Leipzig erschienenen Ausgabe der Sämtlichen Werke und Briefe, herausgeben von Fritz Bergemann, in der Auflage Werke und Briefe, Insel Verlag, Leipzig 1967. Ergänzungen nach den Erstdrucken.

Für die Erarbeitung der Biografie wurde neben biografischen und historischen Spezialarbeiten die einschlägige Literatur zu Georg Büchner verwendet. Die *zitierten* Autoren und Quellen sind, sofern sie nicht im Anhang der obengenannten Ausgabe erscheinen, unter folgenden Titeln zu finden:

Beuermann, Eduard: Frankfurter Bilder. Mainz 1835.

Büchner, Alexander: Das »tolle« Jahr. Vor während und nach. Von einem, der nicht mehr toll ist. Erinnerungen. Gießen 1900. Zitiert nach Th. M. Mayer (Katalog)

Büchner, Ludwig: In der Einleitung zu Georg Büchners Nachgelassenen Schriften, hrsg. von Ludwig Büchner. Frankfurt a. M. 1850

Büchner, Luise: Nachgelassene belletristische und vermischte Schriften in zwei Bänden. Band 1, Frankfurt a. M. 1878, S. 179–262

Diehl, W[ilhelm]: Minnigerodes Verhaftung und Georg Büchners Flucht. In: Hessische Chronik, 9. Jg., 1920

Dietze, Walter: Rede auf Georg Büchner (1963). In: W. Dietze: Reden, Vorträge, Essays. Leipzig 1972

Dilthey, Karl: zitiert nach Gerhard Schaub, Georg Büchner und die Schulrhetorik. Untersuchungen und Quellen zu seinen Schülerarbeiten. Bern – Frankfurt a. M. 1975 (Regensburger Beiträge zur deutschen Sprach- und Literaturwissenschaft. Bd. 3). Dilthey hielt diese Rede bereits ein Jahr früher; seine Ansprache vom September 1830 dürfte ohne Zweifel wieder deren Geist verpflichtet gewesen sein.

Döhner, Otto: Neuere Erkenntnisse zu Georg Büchners Naturauffassung und Naturforschung. In: Georg-Büchner-Jahrbuch,

Fendt, Rudolf: Von 1846 bis 1853. Erinnerungen aus Verlauf und Folgen einer akademischen Revolution. Darmstadt 1875

Fischer, Heinz: Georg Büchner. Untersuchungen und Marginalien. Bonn 1972 – Neue archivalische Spuren und Erfahrungen: Alexis Mustons Journal d'étudiant. In: Georg-Büchner-Jahrbuch, 2.Jg., 1982, (siehe Mayer) S.51–61

Franzos, Karl Emil: Einleitung zu: Georg Büchner's Sämmtliche Werke und handschriftlicher Nachlaß. Erste kritische Gesammt-Ausgabe. Eingeleitet und hrsg. von Karl Emil Franzos. Frankfurt a. M. 1879

Georgi, Konrad: abgedruckt bei Diehl, W.

Görlich, Bernhard/Lehr, Anke: Materialismus und Subjektivität in den Schriften Georg Büchners. In: Georg Büchner III. Hrsg. von Heinz Ludwig Arnold. Sonderband aus der Reihe text + kritik. München 1981, S.35–65

Hamm, Wilhelm: Jugenderinnerungen an Darmstadt im Biedermeier. In der Bearbeitung von Karl Esselborn hrsg. von Reinhold Staudt. Darmstadt 1970

Heine, Heinrich: Französische Zustände. Artikel III und I

Luck, Ludwig Wilhelm: Mitteilungen aus der Schul- und Universitätszeit vom 11. September 1878 im Anhang der obengenannten Büchner-Ausgabe.

Mayer, Thomas Michael: Büchner und Weidig – Frühkommunismus und revolutionäre Demokratie. Zur Textverteilung des »Hessischen Landboten«. In: Georg Büchner I/II. Hrsg. von Heinz Ludwig Arnold. Sonderband aus der Reihe text + kritik. München 1979, S.16–298. – Eine kurze Chronik zu Leben und Werk, ebenda, S. 357–425. – Unbekannte Briefe aus der Gesellschaft der Menschenrechte. In: Georg-Büchner-Jahrbuch, 1. Jg., 1981, S.275–286.»Wegen mir könnt Ihr ganz ruhig sein ...« In Verbindung mit der Georg-Büchner-Gesellschaft und der Forschungsstelle Georg Büchner – Literatur und Geschichte des Vormärz – im Institut für Neuere deutsche Literatur der Philipps-Universität Marburg, hrsg. von Thomas Michael Mayer. Frankfurt a. M. 1981, S.11–21

Die Argumentationslist in Georg Büchners Briefen an die Eltern. In: Georg-Büchner-Jahrbuch, 2.Jg., 1982, S.249–280. – Georg Büchner. Leben, Werk, Zeit. Katalog der Ausstellung zum 150. Jahrestag des »Hessischen Landboten«. Bearbeitet von Thomas Michael Mayer (u. a.), Marburg 1985. – Diese Publikationen enthalten auch die Prozeßaussagen und sonstigen Geheimschreiben über den Anhang der obengenannten Büchner-Ausgabe hinaus, soweit sie in der Biografie Verwendung finden.

Medizinalordnung für das Großherzogthum Hessen. In: Zeitschrift für Staatsarzneikunde, hrsg. von Adolph Henke. Bd. 5, Erlangen 1823, S. 444 ff.

Noellner, Friedrich: Aktenmäßige Darlegung des wegen Hochverrates eingeleiteten Verfahrens gegen den Pfarrer Dr. Friedrich Ludwig Weidig ..., Darmstadt 1844

Poschmann, Henry: Georg Büchner. Dichtung der Revolution und Revolution der Dichtung. Berlin und Weimar 1983

Reuss, Eduard. In: Jan-Christoph Hauschild: Georg Büchner. Studien und Quellen zu Leben, Werk und Wirkung. Mit zwei unbekannten Büchner-Briefen. – Büchner-Studien. Veröffentlichungen der Forschungsstelle Georg Büchner – Literatur und Geschichte des Vormärz – im Institut für Neuere deutsche Geschichte der Philipps-Universität Marburg und der Georg-Büchner-Gesellschaft, hrsg. von Burghard Dedner, Alfons Glück und Thomas Michael Mayer. Bd. 2, Königstein/Ts. 1985

Schäffer, Max: Untersuchungsberichte zur republikanischen Bewegung in Hessen 1831–1834. Hrsg. von Reinhard Görisch und Thomas Michael Mayer. Frankfurt a. M. 1982 (Schäffer S. 257–346)

Schulz, Wilhelm. In: Grab, Walter: Georg Büchner und die Revolution von 1848. Der Büchner-Essay von Wilhelm Schulz aus dem Jahre 1851. Text und Kommentar. – Büchner-Studien. Veröffentlichungen der Forschungsstelle Georg Büchner und der Georg-Büchner-Gesellschaft, Bd. 1, hrsg. von Walter Grab unter Mitarbeit von Thomas Michael Mayer. Königstein/Ts. 1985. – Schulz' »Nachruf« auf Georg Büchner vom 23. Februar 1837 befindet sich im Anhang der obengenannten Büchner-Ausgabe

Schuster, Theodor: Gedanken eines Republikaners. Abgedruckt in: Frühproletarische Literatur. Die Flugschriften des deutschen Handwerksgesellenvereins in Paris 1832–1839. Hrsg.: Hans-Joachim Ruckhäberle. Kronberg/Taunus 1977

Strahlheim, Carl (Johann Konrad Friedrich): Die Geschichte unserer Zeit. Übersicht der merkwürdigsten Ereignisse von 1789 bis 1830, nach den vorzüglichsten französischen Werken bearbeitet. 30 Bände (mit Ergänzungsheften), Stuttgart 1826–1830

Tschudi, Johann Jakob von: siehe unter Reuss, Eduard (bei Hauschild)

Vogt, Carl: Aus meinem Leben. Erinnerungen und Rückblicke. Stuttgart 1896

Wagner, Georg Wilhelm Justin: Geschichte und Beschreibung von Darmstadt und seinen nächsten Umgebungen, von den ältesten bis auf die neuesten Zeiten. Darmstadt 1840

354

Walther – Zitiert nach dem Katalog zum 150. Jahrestag des »Hessischen Landboten«. Bearbeitet von Th. M. Mayer (siehe dort)

Werner, Hans-Georg: Büchners »Woyzeck«. Dichtungssprache als Analyseobjekt. In: Weimarer Beiträge, 12/1981, S. 72–99

Bildnachweis

Deutsche Staatsbibliothek Berlin; Kupferstichkabinett Dresden; Joachim John, Neufrauenmarkt, Nationale Forschungs- und Gedenkstätten der klassischen deutschen Literatur in Weimar (Goethe- und Schiller-Archiv); Baldwin Zettl; Archiv des Autors.

Besonders freundlich bedanke ich mich für das Erteilen der Veröffentlichungsgenehmigungen bei:

Georg-Büchner-Gesellschaft Marburg;

Heinz Fischer, Pöcking;

Jan-Christoph Hauschild, Düsseldorf;

Museum Butzbach;

Stadtarchiv Darmstadt.

Personenregister

Calderón de la Barca, Pedro 34, 38
Callot, Jacques 142
Campe, Julius 276
Carus, Carl Gustav 326
Cäsar, Gaius Julius 8, 55
Cato von Utica 6, 8, 9, 22, 41, 45, 57f., 60, 62f., 122, 136
Cicero, Marcus Tullius 55, 62
Clemm, Gustav 162ff., 167, 170, 172f., 175ff., 218, 221, 227f., 231f., 269, 291
Cratz, Carl 124
Cuvier, Georges 84, 117

Danton, Georges-Jacques 65f., 88, 173, 201f., 222, 236, 240, 242, 253, 255f., 269, 280, 292
Demosthenes 62
Descartes, René (Cartesius) 318
Desmoulins, Camille 90, 164
Diderot, Denis 40, 131
Diehl, Wilhelm 217
Dieß, Johann 118
Dietze, Walter 186
Dilthey, Carl 6, 9, 30, 51f., 54, 56f., 59ff., 85, 145, 213
Döhner, Otto 326
Du Bos du Thil, Karl Wilhelm Heinrich Freiherr 121, 210
Duller, Edward 264
Dumouriez, Charles François 43
Durlach, Karl von 69
Duvernoy, Georges Louis 84f., 278, 287

Eichelberg, Leopold 176, 178, 181, 227f., 346
Eichwaldt 327
Elwert 270
Engels, Friedrich 326
Eyb 321

Faber, Georg Melchior 162, 166
Fendt, Rudolf 119
Feuerbach, Anselm 112, 116
Fichte, Johann Gottlieb
Fischer, Heinz 114
Flach, Carl 228
Flick 226, 270
Follen, Karl 52
Franzos, Karl Emil 11, 15, 19f., 37, 63, 153, 231f., 235, 265, 267, 269, 323
Frei 297

Georgi, Konrad 189, 203ff., 210ff., 213ff., 217f., 271, 343ff.
Goethe, Johann Wolfgang von 14, 21, 26, 32, 33, 34, 38, 66, 71, 173, 211, 237, 281, 289
Goldoni, Carlo 34
Görlich, Bernhard 287, 319
Grillparzer, Franz 34, 58
Grimm, Jakob 27
Grimm, Wilhelm 27, 126
Grolmann 291
Gros, August 188
Gutzkow, Karl 174, 248, 256, 258, 260, 261f., 262, 263f., 267, 272, 279, 281f., 288f., 293, 296ff., 322

Hamm, Wilhelm 28, 32, 62
Hauschild, Jan-Christoph 329
Hausmann 188, 196, 198
Hegel, Georg, Wilhelm, Friedrich 55, 130
Heine, Heinrich 58, 67, 82, 90, 103, 130, 212, 242, 276, 296, 298
Helvetius 131
Henry IV., König von Frankreich 93
Herder, Johann Gottfried 27, 38, 71, 289
Hering 162
Herwegh, Georg 291

Heß 176
Heuser 229
Hillebrand, Joseph 118 f.
Hirzel, Konrad Melchior 321
Hoffmann, Adolf 114
Hoffmann, Ernst Emil 15
Hoffmann, Ernst Theodor Amadeus
142
Holbach 131
Hölderlin, Friedrich 69
Homer 38, 40
Hugo, Victor 280, 281, 282, 283
Humboldt, Alexander von 21
Hundshagen 229
Hus, Jan 92

Jaeglé, Johann Jakob 74, 79, 156
Jaeglé, Louis 74, 110, 156
Jaeglé, Louise Wilhelmine (Minna)
74, 101, 110, 135, 139, 143 f., 156,
206, 237, 270, 284, 285, 310,
331 ff., 340 ff.
Jaup 232
Jean Paul (Johann Paul Friedrich
Richter) 38, 41, 341
Jordan, Sylvester 225
Jucho, Friedrich Sigmund 226, 231

Kahlert, Christian 223, 225
Kalbfleisch, Valentin 232
Karl X., König von Frankreich 5
Kleist, Heinrich von 41, 142, 211,
314
Klinger, Maximilian 71, 289
Knapp 210, 269
Koch, Adam, 161, 223 f., 232,
269, 274
Koch, Jakob 223
Koch, Robert 340
Kolbe 176, 178
Körner,Theodor 27
Kotzebue, August 34, 52, 93

Kraus 210
Kriegk, Christian 52
Kuhl, Konrad 169, 192 f., 204, 222
Küntzel, Heinrich 100, 127, 129

Lafitte 80
Lambossy 206, 309
Lamennais, Felicité de (Abbé L.)
245, 319
Lamettrie, Julien Offray de 88
Laube, Heinrich 296 f.
Lauth, Ernest-Alexandre 84 f., 278,
287
Lavoisier, Antoine Laurent 85
Lehr, Anke 287, 319
Lenz, Jakob Michael Reinhold 71,
138, 143, 288 ff., 332
Leske 188
Lessing, Gotthold Ephraim 34
Liebig, Justus 120
Livius, Titus 60
Louis Philippe, König von Frank-
reich 76, 103, 276
Lucius 278
Luck, Ludwig Wilhelm 32, 38, 45,
52, 54 f., 114, 131, 212
Ludwig I., Großherzog von Hessen-
Darmstadt 15, 33, 34, 37
Ludwig I., König von Bayern 297
Ludwig II., Erbprinz von Groß-
herzog von Hessen-Darmstadt 33,
53, 129, 192, 210
Ludwig XVI., König von Frankreich
43
Lüning, August 327
Luther, Martin 169

Mahr, Daniel 223
Mann, Thomas 340
Marat, Jean Paul 90
Marcus 55
Marx, Karl 116

359

Matthisson, Friedrich 27
Mayer, Thomas Michael 89, 108,
  147, 159, 219, 223, 227, 264
Meckel 117
Menzel, Wolfgang 297, 303
Metternich, Clemens Wenzel
  Lothar, Fürst von 64, 262
Metz, Friedrich 100, 127, 129
Mignet, Francois-Auguste 135
Minnigerode, Karl 52, 55, 60, 126,
  153, 155, 162, 167, 188 ff., 192 ff.
  221, 228, 231 f., 234, 279, 290,
  334 f.
Mirabeau, Honoré Gabriel Victor 43
Moliére, Jean Baptiste 34
Möser, Christian 223
Müller, Johann Georg 223, 225
Mundt, Theodor 296
Músset, Alfred de 310
Muston, Alexis 66, 111 ff., 206

Napoleon I., Kaiser der Franzosen
  10, 11, 14, 37, 43, 276
Nebel 117
Neuner, Karl 52, 126
Nievergelter, Ludwig 65, 223, 232,
  268, 274
Noellner, Friedrich 207

Oberlin, Jean Frédéric 288, 291, 292
Oken, Lorenz 325 ff.

Peche, Therese 34, 65
Périer, Casimir 77 f., 80
Pfister 270, 321
Pistor, Ernst Theodor 62
Poschmann, Henry 130, 149, 314
Preller, Karl 188, 198, 221, 227
Priestley 85
Pückler-Muskau, Hermann, Fürst
  von 294
Ramorino (poln. General) 22

Rau 118
Reuss, Eduard 71, 74, 100, 108 ff.,
  237, 309
Reuss, Georg 22, 34
Reuss, Johann Georg 10, 12
Reuss, Wilhelm Georg 74
Reuter, Fritz 207
Ricker, Peter Joseph 176
Rienzi, Cola di 60
Robespierre, Maximilian de 58, 90,
  137, 173, 202, 222, 243, 244, 253,
  256, 257
Rosenberg 176
Rosenstiel, Ludwig 238, 274
Rousseau, A. René 103
Rousseau, Jean-Jacques 40, 41
Rühle 227, 270

Saint-Simon, Claude-Henry 104 f.,
  108, 298
Sartorius, Th. 168
Sauerländer, Johann David 260, 262,
  263, 296
Schäffer, M. 225 f.
Schiller, Friedrich von 27, 34, 38,
  253, 281
Schmid, Ludwig 338
Schneider, David 162
Schönlein, Johann Lukas 341
Schroot 278
Schüler, Ernst 225
Schulz, Caroline 338 ff.
Schulz, Wilhelm 123, 142, 153, 198,
  232, 239 f., 274, 291, 294, 296,
  303, 318, 328 ff., 258, 338 ff.
Schuster, Theodor 160
Schütz, Jakob Friedrich 162, 167,
  188 f., 192 f., 196 f., 205 f., 222, 228
Scriba 335
Shakespeare, William 32 f., 37 f., 46,
  114, 332
Siegfried, Johann Daniel 278

360

Danksagung

Die mir von mehreren Seiten bereitwillig entgegengebrachte Unterstützung trug wesentlich dazu bei, daß ich den vorliegenden Versuch einer Lebensdarstellung Georg Büchners verwirklichen konnte.

Für den Gedankenaustausch, der diese Arbeit über Jahre begleitete, danke ich freundschaftlich Wolfgang Barthel. Dr. Henry Poschmann (Weimar) und Professor Dr. Hans-Georg Werner (Halle) haben mich durch kritische Arbeitshinweise und Materialunterstützung gefördert. Ermuntert haben mich auch Hannelore Kulla, Wolfgang Schindler und Achim Weidner. Dr. Edelgard Schmidt, Lektorin in der Endphase, hat mich engagiert betreut. Die Kleist-Gedenk- und Forschungsstätte Frankfurt (Oder) ermöglichte es mir, die zweite Hälfte des Projektes teilweise in meiner Dienstzeit zu bewältigen.

Meiner Frau Kerstin Paust und meinen Töchtern Constanze und Judith danke ich herzlich für das Verständnis, das sie auch in kritischen Situationen für mich aufbrachten.

Frankfurt (Oder), April 1987   Rudolf Loch

Inhalt